L'EUROPE

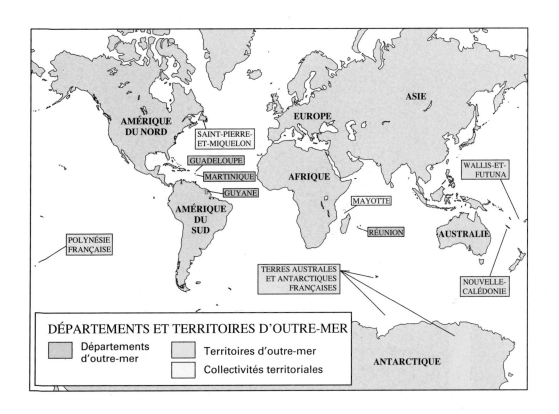

DÉPARTEMENTS ET TERRITOIRES D'OUTRE-MER

PERSONNAGES

An Intermediate Course in French Language and
Francophone Culture

THIRD EDITION

Michael D. Oates
University of Northern Iowa

Jacques F. Dubois
University of Northern Iowa

Houghton Mifflin Company   Boston   New York

Sponsoring Editor: Randy Welch

Senior Development Editor: Susan Abel

Assistant Editor: Judith Bach

Senior Project Editor: Florence Kilgo

Production Editorial Assistant: Marlowe Shaeffer

Senior Production/Design Coordinator: Jill Haber

Senior Manufacturing Coordinator: Jane Spelman

Associate Marketing Manager: Claudia Martinez

Cover Image: © Timothy G. Lewis

Credits for text, photos, illustrations, and realia are found on pages 383–384.

Printed in the U.S.A.

Library of Congress Catalog Card No.: 2002108757

Student Text ISBN: 0-618-24116-7
Instructor's Edition ISBN: 0-618-24117-5

23456789-CK-06 05 04 03

Table des matières

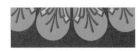

CHAPITRE QUATRE

Un restaurateur à Lyon   108

CHAPITRE CINQ

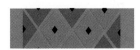

Une famille maghrébine à Azazga et à Paris   140

CHAPITRE SIX

Un homme d'affaires à Dakar   174

CHAPITRE SEPT

Une hôtelière à Fort-de-France   206

CHAPITRE HUIT

Un étudiant en gymnastique à Genève   240

CHAPITRE NEUF

Une femme politique à Strasbourg   274

CHAPITRE DIX

Un guide à Bruxelles   308

Student Guide to Personnages

Your decision to continue your study of French means that you will be spending time reviewing vocabulary and grammar already studied, as well as acquiring new expressions and new structures and thereby strengthening your ability to understand and to express yourself in French. You can certainly expect something in return for this commitment of time. The two goals most often listed by students in language classes are (1) to be able to communicate, and (2) to know something of the culture and the people whose language is being studied. This is precisely what *Personnages* proposes to help you do.

Personnages is a comprehensive two-semester or three-quarter intermediate program that provides practice in listening, speaking, reading, and writing French. It also connects you with people and places in the French-speaking world, as each chapter centers on a specific character (*personnage*) in one of the many areas of the world where French is a native language. You will get to know characters with different occupations and life experiences and also learn about the history and culture of other countries.

Experience is the key to the approach of the *Personnages* program. *Personnages* immerses you in French and gives you many opportunities to use what you know. The text material and activities encourage the natural learning that takes place as you communicate in French in interesting and personalized activities. At the same time, the text provides grammatical information, to give you better insight into the language, and many opportunities to improve your accuracy through interaction with your instructor and other students.

✦ CHAPTER ORGANIZATION

Each chapter opens with a cultural literacy quiz to let you check what you may already know about the culture, history, and geography of a specific French-speaking area of the world. Answers may be found in Appendix C of your text. These quizzes also serve as pre-reading preparation for the magazine-like article that follows. Next you are introduced to the character who will be featured in the chapter. After these preliminary sections, each chapter is divided into three major parts.

Interactions. In the first part of each chapter, you will do the following:

- listen to taped conversations between the featured character and others
- interact with your classmates in activities related to the conversations

- express your own ideas in specific situations
- read and discuss letters, narratives, and conversations
- write a **Début de rédaction**

Structure. This section focuses on key grammatical structures that you've used in context in **Interactions**. In this section, you will do the following:

- read concise grammar explanations, with examples, to review and expand on your first-year French course
- use the structures in a variety of exercises, often in pairs or groups, and often engaging in communicative interaction
- write a **Brouillon**

A la découverte. This section gives you an opportunity to experience cultural and literary readings that were written for native speakers of French. In this section, you will do the following:

- enjoy a poem and one or more other short selections
- increase your ability to understand written French through activities in which you skim, reread, compare, summarize, and assimilate the reading selections

The final section of each chapter, entitled **Intégration**, consists of a series of creative activities that help you review some of the cultural and linguistic information you've learned. It provides additional opportunity for interaction with your classmates. A **Rédaction** activity in this section completes the process-writing sequence begun in the **Début de rédaction** and continued in the **Brouillon**.

✦ OTHER COMPONENTS OF *PERSONNAGES*

Student CD. This CD contains two original **A l'écoute** conversations for each chapter along with an expressive reading of the poems from the text. The exercises to accompany the **A l'écoute** conversations are located in the *Cahier d'activités*.

Cahier d'activités. In the workbook, there are partial script exercises for the **A l'écoute** sections of each chapter. You will use your student CD to help you fill in these passages. There are, in addition, many activities to reinforce the vocabulary and structures you have studied.

Laboratory program. A special feature of *Personnages* is a laboratory manual related to an audio program entitled *Radio francophonie*. This features a simulated radio broadcast including interviews with the main characters of the text and lively radio "advertisements." You will listen for specific information or main ideas and respond in writing to what you hear. Your progress in understanding spoken French will depend, in part, on the time you spend working with this section of the *Cahier*.

Personnages Web site. The Web site can be accessed via the **Houghton Mifflin home page**. The site includes Web activities and practice tests for each chapter of the textbook. The Web activities focus on cultural exploration, providing links to use in your search for answers to the activity questions. The practice tests are interactive. They consist of a series of questions covering the culture, vocabulary, grammar, and readings in the chapter and provide immediate feedback and scores.

✦ ACKNOWLEDGMENTS

We, the authors, are deeply indebted to the editorial staff of Houghton Mifflin for giving us the opportunity to develop and produce the text. We wish to expressly thank our wives, Maureen O'Leary Oates and Kathy Dubois, for their patience during the development and editing of *Personnages*.

We would also like to express our sincere appreciation to the following people for their support and suggestions: Daniel Marciano, our colleagues Deedee Heistad and Flavia Vernescu, Simone Monnier Clay, of the University of California-Davis, Linda Quinn Allen, of Iowa State University, and Bonnie Adair-Hauck of the University of Pittsburg.

We would like to express our sincere appreciation to the following people for their thoughtful reviews of portions of the manuscript:

Maureen Gillespie, University of Kansas
Anna Street, Concordia University College of Alberta
Marlena Bellavia, Central Oregon Community College
Carolyn Jacobs, Houston Community College
William G. Allen, Furman University
Simone Monnier Clay, University of California-Davis
Rosalie Cheatham, University of Arkansas-Little Rock
Marianne Beauvilain, Mount Royal College

M. D. O.
J. F. D.

PERSONNAGES

Point de départ

L'identité:
Qui êtes-vous?

La famille et les amis

Le blason

Comment le dire
autrement?

L'alphabet français

L'identité: Qui êtes-vous?

Renseignements personnels. Utilisez ces questions pour interviewer votre partenaire.

Comment vous appelez-vous?

Je m'appelle _____.

Où habitez-vous?

J'habite _____.

Quelle est votre adresse?

Mon adresse est _____, rue (avenue) _____.

Quelle est votre nationalité?

Je suis _____.

Où êtes-vous né(e)?

Je suis né(e)... (aux Etats-Unis, au Canada, etc.).

D'où venez-vous?

Je suis né(e) à _____, dans... (l'état, la province) de _____. Je viens de _____.

Décrivez-vous.

Je suis... (jeune, assez grand(e)/petit(e), etc.).

Faites votre portrait.

Je suis assez... (optimiste/pessimiste, etc.).

Etes-vous marié(e)?

Oui, je suis marié(e). Non, je suis célibataire.

Quel âge avez-vous?

J'ai _____ ans.

Qu'est-ce que vous avez fait pendant les vacances?

J'ai travaillé. Je suis allé(e)... . Je me suis bien amusé(e). Je n'ai pas fait grand-chose.

Quels cours suivez-vous ce semestre?

Je suis un cours de français et...

Pourquoi étudiez-vous le français?

Le français m'intéresse. C'est mon cours préféré. C'est obligatoire. J'ai l'intention d'aller en France (au Québec, au Sénégal, etc.) un jour. Je suis un peu masochiste, etc.

En quoi vous spécialisez-vous?

Je me spécialise en... (français/sciences/maths/comptabilité/commerce, etc.). Je ne sais pas encore.

Que voulez-vous faire plus tard?
Que voulez-vous faire dans la vie?

Je voudrais être _____ (avocat/médecin/professeur/ingénieur/comptable, etc.).* Je (ne) veux (pas) enseigner. Je n'ai pas encore décidé.

_____
*Voir l'Appendice A, *Professions et occupations*.

Entre amis C'est la première réunion du Club français. Interviewez un autre membre (votre partenaire) pour savoir son nom, son adresse maintenant, d'où il (elle) vient et en quoi il (elle) se spécialise. Ajoutez (*add*) deux autres questions pour mieux le (la) connaître. Ensuite présentez votre partenaire à une autre personne.

La famille et les amis

Interrogez votre partenaire au sujet de sa famille et ses amis.

Comment s'appelle **votre meilleur(e) ami(e)?**

Il (elle) s'appelle _____.

Est-il (elle) plus âgé(e) que vous?

Il (elle) a le même âge que moi.
Non, il (elle) est plus jeune/âgé(e).

Est-il (elle) plus grand(e) que vous?

Il (elle) est de la même taille que moi.
Il (elle) est plus/moins grand(e).

Décrivez votre meilleur(e) ami(e).

Il (elle) est ... (gentil(le)/calme/nerveux(-se)/ un peu bavard(e)/travailleur(-euse), etc.).

Depuis combien de temps le (la) connaissez-vous?

Je le (la) connais depuis longtemps/peu de temps. Depuis _____ ans.

Avez-vous **des frères** ou **des sœurs?**

J'ai _____ frère(s) mais je n'ai pas de sœur.
J'ai _____ sœur(s) mais je n'ai pas de frère.
Non, je suis fils (fille) unique.

Comment s'appellent-ils (elles)?

Ils (elles) s'appellent _____.

Où habitent-ils (elles)?

Ils (elles) habitent _____.

Décrivez-les.

Ils (elles) sont _____.

Quel âge ont-ils (elles)?

Ils (elles) ont _____ et _____ ans.

Que font-ils (elles) dans la vie?

_____ est au lycée et _____ est étudiant(e). Ils (elles) travaillent comme _____ et _____.

Note culturelle

La conception du mot **ami** diffère d'un pays à l'autre. L'Américain souvent *friends* les personnes qu'il connaît plus ou moins bien et a généralement beaucoup d'amis. Le Français réserve l'emploi du mot **ami** aux vrais amis et préfère appeler ses autres camarades des **copains (copines).**

Le blason

Dessinez ou préparez votre propre blason (*coat of arms*). Vous pouvez utiliser des photos, des devises (*mottos*), etc. Ensuite écrivez un paragraphe pour expliquer le blason que vous avez fait.

Comment le dire autrement?

Quelquefois on ne connaît pas le mot exact pour une chose ou une personne. Il est donc utile de connaître quelques expressions générales qui permettent de donner une définition approximative.

Quelques périphrases	*Exemples*
C'est **un synonyme de/ un mot qui veut dire...**	*Enorme?* C'est un synonyme de «très grand». *Suivant?* C'est un mot qui veut dire «après».
C'est **le contraire de...**	*Grand?* C'est le contraire de «petit».
C'est **quelqu'un qui...**	*Un professeur?* C'est quelqu'un qui enseigne.
C'est **quelque chose dont on a besoin pour...**	*Une clé?* C'est quelque chose dont on a besoin pour ouvrir une porte.
C'est **une chose avec laquelle...**	*Un bouchon?* C'est une chose avec laquelle on ferme une bouteille.
C'est **un endroit** (un magasin, etc.) **où...**	*Une boulangerie?* C'est un endroit où on vend du pain.
C'est **un objet** (une machine, un instrument) **qu'on utilise pour...**	*Un crayon?* C'est un instrument qu'on utilise pour écrire.
C'est **quand on** (vous)...	*Faire la sieste?* C'est quand on ferme les yeux et qu'on se repose après le déjeuner.
C'est **ce qu'on dit** (fait) **quand** (pour, après)...	*Bonne journée?* C'est ce qu'on dit quand on part.
C'est **un genre** (un type, une sorte, une espèce, une marque) **de...**	*Une Renault?* C'est une marque de voiture française.

Donnez une définition approximative des expressions suivantes.

1. une porte
2. le beaujolais
3. les devoirs
4. nager
5. Salut!

6. une charcuterie
7. méchant
8. conduire
9. A votre santé!
10. une Buick

L'alphabet français

a [a]   h [aʃ]   o [o]   v [ve]
b [be]   i [i]   p [pe]   w [dublə ve]
c [se]   j [ʒi]   q [ky]   x [iks]
d [de]   k [ka]   r [ɛr]   y [i grɛk]
e [ə]   l [ɛl]   s [ɛs]   z [zɛd]
f [ɛf]   m [ɛm]   t [te]
g [ʒe]   n [ɛn]   u [y]

French accents are part of spelling and must be learned. They can serve:

1. to indicate how a word is pronounced

   ç → [s]: français   è → [ɛ]: très   ë → [ɛ]: Noël
   é → [e]: marié   ê → [ɛ]: être

2. or to distinguish between meanings

   ou *or*   où *where*   la *the* (*feminine*)   là *there*

The accents are:

´	**accent aigu**	américain; téléphone
`	**accent grave**	à; très; où
^	**accent circonflexe**	âge; êtes; s'il vous plaît; hôtel; sûr
¨	**tréma**	Noël; coïncidence
¸	**cédille**	français

Crème s'écrit C–R–E accent grave–M–E.

Two special signs needed for spelling are:

’	**apostrophe**	s'il vous plaît, je m'amuse
–	**trait d'union**	Saint-Laurent, Marie-Hélène

Comment est-ce qu'on écrit «répète»?
«Répète» s'écrit R–E accent aigu–P–E accent grave–T–E.

ÊTES-VOUS BRANCHÉS? Pour avoir accès au site Internet *Personnages*, allez d'abord au site de Houghton Mifflin, http://college.hmco.com/languages/french/students et de là au site *Personnages*.

CHAPITRE UN

Une étudiante nord-américaine à Paris

Buts communicatifs

◆ Demander un renseignement
◆ Expliquer où se trouve un endroit

Structure

◆ L'emploi du présent de l'indicatif
◆ La négation
◆ *Depuis*
◆ Les mots interrogatifs: révision
◆ Les pronoms interrogatifs
◆ *Lequel* ou *quel?*

A la découverte

◆ *Le ciel est, par-dessus le toit...* Paul Verlaine
◆ *Le Départ du petit Nicolas* Sempé/Goscinny

Connaissez-vous Paris et la France?

Le saviez-vous?   Essayez de compléter ces phrases. Ensuite cherchez les réponses en lisant le texte qui suit.

1. On appelle Paris «la Ville ____».
   a. Merveille
   b. Magique
   c. Lumière
2. Le fleuve qui traverse Paris s'appelle ____.
   a. la Seine
   b. la Loire
   c. le Rhône
3. Le Quartier latin se trouve sur ____.
   a. la rive gauche
   b. la rive droite
   c. l'île de la Cité
4. Le plus célèbre boulevard de Paris est ____.
   a. le boulevard Haussmann
   b. le boulevard Saint-Germain
   c. les Champs-Elysées
5. Le musée national d'Art moderne à Paris se trouve au ____.
   a. Louvre
   b. musée d'Orsay
   c. Centre Pompidou
6. La nouvelle entrée du Louvre a la forme d'une ____.
   a. arche   b. tour   c. pyramide
7. La France a la forme géométrique d'un ____.
   a. rectangle   b. pentagone   c. hexagone
8. La France est le pays le plus ____ de l'Union européenne.
   a. vaste   b. peuplé   c. riche
9. La plus célèbre université de Paris est ____.
   a. le Collège de France   b. Paris IX   c. la Sorbonne
10. La tour Eiffel date du ____ siècle.
    a. XVIIIe b. XIXe c. XXe
11. En ce qui concerne son niveau de vie, la France se trouve deuxième derrière ____.
    a. les Etats-Unis   b. le Canada   c. l'Angleterre
12. L'énergie nucléaire fournit ____ de l'électricité de la France.
    a. un quart   b. la moitié   c. les trois quarts

L'ANGLETERRE

LA BELGIQUE

L'ALLEMAGNE

LE LUXEM-BOURG

la Manche

Paris ⊛   la Seine

LA SUISSE

LA FRANCE

L'OCEAN ATLANTIQUE

L'ITALIE

MONACO ⊛

la mer Méditerranée

L'ESPAGNE   ANDORRE

0   150   300 kilomètres
0   100   200   300 miles

la Corse

Paris

La capitale de l'Hexagone—nom qu'on emploie souvent pour décrire la France—n'est pas une ville comme les autres. Elle reçoit des millions de touristes chaque année. Certains viennent pour apprécier la richesse de son passé. Ancien de plus de deux mille ans, Paris est célèbre pour ses églises: la cathédrale de Notre-Dame, le Sacré-Cœur, Saint-Germain, la Sainte-Chapelle; pour ses musées et ses monuments: le Louvre, le musée d'Orsay, l'Arc de Triomphe, les Invalides, le Panthéon; et pour ses jardins et quartiers célè-bres: Montmartre, le jardin du Luxembourg, le jardin des Tuileries et les Champs-Elysées. Vous ne pouvez pas vous promener dans Paris sans ren-contrer son passé. Le long de ses grands boulevards et avenues se dressent des monuments ou des statues nous rappelant des personnages qui ont mar-qué son histoire, comme Jeanne d'Arc, Louis XVI, Marie-Antoinette, Napo-léon et Charles de Gaulle. Tout cela est intéressant mais ne suffit pas pour expliquer l'attrait de Paris.

En effet, la Ville Lumière ne se contente pas de vivre de son passé. Quand la tour Eiffel a été construite il y a plus de cent ans pour une foire internationale, beaucoup de Parisiens et de Parisiennes ont exprimé leur mécontente-ment, la trouvant laide. Pour-tant, avec le passage du temps elle est devenue le symbole de Paris. Le Centre Pompidou, avec son musée d'art mo-derne, a provoqué la même réaction. Aujourd'hui il reçoit encore plus de visiteurs que la tour Eiffel. Comme un Français sur six vit dans la région parisienne, c'est une ville dynamique avec beaucoup d'activités pour les jeunes. Dans le Quartier latin, sur la rive gauche de la Seine, vous pouvez rencontrer des étudiants du monde entier venus pour faire des études à la Sorbonne ou dans une des autres universités de Paris. Aujourd'hui, à l'entrée du vingt-et-unième siècle, la France joue un rôle important dans l'Union européenne et dans le monde. Seul le Canada est jugé supérieur pour son niveau de vie, d'après les critères de l'IDH (Indice de développement humain), et la France est la quatrième puissance économique du monde. En agriculture, seuls les Etats-Unis exportent plus de produits alimentaires. Si le français a perdu de son importance au profit de l'anglais, dans plusieurs domaines la France

Le Louvre et son entrée

rivalise avec les USA, notamment en hautes technologies. Son TGV (train à grande vitesse), la fusée Ariane et les avions Airbus en sont quelques exemples. De plus, la France a été un pionnier de l'informatique avec le Minitel, qui était le précurseur de l'ordinateur personnel (PC). Dans le domaine de la construction, la France s'est distinguée avec la Grande Arche du quartier de la Défense, le tunnel sous la Manche et le pont de Normandie. Si l'Hexagone obtient une grande partie de son énergie du nucléaire (76 pour cent de son électricité), elle joue quand même un rôle mondial important dans la lutte pour la protection de l'environnement. Avec ses soixante millions d'habitants, la France, qui est déjà le plus grand pays de l'Union européenne en superficie, occupe la troisième place en ce qui concerne la population. Depuis janvier 2002, le franc est hors de circulation.

L'euro est la nouvelle monnaie pour la France comme pour tous les pays de l'Union européenne qui ont choisi une monnaie unique.

ETES-VOUS BRANCHES? Pour en savoir plus sur Paris et la France, cherchez les renseignements indiqués sur Internet. Allez d'abord au site de Houghton Mifflin, http://college.hmco.com/languages/french/students et de là au site *Personnages*. Consultez la liste des adresses Web pour obtenir les renseignements.

Interactions

Trois étudiants arrivent à Paris pour étudier le français pendant l'été. Ce sont Christine Hayes, qui a pour matière principale les sciences de l'environnement, Julie Spears, qui étudie les sciences politiques, et David Carter, qui se spécialise en chimie. Ils se connaissent depuis qu'ils étaient élèves ensemble au lycée.

A Paris, au cœur de l'ancienne province de l'Ile-de-France, ils vont habiter à la Cité universitaire et suivre des cours à l'Alliance française pendant six semaines. Ils seront libres l'après-midi et pendant les week-ends pour visiter Paris et la région parisienne. En juillet, Caroline Rogeon va venir les retrouver à Paris. Elle termine sa première année comme assistante sur leur campus aux Etats-Unis. C'est elle qui a encouragé nos trois étudiants à venir en France. Ils ont l'intention de louer une voiture et de visiter le Midi tous ensemble.

Notes lexicales

1. **Elève ou étudiant?** Les Français appellent **élèves** les jeunes qui sont à l'école primaire ou secondaire. Le mot **étudiants** désigne ceux qui sont au niveau universitaire.
2. **Université ou universitaire?** Le mot **université** est un nom; **universitaire** est un adjectif. Pour traduire *to go to college*, on dit **faire des études universitaires**.

VOCABULAIRE

Les noms

un carnet de tickets book of tickets
un château castle
un chemin way, path, road
la chimie chemistry
un fleuve river

une langue language
le Midi the South of France
un plan map (city, house, etc.)
un pont bridge
un quartier neighborhood; area
un renseignement (item of) information

une rive bank (of a river)
les sciences (*f.*) **de l'environnement** environmental science
un vol flight

Les verbes et expressions verbales

compter to intend, to plan; to count
se débrouiller (*familier*) to get along; to manage; to find a solution
déranger to bother; to disturb
enseigner to teach
épeler to spell
Il vaut mieux + *inf.* It is better to
prendre (le métro, etc.) to take (the subway, etc.)
prendre une correspondance to change trains
rencontrer to meet
rentrer to go back; to go home
retrouver to meet; to find again
se sentir to feel (good, bad, etc.)
traverser to cross
tutoyer to use **tu** with someone
venir de + *inf.* to have just (done something)

Les adjectifs

ancien/ancienne former; old
gratuit(e) free (of charge)
libre free (not busy; vacant; free of charge)
prochain(e) next
suivant(e) following; next

Les invariables

comme as; like
environ approximately; about
quand même even so
tout à fait completely
tout à l'heure in a little while; a little while ago

Les étudiants à Paris

une cité universitaire student residence area
une matière principale/matière secondaire a major/minor
un message électronique (un mail; mél) e-mail
une résidence (universitaire) dormitory
se spécialiser en to major in
suivre un cours to take a course

---

activité **1**

workbook

Choisissez les mots, les expressions ou les phrases de la colonne de droite qui correspondent le mieux à ceux de la colonne de gauche.

1. _____ suivre des cours
2. _____ tout à fait
3. _____ se spécialiser
4. _____ compter
5. _____ un vol
6. _____ une résidence universitaire
7. _____ une quinzaine de jours
8. _____ rencontrer quelqu'un

a. avoir l'intention de
b. environ deux semaines
c. faire sa connaissance ou le revoir
d. un endroit où les étudiants habitent
e. complètement
f. être étudiant(e)
g. choisir une matière principale
h. un voyage en avion

activité **2**   Complétez les phrases suivantes avec une des expressions de la liste de vocabulaire.

1. Si on n'est pas obligé de payer une chose, cette chose est _____.
2. Le moyen le plus rapide de voyager dans Paris est de _____.
3. Une _____ est la bande de terre qui borde un fleuve ou une rivière.
4. On _____ la ville de Paris si on va de la Défense au château de Vincennes.
5. Ceux qui fument _____ quelquefois les autres avec la fumée de leurs cigarettes.
6. Si on ne connaît pas la route, il vaut mieux demander _____.
7. _____ est le sujet dans lequel on se spécialise.
8. Si on change de ligne de métro, on doit prendre _____.

activité **3**   Utilisez une périphrase pour expliquer, en français, le sens des mots et expressions qui suivent. Avant de commencer, consultez la liste des périphrases au Chapitre préliminaire, page 5.

Modèles: un lycée **C'est un endroit où on étudie.**
  un ticket **C'est une chose dont on a besoin pour prendre le métro.**

1. suivant
2. un pont
3. un château
4. tutoyer

5. un plan
6. le Midi
7. un quartier
8. il vaut mieux

Les nombres cardinaux: révision

1–10	un, deux, trois, quatre, cinq, six, sept, huit, neuf, dix
11–19	onze, douze, treize, quatorze, quinze, seize, dix-sept, dix-huit, dix-neuf
20–	vingt, vingt et un, vingt-deux, vingt-trois, etc.
30–60	trente, quarante, cinquante, soixante
70–	soixante-dix, soixante et onze, soixante-douze, soixante-treize, etc.
80–	quatre-vingts, quatre-vingt-un, quatre-vingt-deux, quatre-vingt-trois, etc.
90–	quatre-vingt-dix, quatre-vingt-onze, quatre-vingt-douze, quatre-vingt-treize, etc.
100–	cent, cent un, cent deux, etc. ... deux cents, deux cent un, deux cent deux, etc.
1.000–	mille, deux mille, trois mille, etc.
1.000.000–	un million, deux millions, trois millions, etc.
1.000.000.000–	un milliard, deux milliards, trois milliards, etc.

activité 4   Indiquez le prix des articles sur les affiches à l'aéroport.

> **Modèle:**   Etudiant 1: **Combien coûte une chambre à l'hôtel Ibis?**
> Etudiant 2: **Elle coûte quatre-vingts euros.**

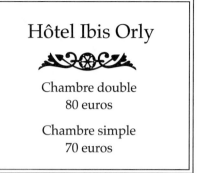

Hôtel Ibis Orly

Chambre double
80 euros

Chambre simple
70 euros

MOYEN DE TRANSPORT
à la Gare Montparnasse

Taxi 20 euros

Autobus 7 euros

activité 5   Environ combien coûtent les articles/services suivants dans votre pays? Essayez de calculer ces prix en euros. Votre professeur vous indiquera la valeur approximative de l'euro.

1. un repas dans un restaurant élégant
2. des chaussures de sport Nike / Adidas / Reebok
3. un vélo tout terrain (*mountain bike*)
4. la note de téléphone de vos parents
5. un Big Mac
6. une soirée au cinéma pour deux
7. une douzaine de roses à la Saint-Valentin
8. un disque compact

workbook

A l'écoute 1

Après être descendue du vol Air France 0034, Christine cherche un téléphone. Elle désire vérifier si leurs réservations sont confirmées. Lisez les notes culturelles et écoutez la conversation deux ou trois fois avant de passer aux activités.

> ### Notes culturelles
>
> 1. **Le métro ou le RER?**   Le métro est le moyen de transport le plus pratique dans Paris. Depuis plusieurs années, il existe aussi de nouvelles lignes, appelées RER (Réseau Express Régional) pour desservir la banlieue. C'est ce genre de train qu'on prend, par exemple, pour aller à l'aéroport Roissy-Charles-de-Gaulle.
> 2. **Une station ou un arrêt?**   Les endroits où s'arrêtent le métro et le RER s'appellent des **stations;** le mot **arrêt** est réservé à l'autobus.

activité 6   Décidez si les affirmations suivantes sont vraies ou fausses. Corrigez celles qui sont fausses.

1. Les étudiants viennent d'arriver à la Cité universitaire.
2. Le taxi est le moyen de transport le plus économique.
3. Christine doit descendre du métro à la station Denfert-Rochereau.
4. Le métro n'est pas très coûteux.
5. Les étudiants veulent faire leurs réservations par téléphone.
6. La téléphoniste sait écrire le nom de famille de Christine.
7. Les étudiants vont arriver bientôt à la Cité.

Ecoutez la conversation encore une fois et complétez les phrases suivantes.

1. Les trois étudiants arrivent _____.
2. Les deux étudiants qui accompagnent Christine s'appellent
   _____.
3. Christine décide de téléphoner pour savoir si _____.
4. La station où ils doivent descendre s'appelle _____.
5. La ligne rapide de métro qui traverse Paris s'appelle _____.
6. La téléphoniste vérifie la liste pour savoir si _____.

A l'écoute 2

workbook

Christine adresse la parole à un étudiant français. Lisez les notes culturelles et écoutez la conversation avant de passer aux activités.

Notes culturelles

1. **Tu ou vous?** En général, on utilise **tu** avec ses amis, les membres de sa famille, les enfants et les animaux. De plus, les étudiants se tutoient d'habitude, même s'ils ne se connaissent pas. Autrement, il vaut mieux dire **vous.**
2. **L'heure du dîner.** En France on ne va pas au restaurant à n'importe quelle heure, comme c'est parfois le cas en Amérique. Dans beaucoup de restaurants, on ne peut pas être servi avant dix-neuf heures, au plus tôt.
3. **Une carte ou un plan?** Il y a deux mots pour *map* en français. On utilise le mot **plan** pour une ville et le mot **carte** pour un pays, un état ou une province.

activité **8**   Répondez *vrai* ou *faux*. Si une affirmation est fausse, corrigez-la.

1. André habite dans la résidence depuis six mois.
2. André n'aime pas qu'on le tutoie parce qu'il ne connaît pas Christine.
3. Christine cherche un restaurant célèbre pour son premier dîner en France.
4. André et Christine demandent à un agent de police où se trouve Le Gavroche.
5. Christine présente ses amis à André.
6. Les restaurants ouvrent plus tard en France qu'aux USA.
7. André ne peut pas aller manger avec eux parce qu'il n'a pas faim.
8. Les étudiants vont au restaurant à pied.

activité **9**   Répondez aux questions suivantes.

1. Est-ce qu'il y a des restaurants près de la Cité universitaire?
2. Pourquoi Christine ne veut-elle pas aller chez McDo?
3. Pourquoi André conseille-t-il Le Gavroche?
4. Combien de temps faut-il pour y aller?
5. A quelle heure ouvre le restaurant?
6. Quelle différence y a-t-il entre les restaurants en France et aux USA?

◆ **TETE-A-TETE**

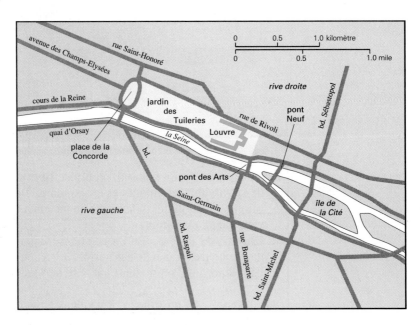

Conversation. Christine cherche le musée du Louvre. Elle demande son chemin à un passant.

CHRISTINE: Pardon, Monsieur. Est-ce que je pourrais vous demander un renseignement?

UN PARISIEN: Bien sûr! Que voulez-vous savoir?

CHRISTINE: Pourriez-vous m'indiquer où se trouve le Louvre?

UN PARISIEN: Eh bien, le Louvre est à côté de la Seine, près du pont des Arts. Voyons, après l'hôtel, vous prenez à droite. Ensuite vous tournez dans la rue Saint-Honoré. Puis, suivez la rue tout droit jusqu'au Louvre. C'est au bout de la rue.

CHRISTINE: Merci beaucoup, Monsieur.

Et vous? Répétez la conversation avec votre partenaire. Ensuite modifiez-la: vous êtes sur le boulevard Saint-Michel et vous cherchez la place de la Concorde.

Expressions utiles

1. Pour demander un renseignement

Pardon, Monsieur/Madame/ Mademoiselle.	*Excuse me, sir/ma'am.*
Je vous demande pardon.	*Please excuse me.*
Excusez-moi de vous déranger.	*Excuse me for bothering you.*
Pourriez-vous me dire... ?	*Could you tell me . . . ?*
Pourriez-vous m'indiquer où se trouve(nt)... ?	*Could you tell me where . . . is/are?*
Où est-ce qu'on peut trouver... ?	*Where is/are . . . ?*
Où se trouve(nt)... ?	*Where is/are . . . ?*
Je cherche...	*I'm looking for . . .*

2. Pour expliquer où se trouve un endroit

C'est dans la rue...	*It's on . . . Street.*
C'est sur l'avenue...	*It's on . . . Avenue.*
C'est sur la route...	*It's on Highway . . .*
C'est sur la rive gauche.	*It's on the left bank.*
En face (de...)	*Directly opposite (. . .)*
Tournez à gauche/à droite.	*Turn left/right.*
Continuez tout droit.	*Continue straight ahead.*
C'est tout près.	*It's right nearby.*
C'est à deux cents mètres d'ici.	*It's two hundred meters from here.*
C'est à dix minutes d'ici.	*It's ten minutes from here.*

workbook

Note culturelle

La rive gauche ou la rive droite? La Seine, qui traverse Paris, sépare la ville en deux parties. Puisque le fleuve coule d'est en ouest pour se jeter dans l'océan Atlantique, on appelle la partie de Paris qui se trouve au sud de la Seine **la rive gauche** et celle qui se trouve au nord **la rive droite.** La rive gauche, où se trouvent la Sorbonne et de nombreuses librairies, est le centre intellectuel de la capitale. Le Quartier latin, domaine des étudiants, y est situé. La rive droite est la tête financière et commerciale de Paris. C'est là où se trouve le quartier des affaires qui, de la Bourse au boulevard Haussmann, groupe les grandes banques et beaucoup d'administrations.

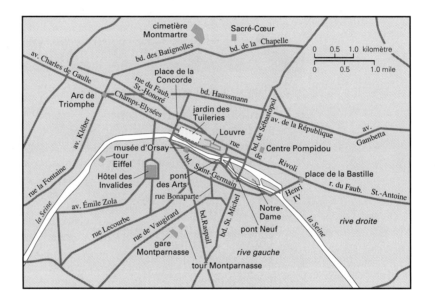

activité 10   Utilisez le plan de Paris pour expliquer où se trouvent les endroits suivants.

Modèle: la gare Montparnasse
Vous: **Où se trouve la gare Montparnasse, s'il vous plaît?**
Votre partenaire: **C'est sur la rive gauche, près de la tour Montparnasse.**

1. le Centre Pompidou
2. les Invalides
3. le musée d'Orsay
4. Montmartre
5. la place de la Bastille

activité **11** Un(e) nouvel(le) étudiant(e) francophone vous demande des renseignements concernant votre campus. Répondez en indiquant où se trouvent les endroits suivants.

1. Où se trouve la bibliothèque?
2. Pour la librairie, s'il vous plaît?
3. Pourriez-vous m'indiquer le bureau de poste le plus proche?
4. Excusez-moi de vous déranger. Je cherche l'administration.
5. Y a-t-il un gymnase sur ce campus?
6. Pardon, je cherche la faculté des sciences, s'il vous plaît.

Entre amis Vous venez d'arriver à l'aéroport Roissy. Allez au bureau des renseignements. Là, un(e) des employé(e)s (votre partenaire) va essayer de répondre à vos questions. Vous voulez savoir...

1. comment vous pouvez vous rendre de l'aéroport à la Cité universitaire
2. la différence de prix entre un autobus et un taxi pour aller à cet endroit
3. où se trouvent les toilettes

◆ LIRE ET DISCUTER

Echange 1

Le jour après son arrivée, Christine entre dans un cybercafé et adresse un message électronique à Caroline Rogeon pour lui faire savoir qu'elle est bien arrivée.

```
de:          christine.hayes@hotmail.com
envoyé le:   22 juin
à:           rogeonc@wanadoo.fr
sujet:       Nous voilà!
```

Chère Caroline,

   Nous venons d'arriver à Paris et nous sommes maintenant installés dans nos chambres. J'ai trouvé un cybercafé d'où je t'envoie ce mail. Tu avais raison,

Paris est vraiment une ville formidable. Nous aimons tout ce que nous avons vu. Le Sacré-Cœur est aussi beau qu'en photo et la tour Eiffel, elle est encore plus belle. Partout, on voit de petits magasins. Il y a même une boulangerie juste à côté de la résidence universitaire. Nous pouvons y trouver des croissants pour le petit déjeuner.

J'ai parlé français à une dame qui était à la réception et elle a compris tout de suite. Je suis contente de pouvoir parler avec les gens. A mon avis, Julie et David se débrouillent bien mais nous avons tous quelquefois des difficultés à nous exprimer. Je t'assure que nous faisons un gros effort pour ne pas parler anglais.

Hier soir nous sommes allés dîner dans un restaurant. Un étudiant français nous a accompagnés. Il s'appelle André et il vient de Lyon. Je lui ai demandé des renseignements et il a eu la gentillesse de nous indiquer un petit restaurant super! Il y a un McDonald près d'ici mais nous voulons manger «français». Après tout, nous sommes en France pour faire comme les Français, pas pour aller dans les restaurants américains.

Nous nous sommes bien reposés la nuit dernière parce que nous étions fatigués après le voyage. Tout à l'heure nous allons faire une promenade dans le quartier et ce soir nous allons prendre le métro pour aller à Montmartre. André a promis de nous servir de guide. On doit avoir une belle vue de Paris de là-haut. A bientôt la joie de te revoir.

Bien amicalement, Christine

activité **12**   A discuter.

1. Pourquoi Christine écrit-elle?
2. Pour quelles raisons est-elle heureuse d'être à Paris?
3. Quelles ressemblances et quelles différences y a-t-il entre ces étudiants et vous?
4. Quelles ressemblances et quelles différences y a-t-il entre Paris et la ville où vous habitez?
5. Utilisez le plan de Paris et identifiez les endroits qui sont mentionnés dans le message de Christine. Avez-vous déjà entendu parler de ces endroits?

activité **13**

Essayez de raconter à votre partenaire tout ce que Christine, Julie et David font pendant leur première semaine en France. Utilisez les mots **d'abord, ensuite, après** et **enfin**. Commencez par la phrase suivante:

D'abord, les trois étudiants arrivent à l'aéroport et...

Echange 2

Pour utiliser le métro.

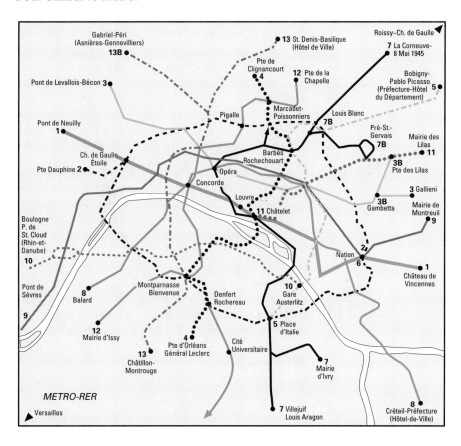

Pour le plan du métro de Paris, consultez le site *Personnages* pour ce chapitre.

Le métro est un moyen économique de circuler dans la capitale. Quand vous descendez dans une station, vous achetez vos tickets au guichet (*ticket window*). Il est préférable d'acheter un carnet de dix tickets parce que c'est moins cher.

Dans chaque station il y a un plan du métro. Vous pouvez le consulter. Il y a trois lignes principales. La ligne n° 1 traverse Paris de gauche à droite. Les deux autres, la 2 et la 6, font ensemble le tour de Paris: la 2, en passant par Barbès-Rochechouart au nord, et la 6, en passant par Denfert-Rochereau au sud. Toutes les autres lignes coupent ces trois lignes.

Il faut donc savoir trois choses quand on prend le métro: où commence et où se termine la ligne que vous voulez prendre, la direction dans laquelle vous allez et la station où vous prendrez une correspondance. Quand

Photo credit: R.A.T.P.

vous savez quel est votre itinéraire, vous allez au tourniquet (*turnstile*), vous mettez votre ticket dans la fente (*slot*) et le reprenez après avoir franchi la barrière. Gardez votre ticket en cas de contrôle.

Une fois arrivé à l'endroit où vous voulez descendre, vous vous dirigez, sans sortir de la station, vers l'inscription lumineuse «CORRESPONDANCE», si vous continuez votre voyage dans une autre direction. Si votre voyage est terminé, cherchez l'inscription «SORTIE». Si vous souffrez de claustrophobie, vous avez la possibilité de prendre l'autobus où vos tickets de métro sont également valables.

activité 14 A vous de décider si les affirmations suivantes sont vraies ou fausses. Si une affirmation est fausse, corrigez-la.

1. Les tickets de métro coûtent moins cher en carnet.
2. Si vous voulez changer de train, il faut sortir de la station.
3. Il y a quelquefois des contrôleurs dans le métro.
4. Il faut toujours savoir d'où vient un train et dans quelle direction il va.
5. On peut utiliser les tickets de métro dans l'autobus.
6. Pour aller de Charles-de-Gaulle-Etoile à Nation, la ligne 1 est la plus directe.
7. Pour aller à Pigalle, on prend la ligne 6.

activité 15 Vous êtes au musée du Louvre. Un(e) touriste vous demande de l'aider à trouver plusieurs endroits. Utilisez le plan du métro et donnez les renseignements nécessaires pour aller du Louvre (1) à la place de l'Opéra, (2) au château de Vincennes, (3) à Pigalle, (4) à la Cité universitaire.

> **Modèle:** Qu'est-ce qu'il faut faire pour aller du Louvre à la gare Montparnasse?
> **D'abord, on prend la ligne de métro 1, direction Pont de Neuilly. Puis on descend à Concorde. Ensuite on prend une correspondance, direction Mairie d'Issy. C'est la ligne 12. Enfin on descend à Montparnasse.**

 Début de rédaction. Choisissez trois sites intéressants (bâtiments, monuments, magasins, etc.) dans la ville ou dans la région où se trouve votre université. Répondez aux questions suivantes par écrit.

1. Nommez trois sites.
2. A quel endroit précis se trouvent ces sites? Dans quelle rue? Sont-ils sur le campus ou près de l'université?
3. Situez chacun de ces sites par rapport à une rue principale ou par rapport au centre-ville.
4. De votre campus, est-ce qu'on peut aller à pied à chacun de ces sites, ou vaut-il mieux prendre l'autobus ou la voiture?
5. Pour chaque site, donnez une ou deux raisons pour y aller.

Structure

◆ L'EMPLOI DU PRESENT DE L'INDICATIF

A. In general, French uses the present tense wherever English uses it. This includes:

1. describing events taking place in the present or in the immediate future.

Christine **parle** au téléphone.	*Christine is speaking on the phone.*
Je **fais** la cuisine ce soir.	*I'm cooking this evening.*

2. telling about something habitual or customary.

Nous **habitons** près du campus.	*We live near the campus.*
Les étudiants **ont** beaucoup de travail.	*Students have a lot of work.*

3. giving directions.

Vous **prenez** à droite dans la rue Monge.	*You turn right on Monge Street.*

B. The use of the present, often called the historical present, makes a story more vivid.

Le 18 juin 1940, de Gaulle **parle** à la radio et **adresse** un message aux Français.	*On June 18, 1940, de Gaulle spoke on the radio and sent a message to the French people.*

C. Remember that the present tense has only one form in French, while in English it has several forms.

David **se spécialise** en chimie.	*majors, is majoring, does major*
Il **se débrouille** quand même en français.	*gets along, is getting along, does get along*

D. To refer to future actions, French often uses the present of **aller** + *the infinitive* in cases in which English uses the expression *going to* + verb.

Ils **vont dîner** à huit heures.	*They are going to have supper at eight o'clock.*

E. To refer to something that happened recently, French uses the *present* of **venir** + **de** + *the infinitive* in cases in which English uses the expression *to (have) just* + past participle.

Ils **viennent d'arriver** à Paris.	*They have just arrived in Paris.*
Nous **venons de manger**.	*We just ate (have just eaten).*

F. Review the following verb forms.

1. Regular verbs

parler to speak	*finir* to finish	*descendre* to descend
je parl**e**	je fin**is**	je descend**s**
tu parl**es**	tu fin**is**	tu descend**s**
il/elle/on parl**e**	il/elle/on fin**it**	il/elle/on descend
nous parl**ons**	nous fin**issons**	nous descend**ons**
vous parl**ez**	vous fin**issez**	vous descend**ez**
ils/elles parl**ent**	ils/elles fin**issent**	ils/elles descend**ent**

2. Reflexive verbs

se spécialiser to major	*se sentir* to feel
je me spécialise	je me sens
tu te spécialises	tu te sens
il/elle/on se spécialise	il/elle/on se sent
nous nous spécialisons	nous nous sentons
vous vous spécialisez	vous vous sentez
ils/elles se spécialisent	ils/elles se sentent

3. Stem-changing verbs

e → è	**acheter**	achète, achètes, achète, achètent
		but: achetons, achetez
		(Similar verbs: **lever, promener**)
é → è	**espérer**	espère, espères, espère, espèrent
		but: espérons, espérez
		(Similar verbs: **compléter, répéter**)
double consonant	**appeler**	appelle, appelles, appelle, appellent
		but: appelons, appelez
		(Similar verbs: **jeter, épeler**)
verbs in **-yer**	**tutoyer**	tutoie, tutoies, tutoie, tutoient
		but: tutoyons, tutoyez
		(Similar verbs: **envoyer, nettoyer**)

Before **-ons**, verbs ending in **-cer** have **-ç-** and verbs ending in **-ger** have **-ge-**: commen**ç**ons, na**ge**ons

4. The five most frequently used verbs in French are:

	être	*avoir*	*faire*	*dire*	*aller*
je (j')	suis	ai	fais	dis	vais
tu	es	as	fais	dis	vas
il/elle/on	est	a	fait	dit	va
nous	sommes	avons	faisons	disons	allons
vous	êtes	avez	faites	dites	allez
ils/elles	sont	ont	font	disent	vont

5. Use the verb tables in the back of this text to review the present of the following irregular verbs: **savoir, connaître, pouvoir, vouloir, venir, prendre, suivre.**

exercice **1** Mettez au présent les verbes entre parenthèses pour compléter les phrases suivantes.

1. (suivre, avoir) Christine, David et Julie _____ des cours, mais aujourd'hui ils _____ l'après-midi libre.
2. (faire, aller, acheter) Les trois amis _____ quelques courses. Ils _____ au bureau de tabac où ils _____ des cartes postales.
3. (choisir, envoyer) Ils _____ des vues de Notre-Dame de Paris qu'ils _____ à leurs amis.
4. (prendre, se sentir) Ensuite ils _____ le métro car ils _____ fatigués.
5. (dire, savoir) David _____ qu'il _____ où il y a une station de métro.
6. (être, venir) «Nous ne _____ pas loin. Je _____ de voir une bouche de métro.»
7. (connaître, dire) «Tu _____ déjà bien Paris», _____ Julie et Christine.
8. (vouloir, pouvoir) Ils _____ visiter la basilique du Sacré-Cœur demain. On _____ voir toute la ville de Paris de là-haut.

exercice **2**

Avec votre partenaire, inventez une conversation entre deux personnes qui se rencontrent pour la première fois à une soirée. Vous pouvez utiliser certaines des expressions suivantes, si vous voulez.

Bonsoir, ça va bien?	suivre le cours de...
Je m'appelle...	vouloir quelque chose à manger ou à boire
se spécialiser en...	connaître...
venir de...	aimer...

exercice **3**

Interviewez votre partenaire pour savoir ce qu'il (elle) va faire le week-end prochain. Commencez par les questions suivantes:

Qu'est-ce que tu vas faire vendredi soir?
Et samedi?

◆ LA NEGATION

workbook

A. Two words, **ne** and **pas**, are normally used to make a sentence negative. **Ne** (which becomes **n'** before a vowel or mute **h**) precedes the conjugated verb, and **pas** follows it.

On **ne** dîne **pas** avant dix-neuf heures.   *We don't eat before seven o'clock.*

Ne quittez **pas**, Mademoiselle.   *Don't hang up, miss.*

Pronoun objects are placed between **ne** and the verb.

Vous **ne** me dérangez **pas**.   *You're not bothering me.*

Other common negatives include **ne ... jamais** (*never*), **ne ... rien** (*nothing*), **ne ... plus** (*not any more; no longer*), **ne ... pas encore** (*not yet*), and **ne ... personne** (*no one*).

Elle **ne** prend **plus** le métro.   *She no longer takes the metro.*

Je **ne** tutoie **jamais** notre professeur.   *I never use "tu" with our teacher.*

B. In compound tenses, **ne** and **pas** (**jamais, rien,** etc.) surround the auxiliary verb.

Je **n'**ai **pas** compris.   *I didn't understand.*

Le vol **n'**est **pas encore** arrivé.   *The flight hasn't arrived yet.*

Ne ... personne, however, surrounds both the auxiliary and the past participle.

Nous **n'**avons vu **personne**.   *We saw no one.*

N.B.: The negative will be studied in greater detail in Chapter 8.

exercice **4**   Répondez à la forme négative aux questions suivantes.

1. Est-ce que Christine est française?
2. Est-ce que ses amis s'appellent Jane et Don?
3. Sont-ils déjà venus en France?
4. Est-ce qu'ils ont acheté quelque chose à l'aéroport?
5. Christine a-t-elle envie de manger dans un McDo?

◆ DEPUIS

workbook

A. The present tense is used with **depuis** to tell how long a situation has been going on. The action began in the past but is still continuing in the present. The English translation is *has been* or *have been* plus the *-ing* form of the verb.

Julie étudie à Paris **depuis** 15 jours.	*Julie has been studying in Paris for two weeks.*
Julie étudie à Paris **depuis** le 20 juin.	*Julie has been studying in Paris since June 20.*

NOTE: The expressions **voilà ... que, il y a ... que,** and **cela (ça) fait ... que** may also be used with the same meaning as **depuis.**

Voilà 15 jours **que** Julie est à Paris. ⎫	
Il y a 15 jours **que** Julie est à Paris. ⎬	*Julie has been in Paris for two weeks.*
Cela fait 15 jours **que** Julie est à Paris. ⎭	

However, **il y a** means *ago* when used without **que** before an expression of time. The verb will then be in a past tense.

Julie est arrivée **il y a 15 jours.**	*Julie arrived two weeks ago.*

B. Use **Depuis combien de temps** (*How long?*) or **Depuis quand** (*Since when?*) with the present tense to ask about something that has already begun but is still continuing.

Depuis combien de temps te sens-tu malade?	Je me sens malade **depuis** une demi-heure.
Depuis quand habites-tu dans cette résidence?	J'y habite **depuis** septembre dernier.

C. Remember that **depuis** with the present tense is used to talk about situations that are still going on. To ask or state how much time was spent doing something that has already been completed, use **pendant** with the **passé composé.** If necessary, review the forms of the **passé composé** in Chapter 2.

Ce professeur-ci **enseigne depuis** cinq ans.	*This teacher has been teaching for five years (and still is teaching).*
Ce professeur-là **a enseigné pendant** cinq ans.	*That teacher taught for five years (but is no longer teaching).*

D. In the negative, the **passé composé** may be used with **depuis** to state that something has *not* happened for a period of time.

Je **n'ai pas été** malade **depuis** six mois.	*I haven't been sick for six months.*
Mes parents **n'ont pas écrit depuis** 15 jours.	*My parents haven't written for two weeks.*

exercice **5**   Donnez des renseignements personnels. Utilisez **depuis, voilà ... que, Ça fait ... que,** etc. chaque fois que ce sera possible. Vous pouvez parler d'autres personnes, si vous le préférez.

> **Modèles:**   **J'étudie les maths depuis _____.**
> **Ça fait deux mois que mon amie Mary se sent fatiguée.**

1. avoir mon permis de conduire
2. habiter la ville de...
3. me spécialiser en...
4. étudier... (*matière*)
5. jouer à... (*sport*)

6. connaître... (*nom*)
7. suivre ce cours
8. se sentir fatigué(e), malade, etc.
9. sortir avec... (*nom*)
10. jouer de... (*instrument de musique*)

exercice **6**   D'abord choisissez des noms de personnes que vous connaissez pour compléter les phrases suivantes. Puis vos partenaires vont utiliser ces phrases pour formuler des questions. Si le verbe est au présent, ils doivent utiliser **depuis quand** ou **depuis combien de temps.** Si le verbe est au passé composé, ils doivent utiliser **pendant combien de temps.** Ensuite répondez à ces questions.

> **Modèle:**   <u>Marie</u> joue au tennis.
> **Depuis combien de temps est-ce qu'elle joue au tennis?**
> **Elle joue au tennis depuis...** (un an, deux ans, etc.).
> **Depuis quand est-ce qu'elle joue au tennis?**
> **Elle joue au tennis depuis...** (l'année dernière, etc.).

> **Modèle:**   <u>Bill et Anne</u> ont dansé hier soir.
> **Pendant combien de temps est-ce qu'ils ont dansé?**
> **Ils ont dansé pendant...** (une heure, deux heures, etc.).

1. _____ se spécialise en français.
2. _____ a visité Paris.
3. _____ suivent ce cours.
4. _____ a étudié les sciences de l'environnement.
5. _____ a suivi un cours d'informatique.
6. _____ se débrouillent bien en français.
7. _____ enseigne.

exercice **7**   Préparez cinq questions avec **depuis** que vous pouvez poser à votre professeur.

> **Modèle:**   **Depuis combien de temps enseignez-vous à cette université?**

◆ LES MOTS INTERROGATIFS: REVISION

workbook

A. Notice the French form of the following common questions:

Que faites-vous le vendredi soir?	*What do you do on Friday nights?*
Qui est cette femme?	*Who is that woman?*
Combien de frères ou de sœurs avez-vous?	*How many brothers or sisters do you have?*

Où habitez-vous?	*Where do you live?*
D'où venez-vous?	*Where do you come from?*
Comment?	*What? (Excuse me? Please repeat.)*
Comment vous appelez-vous?	*What is your name?*
Comment allez-vous?	*How are you?*
Qu'est-ce que «chic» veut dire?	*What does "chic" mean?*
Qu'est-ce que c'est?	*What is it?*
Quel âge avez-vous?	*How old are you?*
Quelle est votre adresse?	*What is your address?*
Quelles sont vos émissions préférées?	*What are your favorite (TV) programs?*
Pourquoi ne me répondez-vous pas?	*Why don't you answer me?*

B. Notice the use of **Quel(le)(s)** in the preceding examples to request information, data, or an opinion. This is the adjective that you will normally use to inquire about address, age, and so on. However, when asking for the *meaning* of a word or for a *definition*, **Qu'est-ce que** or **Qu'est-ce que c'est que** must be used.

Qu'est-ce que (c'est que) l'écologie?	*What does "ecology" mean?* (definition requested)

exercice **8** Dans les phrases suivantes, il s'agit de Christine Hayes. Composez les questions qui donnent ces réponses.

> **Modèle:** Je veux payer mes achats par chèque. Comment... ?
> **Comment voulez-vous payer vos achats?**

1. Je m'appelle Christine. Comment... ?
2. Je me lève de bonne heure. A quelle heure... ?
3. Cet été, je suis trois cours de français. Combien... ?
4. Je prends le métro pour aller aux cours. Pourquoi... ?
5. Je dîne avec des amis. Avec qui... ?
6. André va dîner avec nous. Qui... ?
7. J'aime bien visiter Paris. Qu'est-ce que... ?
8. La Cité universitaire est très moderne et très propre. Comment... ?
9. Une fois les cours terminés, mes amis et moi, nous partons pour le Midi en voiture. Quand... ?

exercice **9** Complétez les questions suivantes avec l'expression interrogative qui convient, **Quel(le) est** ou **Qu'est-ce que (qu')**.

1. _____ la capitale de la Belgique?
2. _____ le nom de ce vin?
3. _____ le RER?
4. _____ votre émission préférée?
5. _____ un ordinateur?
6. _____ le musée le plus intéressant?

exercice 10 Vous êtes journaliste. Votre partenaire va jouer le rôle de quelqu'un de célèbre (par exemple, un acteur ou une actrice). Interviewez cette personne. Posez-lui au moins cinq questions qui commencent par un mot interrogatif. Ensuite changez de rôles. Après, vous allez présenter ce «personnage célèbre» aux autres étudiants.

◆ LES PRONOMS INTERROGATIFS

workbook

Qui est-ce?	*Who is it?*
Qu'est-ce que c'est?	*What is it?*
Que fais-tu pendant ton temps libre?	*What do you do during your free time?*
A quoi pensez-vous?	*What are you thinking about?*

A. Interrogative pronouns are those used to ask *who, whom, what* questions. It is important to distinguish between people and things and among the functions of the interrogative pronoun. It can be a subject, a direct object, or an object of a preposition.

	People	
Subject		
Qui	Qui vient d'arriver?	
Qui est-ce qui	Qui est-ce qui vient d'arriver?	*Who just arrived?*
Object		
Qui (+ *inversion*)	Qui avez-vous vu?	
Qui est-ce que	Qui est-ce que vous avez vu?	*Whom did you see?*
After a preposition		
Prep. + **qui** (+ *inversion*)	A qui écrivez-vous?	
Prep. + **qui est-ce que**	A qui est-ce que vous écrivez?	*To whom are you writing?*

B. When speaking about a thing that is a subject, **qu'est-ce qui** is the only possibility. In all other cases there is both a long and short form possible.

	Things	
Subject		
Qu'est-ce qui	Qu'est-ce qui ne va pas?	*What's wrong?*
Object		
Que (+ *inversion*)	Qu'avez-vous fait?	*What did you do?*
Qu'est-ce que	Qu'est-ce que vous avez fait?	
After a preposition		
Prep. + **quoi** (+ *inversion*)	De quoi avez-vous besoin?	*What do you need?*
Prep. + **quoi est-ce que**	De quoi est-ce que vous avez besoin?	

C. Only **que** changes to **qu'** before a vowel.

Qui a dérangé le professeur?	*Who bothered the teacher?*
Qu'est-ce **qu'**il a dit?	*What did he say?*

D. When interrogative pronouns are used as subjects, the verb is normally singular.

Nos parents nous écrivent souvent.	**Qui** vous **écrit** souvent?

E. Notice that when the interrogative pronoun is a direct object or an object of a preposition, you can use the interrogative pronoun with inversion or with **est-ce que.**

Christine retrouve son ami ce soir.	**Qui** retrouve-t-elle ce soir?
	Qui est-ce **qu'**elle retrouve ce soir?
Christine sort avec son ami.	**Avec qui** sort-elle?
	Avec qui est-ce **qu'**elle sort?

F. Notice that if the question involves a person, the first question word will be **qui**; if the question involves a thing, the first question word will be **que (qu')** or **quoi.**

(personne)	**Qui** parle? **Qui** est-ce que vous connaissez? Avec **qui** parlez-vous?
(chose)	**Que** faites-vous? **Qu'**est-ce que vous voulez? De **quoi** avez-vous besoin?

exercice **11**   Utilisez **qui** ou **qui est-ce que (qu')** pour compléter la question.

1. _____ va rentrer avant minuit?
2. _____ les trois étudiants vont rencontrer?
3. _____ ils vont inviter à dîner?
4. Avec _____ David parle-t-il?
5. _____ connaît le nom de ce fleuve?

exercice **12**   Utilisez **qu'est-ce qui** ou **qu'est-ce que (qu')** pour compléter la question.

1. _____ les trois amis font cet après-midi?
2. _____ André va faire?
3. _____ fait ce bruit?
4. _____ David vient d'acheter?
5. _____ s'est passé?

exercice **13**   Christine parle au téléphone avec Caroline et raconte ce que font les trois étudiants. Mais il y a du bruit et on n'entend pas très bien. Caroline lui demande de répéter. Remplacez les mots en italique par un pronom interrogatif pour trouver ses questions.

> **Modèle:**   Nous avons téléphoné *à un agent de voyages.*
> **Comment? A qui avez-vous téléphoné?**

1. Nous faisons *quelque chose d'intéressant* tous les jours.
2. *Le métro* ne coûte pas cher.
3. Nous sortons souvent avec *les autres étudiants.*
4. *Paris* me passionne.
5. *Nous* n'aimons pas beaucoup ce quartier.
6. David a acheté *une montre suisse.*
7. Il a besoin *d'argent* maintenant.

exercice **14**   Interviewez vos partenaires. Posez-leur des questions pour savoir ce qu'ils étudient, en quoi ils se spécialisent, avec qui ils parlent souvent, à qui ils téléphonent, à qui ils écrivent, ce qu'ils aiment faire le vendredi soir, etc.

◆ *LEQUEL* OU *QUEL?*

workbook

A. Lequel (*which one*) replaces **quel** and the noun it modifies. Both parts of **lequel** show agreement. Remember that **quel** is an *adjective* and is always used with some noun. **Lequel** is a *pronoun;* it replaces a noun.

Quel pont?	**Lequel?**
Quelle adresse?	**Laquelle?**
Quels acteurs?	**Lesquels?**
Quelles émissions?	**Lesquelles?**

B. Lequel is often followed by the preposition **de** to name the group from which the choice is to be made.

> **Laquelle** de vos copines
> s'appelle Sophie?

> *Which one of your friends is
> named Sophie?*

C. When **lequel, lesquels,** and **lesquelles** are preceded by the prepositions **à** or **de,** the normal contractions are made. There is no contraction with **laquelle.**

> David parle de ses cours, mais
> **desquels** parle-t-il souvent?
> **Auquel** de ses frères écrit-il
> le plus souvent?

> *David talks about his courses, but
> which ones does he often talk about?*
> *To which one of his brothers does he
> most often write?*

exercice **15**   David va passer une partie de la journée à visiter Paris. Julie lui pose des questions. Complétez chaque question de Julie en employant **quel** + un nom. Ensuite, pour répondre au «Comment?» de David, reposez la même question avec **lequel** sans le nom.

> | **Modèle:** | David: | J'aime beaucoup cette avenue. |
> |---|---|---|
> | | Julie: | **Quelle** avenue aimes-tu? |
> | | David: | Comment? |
> | | Julie: | **Laquelle** aimes-tu? |

1. David: Je vais visiter trois grands monuments.
   Julie: _____ monuments vas-tu visiter?
2. David: Ensuite je vais manger au restaurant.
   Julie: A _____ restaurant vas-tu manger?
3. David: Je voudrais faire une ou deux photos aussi.
   Julie: _____ photos vas-tu faire?
4. David: Je dois aller au musée du Louvre et au musée d'Orsay.
   Julie: A _____ musée vas-tu d'abord?
5. David: As-tu vu la statue de Rodin qui s'appelle *Le Penseur?*
   Julie: De _____ statue parles-tu?
6. David: Je vais prendre le métro pour rentrer.
   Julie: _____ métro vas-tu prendre?

 Brouillon. Utilisez les réponses de votre **Début de rédaction,** page 24, et écrivez une page pour renseigner des visiteurs francophones sur les trois sites que vous avez choisis.

A la découverte

Paul Verlaine est un écrivain né à Metz en 1844. Sa famille s'installe à Paris quand Verlaine n'a que sept ans. Il y fait ses études. Au lycée il s'intéresse déjà à la littérature. A vingt-deux ans, il publie son premier recueil de poésie, Poèmes saturniens. *Il se marie peu de temps après mais abandonne sa femme pour suivre un jeune poète, Arthur Rimbaud. Ils voyageront ensemble et auront de nombreuses disputes. Alors qu'ils sont à Bruxelles, Verlaine tire sur Rimbaud avec un revolver et le blesse et doit passer deux ans dans une prison belge. C'est dans sa cellule qu'il écrit ce poème.*

activité **1**   **Anticipez le contenu.**   Vous arrive-t-il de vous demander où passe le temps? Dans votre propre vie, essayez de trouver des moments où le temps passe trop vite (par exemple, en été, à la plage) ou trop lentement (quand vous allez chez le dentiste, quand vous faites un voyage de plusieurs heures en voiture). Faites deux listes: (1) les moments où le temps passe vite et (2) les moments où le temps passe lentement. Ensuite comparez vos listes avec celles de vos partenaires.

activité **2**   **Etude du vocabulaire.**   Etudiez les phrases suivantes et choisissez les mots anglais qui correspondent aux mots français en caractères gras: *peaceful, on top of, complaint, without stopping, ring, cry.*

1. Elle a mis son manteau **par-dessus** sa robe.
2. Les cloches du village **tintent** pour annoncer la messe.

3. Quand les gens font trop de bruit à une boum, les voisins portent **plainte** au commissariat de police.
4. La montagne est souvent un endroit **paisible.**
5. Il a commencé à **pleurer** quand il a appris la mauvaise nouvelle.
6. Mon frère me dérange beaucoup parce qu'il parle **sans cesse.**

activité 3   **Etude du style.**   Lisez le poème et indiquez...

1. le nombre de strophes.
2. la longueur des vers. Combien de syllabes y a-t-il dans chaque vers?
3. le nombre de rimes différentes dans chaque strophe.

Le ciel est, par-dessus le toit...

Le ciel est, par-dessus le toit,   8
  Si bleu, si calme!   4   7   22   2
Un arbre, par-dessus le toit,   7
  Berce sa palme.   3

5   La cloche, dans le ciel qu'on voit,   7
  Doucement tinte.   3   7   20   2
Un oiseau sur l'arbre qu'on voit   7
  Chante sa plainte.   3

Mon Dieu, mon Dieu, la vie est là,   8
10   Simple et tranquille.   4   6   23   2
Cette paisible rumeur-là   6
  Vient de la ville.   5

—Qu'as-tu fait, ô toi que voilà   8
  Pleurant sans cesse,   4   24   2
15   Dis, qu'as-tu fait, toi que voilà,   9
  De ta jeunesse?   4

Sagesse, Paul Verlaine

activité 4   **Compréhension.**   Répondez aux questions basées sur le poème.

1. Qu'est-ce que le poète peut voir de sa fenêtre?
2. Quels sont les sons qu'il entend?
3. A qui s'adresse le poème dans la dernière strophe? Pourquoi?

activité 5   **Réflexion.**

1. Ce poème vous paraît-il triste, mélancolique, drôle ou plein d'espoir? Justifiez votre réponse.
2. Quelles différences y a-t-il entre la vie que le poète décrit dans les trois premières strophes et la vie qu'il a menée (*he led*)?

Sempé *est sans doute le dessinateur français le mieux connu.* ***Goscinny*** *est le créateur des bandes dessinées* Astérix le Gaulois. *Ils ont collaboré sur une série de livres où le héros est un jeune garçon qui s'appelle Nicolas. Dans le texte qui suit, il s'agit du départ du petit Nicolas en colonie de vacances, une sorte de camp d'été pour enfants en France. Nicolas est à la fois heureux de partir en vacances et triste de quitter ses parents.*

activité **6** **Etude du vocabulaire.** Voici un petit lexique du français familier. Etudiez ces expressions et ensuite cherchez-les dans la lecture qui suit.

Le français familier

1. **des tas de** = beaucoup de
2. **plein de** = beaucoup de
3. **terrible** = très bien
4. **chouette** = très bien
5. **un type** = un homme; un garçon

6. **ouais** = oui
7. **rigoler** = s'amuser
8. **rigolo** = drôle
9. **rater** = manquer
10. **la pagaille** = le désordre, la confusion

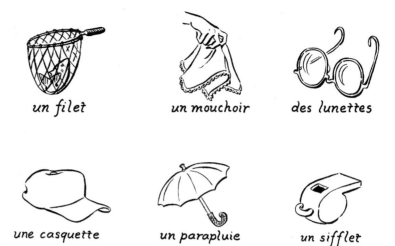

un filet   *un mouchoir*   *des lunettes*

une casquette   *un parapluie*   *un sifflet*

activité **7**   **Parcourez la lecture.**   Lisez rapidement la lecture suivante pour savoir le nombre de fois que le petit Nicolas a oublié sa valise.

Le Départ du petit Nicolas

Aujourd'hui, je pars en colonie de vacances et je suis bien content. La seule chose qui m'ennuie[1], c'est que Papa et Maman ont l'air un peu tristes; c'est sûrement parce qu'ils ne sont pas habitués à rester seuls pendant les vacances.

5   Maman m'a aidé à faire la valise, avec les chemisettes, les shorts, les espadrilles[2], les petites autos, le maillot de bain, les serviettes, la locomotive du train électrique, les œufs durs, les bananes, les sandwiches au saucisson et au fromage, le filet pour les crevettes[3], le pull à manches[4] longues, les chaussettes et les billes[5]. Bien sûr, on a dû faire quelques paquets parce que la valise
10 n'était pas assez grande, mais ça ira.

Moi, j'avais peur de rater le train, et après le déjeuner, j'ai demandé à Papa s'il ne valait pas mieux partir tout de suite pour la gare. Mais Papa m'a dit que c'était encore un peu tôt, que le train partait à six heures du soir et que j'avais l'air bien impatient de les quitter. Et Maman est partie dans la cuisine avec
15 son mouchoir en disant qu'elle avait quelque chose dans l'œil.

Je ne sais pas ce qu'ils ont, Papa et Maman, ils ont l'air embêtés[6]. Tellement embêtés que je n'ose pas leur dire que ça me fait une grosse boule dans la gorge quand je pense que je ne vais pas les voir pendant presque un mois. Si je le leur disais, je suis sûr qu'ils se moqueraient de moi et qu'ils me
20 gronderaient[7].

1. **ennuie** bothers   2. **espadrille** type of sandal   3. **crevettes** shrimp   4. **manches** sleeves
5. **billes** marbles   6. **embêtés** bothered   7. **gronder** to scold

Moi, je ne savais pas quoi faire en attendant l'heure de partir, et Maman n'a pas été contente quand j'ai vidé la valise pour prendre les billes qui étaient au fond[8].

—Le petit ne tient plus en place, a dit Maman à Papa. Au fond, nous
25 ferions peut-être mieux de partir tout de suite.

—Mais, a dit Papa, il manque encore une heure et demie jusqu'au départ du train.

—Bah, a dit Maman, en arrivant en avance, nous trouverons le quai vide et nous éviterons les bousculades[9] et la confusion.

30 —Si tu veux, a dit Papa.

Nous sommes montés dans la voiture et nous sommes partis. Deux fois, parce que la première, nous avons oublié la valise à la maison.

A la gare, tout le monde était arrivé en avance. Il y avait plein de gens partout, qui criaient et faisaient du bruit. On a eu du mal à trouver une place
35 pour mettre la voiture, très loin de la gare, et on a attendu Papa, qui a dû revenir à la voiture pour chercher la valise qu'il croyait que c'était Maman qui l'avait prise. Dans la gare, Papa nous a dit de rester bien ensemble pour ne pas nous perdre. Et puis il a vu un monsieur en uniforme, qui était rigolo parce qu'il avait la figure toute rouge et la casquette de travers[10].

40 —Pardon, monsieur, a demandé Papa, le quai[11] numéro onze, s'il vous plaît?

— Vous le trouverez entre le quai numéro dix et le quai numéro douze, a répondu le monsieur. Du moins, il était là-bas la dernière fois que j'y suis passé.

45 —Dites donc, vous..., a dit Papa; mais Maman a dit qu'il ne fallait pas s'énerver[12] ni se disputer, qu'on trouverait bien le quai tout seuls.

Nous sommes arrivés devant le quai, qui était plein, plein, plein de monde, et Papa a acheté, pour lui et Maman, trois tickets de quai. Deux pour la première fois et un pour quand il est retourné chercher la valise qui était restée
50 devant la machine qui donne les tickets.

—Bon, a dit Papa, restons calmes. Nous devons aller devant la voiture Y.

Comme le wagon qui était le plus près de l'entrée du quai, c'était la voiture A, on a dû marcher longtemps, et ça n'a pas été facile, à cause des gens, des chouettes petites voitures pleines de valises et de paniers[13] et du parapluie au
55 gros monsieur qui s'est accroché[14] au filet à crevettes, et le monsieur et Papa se sont disputés, mais Maman a tiré Papa par le bras, ce qui a fait tomber le parapluie du monsieur qui était toujours accroché au filet à crevettes. Mais ça s'est très bien arrangé, parce qu'avec le bruit de la gare, on n'a pas entendu ce que criait le monsieur.

60 Devant le wagon Y, il y avait des tas de types de mon âge, des papas, des mamans et un monsieur qui tenait une pancarte[15] où c'était écrit «Camp Bleu»: c'est le nom de la colonie de vacances où je vais. Tout le monde criait. Le monsieur à la pancarte avait des papiers dans la main. Papa lui a dit mon

8. **fond** bottom   9. **bousculades** pushing and shoving   10. **de travers** crooked
11. **quai** platform   12. **s'énerver** get angry   13. **panier** basket   14. **accroché** attached
15. **pancarte** sign

nom, le monsieur a cherché dans ses papiers et il a crié: «Lestouffe! Encore
65 un pour votre équipe!»

Et on a vu arriver un grand, il devait avoir au moins dix-sept ans, comme
le frère de mon copain Eudes, celui qui lui apprend à boxer.

—Bonjour, Nicolas, a dit le grand. Je m'appelle Gérard Lestouffe et je suis
ton chef d'équipe. Notre équipe, c'est l'équipe Œil-de-Lynx.
70 Et il m'a donné la main. Très chouette.

—Nous vous le confions, a dit Papa en rigolant.

—Ne craignez rien, a dit mon chef; quand il reviendra, vous ne le recon-
naîtrez plus.

Et puis Maman a encore eu quelque chose dans l'œil et elle a dû sortir son
75 mouchoir... Et puis on a entendu un gros coup de sifflet et tout le monde est
monté dans les wagons en criant, et le monsieur en uniforme est allé voir le
monsieur à la pancarte et lui a demandé d'empêcher le petit imbécile qui
jouait avec un sifflet de mettre la pagaille partout. Alors, il y en a qui sont
descendus des wagons, et ce n'était pas facile à cause de ceux qui montaient.
80 Des papas et des mamans criaient des choses, en demandant qu'on n'oublie
pas d'écrire, de bien se couvrir et de ne pas faire de bêtises. Il y avait des types
qui pleuraient et d'autres qui se sont fait gronder parce qu'ils jouaient au football sur le quai, c'était terrible. On n'a même pas entendu le monsieur en uniforme qui sifflait, il en avait la figure toute foncée[16], comme s'il revenait de
85 vacances. Tout le monde a embrassé tout le monde et le train est parti pour
nous emmener à la mer.

Moi, je regardais par la fenêtre, et je voyais mon papa et ma maman, tous
les papas et toutes les mamans, qui nous faisaient «au revoir» avec leurs mou-
choirs. J'avais de la peine. C'était pas juste, c'était nous qui partions, et eux ils
90 avaient l'air tellement plus fatigués que nous. J'avais un peu envie de pleurer,
mais je ne l'ai pas fait, parce qu'après tout, les vacances, c'est pour rigoler et
tout va très bien se passer.

Et puis, pour la valise, Papa et Maman se débrouilleront sûrement pour me
la faire porter par un autre train.

Les Vacances du petit Nicolas, Sempé/Goscinny (Editions Denoël 1962).

16. **foncée** dark

activité 8 **Vrai ou faux?** Décidez si les phrases suivantes sont vraies. Si elles sont fausses,
corrigez-les.

1. Le petit Nicolas est content parce qu'il va faire une visite à sa grand-mère.
2. Le petit Nicolas a peur de partir car il n'a jamais pris l'avion.
3. Il y a beaucoup de monde à la gare parce que ses parents ont attendu trop
   longtemps avant de partir.
4. Les enfants qui attendent le départ du train sont tous très sages et obéissent
   à leurs parents.
5. Le petit Nicolas va revenir à la maison dans une semaine.

activité **9**   **Compréhension.**   Répondez.

1. Comment le petit Nicolas va-t-il en vacances?
2. Indiquez trois choses qu'il met dans sa valise.
3. Pourquoi son papa doit-il retourner à la maison et à la voiture?
4. Pourquoi le monsieur en uniforme n'est-il pas très content?
5. Que faut-il acheter pour avoir accès au train?
6. Quelle est la destination du petit Nicolas?
7. Qui est Gérard Lestouffe? Comment le petit Nicolas le trouve-t-il?
8. Quels conseils les parents donnent-ils à leurs enfants?
9. Quelle surprise attend les parents de Nicolas à la fin de l'histoire?

activité **10**   **Réflexion.**   Discutez des questions suivantes.

1. Est-ce que le petit Nicolas est vraiment typique des petits enfants? Justifiez votre réponse par des exemples.
2. Quelles sont les choses que le petit Nicolas ne comprend pas? Par exemple, la tristesse de ses parents. Justifiez vos choix.
3. Avez-vous déjà eu une expérience comme celle de Nicolas? Si oui, racontez-la brièvement.

activité **11**   **Ecrivez.**   Nicolas envoie une carte postale à ses parents. Aidez-le à écrire sa carte. Racontez, par exemple, ce qu'il fait la première semaine en colonie. Commencez par «Chère Maman, cher Papa» et finissez par «Grosses bises».

Intégration

activité **A**   Interviewez les autres étudiants. Vous voulez savoir s'il y a quelqu'un...

Modèle: qui n'habite pas une résidence universitaire
Est-ce que tu habites une résidence universitaire?

1. qui se spécialise en anglais
2. qui va sortir ce soir avec ses amis
3. qui suit un cours de chimie ce semestre
4. qui nettoie très souvent sa chambre
5. qui a moins de vingt ans
6. qui vient de passer un examen
7. qui étudie le français depuis deux ans ou plus
8. qui ne se sent pas fatigué
9. qui ne dérange jamais personne

activité B   De retour dans son pays après les vacances, Christine assiste à un cours de français. Le professeur invite les étudiants à lui poser des questions sur son séjour à Paris et en France. Préparez au moins huit questions que vous aimeriez lui poser.

 Rédaction.   Ecrivez une brochure touristique à mettre à la disposition des francophones qui visitent votre région. Utilisez les renseignements donnés dans votre **Brouillon,** page 35.

 Entre amis   Vous êtes un(e) spécialiste d'orientation professionnelle. Un(e) étudiant(e) (votre partenaire) vient vous consulter.

1. Vous l'interviewez pour mieux le (la) connaître.
2. Vous lui demandez ce qui l'intéresse.
3. Vous lui suggérez une profession.
4. Vous lui expliquez quels sont les cours qu'il (elle) doit suivre.

CHAPITRE DEUX

Une jeune «auteure» à Québec

Buts communicatifs

◆ Savoir ce qui s'est passé
◆ Déterminer les circonstances

Structure

◆ Les verbes comme *ouvrir*
◆ Les formes du passé composé
◆ Les formes de l'imparfait
◆ Passé composé ou imparfait?
◆ Le plus-que-parfait

A la découverte

◆ *Le Message* Jacques Prévert
◆ *Grand-père n'avait peur de rien ni de personne* Roch Carrier

Connaissez-vous le Québec et le Canada?

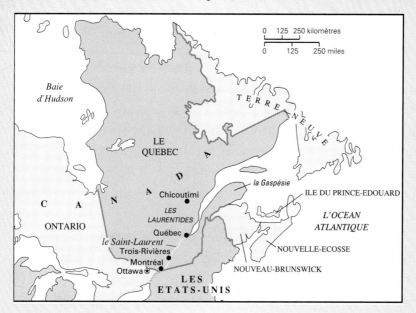

Le saviez-vous?   Essayez de compléter ces phrases. Ensuite cherchez les réponses en lisant le texte qui suit.

1. La ville de Québec a été fondée par _b_.
   a. Jean Bart   b. Samuel de Champlain   c. Jacques Cartier
2. Cette ville est située au bord du fleuve _a_.
   a. Saint-Laurent   b. Mackenzie   c. Hudson
3. Montréal est la deuxième ville francophone après _c_.
   a. Bruxelles   b. Dakar   c. Paris
4. Montréal doit son nom à une _b_.
   a. rivière   b. petite montagne   c. forêt
5. Le Québec est devenu anglais après la guerre de _c_.
   a. Cent Ans   b. Trente Ans   c. Sept Ans
6. Il y a cinquante ans, un Canadien francophone recevait un salaire _c_ à celui d'un Canadien anglophone.
   a. supérieur   b. égal   c. inférieur
7. La «Révolution tranquille» a eu lieu au Canada _c_.
   a. en même temps que la Révolution française
   b. au milieu du XIXe siècle
   c. au milieu du XXe siècle
8. A deux occasions les Québécois ont essayé d'obtenir leur indépendance par _a_.
   a. un référendum   b. une révolution   c. une manifestation
9. Le français est utilisé par _c_ des habitants du Québec.
   a. un quart   b. la moitié   c. plus de trois quarts

Le Québec

Grâce à la richesse de son histoire et de ses racines, le Québec est une terre d'Amérique, à la fois vaste et intime, qui n'est pas tout à fait du Nouveau Monde, ni tout à fait de l'Ancien. Ses plus de sept millions d'habitants expriment leur passion et leur créativité avec un enthousiasme débordant et démontrent avec fierté leur attachement à la langue et à la culture qui les rendent si profondément uniques. Réputés pour leur accueil, chaleureux et spontanés, les Québécois ont toujours le cœur à la fête.

Montréal est, après Paris, la ville qui a la population francophone la plus élevée. Dans cette capitale culturelle des francophones d'Amérique, on trouve une activité intense au point de vue théâtre, musique, littérature et cinéma. La mode et la gastronomie y sont aussi réputées. Dominée par le mont Royal et entourée par le Saint-Laurent, Montréal vit au passé dans ses vieux quartiers et au futur dans sa «ville souterraine», où le métro et des galeries de boutiques marchandes abritent (*cover*) une vie intense. Les festivals y sont nombreux, et les Montréalais ne permettent pas à la neige de gâcher (*spoil*) leur «fun». Les sports d'hiver comme le ski de fond, le patinage et la luge se pratiquent dans la ville même et les pistes de ski n'en sont pas loin.

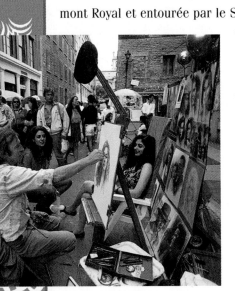

Place aux artistes

Moins grande que Montréal mais vieille de presque quatre siècles (*centuries*), la ville de Québec vous offre une occasion unique de retrouver, en Amérique du Nord, une France qui n'existe plus sur le vieux continent.

Fondée en 1608 par Samuel de Champlain, la capitale de la «Belle Province», le Québec, est une ville fortifiée, perchée sur les falaises (*bluffs*) qui dominent le Saint-Laurent. A l'intérieur de ses remparts, une ville dynamique et propre vous attend.

Le Québec fait partie du Canada depuis que la Nouvelle-France est tombée aux mains des Anglais après la guerre de Sept Ans en 1759. La province n'a jamais renoncé complètement à ses origines. Ceci se voit à sa devise, «Je me souviens», qui suggère que le Québec désire conserver sa propre langue et sa propre culture. Cette lutte pour établir son identité à l'intérieur de la Confédération canadienne n'a pas toujours été facile. Ces deux derniers siècles, les Canadiens d'origine française ont vu leur langue menacée de disparition non seulement dans les provinces anglophones du Canada mais même au Québec. Les francophones québécois étaient désavantagés par raport aux anglophones. Une commission d'enquête a révélé que «les francophones ne jouaient pas dans l'économie du pays un rôle proportionnel à leur poids réel». Souvent ils n'avaient pas accès aux postes les plus importants et les mieux payés. Un Québécois francophone gagnait 35 pour cent de moins qu'un Canadien de langue anglaise.

Rue fleurie du vieux Québec

Aujourd'hui la situation du français au Québec s'est améliorée. S'il reste la langue de la minorité dans les provinces anglophones, au Québec le français est quand même la langue utilisée par près de 83 pour cent de la population; l'anglais l'étant, par contre, par 9,5 pour cent. A partir de 1960, le Québec a commencé une nouvelle période importante de son histoire: la «Révolution tranquille». Cette période a marqué une prise de conscience de la part de certains Québécois qui se demandaient s'ils avaient vraiment besoin de faire partie de la Confédération. En 1980, et de nouveau en 1995, les Québécois ont pu s'exprimer lors d'un référendum proposant la souveraineté pour le Québec. Le référendum a été rejeté par la province, mais cet effort a quand même eu un résultat positif puisque le Parlement du Canada a adopté une résolution reconnaissant le Québec comme une société distincte et lui donnant certains droits.

◆ *d'après* Tourisme Québec et le Journal français d'Amérique

ÊTES-VOUS BRANCHÉS? Pour en savoir plus sur le Québec et le Canada, cherchez les renseignements indiqués sur Internet. Allez d'abord au site de Houghton Mifflin, http://college.hmco.com/languages/french/students et de là au site *Personnages*. Consultez la liste des adresses Web pour obtenir les renseignements.

Interactions

Céline Robitaille est une jeune étudiante à l'université Laval mais elle vient de la ville de Gaspé, à la pointe de la Gaspésie dans l'est du Québec. Là, ses parents ont une grande maison dans laquelle ils louent des chambres. Elle téléphone à Hervé Boulanger. Elle a fait sa connaissance pendant les vacances de Pâques alors qu'ils voyageaient tous les deux en car. Céline rentrait chez ses parents et Hervé visitait la Gaspésie où il espérait faire quelques recherches pour sa thèse de maîtrise en sciences.

Notes lexicales

Faites attention à ne pas confondre les expressions suivantes.
1. **Québec,** qui est la ville, et **le Québec,** qui est la province: Si on dit **à Québec,** il s'agit de la ville. Si on dit **au Québec,** il s'agit de la province.
2. **rendre visite à quelqu'un,** *to visit someone,* et **visiter un endroit,** *to visit a place:* Le verbe **visiter** est normalement limité aux choses, par exemple, une ville ou un musée. Quelquefois, cependant, en français familier, on parle de **visiter quelqu'un.** C'est le cas notamment à la page 71 dans la Lecture 2 de ce chapitre.
3. **faire un voyage,** *to travel* (***to** some place*), et **voyager,** *to travel, to travel around* (***in** some place*): On dit **Je fais un voyage au Québec** pour traduire l'anglais *I'm traveling to Quebec.*
4. **assister à un cours,** *to attend class,* et **faire des études universitaires,** *to attend college:* Le verbe **assister** est limité à un cours, un match, une pièce, etc.
5. **un car** et **un bus:** Un (auto)bus circule à l'intérieur d'une ville et retrace le même itinéraire plusieurs fois par jour. Un (auto)car transporte des touristes et d'autres passagers entre des villes différentes.

VOCABULAIRE

Noms

l'avenir (*m.*)   future
un car (autocar)   intercity bus
une conférence   lecture
un emploi du temps   schedule
le goût   taste
un roman   novel
un séjour   stay
une thèse de maîtrise   master's thesis
la vérité   truth

Verbes

ajouter   to add
assister (à)   to attend (class, a concert, etc.)
deviner   to guess
fêter   to celebrate
louer   to rent
plaisanter   to joke
prévoir   to foresee; to anticipate

Adjectifs

dur(e)   hard
francophone   French-speaking
inquiet/inquiète   worried; nervous

Autres mots et expressions

à la suite de   following, after
à peine   barely; scarcely
assurément   assuredly; most certainly

d'ailleurs   besides
de toute façon   in any case
d'un côté ... de l'autre   on the one hand . . . on the other hand
Félicitations! (*f.pl.*)   Congratulations!
grâce à   thanks to
lors de   at the time of

L'accueil

un accueil   welcome
accueillant(e)   welcoming; hospitable
accueillir   to welcome
génial(e) (*fam.*)   fantastic, wonderful
reconnaissant(e)   grateful
sympa (*fam.*)   nice
sympathiser   to hit it off; to get on well

Un accident

blessé(e)   wounded
un fossé   ditch
glisser   to slip
se remettre (de)   to recover; to get better
soigner   to take care of
tomber en panne   to break down
se tordre la cheville   to sprain one's ankle

Note lexicale

Il y a une série de professions qui sont du genre masculin (voir la liste des professions, Appendice A). Il s'agit, pour la plupart, de professions réservées traditionnellement aux hommes. De nos jours, aucune de ces professions n'est limitée aux hommes. Pour cette raison, on utilise de plus en plus des formes féminines comme **écrivaine** ou **auteure**.

activité 1 Choisissez les mots, expressions ou phrases de la colonne de droite qui correspondent le mieux à ceux de la colonne de gauche.

1. ____ de toute façon
2. ____ sympa
3. ____ prévoir
4. ____ reconnaissant
5. ____ inquiet
6. ____ blessé
7. ____ accueil
8. ____ avenir
9. ____ à la suite de

a. se dit de quelqu'un qui apprécie les gens qui lui rendent service
b. après
c. futur
d. manière de recevoir quelqu'un
e. qui s'est fait mal quelque part
f. dire ce qui va se passer
g. quand même
h. se dit de quelqu'un qu'on aime tout de suite
i. se dit de quelqu'un qui a peur ou qui n'est pas sûr de lui

activité 2 Complétez les phrases suivantes à l'aide d'une des expressions de la liste de vocabulaire.

1. Un pays où on parle français est un pays _____.
2. On _____ son appartement si on permet à une autre personne d'y habiter et si cette personne paie.
3. Si une voiture _____, elle ne marche pas.
4. On est _____ quand on a peur ou quand on n'est pas sûr de soi.
5. _____ est une expression qui veut dire perdre son équilibre, par exemple, quand on met le pied sur une peau de banane.
6. On _____ quand on dit quelque chose pour faire rire une autre personne.
7. Lorsque quelqu'un reçoit un prix ou une bonne note à un examen, on lui dit _____!
8. On _____ une personne si on l'aide à se remettre après une maladie ou un accident.

activité 3 Utilisez des périphrases pour expliquer le sens des mots suivants.

Modèle: deviner
C'est quand on essaie de trouver la réponse.

1. assurément
2. accueillant
3. dur
4. sympathiser

5. un séjour
6. dire la vérité
7. faire une conférence
8. un roman

Note culturelle

Quelques expressions franco-canadiennes. Il y a des différences entre le français de France et le français du Québec dans le choix et l'emploi du vocabulaire. Par exemple, au Québec on dit **bonjour** au début et à la fin d'une conversation. En France, le mot **bonjour** est utilisé seulement au commencement d'une conversation. Les Québécois disent **melon d'eau** et **chien chaud** là où les Français disent **pastèque** et **hot dog**. Remarquez l'influence de l'anglais dans les deux cas. Si le français qu'on entend à la télévision québécoise, au moment des nouvelles, est souvent un français standard, compréhensible dans tous les pays francophones, ce n'est pas toujours vrai pour les émissions sportives ou pour certains films. Là on entend quelquefois un dialecte, appelé «le joual», que beaucoup de Français ont du mal à comprendre.

activité 4 Essayez de trouver l'équivalent des expressions québécoises en français de France.[*]

Au Québec	*En France*
1. ____ un char	a. du pain grillé
2. ____ une rotie	b. stationner
3. ____ un centre d'achats	c. une cuisinette
4. ____ du maïs éclaté	d. une voiture
5. ____ parquer	e. le maïs
6. ____ magasiner	f. s'amuser
7. ____ une kitchenette	g. un centre commercial
8. ____ avoir du fun	h. faire des achats
9. ____ le blé d'Inde	i. du popcorn

◆ ECOUTER ET DISCUTER

---
*1d, 2a, 3g, 4i, 5b, 6h, 7c, 8f, 9e

workbook

A l'écoute 1

Céline téléphone à Hervé. Ecoutez la conversation avant de passer aux activités.

activité 5

Répondez *vrai* ou *faux*. Si une affirmation est fausse, corrigez-la.

1. Hervé et Céline se connaissent depuis très longtemps.
2. Ce sont tous les deux des étudiants.
3. Ils se sont rencontrés tout à fait par hasard.
4. Les parents de Céline habitent à Québec.
5. Hervé s'est cassé la jambe dans un accident de ski.
6. Céline est en train d'écrire une thèse.
7. Elle a relu ce qu'Hervé a écrit.
8. Hervé est triste d'avoir eu un accident.

activité 6

Indiquez dans quelles conditions Céline et Hervé se sont rencontrés.

1. Quel temps faisait-il quand l'accident a eu lieu?
   a. Il neigeait.
   b. Il faisait du brouillard.
   c. Il pleuvait.
2. Comment voyageaient-ils?
   a. Ils roulaient en voiture.
   b. Ils étaient dans un autocar.
   c. Ils voyageaient en train.
3. Qu'est-ce qui est arrivé à Hervé?
   a. Rien; il n'a rien eu.
   b. Il s'est cassé le bras.
   c. Il a été blessé.
4. Qu'est-ce que le chauffeur a fait?
   a. Il a paniqué.
   b. Il est resté calme.
   c. Il est parti.
5. Qu'est-ce que les jeunes gens ont fait après l'accident?
   a. Ils sont allés chez les parents de Céline.
   b. Hervé est allé à l'hôpital.
   c. Ils se sont quittés.
6. Combien de jours Hervé est-il resté chez les Robitaille?
   a. un
   b. quatre
   c. cinq
7. Céline et Hervé vont se revoir dans combien de jours?
   a. un
   b. quatre
   c. cinq

QUAND LE THÉÂTRE FAIT VOYAGER...

Les Gros Becs

LA GRANDE MIGRATION

Restaurant
Café de la Paix

Cuisine française authentique
avec atmosphère et service
typiquement européens,
à deux pas du Château Frontenac
dans le vieux Québec.

Heures d'ouverture: Tous les jours
de 17h à 23h et de 11h30 à 14h30 sur semaine.

44, rue Desjardins, Québec
RÉSERVATION: Tél.: 692-1430
Principales cartes de crédit acceptées.

A l'écoute 2

workbook

Hervé entre dans le Café de la Paix. Il est presque six heures. Il s'approche de la table où l'attend Céline. Ils se font la bise. Ecoutez la conversation avant de passer aux activités.

activité 7

Répondez *vrai* ou *faux*. Si une affirmation est fausse, corrigez-la.

1. Hervé arrive au restaurant le premier.
2. Hervé est retourné à Québec quand il est parti de Gaspé.
3. Céline s'est occupée de la cheville d'Hervé après son accident.
4. Le car d'Hervé est tombé en panne pendant qu'il allait en Gaspésie.
5. Il a fait ses devoirs pendant le restant de ses vacances.
6. Céline veut faire publier son roman.
7. Hervé est très optimiste au sujet de l'avenir professionnel de Céline.
8. C'est Céline qui paie l'addition au restaurant.

activité 8

Répondez aux questions suivantes.

1. Depuis combien de temps Céline est-elle au café quand Hervé arrive?
2. Qu'est-ce qu'Hervé a fait après être parti de la ville de Gaspé?
3. Qu'est-ce que Céline a fait après le départ d'Hervé?
4. Comment Hervé et Céline connaissent-ils Marie Lévêque?
5. Que veut dire «Qui ne risque rien n'a rien»?
6. Que fait Hervé pour remercier Céline?

Conversation. Hervé vient de partir. Céline parle avec sa mère.

MME ROBITAILLE: Il est vraiment gentil, ton ami.

CÉLINE: Tu l'aimes bien, Maman?

MME ROBITAILLE: Beaucoup. Raconte-moi encore comment il s'est tordu la cheville.

CÉLINE: Eh bien, Hervé et moi, nous étions dans l'autocar et il neigeait. La chaussée était glissante. Alors, le car a glissé et est tombé dans un fossé.

MME ROBITAILLE: Est-ce que d'autres ont été blessés?

CÉLINE: Non, Hervé est le seul qui s'est fait mal.

chaussée = road/roadway

Et vous? Répétez la conversation avec votre partenaire. Ensuite modifiez-la: Hervé est rentré chez lui et parle avec son père. Monsieur Boulanger lui dit: «Qu'est-ce qui t'est arrivé?»

Expressions utiles

1. Pour savoir ce qui s'est passé

Qu'est-ce qui s'est passé?	*What happened?*
Qu'est-ce qui est arrivé?	*What happened?*
Qu'est-ce que vous avez fait?	*What did you do?*
Qu'est-ce que vous avez vu/entendu?	*What did you see/hear?*
Où êtes-vous allé(e)?	*Where did you go?*

2. Pour déterminer les circonstances

Où étiez-vous?	*Where were you?*
C'était quel jour?	*What day was it?*
Quelle heure était-il?	*What time was it?*
Quel temps faisait-il?	*What was the weather like?*
Combien de personnes y avait-il?	*How many people were there?*
Que faisiez-vous?	*What were you doing?*

workbook

activité 9   Complétez les phrases suivantes pour décrire un coup de téléphone que vous avez donné à un(e) ami(e) récemment.

1. (date) C'était _____.
2. (heure) Il était _____.
3. (endroit) J'étais _____.
4. (durée de la conversation) Nous avons passé _____ à parler ensemble.
5. (sujet) Nous avons parlé de _____.

activité 10 Décrivez une sortie récente avec des ami(e)s. Répondez aux questions suivantes.

1. Où êtes-vous allé(e)s?
2. Quel jour est-ce que c'était?
3. Quel temps faisait-il dehors?
4. Quels vêtements portiez-vous?
5. Qu'est-ce que vous avez fait?
6. A quelle heure êtes-vous rentré(e)?
7. Vous êtes-vous bien amusé(e)?

Entre amis Parlez avec votre partenaire du jour où vous avez reçu votre diplôme de fin d'études au lycée. Quels membres de votre famille étaient là? Quel temps faisait-il? Comment vous sentiez-vous? Quelle heure était-il quand la cérémonie a commencé? Qui a fait un discours? Qui vous a présenté votre diplôme? Qu'avez-vous fait après la cérémonie?

◆ LIRE ET DISCUTER

Echange 1

Céline, encouragée par les paroles d'Hervé, décide de prendre contact avec Marie Lévêque, une écrivaine québécoise dont le succès devient considérable.

Madame,

Je suis étudiante en première année de maîtrise à l'université Laval. J'ai eu l'occasion d'assister à votre conférence sur le rôle de la femme dans la littérature québécoise quand vous êtes venue au mois de novembre. Nous avons même eu une petite conversation ensemble à la réception qui a suivi votre conférence. Vous m'avez conseillé de poursuivre mes goûts en littérature. J'ai été si impressionnée par votre présentation que j'ai décidé de faire ma thèse sur Gabrielle Roy.

D'autre part, depuis plusieurs mois, je travaille aussi à un roman. Plusieurs personnes qui ont lu mon manuscrit l'ont bien aimé. Comme je respecte beaucoup votre opinion et comme vous m'avez beaucoup encouragée lors de notre rencontre, je me permets d'inclure une copie de mon travail pour vous demander ce que vous en pensez. J'imagine que votre emploi du temps est très chargé mais je vous serais très reconnaissante si vous pouviez lire mon manuscrit et me donner votre opinion. Je vous remercie d'avance. Vos conseils me seront assurément d'une aide précieuse.

Recevez, je vous prie, l'expression de mon profond respect.

Céline Robitaille

activité **11**   Répondez *vrai* ou *faux*. Si une affirmation est fausse, corrigez-la.

1. Céline ne sait pas si son roman est très bon.
2. Elle est en train d'écrire deux romans.
3. Marie Lévêque est une personne que Céline connaît bien.
4. Nous ne savons pas comment Céline a fait la connaissance de Marie Lévêque.
5. La conférence de Marie Lévêque a eu de l'influence sur Céline.
6. Céline lui a envoyé une copie de sa thèse sur Gabrielle Roy.

activité **12**   Répondez aux questions suivantes.

1. Qui est Marie Lévêque?
2. A quel moment de l'année est-elle venue faire une conférence?
3. Quel était le sujet de sa présentation?
4. Pourquoi Céline écrit-elle à Mme Lévêque?
5. Que pensent les gens qui ont déjà lu le manuscrit de Céline?
6. Quelles sont les formules de politesse que Céline emploie dans sa lettre?

Echange 2

Un voyage organisé.

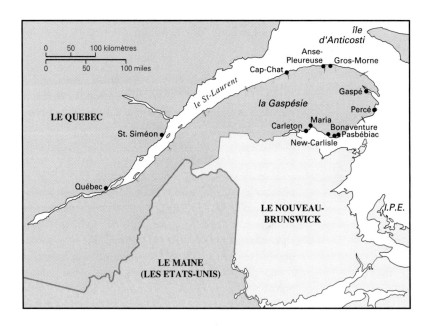

activité 13 Avant de lire, étudiez la carte de la Gaspésie. Cherchez les villes suivantes: Québec, Cap-Chat, Gaspé, Percé, Carleton. Quelle distance sépare chacune de ces villes (en kilomètres)? Combien de ces villes se trouvent sur le Saint-Laurent? Lisez ensuite le texte qui suit. Il s'agit d'un voyage organisé de huit jours à travers le Québec.

to be a matter of
to be about

VOYAGE

PARIS—QUEBEC

UNE SEMAINE

Jour 1: Paris/Québec: Accueil à l'aéroport par votre accompagnateur. Installation à l'hôtel. Si vous n'êtes pas trop fatigués, une petite promenade à pied est prévue dans la vieille ville près du Château Frontenac. Dîner et logement.

Jour 2: Québec: Visite de la ville et des alentours en autocar. C'est cette ville que Samuel de Champlain a choisie pour son quartier général en 1608. Vous visiterez les plaines d'Abraham où les troupes du général anglais Wolfe ont réussi, en 1759, à battre celles du général français Montcalm. Malgré cette victoire anglaise, Québec est resté à 95% francophone. En fin d'après-midi, le car vous amènera visiter la basilique de Saint-Anne-de-Beaupré. Un des hauts lieux de pèlerinage sur le continent nord-américain, Sainte-Anne accueille chaque année des millions de visiteurs. Soirée libre.

Jour 3: Québec/Gaspé: Le départ du car est prévu pour sept heures du matin. Vous allez découvrir aujourd'hui la pointe de la Gaspésie, en passant par Cap-Chat, Anse-Pleureuse, Gros-Morne, puis le parc Forillon avant d'arriver à Gaspé, la plus grande ville de Gaspésie. C'est là que l'explorateur Jacques Cartier est arrivé en 1534 et c'est de Gaspé qu'il est parti pour remonter le Saint-Laurent jusqu'à Montréal. Installation à l'hôtel, dîner et logement.

Jour 4: Gaspé/Percé: Le matin, visite du musée de la Gaspésie, puis, vous allez prendre la route pour Percé. Cet après-midi, vous allez faire une excursion en bateau autour du rocher Percé et à l'île Bonaventure. Retour à l'hôtel et un peu de temps libre avant le dîner.

Jour 5: Percé/Carleton: Quelques heures de temps libre avant de reprendre la route le long de la baie des Chaleurs. Traversée de Pasbébiac, New-Carlisle, Bonaventure, Maria où vous allez visiter une réserve indienne Micmac. Ensuite vous allez vous diriger vers Carleton. Installation à l'hôtel, dîner et logement.

Jour 6: Carleton/Québec: Vous regagnez la ville de Québec, en vous arrêtant à Saint-Jean-Port-Joli. Déjeuner en route. Installation à l'hôtel puis temps libre. Le dîner est libre également. Logement.

Jour 7: Québec/Montréal: Petit déjeuner puis en route pour Montréal où votre arrivée est prévue en fin de matinée. Déjeuner suivi d'un tour de la ville. Montréal n'était, lors de l'arrivée de nos ancêtres, qu'un petit campement indien, sur la rive nord du Saint-Laurent. Ce village est devenu la deuxième plus grande ville francophone du monde. Transfert à l'aéroport pour votre vol de retour.

Jour 8: Paris: Après le vol de nuit et le petit déjeuner servi à bord, arrivée à Paris.

activité **14** Répondez aux questions.

1. A qui cet itinéraire est-il destiné?
2. Quelle province canadienne les touristes ont-ils visitée?
3. Par quel moyen de transport sont-ils allés de Paris à Québec?
4. Par quel moyen de transport ont-ils voyagé au Québec?
5. Quels sont les deux endroits où le dîner n'était pas compris dans le prix du voyage?
6. A votre avis, laquelle de ces journées était la plus intéressante? Pourquoi?
7. Combien de nuits les voyageurs ont-ils passées au Canada?

activité **15** Imaginez que vous avez fait ce voyage. Préparez six phrases au passé pour décrire le voyage que vous venez de faire. Qu'avez-vous vu? Etes-vous content(e) d'avoir fait ce voyage? Pourquoi ou pourquoi pas? Commencez par **Nous sommes arrivés à Montréal le 13 juillet.**

 Début de rédaction. Décrivez trois jours consécutifs qui ont été importants dans votre vie.

1. Précisez la date du premier jour.
2. Indiquez de quels jours de la semaine il s'agissait.
3. Pour chaque jour, faites une liste de trois ou quatre événements.
4. Pour chaque événement, précisez où vous étiez et avec qui.
5. Expliquez pourquoi ces jours-là étaient importants.

Structure

◆ LES VERBES COMME *OUVRIR*

Quelqu'un a frappé et j'**ai ouvert** la porte.	*Someone knocked and I opened the door.*
J'ai découvert que c'était mon frère.	*I discovered that it was my brother.*
Il m'**offre** toujours un cadeau pour mon anniversaire.	*He always gives me a gift for my birthday.*
Il **souffre** d'une bronchite.	*He suffers from bronchitis.*
A quelle heure la pharmacie **ouvre**-t-elle?	*At what time does the pharmacy open?*

> *ouvrir to open*
>
> j'**ouvre**
> tu **ouvres**
> il/elle/on **ouvre**
> nous **ouvrons**
> vous **ouvrez**
> ils/elles **ouvrent**
>
> passé composé: j'**ai ouvert**
> imparfait: j'**ouvrais**

Ouvrir, découvrir, souffrir, and **offrir** are conjugated like **parler.** However, the past participle of these verbs ends in **-ert.** Drop the **-rir** of the infinitive and add **-ert.**

exercice **1**   Complétez les phrases suivantes avec la forme convenable du verbe. Choisissez le verbe qui convient: **ouvrir, découvrir** ou **offrir.**

1. Les parents de Céline lui _____ toujours un cadeau pour son anniversaire.
2. Mais hier, lorsqu'elle _____ la porte de son bureau, elle _____ un cadeau mystérieux.
3. «Qui est-ce qui m'_____ ça?» a demandé Céline.
4. « _____-le», a dit son amie Rachel. «Il est toujours intéressant d'_____ des cadeaux.»
5. Quand elle _____ le cadeau, elle _____ un message signé Hervé.
6. C'est lui qui _____ le cadeau mystérieux.

◆ LES FORMES DU PASSE COMPOSE

workbook

To form the **passé composé,** use (1) the auxiliary **avoir** or **être,** and (2) the past participle of the verb.

Hervé **a eu** un accident.	*Hervé had an accident.*
L'autocar **est allé** dans un fossé.	*The bus went into a ditch.*
Hervé et Céline **se sont vus.**	*Hervé and Céline saw each other.*

To review past participles, consult the verb tables in the back of this text.

A. Most French verbs use the auxiliary verb **avoir** to form the **passé composé.**

j'ai voyagé	nous avons voyagé
tu as voyagé	vous avez voyagé
il/elle/on a voyagé	ils/elles ont voyagé

Past participles of verbs conjugated with **avoir** agree only with a preceding direct object.

Céline a acheté ses livres.   Elle **les** a acheté**s** au début du semestre.
Céline a écrit la lettre.   Voilà **la lettre qu'**elle a écri**te.**

B. There are, however, a number of verbs that use the auxiliary verb **être.** These include all reflexive verbs and the following nonreflexive verbs: **aller, arriver, descendre, entrer, monter, mourir, naître, partir, passer, rentrer, rester, retourner, sortir, tomber, venir,** and others formed from these verbs, for example, **revenir.**

je suis parti(e)	je me suis couché(e)
tu es parti(e)	tu t'es couché(e)
il/elle/on est parti(e)	il/elle/on s'est couché(e)
nous sommes parti(e)s	nous nous sommes couché(e)s
vous êtes parti(e)(s)	vous vous êtes couché(e)(s)
ils/elles sont parti(e)s	ils/elles se sont couché(e)s

Past participles of nonreflexive verbs conjugated with **être** agree with the subject.

Céline et Hervé sont parti**s** de   *Céline and Hervé left Quebec.*
    Québec.
Ils ne sont pas arrivé**s** à Montréal.   *They didn't arrive in Montreal.*

NOTE: If one of these verbs has a direct object, **avoir** must be used.

Le car **est** passé par Trois Rivières.   *The bus went through Trois Rivières.*
but: Céline **a** passé huit jours chez   *Céline spent a week at her*
    ses parents.   *parents' home.*

Céline **est** descendue de l'autocar.   *Céline got off the bus.*
but: Elle **a** descendu sa valise.   *She took down her suitcase.*

Past participles of reflexive verbs agree with the preceding reflexive pronoun, if it is a *direct* object.

Céline et Hervé se sont rencontré**s.**   *Céline and Hervé met each other.*
but: Céline et Hervé se sont écrit des   *Céline and Hervé wrote letters to*
    lettres.   *each other.*

exercice **2**   Décidez si les phrases suivantes au sujet de Céline et Hervé sont vraies pour vous.

> **Modèle:**   Hervé a fait un long voyage.
> **Moi aussi, j'ai fait un long voyage.**   ou
> **Mais moi, je n'ai pas encore fait de long voyage.**

1. Hervé et Céline sont nés au Québec.
2. Hervé a fait un voyage pendant les vacances de Pâques.
3. Il est parti de Québec pour faire le tour de la Gaspésie.
4. Dans un car, il a fait la connaissance d'une personne charmante.
5. Ils ont eu un accident.
6. Hervé a été blessé.
7. Il s'est tordu la cheville.
8. Il a passé quelques jours chez les parents de son amie.

exercice **3**   Utilisez les expressions suivantes pour interviewer vos partenaires. Toutes les questions doivent être au passé composé.

> **Modèle:**   rentrer tard hier soir
> **Est-ce que tu es rentré(e) tard hier soir?**

1. déjà aller à Québec
2. regarder les informations hier
3. sortir avec des amis hier soir
4. se lever tôt ce matin
5. prendre le petit déjeuner ce matin
6. se brosser les dents avant ou après le petit déjeuner
7. se dépêcher pour arriver en classe à l'heure
8. réussir au dernier examen de français
9. découvrir quelque chose d'intéressant

L'ÎLE DE FRANCE
Cuisine Française
Piano Bar
801 ouest, boul. de Maisonneuve
Montréal, Québec H3A 3E5
849-6331

◆ LES FORMES DE L'IMPARFAIT

workbook

To form the imperfect tense **(l'imparfait),** take the **nous** form of the present tense, drop the **-ons** ending, and add the endings **-ais, -ais, -ait, -ions, -iez, -aient.**

jouer	*avoir*	*aller*
je jou**ais**	j'av**ais**	j'all**ais**
tu jou**ais**	tu av**ais**	tu all**ais**
il/elle/on jou**ait**	il/elle/on av**ait**	il/elle/on all**ait**
nous jou**ions**	nous av**ions**	nous all**ions**
vous jou**iez**	vous av**iez**	vous all**iez**
ils/elles jou**aient**	ils/elles av**aient**	ils/elles all**aient**

A. The only verb that does not form the **imparfait** in this way is **être**.

j' **étais**	nous **étions**
tu **étais**	vous **étiez**
il/elle/on **était**	ils/elles **étaient**

B. If the stem of an **-er** verb ends in **-g** or in **-c**, certain spelling changes will be necessary before the letters **a, o,** or **u**. An **e** is added after the **g**, and the **c** becomes **ç**. This will happen in the present with **nous** and in the imperfect with **je, tu, il,** and **ils:**

nous mang**e**ons   je mang**e**ais
nous commen**ç**ons   je commen**ç**ais
                   il neig**e**ait

but: nous mangions, nous commencions

exercice **4**   Mettez les phrases suivantes au passé. Dans ces phrases l'expression pour indiquer le temps doit être à l'imparfait et le reste de la phrase au passé composé.

> **Modèle:**   Il fait du vent quand nous partons.
> **Il faisait du vent quand nous sommes partis.**

1. Il fait froid quand j'ouvre la porte.
2. Il pleut quand nous arrivons à la gare.
3. Quand nous montons dans le train, il fait chaud.
4. Il fait beau lorsque nous arrivons à l'aéroport.
5. Mais il fait froid quand nous descendons de l'avion.
6. Il neige quand nous commençons à faire du ski.

✦ PASSE COMPOSE OU IMPARFAIT?

workbook

A. The imperfect (**l'imparfait**) is a past tense used to describe conditions and feelings, to express habitual actions, or to relate a past action in progress (*was/were* + a verb ending in *-ing*):

1. Describing conditions

Il **pleuvait.** Céline **portait** une jolie robe. Heureusement qu'elle **avait** son parapluie.

It was raining. Céline was wearing a pretty dress. Fortunately she had her umbrella.

2. Describing feelings

Ma sœur en **avait** assez de travailler dur. Elle **voulait** s'amuser. Elle **regrettait** d'être si loin de sa famille.

My sister was fed up with working hard. She wanted to have fun. She was sorry that she was so far from her family.

3. Expressing habitual past actions

A cette époque, Marie et Paul **sortaient** le vendredi. Ils **allaient** souvent au cinéma.	*Back then, Marie and Paul used to go out on Fridays. They would often go to the movies.*
but: Ils **sont allés** au restaurant vendredi dernier.	*They went to the restaurant last Friday.*

B. It is perhaps helpful, when trying to remember whether to use the **imparfait** or the **passé composé,** to think of the analogy between the use of these tenses and a stage play:

In a play, there is often scenery (trees, birds singing, the sun shining, etc.) and background action (minor characters strolling by, people playing, working, etc.). When telling what you saw, use the **imparfait** to describe this scenery and background.

Il **faisait** froid.	*It was cold.*
Ils **voyageaient** en car.	*They were traveling by bus.*
La chaussée **était** glissante.	*The pavement was slippery.*

Likewise, in a play, there are main actors upon whom the audience focuses, if even for a moment. They speak, move, become aware, act, and react. When telling what happened, use the **passé composé** to narrate these events.

Qu'est-ce qui leur **est arrivé?**	*What happened to them?*
Ils **ont eu** un accident.	*They had an accident.*
Hervé s'**est tordu** la cheville.	*Hervé sprained his ankle.*

C. Normally the **passé composé** is used if starting time, finishing time, or duration are indicated, or if something sudden occurred.

Elle s'est levée à **huit heures** du matin.	*She got up at eight o'clock in the morning.*
Elle s'est couchée **à minuit.**	*She went to bed at midnight.*
Elle a travaillé **pendant huit heures** hier.	*She worked eight hours yesterday.*
Le téléphone **a sonné.**	*The phone rang.*

D. However, these verbs would be in the **imparfait** if they were used as a setting for another action.

Elle **se levait** quand le téléphone a sonné.	*She was getting up when the phone rang.*
Elle **se couchait** quand elle a entendu un bruit.	*She was going to bed when she heard a noise.*
Elle **travaillait** quand son fils a eu son accident.	*She was working when her son had his accident.*

E. Likewise, the **imparfait** would be used if the meaning were *She used to . . .*

Elle **se levait** à huit heures du matin.	*She used to get up at eight in the morning.*
Elle **se couchait** à minuit.	*She used to go to bed at midnight.*
Elle **travaillait** huit heures par jour.	*She used to work eight hours a day.*

NOTE: In the following examples, the use of the **imparfait** or the **passé composé** changes the meaning of the sentence.

Il **avait peur** quand il a ouvert la porte.	*He was afraid when he opened the door.*
Il **a eu peur** quand il a ouvert la porte.	*He got frightened when he opened the door.*

While both sentences are correct, the use of the **imparfait** indicates that the person *was already afraid* at the time he opened the door (perhaps he knew there was a ferocious dog inside the room) while the use of the **passé composé,** in the second example, suggests that the person *became afraid* only upon opening the door (he hadn't expected to be met by a ferocious dog).

exercice **5**

Décrivez un voyage que vous avez fait. Répondez aux questions suivantes.

1. Où êtes-vous allé(e)?
2. Quel jour êtes-vous parti(e)?
3. Quel temps faisait-il le jour de votre départ?
4. Quels vêtements portiez-vous?
5. Aviez-vous une valise? Si oui, qu'est-ce qu'il y avait dans la valise?
6. Etiez-vous seul(e)? Si non, qui était avec vous?
7. Comment avez-vous voyagé?
8. Quelle heure était-il quand vous êtes arrivé(e) à votre destination?
9. Pendant combien de temps y êtes-vous resté(e)?
10. Qu'est-ce que vous avez fait pendant ce voyage?
11. Etiez-vous content(e) de revenir chez vous?

exercice **6**

Voici huit verbes suivis chaque fois d'un complément. Faites d'abord une phrase affirmative. Composez ensuite une deuxième phrase qui ajoute deux détails. Les deux phrases doivent raconter une petite histoire au passé.

Modèle: sortir

Je suis sorti vendredi dernier. J'étais avec mes amis et nous nous sommes bien amusés.

1. aller au restaurant
2. ouvrir un cadeau
3. avoir un accident
4. faire un voyage

5. conduire une voiture
6. tomber en panne
7. passer un examen
8. voir un bon film

exercice **7**   Le temps passe et on vieillit... Tout le monde parle du «bon vieux temps». Faites une liste d'au moins huit choses que vous aimiez faire quand vous étiez plus jeune.

> **Modèle:**   **Je jouais à la poupée.**

exercice **8**   Interviewez vos partenaires pour parler de ce qu'ils ont fait le week-end dernier. Sont-ils sortis? Si oui, demandez où ils sont allés, avec qui, à quelle heure, le temps qu'il faisait, ce qu'ils portaient, ce qu'ils ont fait, etc. Composez ensuite un petit paragraphe pour décrire leur week-end.

◆ LE PLUS-QUE-PARFAIT

workbook

A. The pluperfect (**le plus-que-parfait**) is used to describe a past event that took place prior to some other past event.

Hervé ne pouvait pas marcher parce qu'il **avait eu** un accident.	*Hervé couldn't walk because he had had an accident.*
Céline était inquiète parce qu'il **s'était tordu** la cheville.	*Céline was worried because he had sprained his ankle.*

B. To form the **plus-que-parfait,** use the **imparfait** of **avoir** or **être** and the past participle:

deviner	*tomber*	*se lever*
j'avais deviné	j'étais tombé(e)	je m'étais levé(e)
tu avais deviné	tu étais tombé(e)	tu t'étais levé(e)
il/elle/on avait deviné	il/elle/on était tombé(e)	il/elle/on s'était levé(e)
nous avions deviné	nous étions tombé(e)s	nous nous étions levé(e)s
vous aviez deviné	vous étiez tombé(e)(s)	vous vous étiez levé(e)(s)
ils/elles avaient deviné	ils/elles étaient tombé(e)s	ils/elles s'étaient levé(e)s

C. The **plus-que-parfait** normally corresponds to the English *had* plus a past participle.

Hervé n'**était** pas encore **arrivé** quand Céline est entrée dans le café.	*Hervé **had** not yet **arrived** when Céline entered the cafe.*

But: There are *two* exceptions to the above rule:

1. Use **venir de** and the **imparfait** to translate *had just*.

Hervé **venait de** parler à son frère quand Céline a téléphoné.	*Hervé **had just** spoken to his brother when Céline called.*

2. Use **depuis** and the **imparfait** to translate *had been*, to show that the action was still going on in the past.

Céline **était** au café **depuis** un quart d'heure quand Hervé est entré.

*Céline **had been** in the café for fifteen minutes when Hervé entered.*

exercice **9**   Avant d'être étudiante sur ce campus, Marie a beaucoup voyagé avec ses parents. Par contre, Paul n'est pratiquement jamais sorti de son village. Comparez ces deux étudiants.

> **Modèle:**   beaucoup voyager
> **Avant d'être étudiante, Marie avait beaucoup voyagé mais Paul n'avait pas beaucoup voyagé.**

1. passer une année à travailler
2. aller à Montréal en voiture
3. découvrir la ville de Québec
4. visiter beaucoup d'endroits intéressants
5. se faire beaucoup de nouveaux amis

exercice **10**   Composez des phrases en utilisant un élément de chaque colonne.

> **Modèles:**   **Nous étions très fatigués parce que nous étions rentrés très tard.**
> **Mon amie avait mal à la tête parce qu'elle n'avait pas bien dormi.**

Nous		beaucoup travailler
Je		passer beaucoup de temps à étudier
Les étudiants	être très fatigué(e)(s)	faire un long voyage
Mon ami(e)	avoir mal à la tête	rentrer après minuit
Vous		avoir une panne de voiture
Le professeur		danser toute la nuit
		se coucher très tard
		ne pas bien dormir dans l'avion
		faire la fête

exercice **11**   Utilisez l'expression entre parenthèses au **plus-que-parfait** pour raconter l'histoire du pauvre Georges.

> **Modèle:**   Pourquoi est-ce que Georges n'a pas fait ses devoirs? (perdre son livre)
> **Georges n'a pas fait ses devoirs parce qu'il avait perdu son livre.**

1. Pourquoi est-ce que Georges n'a pas réussi à l'examen? (ne pas étudier)
2. Pourquoi est-ce que Georges n'avait pas étudié? (sortir avec Florence)
3. Pourquoi Florence avait-elle mal aux pieds? (danser avec Georges)
4. Pourquoi Georges était-il fatigué? (se coucher très tard)
5. Pourquoi avait-il faim? (ne pas manger)

6. Pourquoi ne sont-ils pas allés au restaurant? (Florence/déjà/manger)
7. Pourquoi Florence avait-elle déjà mangé? (Georges/ne pas offrir de payer la fois d'avant)

 exercice **12**   Utilisez les verbes indiqués pour compléter chacun des paragraphes suivants. Attention au **passé composé**, à **l'imparfait** et au **plus-que-parfait**.

1. *acheter, aller, choquer, être, habiter, lire, pouvoir*

Quand il _____ à Québec, Paul _____ un journal tous les jours. Les journaux québécois _____ intéressants et quelquefois il _____ même voir le nom d'un ami. Un jour, il _____ quelque chose qui l'_____: Marie Gadbois _____ se marier avec Marc Lafleur la semaine suivante.

2. *aller, aimer, avoir, commencer, demander, dire, être, répondre, vouloir*

Paul _____ beaucoup Marie. Elle _____ 21 ans et elle _____ très gentille. Paul lui _____ déjà _____ de se marier avec lui mais Marie lui _____ qu'ils _____ trop jeunes. Elle lui _____ qu'elle ne _____ pas se marier tout de suite. Ensuite, elle _____ à sortir avec Marc. Paul _____ triste parce que Marie _____ épouser quelqu'un d'autre.

 exercice **13**   Interviewez vos partenaires pour apprendre ce qu'ils avaient déjà fait avant de choisir l'université où ils font leurs études. Demandez, par exemple, s'ils avaient déjà étudié le français, fait du sport, joué d'un instrument de musique, etc.

 *Brouillon.*   Ecrivez le récit, genre «journal intime» (*diary*), des trois jours déjà choisis pour votre **Début de rédaction,** page 58. Précisez la date chaque fois.

A la découverte

◆ LECTURE 1

Jacques Prévert (1900–1977) est un poète qui a eu un succès considérable en France et qui est encore très apprécié de nos jours. Un grand nombre de ses poèmes ont été associés à des arrangements musicaux et sont devenus des chansons célèbres, par exemple «Les Feuilles mortes» (Autumn Leaves). Les thèmes préférés de Prévert sont le désespoir, l'injustice, le bonheur et la fuite du temps.

activité 1   **Anticipez le contenu.**   Quels sont les différents moyens de communication possibles pour transmettre un message à une autre personne? Par exemple: **On peut lui téléphoner.**

activité 2   **Prévoyez le contexte.**   Essayez d'utiliser les mots suivants dans un paragraphe. Pouvez-vous inventer une petite histoire? la porte, la chaise, le chat, le fruit, la lettre, la route, la rivière, l'hôpital

Le Message

La porte que quelqu'un a ouverte
La porte que quelqu'un a refermée
La chaise où quelqu'un s'est assis
Le chat que quelqu'un a caressé
5   Le fruit que quelqu'un a mordu
La lettre que quelqu'un a lue
La chaise que quelqu'un a renversée
La porte que quelqu'un a ouverte
La route où quelqu'un court encore
10   Le bois que quelqu'un traverse
La rivière où quelqu'un se jette
L'hôpital où quelqu'un est mort.

Paroles, Jacques Prévert (Editions Gallimard)

activité 3   **Compréhension.**   Répondez aux questions suivantes.

1. Quels sont les mots que Prévert répète dans son poème?
2. Quels sont les vers qui indiquent que cette personne prend tout son temps?
3. Quels sont les vers qui indiquent que cette personne est très pressée?

4. Quelles sont les deux parties de ce poème?
5. Quel message possible y avait-il dans la lettre?
6. Comment ce poème se termine-t-il? Expliquez ce qui s'est passé, à votre avis.

activité 4   **A votre tour.** Récrivez le poème en commençant chaque vers par le mot **quelqu'un.**

> **Modèle:** Quelqu'un a ouvert la porte.

◆ LECTURE 2

Roch Carrier *est un écrivain canadien originaire de Sainte-Justine, au Québec. Après avoir fait ses premiers essais littéraires en poésie, Carrier semble avoir une préférence pour la prose. Parmi ses succès figure* Les Enfants du bonhomme dans la lune, *un recueil où se trouve le conte intitulé* Grand-père n'avait peur de rien ni de personne.

Note culturelle

La peur. Dans cette histoire, l'auteur décrit un Québec rural et catholique. La peur des protestants vient sans doute du fait qu'ils vivaient séparés des catholiques majoritaires et que les Anglais, ennemis du temps de la guerre contre les Français, étaient protestants.

Note grammaticale

Le passé simple. Normally the literary equivalent of the **passé composé**, the **passé simple** denotes that an action was completed in the past, with no relation to the present. It is therefore often used in relating historical events, births, deaths, etc.

The **passé simple** takes the following forms when **il/elle/on** is the subject:

regular **-er** verbs:	stem of infinitive + **-a**	→ parler: **parla**
regular **-ir** verbs:	stem of infinitive + **-it**	→ finir: **finit**
regular **-re** verbs:	stem of infinitive + **-it**	→ vendre: **vendit**
many irregular verbs:	add **-t** to the past participle	→ avoir: **eut;** prendre: **prit;** mettre: **mit;** partir: **partit;** sortir: **sortit;** rire: **rit;** lire: **lut;** boire: **but;** croire: **crut;** devoir: **dut;** savoir: **sut;** connaître: **connut;** vivre: **vécut;** pouvoir: **put;** plaire: **plut**
other irregular verbs:	être: **fut;** faire: **fit;** venir: **vint**	

You will study the **passé simple** in detail in Chapter 10.

activité **5**   **Cherchez le passé simple.**   Cherchez cinq exemples du passé simple dans la lecture suivante et donnez l'équivalent de chaque exemple au passé composé.

> **Modèle:**   il fut
> **il a été**

activité **6**   **Etude du vocabulaire.**   Etudiez les phrases suivantes et choisissez les mots anglais qui correspondent aux mots français en caractères gras: *woodcutters, numb, sow, maple, tests of strength, grumbled, struggle, frost.*

1. Mon grand-père aimait bien les **épreuves de force.**
2. Oxfam est une organisation qui **lutte** contre la faim.
3. Les **bûcherons** coupent beaucoup d'arbres dans les forêts canadiennes.
4. L'**érable** est exploité pour son sirop délicieux.
5. Au printemps les agriculteurs **sèment** du blé dans les champs pour avoir du pain plus tard.
6. Quand il fait très froid il faut porter des gants pour protéger vos mains contre **le gel.**
7. Si vous n'en mettez pas, vos mains seront **engourdies.**
8. Le vieil homme **grogna** qu'il n'aimait pas porter des gants.

Grand-père n'avait peur de rien ni de personne...

Grand-père était un homme fort. Grand-père aimait la force physique. Sa vie entière avait été un corps à corps, une épreuve de force. Grand-père ne connaissait que ce qu'il avait vaincu[1] par la force de ses bras. Très jeune, presque un enfant, il fut bûcheron; jeune homme, il avait déjà des enfants; entouré[2]

1. **vaincu** defeated   2. **entouré** surrounded

5 du grand silence glacé de la forêt, il devait les entendre pleurer, là-bas, au loin, dans sa petite maison de bois. Alors, il s'attaquait aux épinettes[3] géantes, il frappait[4] de tous ses muscles tendus, il luttait contre le bois dur; la forêt reculait. Je connais une photographie de lui à cette époque; parmi les autres bûcherons, avec son visage d'adolescent vieilli prématurément, il a la fierté
10 d'un roi. Je regarde ses yeux, parce que je suis son petit-fils, je sais: il pense qu'il ést le plus fort.

Grand-père abattit[5] tant d'arbres qu'il put s'acheter une ferme. Il y avait dans ses champs plus de pierres[6] que de terre. Grand-père les enleva une à une, avant de pouvoir semer. L'hiver, le gel ramenait d'autres pierres à la
15 surface. Chaque printemps, il recommençait le combat. Puis il semait. Grand-père ne jurait[7] pas comme les autres fermiers; il souriait, parce qu'il était le plus fort.

Quelques années après, Grand-père se fit forgeron[8]. Je l'ai vu se battre[9] avec le fer[10] rouge, je l'ai vu, en sueur[11] et le visage noir, se battre, enveloppé
20 d'étincelles[12], avec le fer qu'il réussissait toujours à plier[13]. Il était le plus fort. Sa force était tranquille comme la force de l'érable. A quatre-vingt-dix ans, il était encore le plus fort. J'avais passé, dans mon enfance, tant de jours avec lui qu'il ne savait plus si j'étais son fils ou son petit-fils, mais me disait toujours, en écrasant[14] dans son immense main ma main d'écrivain:
25 —Ça (il voulait dire: sa force), ça, tu l'apprendras pas dans tes livres.

Sa grosse main s'ouvrait enfin pour libérer mes doigts engourdis et je disais:

—Fort comme vous l'êtes, il n'y a encore rien qui vous fasse peur.

—La peur, répondait Grand-père, j'ai jamais connu ça dans ma vie.
30 —I'a pas connu la peur? ironisa ma grand-mère dans un de ses éclats de rire[15]. Moé je me rappelle qu'i'avait peur des protestants.

Grand-père se leva brusquement:

—Si j'mets pas de bois, mon feu va s'éteindre.

En refermant la porte, il grogna:
35 —La peur, j'ai jamais connu ça.

Grand-mère eut un grand plaisir à me révéler le secret de Grand-père. Elle me raconta l'histoire de la peur de Grand-père.

Jeune fille, Grand-mère vivait à Sainte-Claire. Mon Grand-père vivait à trente milles de là, dans les montagnes, à Sainte-Justine. Pour visiter sa
40 fiancée, la route de Grand-père était longue, tordue de détours, de pentes et de cahots[16]. La boue[17] y était épaisse[18]. Elle grimpait les collines[19] et les redescendait dangereusement, évitant les pierres et les souches[20]. Entre les deux villages, quelques maisons étaient réunies autour d'une petite église. Dans ces maisons vivaient des protestants. La petite église de bois était une
45 église protestante. C'était un village de protestants.

---

3. **épinettes** spruce trees   4. **frappait** would strike   5. **abattit** chopped down   6. **pierres** stones   7. **jurait** swore   8. **forgeron** blacksmith   9. **se battre** fight   10. **fer** iron
11. **en sueur** perspiring   12. **étincelles** sparks   13. **plier** bend   14. **écrasant** crushing
15. **éclats de rire** bursts of laughter   16. **tordue de ... pentes ... cahots** twisted with . . . slopes . . . bumps   17. **boue** mud   18. **épaisse** thick   19. **grimpait les collines** climbed the hills   20. **souches** stumps

Grand-père, aussi fort que la forêt, aussi fort que les pierres des champs et aussi fort que le fer, n'a jamais pu vaincre²¹ sa peur de traverser le village des protestants. Dès qu'il l'apercevait, il sautait de sa voiture, il prenait son cheval à la bride²² et, à travers les taillis²³, il faisait un détour. Quand il l'avait
50 dépassé, il reprenait la route qui le menait à sa fiancée.

Grand-mère, qui venait de trahir²⁴ un secret, eut des rires d'écolière devenue vieille tout d'un coup pendant une moquerie. Moi je me sentis devenir triste.

Qui avait pu, je me demande, semer une si grande peur dans l'âme d'un
55 homme aussi fort?

Les Enfants du bonhomme dans la lune, Roch Carrier (Editions Internationales Alain Stanké Ltée).

21. **vaincre** overcome   22. **bride** bridle   23. **taillis** thickets   24. **trahir** betray

activité **7**   **Compréhension.**   Répondez aux questions suivantes.

1. Qu'est-ce qui a toujours rendu le grand-père exceptionnel?
2. Quelles sont les différentes occupations qu'il a eues?
3. Qu'a-t-il fait de l'argent qu'il a gagné dans la forêt?
4. D'où venaient toutes les pierres qu'il trouvait dans ses champs?
5. Comment aimait-il montrer sa force à son petit-fils?
6. A quelle distance vivait-il de sa fiancée?
7. Quelles difficultés le grand-père avait-il eues pour aller chez sa fiancée?
8. A-t-il jamais eu peur? Expliquez votre réponse.

activité **8**   **Réflexion.**

1. Quelle sorte de vie le grand-père a-t-il menée?
2. Comparez la vie du grand-père et la vie du petit-fils.
3. Comment expliquez-vous le comportement de la grand-mère?
4. Quelles ressemblances et différences y a-t-il entre les grands-parents du narrateur et vos grands-parents?

Intégration

activité **A**   Interviewez les autres étudiants. Vous voulez savoir s'il y a quelqu'un...

Modèle: qui a fait un voyage récemment
Est-ce que tu as fait un voyage récemment?

1. qui est déjà allé au Québec
2. qui n'avait jamais étudié le français avant d'arriver sur ce campus
3. qui a eu une panne de voiture récemment
4. qui est tombé malade pendant cette année scolaire

5. qui a déjà conduit un camion
6. qui a rendu visite à ses grands-parents récemment
7. qui a offert un cadeau récemment

activité B   Ecrivez un paragraphe. Racontez le meilleur moment de votre vie: Où étiez-vous? Qu'est-ce qui s'est passé? Pourquoi l'avez-vous tant apprécié?

activité C   Avec le reste de la classe, inventez une histoire où il s'agit d'un voyage imaginaire. Une personne commence l'histoire; une deuxième ajoute un détail; une troisième un autre détail, etc. Utilisez votre imagination!

Rédaction.   Utilisez votre «journal intime» (**Brouillon,** page 67) et écrivez une lettre à un(e) ami(e) francophone. Racontez ce qui s'est passé. Quelles étaient les circonstances? Expliquez l'importance de ces trois jours pour vous.

 Entre amis   Interviewez vos partenaires au sujet de voyages qu'ils ont faits. Posez-leur des questions pour savoir quand, où et pourquoi ils sont partis en voyage. Demandez ce qu'ils ont vu, fait, découvert, appris. Décidez ensuite qui a fait le voyage le plus intéressant.

CHAPITRE TROIS

Une artiste à Papeete

Buts communicatifs

◆ Prendre une décision
◆ Persuader quelqu'un

Structure

◆ Les verbes *voir, envoyer* et *manquer*
◆ Les pronoms objets directs
◆ Les pronoms objets indirects
◆ Le pronom *y*
◆ Le pronom *en*
◆ L'ordre des pronoms objets
◆ Les pronoms accentués

A la découverte

◆ *L'Invitation au voyage* Charles Baudelaire
◆ *La Perle de l'océan Indien* Roseline Lefèvre
◆ *La Loi nouvelle* Victor Segalen

Connaissez-vous Papeete et Tahiti?

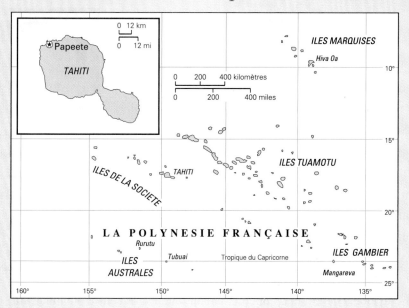

Le saviez-vous? Essayez de compléter ces phrases. Ensuite cherchez les réponses en lisant le texte qui suit.

1. La Polynésie _____.
   a. fait partie de la France   b. est un département d'outre-mer
   c. est un territoire d'outre-mer
2. La Polynésie comprend cinq archipels et environ _____ îles.
   a. 50   b. 100   c. 120
3. L'économie de la Polynésie dépend surtout de _____.
   a. son tourisme   b. la culture des perles noires
   c. l'exportation de ses fruits
4. L'intérieur de l'île de Tahiti est _____.
   a. plat   b. montagneux   c. un désert
5. Le mot *iti* en tahitien signifie _____.
   a. «grand»   b. «beau»   c. «petit»
6. Les deux parties de Tahiti sont reliées par un _____.
   a. pont   b. bateau   c. isthme
7. L'endroit que les surfeurs apprécient beaucoup se trouve à _____.
   a. Pointe Vénus   b. Taravao   c. Cap Vert
8. La langue des Maohi a survécu grâce aux _____.
   a. anthropologues   b. touristes   c. évangélistes
9. La côte de Tahiti _____.
   a. a beaucoup de falaises   b. est recouverte de pierres
   c. est recouverte de sable fin
10. Beaucoup d'îliens viennent à Papeete pour _____.
    a. chercher du travail   b. vendre leurs perles noires
    c. visiter le musée Gauguin

Tahiti

La Polynésie française est un territoire d'outre-mer composé de 118 îles situées dans le sud du Pacifique. Ce territoire se divise en cinq archipels: l'archipel de la Société, qui comprend les îles du Vent (Tahiti, Moorea et Tetiaroa) et les îles Sous-le-Vent (Raïatea, Tahaa, Huahine, Bora-Bora et Maupiti), l'archipel des Marquises, l'archipel des Australes et l'archipel des Tuamotu et des Gambier. De climat tropical, la Polynésie connaît deux saisons, l'une sèche, d'avril à octobre, l'autre pluvieuse, de novembre à mars. La Polynésie française compte un peu plus de 225.000 habitants dont 43 pour cent de moins de 20 ans. Papeete, la capitale, est le centre administratif, commercial et touristique. La ville attire nombre d'îliens venant quelquefois de loin pour trouver un emploi. Un quart de la population vit de la pêche (*fishing*) et de l'agriculture traditionnelle. Le coprah, dont on fait de l'huile, est l'une des cultures de base. Près de 80 pour cent des habitants gagnent leur vie grâce au tourisme. Après le tourisme, la source la plus importante de revenus pour la Polynésie est la culture de la perle noire.

Souvent appelée «l'île d'amour», Tahiti est la plus grande des îles et atolls qui forment la Polynésie française. Son territoire de 1.042 km^2 est constitué de montagnes pouvant atteindre plus de 2.000 m d'altitude, de profondes vallées vertes couvertes de forêts et de fougères (*ferns*), de cascades qui tombent dans des rivières fraîches. Son littoral (*coastline*) plat est recouvert d'une végétation tropicale luxuriante. Moins célèbre que Bora-Bora ou Moorea pour la beauté de ses plages, Tahiti possède quand même de vastes étendues de sable blanc.

La beauté de la Polynésie

Autour de Tahiti-Nui (la grande île), une route de 114 km fait circuit entre la montagne et la mer. Sur la presqu'île de Tahiti-Iti (la petite île), une route longe la côte sur environ 18 km. Une route intérieure mène au plateau de Taravao d'où on a une très belle vue panoramique sur l'isthme rattachant les deux îles. Le tourisme (200.000 visiteurs par an environ) offre de belles perspectives et attire de plus en plus de gens, surtout des Américains et des Canadiens. Ces touristes apprécient la beauté des plages, les poissons multicolores et la végétation spectaculaire. Les vagues gigantesques qu'on trouve à Pointe Vénus, une plage de sable noir, sont particulièrement appréciées des surfeurs.

La Polynésie a une histoire assez remarquable, car la région a réussi à résister aux pressions de nombreux groupes ethniques venus d'Asie et d'Europe et à conserver certaines de ses vieilles traditions. Les Maohi, comme on appelle aujourd'hui les habitants de Tahiti, cherchent à retracer et à préserver leurs origines. Leur langue, le reo maohi, se porte assez bien et il est même possible de l'étudier à l'école. C'est grâce aux évangélistes venus il y a plus de deux cents ans, qui ont traduit la Bible pour la faire connaître des Maohi, que cette langue a réussi à survivre.

Aujourd'hui la Polynésie jouit d'un statut assez spécial. En effet, tout en étant un territoire d'outre-mer, elle bénéficie d'un statut de large autonomie interne obtenue en 1984. Si elle dépend toujours de la France pour un soutien financier, elle est libre de gérer ses propres affaires internes. Ainsi, même si le tourisme est une source importante d'argent, Tahiti n'a pas permis aux grandes chaînes d'hôtels de tout acheter. Les petits hôtels et l'hôtellerie chez l'habitant sont privilégiés, pour éviter une invasion touristique trop importante comme celle qui a transformé Hawaii. Il existe aussi un mouvement indépendantiste en Polynésie qui voudrait se séparer complètement de la France, mais le président du gouvernement territorial aimerait conserver le lien (*tie*) avec l'Hexagone.

Les jeunes, ça bouge!

◆ A Tahiti, *Guides Hachette Visa.*

ETES-VOUS BRANCHES? Pour en savoir plus sur Papeete et Tahiti, cherchez les renseignements indiqués sur Internet. Allez d'abord au site de Houghton Mifflin, http://college.hmco.com/languages/french/students et de là au site *Personnages*. Consultez la liste des adresses Web pour obtenir les renseignements.

Note culturelle

Les DOM-TOM. En plus des départements de la France métropolitaine et de la Corse, il existe à travers le monde des régions qui sont sous la juridiction française. Elles se divisent en trois groupes: les **départements d'outre-mer** (la Martinique, la Guadeloupe, la Guyane et la Réunion), les **territoires d'outre-mer** (la Nouvelle-Calédonie, la Polynésie française, les Terres australes et antarctiques françaises et Wallis et Futuna) et les **collectivités territoriales** (Saint-Pierre-et-Miquelon et Mayotte). A quelques exceptions près, leurs citoyens sont français et ont les mêmes droits que les Français de France.

Interactions

Mareta Péa, une jeune Tahitienne, commence une carrière dans la peinture. Inspirée par ses études d'art au lycée Gauguin à Papeete, la capitale de l'île, elle a passé deux ans à l'Ecole des beaux-arts à Paris et elle est de retour dans son pays depuis maintenant huit mois. Elle a tant de nouvelles à annoncer à sa meilleure amie, Anne Dufour, qu'elle lui téléphone au milieu de la nuit. Anne est une jeune fille avec qui elle a partagé un petit appartement à Paris pendant son séjour en France.

VOCABULAIRE

Noms

le cancer cancer
le décalage horaire time difference
un défilé parade
les dépenses (*f.pl.*) expenses
un essai nucléaire nuclear test
une facture bill
une feuille leaf

une foule crowd
un four oven
la leucémie leukemia
une peinture painting
un projet plan; project
une quarantaine about forty
un sac à dos backpack
la suppression removal; abolition

un tableau painting
un témoin witness; best man/maid of honor (wedding)
une valise suitcase

Verbes et expressions verbales

avoir hâte de to be eager/anxious to
écraser to squash; to smash
s'en faire to worry
fixer une date to set a date
mettre fin à to end; to terminate
n'avoir rien à voir avec... to have nothing to do with . . . ; to be unrelated to . . .
paraître to seem; to appear
partager to share
porter to carry; to wear
prévenir to warn
réfléchir to think; to consider; to reflect
supprimer to abolish; to end; to eliminate

Adjectifs

convaincant(e) convincing
creusé(e) dug
décontracté(e) relaxed

fier/fière proud
inoubliable unforgettable
réglé(e) settled; taken care of

Autres mots et expressions

car because; for; since
chouette (*fam.*) great, swell
de taille modeste of small size
en dehors de outside of; apart from
en plein air outside; outdoor
tant (de) so many; so much
Tu parles! (*fam.*) No way; You must be joking!

Une fête à Tahiti

au bord de la mer by the seashore
un cochon de lait piglet
un festin feast
une fête (foraine) carnival
flamboyant(e) (*adj.*) blazing; flaming
un mets (culinary) dish
une pirogue dugout (canoe)
une plage beach
se régaler to appreciate a delicious meal

activité **1**

workbook

Choisissez les mots ou expressions de la colonne de droite qui correspondent le mieux à ceux de la colonne de gauche.

1. ___ facture
2. ___ inoubliable
3. ___ festin
4. ___ décontracté
5. ___ tableau
6. ___ rameur
7. ___ une quarantaine

a. peinture
b. un grand repas
c. relaxe
d. à peu près quarante
e. note
f. dont on se souviendra toujours
g. qui fait avancer un bateau

activité 2 Complétez les phrases suivantes à l'aide d'une des expressions de la liste de vocabulaire.

1. _____ veut dire «être pressé de» faire quelque chose.
2. Quand une chose n'a aucun lien avec une autre chose, elle n'a _____ avec elle.
3. Quand on _____, on choisit le jour où quelque chose va se passer.
4. _____ est un groupe considérable de personnes.
5. _____ veut dire «apprécier beaucoup un repas».
6. _____ est un endroit où on fait cuire des aliments.
7. En été, on souffre parfois à cause de _____.

activité 3 Utilisez des périphrases pour expliquer le sens des mots suivants. (Revoir les périphrases, p. 5)

Modèle: partager
C'est quand on divise quelque chose entre deux ou plusieurs personnes.

1. témoin
2. décalage horaire
3. Tu parles!

4. en plein air
5. une plage
6. une feuille

✦ ECOUTER ET DISCUTER

workbook

🎧 A l'écoute 1

Chez Anne Dufour. Drrriiinnnnggg! Le téléphone sonne au milieu de la nuit. Anne se réveille et y répond. Lisez les notes culturelles et écoutez la conversation avant de passer aux activités.

1. **Le décalage horaire.** Il y a douze heures de différence entre Paris et Papeete. Quand il est midi à Paris, il est minuit à Papeete (à Tahiti), onze heures du matin à Dakar (au Sénégal), sept heures du matin à Fort-de-France (à la Martinique), six heures du matin à Québec et à Montréal (au Canada) et cinq heures du matin à Saint-Louis (aux Etats-Unis).
2. **Un témoin.** On utilise le mot **témoins** pour l'homme et la femme qui sont à côté des mariés à la mairie et à l'église. Ce sont les deux témoins officiels (*best man / maid or matron of honor*).

activité 4   Répondez *vrai* ou *faux*. Si une affirmation est fausse, corrigez-la.

1. Il y a un décalage horaire considérable entre Paris et Papeete.
2. C'est la première fois que Mareta téléphone à son amie au milieu de la nuit.
3. Anne a peur que Mareta dépense trop d'argent à téléphoner.
4. Elle a deux choses importantes à raconter à son amie.
5. Mareta a gagné à la loterie.
6. Mareta a trouvé un poste.
7. Elle a acheté un tableau de Gauguin.
8. Anne va se marier.

activité 5   Répondez aux questions suivantes.

1. Quel poste Mareta vient-elle d'accepter?
2. Qu'est-ce qu'Anne était en train de faire quand Mareta a appelé?
3. Qu'est-ce que Mareta a tendance à faire quand elle téléphone à son amie?
4. D'après ce que dit Anne, est-ce que Mareta préfère écrire ou téléphoner à son amie?
5. Pourquoi Mareta est-elle si agitée?
6. Quelles sont les choses qu'elle annonce à Anne?
7. Quelle invitation fait-elle à Anne?
8. Comment réagissez-vous quand on vous appelle au milieu de la nuit?
9. Avez-vous déjà été témoin à un mariage? Si oui, indiquez dans quelles circonstances.

A l'écoute 2

Drrrriiinnnnggg! Le jour après. Le téléphone sonne encore une fois. Lisez la note culturelle et écoutez la conversation avant de passer aux activités.

Note culturelle

Les sigles. Les sigles (*acronyms*) jouent un rôle important dans la culture française. Il faut connaître les plus fréquents pour pouvoir bien comprendre les gens. La BNP veut dire la Banque Nationale de Paris et un PDG est un président directeur général. D'autres qu'on utilise très souvent: le TGV (train à grande vitesse), une BD (bande dessinée), le RER (Réseau Express Régional).

activité 6 Répondez à ces questions qui sont basées sur la conversation entre Anne et Mareta.

1. Quand est-ce que Mareta retéléphone à Anne?
2. Est-ce qu'Anne a pu dormir après son premier coup de téléphone? Justifiez votre réponse.
3. Quand est-ce que le mariage va avoir lieu?
4. Quel autre événement a lieu ce jour-là?
5. Pourquoi Anne a-t-elle du mal à accepter l'invitation de Mareta?
6. Mareta arrive-t-elle à la convaincre? Comment?
7. Combien de temps le voyage dure-t-il entre Paris et Papeete?
8. Que savez-vous au sujet du fiancé de Mareta?

activité 7 Mettez-vous à la place d'Anne. Vous devez prendre une décision. Faites deux listes: (1) cinq raisons pour lesquelles vous acceptez d'aller à Tahiti, (2) cinq autres pour lesquelles vous hésitez à y aller. Comparez vos réponses avec celles des autres étudiants.

Conversation. Anne téléphone à son amie Mareta.

MARETA: Allô!

ANNE: Bonsoir, Mareta. C'est moi qui te réveille pour une fois.

MARETA: Anne! Tout va bien? Tu as reçu ma lettre?

ANNE: Pas encore. Mais, tu sais, il faut que je réfléchisse à ce voyage.

MARETA: Anne, tu m'as promis de venir. Allons, laisse-toi faire…

ANNE: C'est vrai que…

MARETA: Je t'assure que tu ne le regretteras pas.

ANNE: Mon Dieu, comment te refuser?

MARETA: Bon, c'est réglé?

ANNE: OK, j'attendrai ta lettre et puis je t'écrirai pour te donner des précisions sur mon vol.

MARETA: Chouette, alors! Je t'embrasse, Anne.

ANNE: Au revoir, Mareta. Moi aussi, je t'embrasse.

Et vous? Répétez la conversation téléphonique avec votre partenaire. Ensuite modifiez-la: vous téléphonez à un(e) ami(e) pour répondre à son invitation à aller le (la) voir.

Expressions utiles

1. Pour prendre une décision

Je ne sais pas si c'est possible.	*I don't know if it's possible.*
Il faut que j'y réfléchisse.	*I need to think about it.*
Je voudrais bien mais j'hésite parce que…	*I'd really like to but I'm not sure because . . .*
Peut-être que je pourrais…	*Perhaps I could . . .*
Je ne peux pas te refuser.	*I can't refuse you.*
C'est décidé/réglé. Je viendrai.	*It's decided/all set. I'll come.*

2. Pour persuader quelqu'un

Mais si, tu peux!	*Oh yes, you can!*
Il faut que tu (viennes)!	*You must (come)!*
Tu me l'as promis.	*You promised me.*
Je t'assure que tu ne le regretteras pas.	*I assure you that you won't be sorry.*
Allons, laisse-toi faire.	*Come on, give in.*
Bon, c'est réglé?	*OK, it's all set?*

workbook

activité 8   Mareta a invité Anne à son mariage. Pour chaque argument qui suit, donnez une ou deux réponses logiques.

> **Modèle:**   Je ne sais pas si ce sera possible.
> **Mais si! Tu es ma meilleure amie.**   *ou*
> **Anne, il faut que tu sois là!**

1. Ce voyage va probablement coûter très cher.
2. J'hésite parce que j'ai beaucoup de travail à faire.
3. Peut-être que je pourrai venir l'année prochaine ou dans deux ans.
4. Tu veux vraiment que je sois ton témoin?
5. Bon. C'est décidé; je viendrai.

activité 9   Indiquez six endroits/événements auxquels vous pourriez inviter un(e) ami(e). Pour chaque invitation, votre ami(e) hésite à dire oui. Suggérez sa réponse. Enfin, ajoutez un argument pour le (la) persuader.

> **Modèle:**   Je t'invite à aller au cinéma.
> Votre ami(e):   **Je ne sais pas. J'ai du travail à faire.**
> Vous: **Viens avec moi; tu peux travailler après le film.**

 Entre amis   Le téléphone sonne et vous y répondez. Il s'agit d'un coup de téléphone de votre ami(e) qui vous invite à faire un long voyage.

1. Posez des questions pour avoir des renseignements sur ce voyage.
2. Vous hésitez avant de prendre une décision définitive. Vous présentez des objections.
3. Votre partenaire va essayer de vous persuader de l'accompagner.

◆ LIRE ET DISCUTER

Echange 1

Mareta envoie un message électronique à Anne.

```
de:          m.pea@mail.pf
envoyé le:   31 mars
à:           a.dufour@wanadoo.fr
sujet:       Quelques renseignements!
```

«La ora» (salut), ma chère Anne,

Je me suis renseignée pour ton voyage. Ton vol passe par San Francisco mais il est direct. Téléphone à ton agence de voyages pour qu'on te réserve immédiatement une place pour Papeete. Tu vas arriver très tôt le matin à l'aéroport international de Faaa, à 6 kilomètres de Papeete. Je viendrai te chercher. Papeete a une population de 50.000 habitants, donc comparée à Paris, la ville est de taille modeste. Mes parents habitent maintenant à Papara, à une quarantaine de kilomètres au sud de la capitale. Ma tante sera très heureuse de t'accueillir chez elle. Elle habite à côté de chez eux. N'apporte pas trop de vêtements habillés. La température moyenne est de 25º, donc il ne fait ni trop chaud ni trop froid. Les gens sont assez décontractés et nous sommes tous presque constamment en short et chemisette. N'oublie pas ton maillot de bain.

Pour le mariage nous porterons des robes longues en «pareu», le tissu local, que nous faisons faire par une voisine qui est couturière. La cérémonie va avoir lieu sur la plage devant l'Hôtel Tiki. Il y aura un grand festin, le «tama'ara'a», qui dure souvent entre six et huit heures. Tous les plats sont préparés dans un four creusé dans la terre et les mets sont enveloppés dans des feuilles. Comme tu m'as dit que tu aimes bien le cochon de lait et le poisson, tu pourras te régaler. Nous comptons inviter une cinquantaine de personnes et il y a aura aussi des danseurs et des musiciens. Pour le restant de ton séjour, il y a de nombreuses possibilités. Le musée du Coquillage, tout près de chez nous, est très impressionnant. A dix kilomètres plus loin se trouvent le musée Paul-Gauguin et le jardin botanique où tu peux admirer une des plus belles collections de plantes tropicales de toute la Polynésie. Il y a tant d'excursions à faire. Je t'ai parlé de la grande fête qui commence le jour de notre mariage. Je t'envoie un petit article qui décrit cette fête.

J'arrête là ma prose. N'hésite pas à me téléphoner si tu as d'autres questions à me poser.

Grosses bises, Mareta

activité **10** A discuter.

1. Quels avantages y a-t-il à Tahiti pour les touristes venus de France?
2. Quels sont les avantages et les inconvénients du vol qu'Anne doit prendre pour aller à Papeete?
3. Quels sont les conseils que lui donne Mareta à propos de la manière de s'habiller sur l'île? Sont-ils nécessaires? Faites une liste des vêtements qu'Anne devrait apporter avec elle.
4. Comparez la température moyenne à Tahiti et celle où vous habitez. (S'il le faut, consultez la **Note culturelle,** page 289)
5. Quels détails Mareta nous donne-t-elle à propos du mariage?
6. Faites une liste des choses qui pourraient attirer des touristes à Papeete. Choisissez ensuite celle qui vous intéresse le plus et expliquez pourquoi.

activité 11   Anne décide d'y aller. Aidez-la à répondre à Mareta. Ecrivez une petite lettre pour (1) communiquer sa décision, (2) donner des détails sur son vol (jour, numéro, heure d'arrivée, etc.), (3) dire à Mareta ce qu'elle aimerait faire sur l'île après le mariage, et (4) poser deux questions à Mareta.

Echange 2

Notes culturelles

1. **Les Heiva** sont de grandes fêtes populaires qui ont lieu en juillet dans toute la Polynésie. Il y a de nombreuses manifestations organisées, dont des défilés et des courses de pirogues et de chevaux. Loin d'être une attraction purement touristique, ces fêtes sont tout d'abord une occasion pour les Maohi de se réunir. Tous les soirs il y a des compétitions de chant et de danse, en plein air, sur la place Vaiete à Papeete, par exemple. Mais c'est surtout la fête foraine au bord de la mer qui rend célèbres les Heiva.
2. **Les essais nucléaires.** Entre 1995 et 1996 la France a entrepris plusieurs essais nucléaires sur l'atoll de Mururoa, situé à environ douze cents kilomètres de Tahiti. Ces essais ont été condamnés par de nombreux pays, tout particulièrement le Japon, l'Australie, la Nouvelle-Zélande et les Philippines.
3. **Les Maohi.** Il s'agit du même peuple polynésien appelé aussi «Maori». Les deux noms sont interchangeables. Voir aussi le site internet *Personnages* pour ce chapitre.

Anne répond au message électronique.

```
de:          a.dufour@wanadoo.fr
envoyé le:   1er avril
à:           m.pea@mail.pf
sujet:       Merci beaucoup!
```

Chère Mareta,

Merci pour tous ces renseignements. Je vais faire comme tu me l'as suggéré. Je vais prendre contact avec mon agent de voyage cet après-midi et je t'enverrai un message quand j'aurai mon billet d'avion. Je te remercie aussi pour les renseignements concernant ton mariage. Si tu ne m'avais pas prévenue, j'aurais probablement pris deux grosses valises. Maintenant je n'en prendrai qu'une, plus un sac à dos, comme tu m'assures que je n'ai pas à apporter beaucoup de vêtements. J'ai hâte de venir, car tous tes projets me paraissent super.

Tahiti m'est beaucoup plus attirante depuis que la France y a supprimé ses essais nucléaires. Il était temps qu'elle y mette fin. Comme tu sais, ce n'est qu'après qu'elle a terminé ses essais en 1996 que la France a trouvé bon de changer sa politique et de signer le traité contre les essais nucléaires. Mais je me demande quels vont être les effets de ces essais sur la population. Il est bien possible que l'on découvre des cas de cancer ou de leucémie. On dit qu'il faut attendre cinquante ans pour le savoir définitivement. Est-ce que les gens en parlent beaucoup? Comme le gouvernement français donne beaucoup d'aide à la Polynésie, il a dû croire qu'il avait tous les droits, sans s'inquiéter des conséquences. La France ne peut pas être très fière de cette période de son histoire en Polynésie.

Les promenades que tu me proposes ont l'air très intéressantes et je suis particulièrement heureuse que ton mariage tombe au moment des fêtes d'Heiva. D'après ce que j'ai lu, il y aura énormément de choses à faire et à voir.

A très bientôt.
Je t'embrasse. Anne

activité 12   A vous de dire si ces phrases sont vraies ou fausses. Si une phrase est fausse, corrigez-là.

1. Anne a déjà pris son billet d'avion pour Tahiti.
2. Mareta avait donné des conseils concernant les vêtements qu'Anne porterait pendant son séjour.
3. Anne trouve bon que les essais nucléaires français dans le Pacifique soient terminés.
4. Les conséquences médicales de ces essais peuvent prendre longtemps avant de se déclarer.
5. Anne n'a jamais entendu parler des fêtes d'Heiva.

activité 13   Faites une liste de raisons pour justifier la suppression des essais nucléaires dans le monde.

 Début de rédaction.   Choisissez un événement (mariage, réception de diplôme, anniversaire, etc.) auquel vous voudriez inviter un(e) ami(e) francophone. Donnez ensuite des précisions concernant cet événement. Ajoutez enfin des arguments pour convaincre votre ami(e) d'y venir. Pour vous aider, répondez aux questions suivantes.

1. De quel événement s'agit-il?
2. Où va-t-il avoir lieu?
3. Quelle est la date de cet événement?
4. Donnez au moins trois raisons pour persuader votre ami(e) d'y venir.

Structure

◆ LES VERBES *VOIR*, *ENVOYER* ET *MANQUER*

Anne n'a pas **vu** ses parents depuis deux mois.	*Anne hasn't seen her parents for two months.*
Ils lui **manquent** beaucoup.	*She misses them a lot.*
Elle leur **envoie** souvent des lettres.	*She often sends them letters.*

voir *to see*	**envoyer** *to send*
je **vois**	j'**envoie**
tu **vois**	tu **envoies**
il/elle/on **voit**	il/elle/on **envoie**
nous **voyons**	nous **envoyons**
vous **voyez**	vous **envoyez**
ils/elles **voient**	ils/elles **envoient**

passé composé:	j'**ai vu**	j'**ai envoyé**
imparfait:	je **voyais**	j'**envoyais**
participe présent:	**voyant**	**envoyant**
subjonctif:	que je **voie**;	que j'**envoie**;
	que nous **voyions**	que nous **envoyions**

Manquer (*to miss*) is conjugated like **parler.** It is often used to imply that you are sad because some person or thing dear to you is missing. Used in this way, the person or thing that you miss is the subject of the verb **manquer,** and you are the indirect object.

Mon ami me manque.	*I miss my friend.*
Ses parents lui manquent beaucoup.	*She misses her parents a lot.*

NOTE: **Manquer** can take a direct object when used to mean *to miss* (*a target*) or *to miss* (*a gathering*).

Tu as manqué la réunion.	*You missed the meeting.*

exercice **1**   Complétez les phrases suivantes avec la forme convenable du verbe. Attention au choix entre *voir, envoyer* et *manquer.*

1. L'année dernière, lorsqu'il habitait chez elle, Michel _____ sa mère tous les jours.   2. Cette année, pourtant, il la _____ rarement.   3. Elle lui _____ beaucoup.   4. Pour la fête des Mères, il lui a _____ un gros bouquet de fleurs.   5. Quand elle a _____ le bouquet, elle a dit: «C'est de la part de mon fils; il m'_____ toujours des fleurs pour cette fête.   6. Je vais lui _____ une lettre de remerciement.   7. Je ne le _____ pas assez souvent et il me _____ beaucoup.»

◆ LES PRONOMS OBJETS DIRECTS

me (m')	*me*	**nous**	*us*
te (t')	*you*	**vous**	*you*
le (l')	*him, it*	**les**	*them*
la (l')	*her, it*		

A. The direct object is the noun, pronoun, phrase, or clause that is either the target or the result of an action. Use direct object pronouns instead of direct object nouns to avoid repetition.

Tu vois la ville?	Oui, je **la** vois. **La** voilà!	*Yes, I see it. There it is!*
La voyez-vous?	Non, je ne **la** vois pas.	*Do you see it? No, I don't see it.*

B. Use **se** in the third person with reflexive verbs.

Mareta et son fiancé **se** promènent souvent dans les montagnes.	*Mareta and her fiancé often take a walk in the mountains.*
La cérémonie **se** déroule sur la plage.	*The ceremony takes place on the beach.*

C. Direct object pronouns are placed:

1. before conjugated verbs. In compound tenses, they are placed before the auxiliary (normally **avoir**).

Tu aimes tes futurs beaux-parents?	Oui, je **les** aime beaucoup.
As-tu écrit ta lettre?	Je **l'**ai écrite mais je ne **l'**ai pas encore envoyée.

2. before negative commands, but after affirmative commands. Use **moi** and **toi** in place of **me** and **te** after an affirmative command.

Ne **t'**enferme pas dans ta chambre quand il fait si beau!
Promène-**toi** sur la plage!

3. before an infinitive.

Tu veux visiter la Polynésie?	Oui, je voudrais **la** visiter.

D. There is no contraction between **à** or **de** and a direct object pronoun.

Je commence à **le** comprendre.	*I'm beginning to understand him.*
Elle a envie de **les** acheter.	*She feels like buying them.*

E. Past participles agree in gender and number with a *preceding direct object* pronoun.

1. past participles conjugated with **avoir**

Tu as écouté la radio? Non, je ne l'ai pas écoutée.
L'avez-vous écouté**e?** Oui, je l'ai écoutée ce matin.

2. past participles of reflexive verbs

Les étudiants **se** sont amusé**s** à la soirée.

exercice **2** Répondez aux questions suivantes en utilisant un pronom objet direct dans chaque réponse.

> **Modèle:** Est-ce que Mareta réveille son amie?
> **Oui, Mareta la réveille.**

1. Est-ce que Mareta invite son amie à son mariage?
2. Est-ce que Mareta a oublié le décalage horaire?
3. Anne connaît-elle personnellement le fiancé de Mareta?
4. Est-ce que son fiancé a l'impression de connaître Anne?
5. Mareta doit-elle payer ses coups de téléphone?
6. Anne refuse-t-elle l'invitation au mariage?
7. Est-ce que Mareta vient de vendre son premier tableau?
8. Va-t-elle rappeler Anne demain soir?

exercice **3** D'abord, utilisez les listes suivantes pour préparer des questions. Ensuite répondez à ces questions en utilisant un pronom objet direct. Si vous ne savez pas la réponse, devinez. Attention à l'accord du participe passé avec **avoir.**

> **Modèle:** Est-ce que vos parents ont déjà vu les Alpes?
> **Oui, ils les ont déjà vues.** *ou*
> **Non, ils ne les ont pas encore vues.**

				la Polynésie
vous				les chutes du Niagara (*f.*)
vos parents				le Grand Canyon
vos amis	avoir	déjà	vu	les Alpes (*f.*)
Anne Dufour		ne ... pas encore	visité	la ville de Papeete
le professeur de				le musée Paul-Gauguin
français				la bibliothèque de
votre meilleur(e)				votre université
ami(e)				les musées de Paris

workbook

me (m')	*me*	**nous**	*us*
te (t')	*you*	**vous**	*you*
lui	*him, her*	**leur**	*them*

A. Indirect object nouns in French are preceded by the preposition **à.**

Mareta envoie une lettre **à son amie.**

Mareta is sending a letter to her friend.

Anne a téléphoné **à ses parents** pour leur dire bonjour.

Anne phoned her parents to say hello to them.

B. Indirect object pronouns take the place of indirect object nouns. They refer to the person or animal that you (1) communicate with, (2) give something to, or (3) do something for. Indirect object pronouns are identical to direct object pronouns except for the third person singular and plural, in which **lui** replaces **le** and **la,** and **leur** replaces **les.**

Mareta envoie une lettre **à Anne.**

Mareta **lui** envoie une lettre.

Je téléphone souvent **à mes parents.**

Je **leur** téléphone souvent.

Leur écrivez-vous aussi?

Je ne **leur** écris pas très souvent.

C. Use **se** in the third person with reflexive verbs.

Mareta et Anne **s'**écrivent souvent.

Mareta and Anne often write to each other.

NOTE: The past participle does not agree with a reflexive pronoun that is an indirect object.

Elles **se** sont écrit et elles **se** sont répondu.

They wrote to each other and they answered each other's letters.

D. The pronoun **leur** (invariable) should not be confused with the possessive adjective **leur, leurs.**

Mareta a montré **leurs** photos à ses amies.

Mareta showed their pictures to her friends.

Elle **leur** a montré **leurs** photos.

She showed them their pictures.

E. Indirect object pronouns, like direct object pronouns, are placed:

1. before a conjugated verb, including the auxiliary verb **avoir** in compound tenses.

Elle **m'**a dit bonjour.
Je ne **lui** ai pas répondu.

NOTE: Notice, in the above example, that there is no agreement between the past participle and the *indirect* object pronoun.

2. before the verb in negative commands, but after the verb in affirmative commands. Use **moi** and **toi** in place of **me** and **te** after an affirmative command.

Ecris-**lui** ou ne **lui** écris pas! Cela m'est égal.
Donne-**moi** un verre d'eau, s'il te plaît.

3. before an infinitive.

Je vais **lui** écrire.
Je veux **lui** envoyer mon adresse.

F. Commonly used verbs that are followed by an *indirect* object (**à** + noun) in French but a *direct* object in English include **obéir, répondre,** and **téléphoner.**

Marc **obéit** à ses parents.	Il **leur** obéit.	*He obeys them.*
J'ai **téléphoné** à ma sœur.	Je **lui** ai téléphoné.	*I phoned her.*

G. Some common expressions that are often accompanied by both a direct object and an indirect object are **acheter, demander, dire, donner, écrire, emprunter, envoyer, montrer, payer, poser une question, raconter une histoire, rendre visite,** and **prêter.**

Mes parents **me** rendent souvent visite.	*My parents often visit me.*
Je **leur** ai emprunté **100 euros.**	*I borrowed 100 euros from them.*

exercice 4   D'abord, utilisez les listes suivantes pour poser des questions. Ensuite répondez-y en utilisant un pronom objet indirect.

Modèle: Parlez-vous d'habitude en français au professeur?
Je lui parle toujours en français.

dire toujours bonjour
parler d'habitude en français   à vos amis
envoyer souvent des lettres   au professeur
téléphoner de temps en temps   à vos parents
rendre visite   à votre père
poser des questions   à votre mère
demander des conseils   à votre meilleur(e) ami(e)
raconter des histoires
emprunter de l'argent

◆ LE PRONOM Y

Use the pronoun **y** to replace a prepositional phrase that refers to a place, a thing, or an idea (not a person).

Anne habite **à Paris.**	Anne **y** habite.
Elle a répondu **au téléphone.**	Elle **y** a répondu.

A. Y replaces phrases that begin with a preposition, such as **à, en, dans, chez, sur,** etc., and that indicate a place.

Elle n'est pas encore allée **chez son amie.**	Elle n'**y** est pas encore allée.
La réception sera **sur la plage.**	Elle **y** sera.

B. Y replaces **à** plus a thing or an idea.

Mareta pense souvent **à son mariage.**	Mareta **y** pense.

exercice **5**   Remplacez chaque expression en italique par un pronom et récrivez les phrases. Choisissez un des pronoms suivants: **le, la, les, lui, leur** ou **y.**

> **Modèle:**   Mareta a réveillé *Anne* au milieu de la nuit.
> **Mareta l'a réveillée au milieu de la nuit.**

1. Mareta a téléphoné *à son amie.*
2. Elle voudrait qu'Anne assiste *à son mariage.*
3. Mareta a promis d'écrire *à Anne.*
4. Anne a reçu *le message* avant-hier.
5. Anne réfléchit *à ce voyage.*
6. Anne ne peut pas dire non *à son amie.*
7. Elle va aller *à Papeete.*

exercice **6**   Mareta et Anne se demande plusieurs choses. Remplacez chaque phrase par l'impératif et utilisez des pronoms objets.

> **Modèle:**   Anne demande à Mareta de ne pas lui téléphoner au milieu de la nuit.
> **Ne me téléphone pas au milieu de la nuit.**

1. Mareta demande à Anne de faire ce voyage.
2. Anne demande à Mareta de ne pas oublier le décalage horaire.
3. Anne demande à Mareta de lui écrire bientôt.
4. Mareta demande à Anne de ne pas lui dire non.
5. Mareta demande à Anne de répondre à sa lettre.
6. Mareta demande à Anne d'acheter son billet d'avion.

◆ LE PRONOM *EN*

The pronoun **en** takes the place of an object (noun or infinitive) that is preceded by some form of **de,** such as the partitive. **En** is also used if the noun is preceded by a quantity word (**beaucoup de, plusieurs, une tasse de,** etc.) or a number (**un, deux,** etc.). In this case the quantity word or number is normally retained. **En** must be used even when the English equivalent (*of it, of them, some, any*) might be dropped. **En** is used with people only when it is used with an expression of quantity.

Veux-tu du café?	
Oui, j'**en** veux bien.	*Yes, I'd like some.*
Il y a beaucoup de pollution?	
Oui, il y **en** a **beaucoup.**	*Yes, there is a lot (of it).*
Vous avez peur de lui parler?	
Oui, j'**en** ai peur.	*Yes, I am afraid (of it).*
Paul a deux sœurs, n'est-ce pas?	
Non, il **en** a **trois.**	*No, he has three (of them).*
Il n'a pas de frères?	
Non, il n'**en** a pas.	*No, he doesn't have any.*
Voilà une de ses sœurs.	
En voilà une.	*There's one (of them).*

exercice **7** Répondez aux questions suivantes. Utilisez **en** dans chaque réponse.

1. Avez-vous peur des examens?
2. Combien de frères avez-vous?
3. Combien de sœurs avez-vous?
4. Combien de cours suivez-vous ce semestre?
5. Etes-vous content(e) de pouvoir parler français?
6. Etes-vous satisfait(e) de vos notes?
7. Si vous avez une mauvaise note à un examen, quelle est votre réaction?
8. Buvez-vous beaucoup d'eau quand il fait chaud?
9. Environ combien de lettres envoyez-vous par mois?
10. Environ combien de messages électroniques envoyez-vous par jour?

◆ L'ORDRE DES PRONOMS OBJETS

A. Y and **en** are always the last pronouns in a series.

Donnez-**leur-en.**	*Give them some.*
Je **m'y** intéresse beaucoup.	*I am very interested in it.*
Il n'**y en** a pas.	*There aren't any.*

B. The following order is used for object pronouns *before* the verb.

me	le	lui	y	en
te	la	leur		
se	les			
nous				
vous				

J'ai montré mes notes à mes
    parents.

Je **les leur** ai montrées.

On ne les envoie pas à la maison.

On ne **les y** envoie pas.

Mes parents ne me prêtent plus
    leur voiture.

Ils ne **me la** prêtent plus.

C. Used *after* an imperative verb in the affirmative, the direct object pronoun
precedes the indirect object.

Donnez-**les-moi**.

Give them to me.

Vendez-**les-lui**.

Sell them to her/him.

NOTE: When followed by **en, moi** and **toi** change to **m'** and **t'**.

Donnez-**m'en**.

Give some to me.

Va-**t'en**!

Go away!

exercice **8**   Décidez si les phrases suivantes sont vraies ou fausses. Ensuite répétez ou corrigez la phrase en utilisant des pronoms chaque fois que ce sera possible.

Modèles: Le professeur dit toujours la vérité aux étudiants.
               C'est vrai. Il la leur dit toujours.

              Vos parents vous donnent souvent de l'argent.
              C'est faux. Ils ne m'en donnent pas souvent.

1. Il y a beaucoup d'étudiants à votre cours de français.
2. Le professeur de français ne donne pas de devoirs aux étudiants.
3. Le professeur vous pose beaucoup de questions.
4. Vous donnez toujours de bonnes réponses au professeur.
5. Vous montrez toujours vos notes à vos parents.
6. Vous écrivez quelquefois des lettres à vos amis.
7. Vos amis vous répondent chaque fois.
8. Vos parents vous prêtent souvent de l'argent.
9. Vous empruntez quelquefois la voiture à vos parents.

exercice **9** Mareta demande plusieurs choses à Anne. Pour chaque demande, répondez **D'accord, je vais...** ou **Non, je ne vais pas...** et utilisez deux pronoms objets par phrase.

> **Modèle:** Envoie-moi une lettre.
> **D'accord, je vais t'en envoyer une.**

1. Envoie-moi ta réponse.
2. Rappelle-toi ta promesse.
3. Ecris-moi une carte.
4. Ne me pose pas de questions.
5. Ne me dis pas «non».
6. Donne ces photos à tes parents.
7. Dis «bonjour» à ton frère.

✦ LES PRONOMS ACCENTUES

workbook

A. Stress pronouns **(moi, toi, lui, elle, nous, vous, eux, elles)** are used with the preposition **à** to refer to people *only* after a few expressions such as **être à, faire attention à, penser à, s'intéresser à.** Otherwise, the indirect object pronouns are used.

> Mareta pense à son amie.
> Elle pense à **elle.**   *She is thinking of her.*
> *but:* Elle parle à son amie.
> Elle **lui** parle.   *She is speaking to her.*

NOTE: Remember to use **y** when an expression is followed by **à** if you are not referring to a person.

> Anne pense à ce voyage.
> Elle **y** pense.   *She is thinking about it.*

B. Stress pronouns are usually used to refer to people after expressions ending in **de,** e.g., **parler de, avoir peur de, avoir besoin de, être content de.**

> Je vous ai parlé de mon frère?
> Oui, vous m'avez parlé de **lui.**   *Yes, you spoke to me about him.*
>
> Vous avez peur de vos professeurs?
> Non, je n'ai pas peur d'**eux.**   *No, I'm not afraid of them.*
> J'ai besoin d'**eux.**   *I need them.*

NOTE: Remember to use **en** when an expression is followed by **de** if you are not referring to a person.

> Je vous ai parlé de Tahiti?
> Oui, vous m'**en** avez parlé.   *Yes, you spoke to me about it.*
> *but:* Je vous ai parlé de ma mère?
> Oui, vous m'avez parlé d'**elle.**   *Yes, you spoke to me about her.*

C. After all other prepositions, stress pronouns are always used to refer to people.

Je vais danser avec **lui.**   *I am going to dance with him.*
Il part sans **elle.**   *He is leaving without her.*
Ils ont mangé chez **eux.**   *They ate at their house.*

D. Stress pronouns are used in a compound subject or in phrases without a verb. They are also used for emphasis, after **c'est/ce sont**, in comparisons, with the suffix **-même(s)**, with **ni**, and after **ne ... que.**

Nous deux? Oui, **toi** et **moi!**   *The two of us? Yes, you and I.*
Ce sont **eux!** Pas **nous!**   *They are the ones. Not us!*
Il n'y a que **toi** qui sais ça.   *You are the only one who knows that.*
Il me l'a dit **lui**-même.   *He told me that himself.*

NOTE: Be careful to avoid confusing **penser à** and **penser de. Penser de** is used in questions that ask someone's opinion. **Penser à** should be used when the meaning is that thoughts are directed toward someone or something.

Que pensez-vous **des** habitants de Tahiti?   *What do you think about those who live in Tahiti?*
Pensez-vous souvent **à** vos amis?   *Do you often think about your friends?*

exercice **10**

Utilisez les expressions suivantes pour interviewer un(e) autre étudiant(e). Il faut que votre partenaire utilise des pronoms dans chaque réponse.

> **Modèle:** penser souvent à ta famille
> **Tu penses souvent à ta famille?**
> **Bien sûr, je pense souvent à elle.**

1. s'intéresser à la politique
2. penser souvent à tes amis
3. penser souvent à tes cours
4. avoir peur des examens
5. avoir peur du professeur de français
6. parler souvent à ton/ta meilleur(e) ami(e)
7. parler souvent de ton/ta meilleur(e) ami(e)
8. parler souvent de tes cours
9. aller au cinéma plus souvent que tes professeurs

Brouillon. Ecrivez la réponse de votre ami(e) francophone à l'invitation que vous avez faite dans votre **Début de rédaction,** page 88. Votre ami(e) a du mal à prendre une décision. Ecrivez une page et indiquez pourquoi il (elle) hésite.

A la découverte

*Le poète **Charles Baudelaire** (1821–1867) a toujours été très apprécié par les jeunes francophones à travers le monde. Bien qu'il soit né au dix-neuvième siècle, sa poésie conserve un caractère très moderne. Les Fleurs du Mal, recueil publié en 1857, contient ses poèmes les plus célèbres. L'Invitation au voyage, un poème de 42 vers, montre un des rares moments optimistes de Baudelaire. En voici la première partie, où le poète invite une personne à l'accompagner dans une sorte de paradis terrestre.*

activité 1 **Etude du vocabulaire.** Etudiez les phrases suivantes et choisissez les mots anglais qui correspondent aux mots français en caractères gras: *through, tears, treacherous, at leisure, mind, dream, sweetly, soaked, blurred.*

1. Quelquefois, couché à l'ombre d'un arbre, je **songe** à ma jeunesse.
2. Ma mère me parlait **avec douceur.**
3. Elle était patiente et me laissait jouer **à loisir** dans le jardin.
4. Elle me regardait **à travers** la fenêtre pour s'assurer que tout allait bien.
5. Il m'arrivait de temps en temps de rentrer tout **mouillé,** à cause de la pluie.
6. Alors je venais vers elle, les yeux **brouillés** par les **larmes** qui coulaient sur mon visage.
7. Dans mon **esprit,** il n'y avait aucun doute que c'était la meilleure des mères.
8. J'aurais été **traître** de ne pas lui rendre son affection.

activité 2 **Faites un brainstorming.** A quoi pensez-vous quand vous entendez le mot **voyage**?

activité 3 **Analysez le poème.** Lisez le poème suivant et faites une liste des mots qui riment. Faites ensuite deux autres listes: (1) des mots que vous considérez joyeux ou positifs; (2) des mots que vous considérez tristes ou négatifs.

L'Invitation au voyage

> Mon enfant, ma sœur,
> Songe à la douceur
> D'aller là-bas vivre ensemble!
> Aimer à loisir,
> 5   Aimer et mourir,

Au pays qui te ressemble!
Les soleils mouillés
De ces ciels[1] brouillés
Pour mon esprit ont les charmes
Si mystérieux
De tes traîtres yeux,
Brillant à travers leurs larmes.

Là, tout n'est qu'ordre et beauté,
Luxe, calme et volupté.

Les Fleurs du Mal, Charles Baudelaire

10

1. **ciels** poetic word for *skies*, as, for example, in a painting

activité 4   **Compréhension.**   Répondez aux questions suivantes.

1. Comment s'appelle ce poème, et pourquoi le poète a-t-il choisi ce titre?
2. A qui le poète adresse-t-il ce poème? Justifiez votre réponse.
3. Qu'est-ce qu'il invite cette personne à faire?
4. A votre avis, où se trouve ce «là-bas» dont le poète parle? Justifiez votre réponse.
5. Quelles comparaisons le poète fait-il?
6. Quelle ressemblance y a-t-il entre un pays et une femme?

◆ LECTURE 2

Le poème qui suit fait partie du recueil Poèmes en voyage *de **Roseline Lefèvre**, une auteure résidant au Canada. Il s'agit de l'île de la Réunion qui est située au large de la côte est de l'Afrique, dans l'océan Indien. Mais la scène tropicale, avec la mer et des fleurs multicolores, fait penser à plusieurs autres îles francophones, notamment à Tahiti.*

Etude du vocabulaire. Etudiez les mots suivants et choisissez la définition qui leur correspond.

1. ____ sauvage
2. ____ accroché
3. ____ lointain
4. ____ plume
5. ____ arborescent
6. ____ flamboyant
7. ____ se replonger dans le passé
8. ____ hanter

a. qui ressemble à des flammes, à un feu
b. chose avec laquelle on écrit
c. se souvenir
d. un synonyme de «suspendu», comme un tableau à un mur
e. qui a la forme d'un arbre
f. qui ne se trouve pas du tout à proximité
g. tourmenter
h. le contraire de «domestiqué»

activité **6** **Anticipez le contenu.** 1. Combien de fleurs ou de plantes pouvez-vous nommer en français ou en anglais en une minute? 2. Maintenant lisez le poème pour essayer de trouver les fleurs et les plantes qui sont mentionnées.

activité **7** **Etude du style.** Lisez le poème pour faire une liste des mots qui riment. La longueur des vers est-elle régulière?

La Perle de l'océan Indien

Je veux mettre
Ma plume
Au service de mon île,
Car je suis bien restée
5   Une fille des îles!
Je veux mettre
Mon cœur
Au service de la fleur!
Une perle de couleurs
10   Un jour, s'est accrochée
A un pays de fleurs,
Là-bas, dans le lointain,
Dans l'océan Indien.

Ce beau pays de fleurs,
15   Pour vous, a cultivé
La fleur de l'azalée
Et la bougainvillée,
Et la belle orchidée:
Le sabot de Vénus!
20   Là, vous y trouverez
Une rose de bois
Et l'arum en sous bois,
La longose sauvage,
La fougère tropicale,

25   Géante arborescente,
     Et le grand flamboyant[1]!

     Mais pour vous le montrer,
     Ce beau pays de fleurs,
     Le pays de mon cœur,
30   Je dois me replonger
     Au sein[2] de mon passé,
     Où tant de souvenirs
     Reviennent me hanter!

Poèmes en voyage, Roseline Lefèvre

1. **flamboyant** royal poinciana tree   2. **au sein** in the midst

activité 8   **Compréhension.**   Répondez aux questions suivantes.

1. A qui le poète adresse-t-il ce poème? Justifiez votre réponse.
2. Que désire faire le poète en écrivant ce poème?
3. De quoi parle-t-elle quand elle parle d'une perle de couleurs? Pourquoi?
4. Est-ce que Roseline Lefèvre vit toujours dans son île? Justifiez votre réponse.
5. Qu'est-ce qu'elle semble aimer le plus à propos de son île?
6. Que ressent-elle en écrivant ce poème?
7. Comment le poète vous suggère-t-elle que vous serez bien accueilli(e) dans son île?
8. D'après vous, est-ce que le poème est triste ou gai? Expliquez votre réponse.

activité 9   **Réflexion.**   Quelles ressemblances et quelles différences y a-t-il entre l'endroit où ce poète a vécu et l'endroit où vous avez passé votre jeunesse? De quoi parleriez-vous si vous écriviez un poème comme celui de Roseline Lefèvre?

◆ LECTURE 3

Victor Segalen est un jeune médecin dans la marine française quand il s'embarque pour Tahiti en 1902. Arrivé à Tahiti en 1903, Segalen tombe sous le charme de l'île. Des rapports qu'il doit écrire pour le gouverneur de la Polynésie, M. Petit, lui font découvrir le goût de l'écriture ainsi que le désir de décrire la vie et la culture des Polynésiens. C'est à cette époque qu'il décide de se consacrer aux légendes de ces îles et à la lente disparition de la race maorie, peuple que l'on trouve à présent en Nouvelle-Zélande. L'idée de composer un livre qu'il intitulera Les Immémoriaux *(publié en 1907 sous le pseudonyme de Max-Anély) lui viendra après son voyage à l'île de Hiva-Oa où Segalen avait été envoyé par le gouverneur Petit pour faire expédier à Tahiti les affaires de Paul Gauguin, qui venait de mourir. La découverte de l'œuvre du peintre lui servira d'inspiration et réveillera son imagination.*

Note grammaticale

Le pronom démonstratif.   This pronoun is often translated *this, that, these, those.* Used with **-là** or **-ci,** it expresses the meaning *the former* or *the latter.*

	masculine	feminine
singular	**celui**	**celle**
plural	**ceux**	**celles**

You will study demonstrative pronouns in Chapter 7.

activité **10** **Etude du vocabulaire.** Etudiez les phrases suivantes et choisissez les mots anglais qui correspondent aux mots français en caractères gras: *face, feathers, flee, king, look down on, make fun of, natives, no one, scales, trial, undergo.*

1. Le prisonnier n'a rien dit pendant le **procès.** C'est son avocat qui a parlé.
2. **Fuir** veut dire «s'échapper».
3. Si le condamné s'échappe, il doit **subir** une punition encore plus dure.
4. On appelle Louis XIV le **Roi**-Soleil.
5. Les **indigènes** habitaient ce pays avant l'arrivée des Européens.
6. Les enfants **se moquent** quelquefois de ceux qui sont différents des autres.
7. Quand il se fâche, sa **figure** devient toute rouge!
8. Les poissons sont recouverts d'**écailles.**
9. On utilisait autrefois des **plumes** d'oiseaux pour écrire.
10. **Nul n'**avait le courage de lui dire la vérité.
11. Il ne faut pas **mépriser** les gens moins fortunés—il faut leur montrer du respect.

La Loi nouvelle

L'auteur cherche à montrer combien l'arrivée des missionnaires anglais à bord du navire le Duff *en 1797 a changé la vie des Polynésiens en l'espace d'une vingtaine d'années. A Tahiti ces évangélistes ont réussi à imposer leurs croyances religieuses sur les indigènes en obtenant le soutien* (support) *de leur roi Pomare II. Cette conversion ne s'est pas passée sans difficulté et les Tahitiens ont eu beaucoup de mal à renoncer à leurs coutumes comme l'adoration de nombreux dieux, dont certains poissons comme le requin* (shark), *une promiscuité très évidente et un mode de vie extrêmement décontracté. Ce passage des* Immémoriaux *décrit une partie d'un procès qui décidera de la punition que doivent subir quatre personnes accusées de ne pas avoir accepté les nouvelles lois imposées par les évangélistes anglais venus pour convertir les habitants d'une des îles. Un homme et deux de ses compagnons sont accusés d'avoir désobéi à la loi nouvelle des évangélistes. Ils se défendent en expliquant qu'ils adorent, eux aussi, Kérito* (le Christ), *mais que le Kérito que deux prêtres missionnaires leur avaient fait connaître n'était pas aussi sévère que le Kérito des missionnaires protestants. C'est maintenant à Paofaï, membre d'une secte tahitienne, les Arioï, de répondre à ses accusateurs, parmi lesquels Noté* (le pasteur Nott), *qui le prennent pour un hérétique. Iakoba, un des personnages principaux du roman qui, lui, s'est déjà converti, assiste à ce procès. Dans le passage qui suit, les mots indigènes sont en italique.*

—«Je ne suis point avec ceux-là [les trois indigènes qui viennent de se défendre], bien que beaux-parleurs. Mais les dieux qu'ils honorent ne sont pas mes dieux.»

—«Quels sont tes dieux?» demanda Noté [...]. Il se pencha[1] vers le roi:
5 «Un hérésiarque de plus!» Paofaï ne répondit pas sans détour:

—«Dis-moi le nom de la terre où je mange.»

—«Tahiti!» murmura le juge avec un étonnement.

1. **se pencha** leaned over

—«Mes dieux sont donc les dieux de Tahiti. Cela n'est-il point éclatant[2]? Pourrais-je en avoir d'autres? Si je parle, n'est-ce pas avec ma propre bouche, et pourquoi voler[3] aux autres leurs lèvres et leur souffle[4]? Quand les bêtes changent leurs voix, c'est qu'elles vont mourir!»

—«Cela», interrompit Noté, «ne fait pas connaître ta conduite, ni ce que tu prétends[5] être... »

—Paofaï se découvrit le torse, et, baissant les paupières[6], chanta sourdement: «Arioï! Je suis Arioï... » Dans la stupeur immobile de la foule, il acheva, sans récris[7], l'incantation des grands-maîtres passés.

[Ces déclarations font rire la foule qui se moque de Paofaï.]

Noté, cependant, calma les rires et dit sans haine[8]:

—«Mon frère, je reconnais maintenant ta personne. Je sais tes aventures, et que tes yeux n'ont pu s'ouvrir encore à la Vérité: je te l'ai dit, sans que tu veuilles le croire: il n'y a plus de *maraè*[9]; il n'y a plus de dieux païens[10]. Mais, viens dans les *faré*[11] où l'on enseigne à prier le Seigneur[12], à lire et à répéter Sa loi: dans peu de temps, tu sortiras de cette ignorance dont ceux-ci», il montrait la foule, «sont fiers d'être tirés. Tu sauras les louanges[13] de Kérito: ce qu'il enseigne, ce qu'il défend[14]. Les rires cesseront autour de toi. Tu seras baptisé, et Membre de l'Eglise chrétienne. Quel plus beau titre?»

—«Bon discours!» songeait Iakoba. Mais quelle n'était point l'impiété de l'autre pour qu'il s'obstinât à répondre:

—«Lire les signes? Lire la Loi et tous vos parlers d'étrangers? *Hiè!* je dis à vos figures et dans vos oreilles: quand les bêtes changent leurs voix... »

Un grondement de la foule étrangla sa parole, mais il reprit plus fortement:

—«Quand les hommes changent leurs dieux, c'est qu'ils sont plus bêtes que les boucs[15], plus stupides que les thons sans odorat[16]! J'ai vu des oiseaux habillés d'écailles! J'ai vu des poissons vêtus de plumes: je les vois: les voici: les voilà qui s'agitent: ceux-ci que vous appelez «disciples de Iésu». Ha! ni poules[17]! ni thons! ni bêtes d'aucune sorte! J'ai dit: Aroho-nui pour la terre Tahiti, à ma revenue sur elle. Mais où sont les hommes qui la peuplent? Ceux-ci... Ceux-là... Des hommes Maori? Je ne les connais plus: ils ont changé de peau[18].

[...]

—«Ils avaient des dieux *fétii*[19], des dieux maori, vétus de *maro*[20], ou bien nus de poitrine, de ventre et de visage; et tatoués de nobles marques... Ils avaient des chefs de leur race, de leur taille, ou plus robustes encore! Ils avaient d'inviolables coutumes: les *Tapu*, qu'on n'enfreignait jamais[21]... C'était la Loi, c'était la Loi! Nul n'osait, nul ne pouvait les mépriser! Maintenant, la loi est faible, les coutumes neuves sont malades qui ne peuvent

---

2. **éclatant** (self-)evident 3. **voler** to steal 4. **lèvres et leur souffle** lips and their breath 5. **prétends** claim 6. **paupières** eyelids 7. **sans récris** without objections 8. **haine** hatred 9. *maraè* space used for prayers 10. **païens** pagan 11. *faré* house 12. **Seigneur** Lord 13. **louanges** (hymns of) praise 14. **défend** forbids 15. **boucs** billy goats 16. **thons sans odorat** tuna without any sense of smell 17. **poules** chickens 18. **peau** skin 19. **dieux *fétii*,** parent gods 20. *maro* large belt 21. *Tapu... jamais,* religious taboos one would never break

arrêter ce qu'elles nomment crime, et se contentent de se mettre en colère...
après! Un homme tue[22]: on l'étrangle: la sottise même[23]! Cela fait-il revivre
50 le massacré? Deux victimes au lieu d'une seule! Deux hommes disparus au
lieu d'aucun[24]! Les *Tapu* défendaient bien mieux: ils ne protègent plus. Vous
avez perdu les mots qui vous armaient et faisaient la force de vos races, et vous
gardaient mieux que les gros mousquets de ceux-ci... Vous avez oublié tout...
et laissé fuir les temps des autrefois... Les bêtes sans défense? Les autres les
55 mangent! Les immémoriaux que vous êtes, on les traque, on les disperse, on
les détruit!»

Le procès terminé, le roi Pomare prend la parole et dit que les crimes de Paofaï concernant la rebellion et le culte des faux dieux seront punis de mort.

Les Immémoriaux, Victor Segalen (Livre de poche)

22. **tue** kills   23. **sottise même** stupidity personified   24. **aucun** none

activité **11** **Compréhension.**   Répondez aux questions suivantes.

1. A quel siècle les missionnaires anglais sont-ils arrivés en Polynésie?
2. Qui les a aidés dans leur travail de convertir les indigènes?
3. De quoi sont accusés les quatre prisonniers?
4. Comment réagissent les Tahitiens qui assistent au procès?
5. Quels sont les *farés* où on enseigne à prier?
6. Qu'est-ce que Paofaï préfère aux lois de la religion protestante?

activité **12** **Réflexion**

1. Pourquoi Paofaï répond-il à la question de Noté par une autre question quand il dit: «Dis-moi le nom de la terre où je mange?»
2. Que pensez-vous de l'attitude de Paofaï envers ses accusateurs?
3. Pour quelles raisons parlent-ils de bêtes bizarres, de poissons vêtus de plumes et d'oiseaux portant des écailles? Ces animaux existent-ils vraiment?
4. Indiquez des changements qui ont eu lieu à Tahiti depuis l'arrivée des missionnaires.
5. Pourquoi la foule de spectateurs regarde-t-elle Paofaï avec tant de haine?

Intégration

activité **A** Demandez aux autres étudiants s'ils font ou ont déjà fait les choses suivantes.
Ils vous répondront en utilisant des pronoms. Vous voulez savoir s'il y a
quelqu'un...

Modèle: qui téléphone souvent à ses amis.
Est-ce que tu téléphones souvent à tes amis?
Oui, je leur téléphone souvent.   *ou*
Non, je ne leur téléphone pas souvent.

1. qui ne s'intéresse pas au football.
2. qui a fait ses devoirs chez lui (elle) hier soir.
3. qui a envoyé une lettre à ses parents hier.
4. qui veut aller à Tahiti.
5. qui a déjà vu une île tropicale.
6. qui a déjà visité le musée du Louvre.
7. qui pense souvent à ses parents.
8. qui voit souvent son/sa meilleur(e) ami(e).

activité B Votre partenaire va mentionner plusieurs événements (une réunion du club français, un match, un concert, etc.) qui vont avoir lieu sur votre campus. Pour chacun, discutez avec lui/elle pour pouvoir prendre la décision d'y aller ou non.

 Rédaction. Ecrivez une lettre à l'ami(e) francophone que vous avez invité(e) dans votre **Début de rédaction,** page 88. Utilisez aussi votre **Brouillon,** page 98, où il (elle) explique ses hésitations. Essayez de le (la) convaincre en répondant à chaque argument.

 Entre amis Choisissez une nouvelle identité. Complétez le formulaire qui suit. Votre partenaire va jouer le rôle d'un agent aux services d'immigration à Papeete. Vous devez lui montrer votre «passeport» et répondre à ses questions (par exemple, d'où vous venez, où vous allez).

CARTE INTERNATIONALE DE DEBARQUEMENT

1. Nom _____

2. Date de naissance _____

3. Lieu de naissance _____

4. Nationalité _____

5. Numéro de passeport _____

6. Profession _____

7. Domicile _____

8. Aéroport d'embarquement _____

CHAPITRE QUATRE

Un restaurateur à Lyon

Buts communicatifs

◆ Décrire les gens
◆ Commander un repas
◆ Lire un menu

Structure

◆ Les verbes *courir* et *recevoir*
◆ La place de l'adjectif
◆ Les adverbes
◆ Le comparatif
◆ Le superlatif
◆ L'article partitif

A la découverte

◆ *Ecoute-moi me taire* Marie-Noëlle Toutain
◆ *Le Mercredi après-midi* Nathalie Sarraute

Connaissez-vous Lyon et la France?

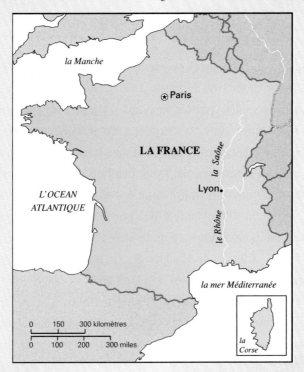

Le saviez-vous?   Essayez de compléter ces phrases. Ensuite cherchez les réponses en lisant le texte qui suit.

1. Lyon est l'ancienne capitale de la ____.
   a. Gaule   b. France   c. Provence
2. Les deux rivières qui se rejoignent à Lyon sont ____.
   a. la Loire et le Rhône   b. l'Isère et le Rhône   c. la Saône et le Rhône
3. Lyon est la ____ plus grande ville de France.
   a. deuxième   b. troisième   c. quatrième
4. Rabelais a écrit ____.
   a. *Le Cid*   b. *Gargantua*   c. *Micromégas*
5. En plus de son travail de la soie, Lyon était connu pour ____.
   a. son fromage   b. l'imprimerie   c. la médecine
6. Le nom d'un inventeur lyonnais célèbre dans le domaine de l'électricité est ____.
   a. Watts   b. Holm   c. Ampère
7. Les Italiens ont eu une influence importante sur les ____ de Lyon.
   a. peintres   b. architectes   c. poètes
8. Un des grands cuisiniers français de la région s'appelle ____.
   a. Julia Child   b. Paul Prudhomme   c. Paul Bocuse
9. ____ Français sur dix habite(nt) dans la région Rhône-Alpes.
   a. Un   b. Deux   c. Trois

Lyon

Ancienne capitale de la Gaule et deuxième ville de France, Lyon est situé, à quelques six cents kilomètres de Paris, à l'endroit où la Saône rejoint le Rhône. Depuis sa conquête par les Romains il y a plus de deux mille ans, la ville joue un rôle important. Cela s'explique, en grande partie, parce qu'elle est sur la route qui mène vers l'Italie et la mer Méditerranée. Son histoire est à la fois riche et mouvementée. Lyon, capitale religieuse et bastion des francs-maçons, s'est souvent trouvé dans des situations politiques délicates.

Au XVIe siècle, la ville comptait déjà plusieurs noms célèbres dans le monde intellectuel. Sous l'influence de la littérature italienne, un groupe de poètes s'est formé. En plus de Maurice Scève, nous trouvons deux des premières femmes écrivains françaises, Louise Labé et Pernette du Guillet. Rabelais, l'auteur de *Gargantua* et de *Pantagruel,* a vécu à Lyon et y a même pratiqué la médecine. Lyon, à cette époque, était réputé pour l'imprimerie de nombreux livres et le travail de la soie (*silk*), très employée dans les tapisseries.

A ces personnages littéraires vont s'ajouter des inventeurs connus: André Ampère, qui a fait des recherches en électricité, les frères Montgolfier, inventeurs du premier ballon à air chaud, et les frères Auguste et Jean Lumière, auxquels nous devons l'invention du cinéma. Aujourd'hui, en parlant de Lyon, il faut mentionner Paul Bocuse. C'est un véritable ambassadeur de la cuisine française dans le monde entier. En effet, le nom de Bocuse fait monter l'eau à la bouche de tous les gourmets et de tous les gourmands. Pour beaucoup de Français, si Paris est la capitale politique et économique de la France, Lyon en est la capitale gastronomique.

A la terrasse du Petit Chose

Cependant les Français s'inquiètent énormément au sujet de la qualité de ce qu'ils mangent. Des épidémies qui frappent des animaux ont perturbé leurs habitudes alimentaires: la maladie de Creutzfeldt-Jakob (la vache folle) et la fièvre aphteuse (*foot and mouth disease*). La culture de plantes transgéniques, les OGM (organismes génétiquement modifiés), est une autre souce de préoccupation pour les Français, qui n'hésitent pas à manifester leur mécontentement en arrachant les récoltes soupçonnées d'avoir été génétiquement modifiées.

Aujourd'hui la France cherche à décentraliser le pouvoir et à accorder plus d'autonomie à ses 22 régions. Rhône-Alpes est une des régions qui a le plus profité de cet effort. Avec ses cinq millions et demi d'habitants, soit presqu'un dixième de la population de la France, elle rivalise, par sa taille, avec des pays tels que la Belgique, les Pays-Bas et la Suisse. Lyon, avec son agglomération de plus d'un million deux cent mille habitants, est la capitale de la région Rhône-Alpes. Sa situation géographique la place au cœur du réseau TGV européen, entre l'Europe du nord et celle du sud. Déjà sur la ligne TGV Bruxelles-Lille-Paris-Marseille, elle se trouvera bientôt sur l'axe entre l'Allemagne et la péninsule ibérique (l'Espagne et le Portugal) et en même temps sur l'axe Italie-Angleterre. En pleine expansion économique, Lyon jouit d'une réputation internationale dans plusieurs domaines, notamment la mécanique, le textile, la chimie et la pharmacie. Les gros travaux d'aménagement urbain effectués ces dernières années ont transformé cette ville en une ville moderne, mais Lyon a quand même conservé ses liens avec son riche passé.

Lyon vu de Notre-Dame de Fourvière

ETES-VOUS BRANCHÉS? Pour en savoir plus sur Lyon et la France, cherchez les renseignements indiqués sur Internet. Allez d'abord au site de Houghton Mifflin, http://college.hmco.com/languages/french/students et de là au site *Personnages*. Consultez la liste des adresses Web pour obtenir ces renseignements.

Interactions

Jean Chartier est restaurateur. Sa femme et lui tiennent un petit restaurant, Le Grenier, depuis bientôt cinq ans. Père de trois enfants, il aime beaucoup son métier, même si ses journées sont longues. Il lui arrive souvent de quitter sa cuisine pour bavarder avec ses clients. Michelle, sa femme, s'occupe de la comptabilité et du personnel tandis que Jean fait la cuisine et, bien entendu, fait les commissions tous les jours. Leur restaurant se trouve près de la place Bellecour dans une rue piétonne. C'est très pratique, car M. Chartier n'a pas les problèmes de circulation qui paralysent beaucoup de commerçants dans les grandes villes en France.

Note lexicale

Tandis que ou pendant que? Faites attention à ne pas confondre ces deux expressions. Elles se traduisent *while* en anglais. On utilise normalement **tandis que** comme synonyme du mot «mais», pour marquer une opposition: «André est grand tandis que Robert est de taille moyenne.» **Pendant que** veut dire que quelque chose a lieu *en même temps* qu'autre chose: «Pendant que M. Chartier fait la cuisine, sa femme s'occupe de la comptabilité.»

VOCABULAIRE

Noms

le bac (-calauréat) lycée exam required for admission to a university
la circulation traffic
un(e) commerçant(e) shopkeeper
la comptabilité accounting; bookkeeping
un copain/une copine (*fam.*) friend
la fac college

un métier job; occupation; trade
le service militaire military service

Adjectifs

aîné(e) oldest
célèbre famous
clair light (hair)
décédé(e) deceased
foncé dark (hair)
fort(e) strong; plump; good (at something)

mince thin	**autant (de)** as many; as much
piéton, piétonne pedestrian	**Chapeau!** Great! Nice going!
	lorsque when
Verbes et expressions verbales	**plutôt** rather
s'attendre à to expect	**pourtant** however
se détendre to relax	**tandis que** while; whereas
se distraire to have fun; to enjoy oneself	**La cuisine et la restauration**
passer un examen to take a test	**Bien cuit, à point ou saignant?** Well done, medium, or rare?
recevoir to receive; to invite to one's home	**Comme cuisson?** How do you like your meat cooked?
réussir (à un examen) to pass (a test); to succeed	**la cuisine** kitchen; cooking
vieillir to grow old	**un cuisinier/une cuisinière** cook
	faire les courses to do the shopping
Autres mots et expressions	**un marché** open-air market
actuellement now; at present	**un pourboire** tip
à part except; separate	**une serveuse** waitress
au-dessus de above; over	

activité 1

workbook

Choisissez les mots ou les expressions de la colonne de droite qui correspondent le mieux à ceux de la colonne de gauche.

1. ___ lorsque	a. endroit où on achète des légumes frais
2. ___ décédé	b. excepté
3. ___ l'aîné	c. en ce moment
4. ___ à part	d. assez gros
5. ___ fort	e. assez
6. ___ plutôt	f. mort
7. ___ marché	g. quand
8. ___ actuellement	h. le plus âgé d'un groupe

activité 2

Complétez les phrases suivantes à l'aide d'une des expressions de la liste de vocabulaire.

1. Dans les restaurants en France, avant de laisser _____, vérifiez si le service est compris.
2. Demandez à la _____ si le service est compris dans le prix du repas.
3. Ce système est très commode; le client ne peut pas partir sans payer le service et le personnel est assuré de _____ son argent.
4. L'endroit où les étudiants suivent des cours s'appelle _____.
5. Dans les grandes villes il y a souvent des problèmes de _____ parce qu'il y a trop de voitures.
6. Les personnes qui s'occupent de la _____ sont normalement fortes en mathématiques.
7. _____ est un examen auquel il faut réussir avant de pouvoir faire des études universitaires.

activité 3   Utilisez des périphrases pour expliquer les expressions suivantes.

> **Modèle:**   se distraire
> **Cela veut dire s'amuser.**

1. une rue piétonne
2. Chapeau!
3. célèbre
4. copine

5. vieillir
6. un cuisinier
7. Comme cuisson?
8. foncé

◆ ECOUTER ET DISCUTER

workbook

A l'écoute 1

Début de la conversation entre Messieurs Chartier et Verdier. Ecoutez bien la conversation avant de passer aux activités qui suivent.

Note culturelle

Le service militaire.   La France, désirant la professionnalisation de son armée, a récemment supprimé le service militaire obligatoire. Maintenant les jeunes Français et Françaises ne sont appelés qu'à passer «une journée de préparation à la défense de la République» dans une caserne pour visionner des films, participer à des discussions et passer des tests.

---

activité 4   A vous de dire si les phrases sont vraies ou fausses. Si une phrase est fausse, corrigez-la.

1. M. Chartier ne reconnaît pas la personne qui vient le voir.
2. Ces messieurs se sont connus à l'école.
3. Ils ne se sont pas vus depuis quinze ans.
4. M. Verdier n'a pas grossi.
5. M. Verdier est un peu chauve.
6. M. Chartier a pris du poids.
7. M. Verdier est célibataire.
8. Il va déjeuner seul.

activité 5   Répondez aux questions suivantes.

1. Pourquoi est-ce que M. Chartier ne reconnaît pas son ami tout de suite?
2. Quand est-ce que M. Chartier a fait son service militaire?
3. Que fait la femme de M. Verdier?
4. Des deux amis, qui a moins changé?
5. Pourquoi M. Chartier ne peut-il pas déjeuner avec M. Verdier?

A l'écoute 2

workbook

Lisez la note culturelle et écoutez la conversation avant de passer aux activités.

Note culturelle		
Le système scolaire: le collège et le lycée en France et aux Etats-Unis		
âge	*France*	*USA*
	le collège	*junior high*
11–12 ans	sixième	sixth
12–13 ans	cinquième	seventh
13–14 ans	quatrième	eighth
14–15 ans	troisième	ninth
	le lycée	*senior high*
15–16 ans	seconde	tenth
16–17 ans	première	eleventh
17–18 ans	terminale	twelfth

activité **6**   A vous de dire si les phrases sont vraies ou fausses. Si une phrase est fausse, corrigez-la.

1. Les parents de M. Chartier sont encore en vie.
2. Il y a un membre de sa famille qui habite à Grenoble.
3. M. Chartier a attendu longtemps avant de se marier.
4. Les Chartier habitent au-dessus du restaurant.
5. Ils ont trois enfants: deux garçons et une fille.
6. Tous les enfants Chartier veulent travailler dans la restauration.
7. André Chartier veut être chef de cuisine.
8. M. Verdier est content du repas qu'il vient de prendre.
9. M. Chartier a travaillé dans plusieurs restaurants.

activité **7** Répondez aux questions suivantes.

1. Comment s'appellent les enfants de M. et Mme Chartier?
2. Qu'est-ce que M. Chartier a fait comme travail dans son premier poste?
3. Pour quel grand restaurateur lyonnais a-t-il travaillé plus tard?
4. Que fait sa femme pour l'aider?
5. Qui est le plus jeune des enfants Chartier?
6. Lequel des enfants n'habite pas dans le quartier?

✦ TETE-A-TETE

Conversation. M. et Mme Brisebois dînent ce soir au restaurant Le Grenier. En vacances en France depuis quinze jours, ce couple canadien a décidé de visiter la ville de Lyon.

MME BRISEBOIS: Tu crois que si je commande «saignant», la viande va être assez cuite?

M. BRISEBOIS: Il vaut mieux commander «à point». La dernière fois…

MME BRISEBOIS: Bon, je vais faire comme toi, à point. Tu sais ce que veut dire «garni», ici?

M. BRISEBOIS: Ça veut dire sans doute avec des frites ou avec des légumes. Mais nous pouvons demander au serveur pour être sûrs.

LE SERVEUR: Vous avez choisi? La carte ou le menu?

M. BRISEBOIS: Nous désirons le menu à 20 euros, tous les deux. Que veut dire «garni», s'il vous plaît?

LE SERVEUR: Avec des frites. Alors, pour commencer, du pâté ou une assiette de crudités?

M. BRISEBOIS: Deux pâtés.

LE SERVEUR: Ensuite, du rôti de porc, un steak-garni ou du canard?

M. BRISEBOIS: Deux steaks à point, s'il vous plaît.

LE SERVEUR: Très bien, Monsieur. Et comme vin?

M. BRISEBOIS: Oh, un petit bourgogne ou un bordeaux, peut-être.

LE SERVEUR: Très bien, je vais vous apporter la carte des vins.

Et vous? Répétez la conversation avec votre partenaire. Ensuite modifiez-la: vous choisissez quelque chose à boire, demandez une salade, commandez du fromage, etc. Voulez-vous du café? Si oui, attendez la fin du repas.

Expressions utiles

1. Pour commander un repas

Vous avez choisi le menu ou la carte?	*Did you choose the fixed-price menu, or will you order each item separately?*

Et comme cuisson?	*How do you like your meat cooked?*
Bien cuit, à point ou saignant?	*Well done, medium, or rare?*
Qu'est-ce que vous nous conseillez comme vin?	*What wine do you suggest?*
Pourrais-je avoir encore du pain?	*Could I have some more bread?*
L'addition, s'il vous plaît.	*The bill, please.*
Est-ce que le service est compris?	*Is the tip included?*

2. Pour lire un menu

l'ordre des plats	*the order of the courses*
les hors-d'œuvre	*hors d'oeuvres*
les plats principaux	*main courses*
la salade	*green salad*
le fromage	*cheese*
le dessert	*dessert*
le café	*coffee*

workbook

Notes culturelles

1. Un «bon» restaurant. Les plaisirs de la table vont souvent de pair avec les plaisirs de la conversation. Les Français dégustent un plat après l'autre, en prenant le temps de parler aux invités, à leurs enfants, à leurs parents ou amis. Ils sont surpris lorsqu'ils voient les Anglais ou les Américains mettre tout dans une même assiette, manger vite sans apprécier le plaisir de s'attarder à table. Pour beaucoup d'anglophones, un bon restaurant est souvent un endroit où l'on vous sert rapidement et copieusement.

2. La cuisson de la viande. Faites attention, au restaurant, quand vous commandez un steak. D'après les dictionnaires, **bien cuit(e)** veut dire *well done,* **à point** *medium* et **saignant(e)** *rare.* En réalité, en France, si vous commandez votre viande «bien cuite», vous la trouverez probablement *medium.* D'habitude, les Français préfèrent leur viande moins cuite que les Américains et il faut donc s'adapter à cette différence culturelle.

3. Au menu ou à la carte? Au restaurant, **un menu** propose deux ou trois repas à prix fixe tandis qu'**une carte** donne la liste de tous les plats. Les portions y sont aussi plus importantes.

4. Entrée ou plat principal? Dans un restaurant français, le mot **entrée** correspond d'habitude à *first course,* c'est-à-dire le plat qui précède le plat principal.

LE GRENIER

Menu à 15 euros

pâté
assiette de crudités
rôti de porc garni
steak garni
salade
fromage ou dessert

Menu à 20 euros

pâté
assiette de crudités
truite meunière
rôti de porc garni
steak garni
canard à l'orange
salade
fromage et dessert

activité 8 Consultez le menu ci-dessus et choisissez ce que vous allez manger. Si vous ne connaissez pas certains plats, demandez à la serveuse/au serveur (votre professeur) de quoi il s'agit.

activité 9 Choisissez dans la liste française qui suit les plats qui correspondent aux descriptions anglaises: 1. *baked Alaska;* 2. *veal cutlet;* 3. *goat cheese;* 4. *cream puff;* 5. *rooster in wine sauce;* 6. *ice cream with hot fudge sauce and half a pear;* 7. *a plate of raw vegetables;* 8. *hazelnut ice cream;* 9. *Swiss cheese;* 10. *potatoes;* 11. *onion pie;* 12. *vegetable soup.*

Potages: soupe à l'oignon, soupe aux légumes, velouté de tomates
Hors-d'œuvre: crudités, salade de tomates, pâté du chef, tarte à l'oignon, quiche lorraine, escargots, rillettes de porc
Plats principaux: homard, saumon au beurre blanc, coq au vin, escalope de veau, bœuf bourguignon, coquilles Saint-Jacques, canard à l'orange, entrecôte grillée, sole meunière
Légumes: petits pois, haricots verts, pommes de terre, frites, asperges, carottes
Fromages: chèvre, brie, emmenthal, roquefort, camembert, tomme de Savoie
Desserts: omelette norvégienne, poire belle Hélène, glaces (à la vanille, au chocolat, à la fraise, aux noisettes, au café), chou à la crème, pêche Melba, mousse au chocolat

Entre amis En groupes de trois, inventez un sketch où vous dînez au restaurant. Une personne n'a pas très faim, une autre a peur de grossir et la troisième déteste le poisson. Discutez des choix. Ensuite décidez ce que vous allez commander.

◆ LIRE ET DISCUTER

Echange 1

Pendant que les Chartier ferment le restaurant, Marcel Verdier bavarde avec les enfants.

M. VERDIER: Vous êtes contents que vos parents aient un restaurant?

ROBERT: Bien sûr, on mange toujours très bien!

CHANTAL: Robert ne pense qu'à manger. Moi, j'aime bien l'idée de pouvoir me faire un peu d'argent de poche quand j'ai besoin de quelque chose.

ROBERT: C'est vrai. Si je veux m'acheter de nouveaux vêtements, je peux me faire des pourboires assez facilement.

CHANTAL: Beaucoup de nos amis ont du mal à se trouver un job pendant l'année. Ce n'est déjà pas facile en été.

M. VERDIER: Qu'est-ce que vous faites pour vous détendre?

ROBERT: Ça dépend des saisons. Moi, j'aime beaucoup le sport. Je fais du foot et du tennis. En hiver, avec des copains je vais au ski à Megève, dans les Alpes. C'est un endroit sensationnel.

CHANTAL: C'est parce que tu aimes les boums et les boîtes de nuit! Je te connais.

ROBERT: Oui, mais je ne fais pas que ça. Surtout cette année où je vais passer le bac. Je n'ai pas beaucoup de temps libre.

M. VERDIER: Et toi, Chantal, qu'est-ce que tu fais pour te distraire?

CHANTAL: J'adore le cinéma. J'y vais souvent avec mes amies. On se retrouve dans un café et puis on va voir un bon film. J'aime bien aussi écouter la musique rock et faire du shopping dans les grands magasins.

M. VERDIER: Est-ce que le travail de vos parents a des inconvénients?

CHANTAL: Je trouve qu'on ne se voit pas beaucoup dans la journée si on ne travaille pas dans le restaurant avec eux.

ROBERT: C'est juste. A part le mois de juillet quand le restaurant est fermé, nous sortons très peu ensemble.

Faites attention à ne pas confondre les expressions suivantes.

1. **An ou année? Jour ou journée?** Il y a en français deux mots là où en anglais il n'y a que le mot *year* ou le mot *day*. Pour une division de temps qu'on peut compter, on utilise normalement les mots masculins **an** et **jour**: «Elle a *vingt ans*. Il arrive *dans trois jours*.» On utilise normalement les mots féminins **année** et **journée** pour parler de la durée ou d'une période spécifique. Il y a souvent un adjectif qui modifie **année** et **journée**: «l'année dernière, toute la journée».

2. **Passer un examen ou réussir à un examen?** Pour traduire l'anglais *to pass a test*, utilisez le verbe **réussir**. L'expression **passer un examen** veut dire simplement *to take a test*, sans dire si on a réussi ou échoué.

activité 10 Faites deux listes. Notez les éléments positifs et les éléments négatifs dans la vie des enfants Chartier.

activité 11 Renseignez-vous au sujet des goûts de vos partenaires en leur posant les questions suivantes.

1. Qu'est-ce que tu aimes faire quand tu as du temps libre?
2. Quels sont tes passe-temps préférés?
3. Est-ce que tu fais du sport?
4. Cours-tu des marathons ou fais-tu du jogging?
5. Collectionnes-tu des timbres ou des cartes de téléphone?
6. Que fais-tu pour te détendre?
7. Est-ce que tu aimes la musique classique? populaire? Préfères-tu le rock ou le rap?
8. Joues-tu d'un instrument de musique? Duquel?
9. Joues-tu aux cartes ou aux échecs?
10. Aimes-tu faire du shopping? Où aimes-tu en faire?
11. Vas-tu souvent à des soirées? Aimes-tu inviter tes amis chez toi?

Echange 2

Michelle Chartier écrit une lettre à Jacqueline Verdier. Dans cette lettre, elle décrit sa famille. L'extrait qui suit fait partie de cette lettre.

Dans la famille nous sommes plutôt de taille moyenne, à part notre fils aîné, André, qui est assez grand et mince. Il a grandi de cinq centimètres sa première année à la fac et il mesure vingt-cinq centimètres de plus que son père. Depuis quatre ans nous n'arrêtons pas de lui acheter de nouveaux vêtements. Notre fille, Chantal, a les yeux bruns et les cheveux brun clair. Elle est presque aussi grande que moi. Elle a les cheveux bouclés comme son frère Robert, mais lui, il a les yeux bleus et les cheveux blonds. Robert et sa sœur ont le visage rond et le nez court tandis que leur frère André a le visage plutôt allongé et le nez assez long. Tous les enfants sont minces comme moi. Mon mari, par contre, est assez fort. Depuis la dernière fois que tu l'as vu, il a probablement pris vingt kilos. Il a les cheveux bruns mais il est aussi un peu chauve (*bald*). Moi, j'ai quelques cheveux blancs mais c'est souvent comme ça quand on arrive à la cinquantaine. Et après tout, les cheveux gris, quand on a élevé des enfants, c'est bien normal, n'est-ce pas?

Notes lexicales

1. **Assez.** Le mot **assez** sert à rendre moins catégoriques les descriptions personnelles. Il est surtout recommandé pour décrire la personnalité (**assez bavard**) ou le corps (**assez petit**).
2. **Fort(e).** L'adjectif **fort** (*strong*) est souvent utilisé comme un euphémisme pour le mot «gros», où il a à peu près le même rôle que l'expression anglaise *heavyset*.
3. **Foncé/clair** (*dark/light*). Utilisés avec les adjectifs de couleur, ces deux mots et les adjectifs restent invariables: **(les cheveux) blonds** mais **blond foncé; bruns** mais **brun clair.**

activité 12 Montrez une photo (réelle ou imaginaire) de votre famille à votre partenaire. Décrivez les membres de votre famille.

activité 13 Relisez l'extrait de la lettre de Mme Chartier. Ensuite choisissez le membre de sa famille qui vous ressemble le plus et celui qui vous ressemble le moins. Quelles ressemblances et quelles différences y a-t-il entre vous et ces deux personnages?

Début de rédaction. Complétez le questionnaire suivant pour décrire votre meilleur(e) ami(e).

A. Ses qualités principales:

— la sincérité   — le savoir-vivre   — le sens de l'humour
— la tendresse   — la culture   — l'ouverture d'esprit
— la compréhension   — l'intelligence   — le dynamisme

B. Les activités que votre ami(e) aime—(B) beaucoup, (P) un peu, (PT) pas du tout:

— la lecture   — les voyages   — le restaurant   — les soirées
— les promenades   — le sport   — la télévision   — la danse
— le cinéma   — la musique   — la vie de famille   — la cuisine
— le shopping   — les jeux de cartes   — les échanges d'idées   — les dîners en tête-à-tête

C. Sa personnalité: Il/elle est...

— calme   — discret (-ète)   — optimiste   — extroverti(e)   — patient(e)
— nerveux (-se)   — bavard(e)   — pessimiste   — introverti(c)   — impatient(e)

D. Sa description physique:

Son âge   — ans
Son allure   — classique   — élégante   — sportive   — nonchalante
Sa taille   — mince   — forte   — petite   — grande
Ses cheveux   — raides   — bouclés
                — noirs   — blonds   — roux   — gris
                — brun foncé   — brun clair
Ses yeux   — bruns   — noirs   — bleus   — gris — verts
Son visage   — ovale   — rond   — allongé

Structure

◆ LES VERBES *COURIR* ET *RECEVOIR*

André **court** les cent mètres en 11 secondes.	*André runs the 100 meters in 11 seconds.*
Chantal va **recevoir** une bonne note.	*Chantal is going to get a good grade.*
Les Chartier ne **reçoivent** pas souvent chez eux.	*The Chartiers don't invite people over often.*

courir to run	*recevoir* to receive
je **cours**	je **reçois**
tu **cours**	tu **reçois**
il/elle/on **court**	il/elle/on **reçoit**
nous **courons**	nous **recevons**
vous **courez**	vous **recevez**
ils/elles **courent**	ils/elles **reçoivent**

passé composé: j'**ai couru**   j'**ai reçu**
imparfait: je **courais**   je **recevais**

exercice **1**   Complétez les phrases suivantes avec la forme convenable des verbes **courir** et **recevoir.**

1. Les enfants Chartier sont sportifs. Ils _____ même des marathons.
2. «Nous ne _____ jamais de prix», dit Chantal, «mais nous aimons beaucoup _____.»
3. André _____ le plus vite des trois enfants.
4. M. Chartier _____ beaucoup de courrier; les restaurateurs _____ toujours du courrier.
5. «J'ai _____ vingt lettres hier», annonce-t-il à ses enfants.

✦ LA PLACE DE L'ADJECTIF

workbook

A. Adjectives normally follow the noun they modify.

un cuisinier **charmant**	un garçon **bavard**
une femme **intelligente**	une serveuse **rapide**
une robe **bleue**	une voiture **française**
les yeux **verts**	les cheveux **brun clair**

B. There is, however, a short list of very common adjectives that normally precede the noun. These include:

autre	joli(e)
beau (belle)	mauvais(e)
bon (bonne)	nouveau (nouvelle)
grand(e)	petit(e)
gros(se)	vieux (vieille)
jeune	

Beau, vieux, and **nouveau** have special forms for the masculine singular (pronounced exactly like the feminine) when a vowel follows:

un **bel** homme   un **vieil** ami   un **nouvel** appartement

C. While almost all adjectives agree with the noun they modify, a few are invariable. These include **bon marché, chic, marron, orange,** and **snob.**

une robe chère et intéressante

but: une robe **bon marché** et **chic**

D. In written or formal spoken French, **des** is replaced by **de** if a plural adjective comes *before* the noun.

des maisons   **de jolies** maisons
des cours   **d'autres** cours

E. A number of adjectives can be used before or after the noun. Depending on their placement, the meaning may vary.

ancien(ne)	un ancien hôtel	*a former hotel*
	un hôtel ancien	*an ancient hotel*
cher (chère)	ma chère mère	*my dear mother*
	une robe chère	*an expensive dress*
dernier (dernière)	le dernier mois	*the last month (final one in a series)*
	le mois dernier	*last month (the one just completed)*
grand(e)	un grand homme	*a famous man*
	un homme grand	*a tall man*
pauvre	un pauvre garçon	*an unfortunate boy*
	un garçon pauvre	*a poor boy (who has no money)*
prochain(e)	la prochaine semaine	*the following week (in a series)*
	la semaine prochaine	*next week (right after this one)*
propre	ma propre chemise	*my own shirt*
	une chemise propre	*a clean shirt*

exercice **2**   Complétez les phrases suivantes pour décrire la famille Chartier.

Modèle: Les Chartier ont un restaurant. (petit/élégant)
            Les Chartier ont un petit restaurant élégant.

1. Ils ont des enfants. (charmant)
2. Leur enfant s'appelle Chantal. (dernier)
3. M. Chartier achète toujours des produits. (bon)
4. Il n'a pas beaucoup de temps. (libre)
5. Leur restaurant se trouve dans une rue. (petit/piéton)
6. Chaque membre de la famille a ses responsabilités. (propre)

exercice 3   Utilisez un élément de chaque colonne pour composer des phrases. Attention à l'ordre des mots et aux accords des noms et des adjectifs.

Modèle: **M. Chartier a un restaurant élégant.**

		amis	ennuyeux
		cheveux	cher
		cours	beau
Les Chartier		femme	superbe
M. Chartier		appartement	bon
Mme Chartier		maison	élégant
Tu	avoir	mari	autre
Nous		voiture	intéressant
Je		vêtements	propre
Mes propres parents		restaurant	joli
		enfants	magnifique
		yeux	chic
		famille	vieux
		chambre	nouveau

exercice 4   On vous pose des questions concernant M. Chartier. Si vous n'êtes pas sûr(e) d'une réponse, imaginez une réponse possible d'après le modèle. Attention au choix entre **c'est** et **ce sont**.

Modèle: Ses enfants sont charmants, n'est-ce pas?
Oui, ce sont des enfants charmants.

1. Son appartement est beau, n'est-ce pas?
2. Son restaurant est célèbre, n'est-ce pas?
3. Est-ce que sa cuisine est bonne?
4. Est-ce que cet homme est vieux?
5. Ses journées sont-elles courtes?
6. Son métier n'est pas facile, n'est-ce pas?

exercice 5   A la page 126 il y a quelques annonces personnelles trouvées dans des journaux français. Laquelle de ces personnes vous semble la plus intéressante? Laquelle vous semble la moins intéressante? Expliquez pourquoi.

ANNONCES PERSONNELLES

La jolie petite Sandra, 20 ans, aimerait pouvoir donner tout son amour, toute sa tendresse, à un J.H. sentimental, tendre, vraiment sérieux et motivé, qui sait construire son avenir et qui a une situation professionnelle stable. Lyon 04.74.05.27.21.

Très mignonne, Sylvie est une J.F. de 23 ans, moderne, rieuse et décontractée. Elle a un appétit de vivre fantastique et veut partager sa vie avec un J.H. tendre, dynamique et responsable pour connaître à deux le vrai bonheur. Lyon 04.74.08.37.55.

Directrice commerciale, Sandrine a tout pour réussir, 27 ans, célibataire, intelligente et sportive, du charme, blonde aux yeux bleus, elle attend tendresse, sentiments sincères d'un J.H. sympa et ambitieux avec plein de projets. Lyon 04.74.15.74.20.

Technicien aéronautique, Sébastien, 24 ans, bel H., 1m87, calme, regard doux et pénétrant, divorcé, propriétaire d'une maison, souhaite trouver J.F. stable, simple, bonne cuisinière, aimant promenades en campagne et musique classique. Pas sérieuses s'abstenir. Lyon 04.74.59.91.13.

Jean, cadre supérieur, cultivé, hauts revenus, propriétaire d'une maison superbe, veuf 42 ans, souhaite rencontrer Dame 28/40 ans, pas trop grande, très disponible, sachant recevoir, gentille, classe, aimant voyager pour partager vie très agréable. Lyon 04.74.32.22.07.

Alain, séduisant blond de 23 ans, célibataire, 1m80, il adore le sport, tennis, ski, gym; il est généreux. Il vous souhaite jolie, tendre, sensuelle, pour partager foyer et vie. Annecy 04.50.62.34.50.

exercice **6**

Discutez, en groupes de trois ou quatre, les différences que vous avez remarquées entre les six annonces ci-dessus. Y a-t-il des différences de style entre les annonces écrites par les femmes et celles des hommes? Lesquelles? Pourquoi, à votre avis, ces gens se décrivent-ils comme ils le font? Cherchez des exemples pour justifier vos réponses.

exercice **7**

Ecrivez une lettre pour répondre à une de ces petites annonces. Inventez une description personnelle et proposez un rendez-vous avec la personne de votre choix.

◆ LES ADVERBES

workbook

A. While there are exceptions, many French adverbs are formed by adding **-ment** to the feminine form of the adjective.

premier	**premièrement**
sérieux	**sérieusement**
attentif	**attentivement**

B. -**ment** is added to the masculine singular form of an adjective that ends in a vowel:

vrai	**vraiment**
absolu	**absolument**

C. If the adjective ends in -**ant** or in -**ent,** the adverb will end in -**amment** or in -**emment** respectively. In both spellings, the first vowel of the adverb ending is pronounced /a/, like **e** in the word **femme.**

prud**ent**	**prudemment**
élég**ant**	**élégamment**

D. Several adverbs are either completely different from their corresponding adjectives or do not exactly match the above rules.

bon	**bien**	gentil	**gentiment**
bref	**brièvement**	mauvais	**mal**
énorme	**énormément**	petit	**peu**
fou	**follement**		

E. Used with simple tenses, adverbs normally follow the verb.

> Nous aimons **beaucoup** la ville de Lyon.
> M. Chartier fait **bien** la cuisine.

F. Used with compound tenses, a number of frequently used adverbs are placed between the auxiliary and the past participle or between a verb and a following infinitive. Among these adverbs are **déjà, bien, mal, assez, trop, presque, probablement, sûrement,** and **vraiment.**

> M. Chartier a **bien** appris à faire la cuisine.
> Il doit **sûrement** être fatigué après tout ce travail.

G. Adverbs of place and time are often placed at the beginning or the end of the sentence.

> **Actuellement,** les enfants Chartier sont chez leurs parents.
> Les enfants Chartier sont chez leurs parents **actuellement.**

exercice **8** Choisissez l'adverbe qui correspond à l'adjectif de la première phrase. Ensuite utilisez-le pour compléter la deuxième phrase.

> **Modèle:** Chantal est une bonne étudiante. Elle écrit **bien.**

1. Les parents de Chantal sont sérieux. Ils travaillent _____.
2. Son frère André est très gentil. Il lui parle _____.
3. Son père est un peu impatient. Il l'attend _____.
4. Il conduit quelquefois comme un fou. Il conduit _____.
5. La mère de Chantal est assez calme au volant. Elle conduit _____.
6. Ce n'est pas un mauvais chauffeur. Elle ne conduit pas _____.

exercice **9** Placez correctement l'expression adverbiale entre parenthèses dans chacune des phrases ci-dessous.

1. (très peu) Robert joue au tennis.
2. (ces jours-ci) Il est très occupé.
3. (sérieusement) Il étudie tous les soirs pour préparer son bac.
4. (demain) Il va passer le premier test.
5. (vraiment) Il est très inquiet.
6. (beaucoup) Il n'aime pas les examens.
7. (en France) Personne n'est sûr de réussir au bac.
8. (presque) Robert a fini ses devoirs.

exercice **10** Vous passez l'été chez une famille lyonnaise. On vous pose naturellement des questions. Employez un adverbe dans chaque réponse. Utilisez les adjectifs suivants pour vous aider à choisir ces adverbes: **bon, mauvais, énorme, rare, fréquent, prudent, fou, normal.**

1. Comprenez-vous le français?
2. Parlez-vous français?
3. Aimez-vous Lyon?
4. Prenez-vous le métro?
5. Dînez-vous au restaurant?
6. Comment les Lyonnais conduisent-ils?

Armoiries de Lyon.

◆ LE COMPARATIF

workbook

A. Use **plus, moins,** or **aussi** followed by an adjective or an adverb to compare two people or things.

André est **plus** âgé **que** sa sœur.
Chantal est **aussi** grande **que** son père.
Elle court **moins** vite **qu'**André.

plus			
aussi	**+**	adjective or adverb	**(que)**
moins			

B. The comparative forms of the adjective **bon** are **meilleur, aussi bon,** and **moins bon.**

Je pense que le pain français est **meilleur** que le pain américain.
Chantal est une **aussi bonne** étudiante que ses frères.
Ces légumes sont **moins bons** que les légumes au marché.

C. The comparative forms of the adverb **bien** are **mieux, aussi bien,** and **moins bien.**

> Elle danse **mieux** que ses frères.
> Ses frères travaillent **aussi bien** qu'elle.

D. When comparing quantities (with nouns), use **plus de, autant de,** and **moins de.**

> Tu as **autant de** cours **que** moi.
> Il y a **moins d'**habitants à Lyon **qu'**à Paris.

E. When using verbs to compare frequency or amount, use **plus, autant,** and **moins.**

> Robert travaille **autant que** son frère.
> Un cuisinier se repose **moins qu'**un chauffeur.

exercice **11** Comparez Robert et André. André fait toujours mieux que Robert.

> **Modèle:** Robert conduit bien.
> **André conduit mieux que lui.** *ou*
> **Robert ne conduit pas aussi bien qu'André.**

1. Robert joue bien au tennis.
2. Robert est un bon musicien.
3. Robert est intelligent.
4. Robert est travailleur.
5. Robert court vite.
6. Robert reçoit de bonnes notes.

exercice **12** Choisissez des adjectifs pour comparer les choses ou personnes suivantes.

> **Modèle:** le cinéma / le théâtre
> **A mon avis, le cinéma est plus intéressant que le théâtre.**
> **A mon avis, le cinéma n'est pas aussi intéressant que le théâtre.**

1. la cuisine française / la cuisine américaine
2. le président des Etats-Unis / le président de la République française
3. Paris / Lyon
4. une actrice / une serveuse
5. un restaurateur / un professeur

exercice **13** Faites une comparaison entre votre meilleur(e) ami(e) et vous-même. Attention à la différence entre les adjectifs, les noms et les verbes.

> **Modèles:** âgé(e)   argent
> **Mon amie Cathy est moins   Elle a autant d'argent que moi.**
> **âgée que moi.**

1. jeune
2. grand(e)
3. skier
4. frères et sœurs
5. temps libre
6. bavard(e)
7. problèmes

◆ LE SUPERLATIF

A. To form the superlative, use the definite article followed by the comparative. Remember to make adjectives agree with nouns.

> Les Canadiens sont **les meilleurs** joueurs de hockey du monde.
> Mme Chartier est **la plus petite** de sa famille.

B. With adverbs, the only definite article used is **le.**

> Mme Chartier est la personne qui conduit **le plus vite** de la famille.

C. Superlatives may be followed by **de** plus a noun to make the extent of the superlative clear. Remember to use **de** (and never **dans**) after a superlative to translate the word *in*, e.g., *in the class, in the world.*

> la plus grande étudiante **de la** classe
> le meilleur film **du** monde

D. Superlative adjectives are placed either before or after the noun, according to where the adjective would normally be. If the adjective follows the noun, the definite article must be repeated.

> Lyon est une belle ville.   C'est **la plus belle ville** de France.
> Lyon est une ville charmante.   C'est **la ville la plus charmante**
>   de France.

exercice **14**   Interviewez un(e) autre étudiant(e). Posez-lui des questions pour connaître son point de vue.

> **Modèle:**   la plus grande ville des Etats-Unis
> **Quelle est la plus grande ville des Etats-Unis?**
> **C'est** _____.

1. la deuxième plus grande ville de France
2. la meilleure actrice de votre pays
3. le film le plus ennuyeux de cette année
4. la personne la moins âgée de cette classe
5. l'émission de télévision la plus intéressante
6. le chanteur/la chanteuse qui chante le mieux

exercice **15**   En groupes, décidez quelles sont les villes les plus intéressantes et les moins intéressantes de votre pays. Essayez de trouver plusieurs raisons pour votre choix. Quelle ville, par exemple, a les plus jolies maisons, les habitants les plus accueillants, etc.?

exercice **16**   Préparez cinq phrases pour décrire l'émission de télévision que vous trouvez la plus intéressante.

workbook

A. The partitive refers to an undetermined quantity or part of something: Although the words *some* and *any* are often omitted in English, their equivalent (the partitive article: **du, de la, de l', des**) is required in French.

Je vais manger **des** frites.	*I'm going to eat French fries.*
Vous voulez **de la** salade?	*Do you want (any) salad?*
Apportez-moi **du** pain, s'il vous plaît.	*Please bring me (some) bread.*
Vous avez **de l'**argent?	*Do you have (any) money?*

B. Like the articles **un, une, des,** the partitive article changes to **de** in the negative.

Je voudrais **de la** glace, s'il vous plaît.	*I would like some ice cream, please.*
Je regrette, nous **n'**avons **plus de** glace.	*I'm sorry, we don't have any more ice cream.*

NOTE: After the verb **être,** the partitive article does not change:

Ce n'est pas **du** vin; c'est **de la** bière.	*It's not wine; it's beer.*

C. Use the definite article **(le, la, l', les)** with the verbs **aimer, adorer, détester, préférer.**

Aimez-vous **les** légumes?	*Do you like vegetables?*
J'adore **les** petits pois mais je déteste **les** épinards.	*I love peas but I hate spinach.*

NOTE: The definite article does not change after a negative.

Je **n'**aime **pas les** pommes de terre.	*I don't like potatoes.*

D. After most expressions of quantity, only **de (d')** is used before a noun.

Nous avons **beaucoup de** travail.	*We have a lot of work.*
Un verre d'eau, s'il vous plaît.	*A glass of water, please.*

NOTE: When saying how much you *like* or *dislike* something, the definite article is used, even if a word expressing quantity modifies the verb.

J'aime beaucoup le beaujolais.	*I like Beaujolais a lot.*
Mon frère **aime trop la** glace.	*My brother likes ice cream too much.*

exercice **17** Vous êtes au restaurant de M. Chartier. Pour chaque plat, demandez quels sont les choix. Le serveur (la serveuse) va proposer deux choix. Décidez entre les deux.

> **Modèle:** légumes: petits pois, carottes, épinards
> Vous: **Qu'est-ce que vous avez comme légumes?**
> Votre partenaire: **Nous avons des petits pois et des épinards.**
> Vous: **Je voudrais des petits pois, s'il vous plaît.**

1. hors-d'œuvre: crudités, pâté (m.), salade de tomates (f.)
2. poisson: truite (f.), saumon (m.), brochet (m.), anguille (f.)
3. viande: porc (m.), bœuf (m.), poulet (m.), agneau (m.)
4. vin: bordeaux (m.), beaujolais (m.), champagne (m.)
5. fromage: camembert (m.), chèvre (m.), brie (m.)
6. desserts: fruits, glace (f.), pâtisserie (f.)

exercice **18** Complétez les phrases suivantes. Utilisez **le, la, l', les, du, de la, de l', des, de** ou **d'**.

1. Ma sœur boit trop _____ boissons sucrées.
2. Elle aime beaucoup _____ Orangina.
3. Vous voulez _____ salade?
4. Merci, j'ai déjà mangé assez _____ salade.
5. Jean n'aime pas _____ thé.
6. Il boit _____ eau d'habitude.
7. Tu as _____ argent?
8. Oui, j'ai un peu _____ argent.

exercice **19** Faites des phrases en utilisant chaque fois un élément de chaque colonne. Utilisez la forme négative, si vous voulez.

> **Modèle:** **Nous mangeons rarement des épinards parce que nous n'aimons pas les épinards.**
> **Mes parents mangent souvent de la glace parce qu'ils adorent la glace.**

			épinards		
			fruits		
Nous			limonade		
Mes parents	manger	souvent	lait		adorer
Ma sœur	boire	rarement	glace	parce que	aimer
Mon frère		ne ... jamais	salade		détester
Je			poisson		
			eau		
			chocolat chaud		
			escargots		
			agneau		

 exercice **20**

 En groupes. Vous êtes au restaurant avec des amis. Commandez un repas. Quelquefois, lorsque vous voulez commander quelque chose, on vous dit qu'il n'y en a plus. Dans ce cas, vous devez commander autre chose. Bon appétit!

> **Brouillon.** Utilisez les catégories que vous avez choisies pour décrire votre meilleur(e) ami(e) dans votre **Début de rédaction,** page 122, et écrivez une page faisant son portrait.

A la découverte

◆ LECTURE 1

*Parfois les poèmes permettent d'exprimer des sentiments dont on peut difficilement parler. Celui de **Marie-Noëlle Toutain** est un bon exemple. Française et infirmière de formation, elle vit à New York avec son mari et ses enfants. Elle nous dit que «l'écriture me soulage (comforts me) et me répare».*

activité **1**   **Etude du vocabulaire.**   Etudiez les phrases suivantes et choisissez les mots anglais qui correspondent aux mots français en caractères gras: *noise, keep quiet, mean, words, guess.*

1. On entend souvent des **mots** qu'on ne connaît pas.
2. Il est difficile de savoir ce que ces mots **veulent dire.**
3. Alors il faut **deviner** le sens de ces mots.
4. Les **bruits** qui nous entourent nous empêchent d'entendre.
5. Quelquefois il faut dire «**tais-toi!**» pour qu'on ne vous parle pas.

activité **2**   **Etude du style.**   Lisez le poème et indiquez:

1. le nombre de strophes
2. la longueur des vers
3. les mots qui sont répétés

Ecoute-moi me taire

Ecoute-moi me taire
Devine à quoi je pense
Devine ce que je dis
Moi qui me tais si fort

5   Ecoute-moi penser
Ecoute-moi te dire
Les bruits de mon silence
Ce que je voulais dire

C'était avant les mots
10   Les mots que tu entends
Ne veulent plus rien dire

Dans ce bain de silence
Docile se décompose
Le rythme d'une vie

15   Tandis que sous ma plume
Fragile se recompose
Le style d'une vie

Marie-Noëlle Toutain (3/12/1996)

Compréhension.   Répondez aux questions sur le poème.

1. Qu'est-ce que le titre du poème a de paradoxal?
2. D'après vous, à qui s'adresse l'auteur?
3. Que lui demande-t-elle?
4. Comment peut-on dire les bruits de son silence?
5. Qu'est-ce qui a pu changer dans ce que disait l'auteur avant et maintenant?
6. Existe-t-il une différence entre sa propre vie et la vie au sujet de laquelle elle écrit?

activité 4   **Réflexion.**   Que ressentez-vous en lisant ce poème? Y a-t-il des choses que vous préférez exprimer par écrit? Si vous écriviez un poème, quel en serait le sujet et le titre?

◆ LECTURE 2

Nathalie Sarraute est un écrivain que l'on associe au «nouveau roman». Née en Russie, elle vient vivre à Paris avec sa famille quand elle n'a que deux ans. Elle fait une licence d'anglais à la Sorbonne et puis étudie à Oxford et ensuite à Berlin. Son premier roman, Tropismes, *date de 1939. Le passage que nous avons choisi est de son roman* Enfances, *publié en 1983, roman qui raconte sa jeunesse. Lorsqu'elle était jeune, on n'allait pas à l'école le jeudi.*

activité 5   **Etude du vocabulaire.**   Etudiez les phrases suivantes et choisissez les mots anglais qui correspondent aux mots français en caractères gras: *bell-shaped glass cover, cash register, dishwasher, wet sponge, watches over, picks up, shiny, size, corner.*

1. Le restaurant se trouve au **coin** de la rue Main et de la rue College.
2. Je suis de la même **taille** que ma sœur. Nous pouvons échanger nos vêtements.
3. Sur le comptoir il y a souvent **une cloche en verre** où on trouve des croissants.
4. Le garçon de café **ramasse** toujours son pourboire quand les clients sont partis.
5. Quand on veut payer sa consommation, il faut passer à la **caisse.**
6. En France c'est souvent la patronne du restaurant qui **veille** sur la caisse.
7. **Le plongeur** ou **la plongeuse** est la personne qui lave la vaisselle.
8. On la lave avec une **éponge mouillée.**
9. Tout dans le café est propre et si bien **astiqué** que les objets reflètent la lumière.

Le Mercredi après-midi

Le mercredi après-midi, en sortant de l'école, puisqu'il n'y a pas de devoirs à faire pour le lendemain, je vais parfois jouer avec Lucienne Panhard, une fille de ma classe. Elle a le même âge que moi à deux mois près[1] et la même taille, son mince visage est très gai, ses yeux sont légèrement bridés[2] et ses deux
5 grosses nattes[3] dorées que sa mère met longtemps à tresser lui descendent plus bas que la taille, pas comme mes deux «queues de rat[4]» qui m'arrivent aux épaules et que je peux moi-même très vite natter. Lucienne m'attend au coin de la rue d'Alésia et de la rue Marguerin pendant que je cours déposer mon cartable[5] et prévenir que je vais jouer chez elle.
10 Le café de ses parents avec «Panhard» inscrit en grosses lettres rouges au-dessus de la porte est tout au bout de l'avenue du parc Montsouris, juste à l'entrée du parc, à droite, à l'angle de deux rues.

J'aime ce petit café très clair, bien astiqué, les parents de Lucienne ont l'air très jeune et gentil, ils rient souvent, ils plaisantent... Je suis contente quand
15 Madame Panhard nous laisse laver les tasses et les verres, c'est une faveur que nous devons lui demander, en promettant de bien faire attention... Mais ce que je préfère, c'est poser sur les petites tables, devant les clients, un verre de vin ou une tasse de café, dire «Voici Madame» sur le ton d'une vraie serveuse, ramasser la monnaie, «Merci Monsieur», la rapporter à la caisse, guetter[6] le
20 départ des clients pour me précipiter, desservir, bien essuyer la table avec une

---

1. **à deux mois près** give or take a couple of months   2. **bridés** slanted   3. **nattes** braids
4. **queues de rat** rat tails   5. **cartable** book bag   6. **guetter** watch for

éponge mouillée. Je ne sais si c'est mon zèle, mon amusement qui se com-
muniquent à Lucienne, mais elle, qui pourtant peut avoir chaque jour cette
chance, veille aussi jalousement que moi à ce que chacune de nous serve à son
tour... les clients assis aux tables sont rares à cette heure-là, nous nous les dis-
25 putons[7], parfois Madame Panhard intervient, elle choisit entre nos mains ten-
dues, elle écarte[8] celles-ci... Non, cette fois, ce n'est pas à toi... elle dispose le
verre ou la tasse convoités[9] entre celles-là... Tiens, porte-la, c'est ton tour...
Et toi tu le feras la prochaine fois... Pour notre goûter[10], elle nous laisse
choisir dans la cloche de verre un croissant ou une brioche[11] ou une
30 madeleine, elle donne à chacune de nous une barre de chocolat et elle nous
verse[12] à chacune un verre de limonade que nous buvons debout près du
comptoir... Quand nous en avons assez de jouer à la plongeuse, à la serveuse,
nous allons dans le parc, près de l'entrée, nous sautons à la corde «jusqu'au
vinaigre[13]», nous rattrapons une petite balle de caoutchouc[14] que nous
35 lançons en l'air de plus en plus haut, nous essayons de jongler avec deux, puis
trois balles.

   Nous ne nous parlons pas beaucoup, et je ne sais pas ce qui fait que je ne
m'ennuie jamais avec elle, ni elle, il me semble, avec moi.

   Enfances, Nathalie Sarraute (Editions Gallimard)

7. **disputons** argue over   8. **écarte** pushes away   9. **convoité** coveted   10. **goûter** after-
school snack   11. **brioche** breakfast pastry   12. **verse** pours   13. **jusqu'au vinaigre** faster
and faster   14. **caoutchouc** rubber

activité **6**   **Compréhension.**   Répondez aux questions.

1. Pourquoi Nathalie peut-elle aller jouer chez Lucienne le mercredi
   après-midi?
2. Quelles ressemblances existent entre les deux amies?
3. Dans quelle partie de Paris se trouve le café Panhard?
4. Décrivez la maman de Lucienne. Est-elle juste (*fair*) avec les deux enfants?
5. Qu'est-ce que les petites aiment faire quand elles sont dans le café?
6. Qu'est-ce qui suggère que les deux amies sont un peu jalouses l'une de
   l'autre?
7. Que prennent les enfants pour leur goûter?
8. A quoi jouent-elles quand elles ne vont pas dans le parc?
9. Est-ce qu'elles s'entendent bien? Justifiez votre réponse.

activité **7**   **Réflexion.**   Les enfants ont souvent des souvenirs comme ceux de la narratrice.

Aviez-vous un ami ou une amie avec qui vous aimiez jouer ou chez qui vous
aimiez aller quand vous étiez petit(e)? En suivant le modèle du texte que vous
venez de lire, racontez vos propres souvenirs.

Intégration

activité **A**   Interviewez les autres étudiants. Vous voulez savoir s'il y a quelqu'un...

> **Modèle:**   qui préfère la viande bien cuite
> **Est-ce que tu préfères la viande bien cuite?**

1. qui travaille ou a déjà travaillé comme serveuse ou serveur
2. qui est végétarien
3. qui préfère la viande saignante
4. qui est l'aîné de sa famille
5. qui ne prend jamais de dessert
6. qui ne boit du café qu'à la fin du repas
7. qui reçoit des invités plus d'une fois par mois
8. qui laisse toujours un pourboire au restaurant

activité **B**   Les trois enfants Chartier se trouvent chez eux pendant les fêtes. En groupes, inventez un sketch pour jouer ces trois rôles. André vient de rentrer et veut parler avec tout le monde de sa vie à Paris. Robert essaie de se préparer pour son examen. Chantal, qui a 15 ans, parle de sa vie au lycée.

activité **C**   Préparez deux menus: (1) le menu choisi par un restaurateur lyonnais qui veut impressionner ses clients (vous pouvez consulter les pages 116–117 de ce chapitre, si vous voulez); (2) le menu choisi par une personne qui aime les fast-foods et qui n'apprécie pas beaucoup les repas gastronomiques. Ensuite décidez lequel des menus vous choisiriez et expliquez votre choix.

Rédaction. Ecrivez deux pages pour faire une comparaison entre vous et votre meilleur(e) ami(e) et pour essayer d'expliquer pourquoi vous vous entendez bien. Utilisez la description donnée dans votre **Brouillon,** page 133.

 Entre amis Avec votre partenaire, inventez un sketch en deux actes:

1. Un(e) touriste téléphone au restaurant Le Grenier pour réserver une table. Il faut vérifier s'il y a une table libre et préciser le jour, l'heure et le nombre de personnes. L'autre (votre partenaire) répond au téléphone.
2. Avec votre partenaire, jouez le rôle d'une serveuse ou d'un serveur et le rôle d'un(e) client(e). Utilisez votre menu. N'oubliez pas de dire au cuisinier (le professeur) ce que le (la) client(e) a commandé.

CHAPITRE CINQ

Une famille maghrébine à Azazga et à Paris

Buts communicatifs

- Demander un avis, un conseil
- Donner des conseils et des suggestions

Structure

- Les verbes *falloir, valoir* et *pleuvoir*
- L'infinitif
- Le participe présent
- L'impératif
- Le subjonctif

A la découverte

- *Je suis venu chercher du travail* Francis Bebey
- *J'suis pas un imbécile* Fernand Reynaud
- *Les Co-épouses* Fatima Gallaire

Connaissez-vous le Maghreb et la France?

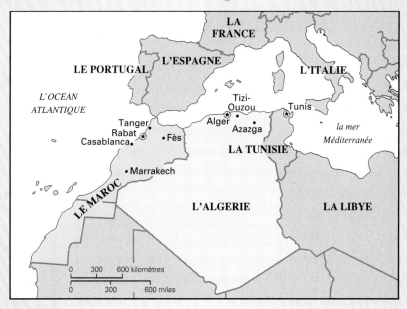

Le saviez-vous? Essayez de compléter ces phrases. Ensuite cherchez les réponses en lisant le texte qui suit.

1. La France accorde le droit d'asile aux ____.
   a. réfugiés politiques
   b. immigrés africains
   c. immigrés de l'Europe de l'Est
2. Le pays du Maghreb qui compte le plus d'immigrés en France est ____.
   a. le Maroc   b. la Tunisie   c. l'Algérie
3. La capitale de l'Algérie est ____.
   a. Oran   b. Alger   c. Tebessa
4. Un «Beur» est un Français ____.
   a. né au Maghreb
   b. dont les parents viennent du Maghreb
5. Beaucoup de ces Beurs habitent dans ____.
   a. de grandes tours   b. des pavillons   c. de petits immeubles
6. Le gouvernement français cherche à ____.
   a. faire retourner les jeunes Beurs au Maghreb
   b. pousser les jeunes Beurs à faire des études universitaires
7. Les filles réussissent ____ facilement que les garçons à s'intégrer dans la société française.
   a. plus   b. aussi   c. moins

Le Maghreb

La France, pays des «Droits de l'Homme», a traditionnellement accueilli des immigrés sur son sol ou accordé le droit d'asile à des réfugiés politiques. On peut considérer que la France, tout comme les Etats-Unis ou le Canada, est un creuset de populations diverses (*melting pot*). Il y a notamment en France d'importantes communautés d'origine espagnole, italienne et portugaise et de nombreux immigrés originaires des anciennes colonies françaises—du Maghreb en particulier.

Le Maghreb est le nom donné à l'ensemble des pays de l'Afrique du Nord, entre la Méditerranée et le Sahara. La plus importante communauté immigrée vivant en France vient d'Algérie dont les habitants, avant l'accession de ce pays à l'indépendance en 1962, avaient le statut de citoyens français. Alger, la capitale, et tout le nord de l'Algérie traversent une période de crise. Deux groupes principaux s'opposent: le Front islamique du salut (FIS) et le gouvernement algérien soutenu par l'armée. Le FIS, composé principalement de musulmans intégristes, commet des attentats et assassine des intellectuels, des Européens et même de simples villageois qui s'opposent au FIS, faisant des milliers de victimes.

Deux femmes au marché

De nombreux Maghrébins sont venus en France après 1945 pour y travailler. Ils étaient prêts à accepter des emplois d'ouvriers non qualifiés, emplois pénibles et souvent rétribués au SMIC (salaire minimum interprofessionnel de croissance). Les enfants de ces travailleurs immigrés sont nés, ont grandi et ont été scolarisés en France. D'un point de vue linguistique et culturel, ce sont de jeunes Français. La plupart d'entre eux parlent fort mal l'arabe dialectal de leurs parents et n'ont jamais visité un pays du Maghreb. Ces «Beurs et Beurettes» se plaignent parfois d'être «assis entre deux chaises». Ils disent qu'ils ne sont vraiment à l'aise ni dans un contexte culturel français ni dans leur milieu familial. Ils se sentent étrangers d'un côté comme de l'autre.

De nombreux jeunes, sans diplôme et sans qualification professionnelle, vivent dans les banlieues des grandes villes, dans de «grands ensembles», univers de béton composés de tours. Tout comme les habitants des quartiers pauvres des grandes villes aux Etats-Unis, ils se sentent rejetés et exclus de la société. La présence en France de ces nombreux immigrés contribue à la montée en popularité du Front national (FN), parti d'extrême droite à tendance raciste.

Aujourd'hui le gouvernement est conscient de la nécessité urgente d'aider les jeunes de ces milieux défavorisés à s'intégrer dans cette société française qui est la leur. En fait, l'intégration des jeunes Maghrébins de la deuxième génération est déjà en marche. Un nombre croissant d'entre eux font des études universitaires. Les filles réussissent souvent mieux que les garçons. Elles n'ignorent pas que l'éducation reste le moyen le plus sûr de s'émanciper et de réussir dans la société. La plupart des «Beurettes» veulent s'identifier aux jeunes filles françaises de leur âge, sans pour cela renier les traditions culturelles et spirituelles de leurs parents.

Devant la mosquée

ÊTES-VOUS BRANCHÉS? Pour en savoir plus sur le Maghreb, cherchez les renseignements indiqués sur Internet. Allez d'abord au site de Houghton Mifflin, http://college.hmco.com/languages/french/students et de là au site *Personnages*. Consultez la liste des adresses Web pour obtenir les renseignements.

Interactions

Ahmed Loucif est un jeune Maghrébin qui demeure avec deux de ses cousins dans un petit appartement, rue de Tanger, dans le 19e arrondissement de Paris. Dans le HLM où ils habitent il y a de nombreux immigrés d'Afrique du Nord. Nés en France de parents immigrés d'Algérie, Ahmed et sa sœur Latifa ne se sentent ni tout à fait français ni tout à fait algériens. Récemment, après avoir travaillé vingt-neuf ans dans une usine dans la banlieue parisienne, leur père a pris sa retraite. Celui-ci a ensuite décidé de retourner, avec sa femme et Latifa, à Azazga, son village natal, près de Tizi-Ouzou dans le nord de l'Algérie. Ahmed est resté en France. Plus chanceux que ses cousins dont le travail est assez irrégulier, il est chauffeur pour une compagnie de cars de tourisme à Ivry, à l'est de Paris.

Notes culturelles

1. **Les Beurs.** L'appellation **Beur** ou **Beurette** est relativement bien acceptée des Maghrébins. Les journalistes utilisent ces mots pour désigner les jeunes gens et jeunes filles issus de parents maghrébins immigrés en France, sans qu'on leur donne un sens péjoratif.
2. **Les HLM.** Il y a au moins trente ans les HLM (habitations à loyer modéré) semblaient être la solution au problème du logement dans les grandes villes de France. Malheureusement, ce genre de construction a provoqué d'autres problèmes plus graves: la surpopulation, le crime, le trafic de la drogue. En ce moment, la France est en train de remplacer ces tours par des habitations plus petites.

VOCABULAIRE

Noms

une agglomération town, urban area
la banlieue suburbs, outskirts
un break station wagon

le chômage unemployment
la fermeture closing, shutdown
un HLM inexpensive public housing
un immeuble apartment building

un(e) immigré(e) immigrant
un lien de parenté relationship, family tie
la natalité birthrate
un(e) ressortissant(e) citizen, national
une retraite retirement; pension
la terminale last (senior) year in the lycée (*see* Ch. 4, p. 115)

Verbes et expressions verbales

accorder to give, to grant
en vouloir à to hold a grudge against (someone)
exprimer ses idées to express one's ideas
faire de la peine à to hurt (someone's) feelings
faire des folies to act extravagantly
faire la commission to transmit the message
joindre les deux bouts to make ends meet
marcher to walk; to work (machine)
oser to dare
prendre sa retraite to retire
rapporter to bring back (something)
rassurer to reassure

se reposer to rest

Adjectifs

étranger/étrangère foreign
interdit(e) forbidden
menacé(e) threatened
mineur(e) minor, below legal age

Autres mots et expressions

au fond du cœur deep down
dans le même ordre d'idées similarly
d'occasion used; secondhand
pourvu que + *subjonctif* provided that
Que + *indicatif*...! How . . . !
tellement so; so much; to such an extent

La vie au Maghreb

une chèvre goat
les dames (*f.*) checkers
filer la laine to spin wool
le Maghreb part of North Africa comprising Morocco, Algeria, and Tunisia
maghrébin(e) from the Maghreb, North African
un mouton sheep
musulman(e) Moslem, Muslim
porter le voile to wear a veil

activité **1**   Choisissez les définitions ou les périphrases de la deuxième colonne qui correspondent le mieux aux mots ou expressions de la première colonne.

workbook

1. ____ exprimer ses idées
2. ____ la banlieue
3. ____ porter le voile
4. ____ la natalité
5. ____ d'occasion
6. ____ tellement
7. ____ dans le même ordre d'idées
8. ____ interdit
9. ____ accorder

a. pareillement
b. qui n'est pas neuf
c. tant
d. qui n'est pas permis
e. la région autour d'une ville
f. le pourcentage des naissances
g. donner
h. dire ce qu'on pense
i. se couvrir le visage

activité **2** Complétez les phrases suivantes avec une des expressions de la liste de vocabulaire.

1. Un _____ est un grand bâtiment avec beaucoup d'appartements.
2. Quand un agneau arrive à l'âge adulte, on l'appelle un _____.
3. Après la _____ d'une usine, beaucoup de gens sont au chômage.
4. Le Maroc est un des pays du _____.
5. Un jeu où il s'agit de faire avancer des pièces noires et rouges est _____.
6. Un _____ est un grand bâtiment avec des appartements qui ne coûtent pas cher.
7. Il faut _____ un enfant qui a peur, afin qu'il se calme.
8. Quand on arrête de travailler à la fin de sa carrière, on _____.

activité **3** Utilisez des périphrases pour expliquer le sens des mots suivants.

 (chess piece icon at left)

1. un lien de parenté
2. mineur
3. une agglomération
4. un break
5. oser
6. faire de la peine
7. maghrébin
8. un ressortissant

◆ ECOUTER ET DISCUTER

A l'écoute 1

workbook

Ahmed téléphone à sa famille en Algérie pour leur annoncer ses projets de vacances. Comme ses parents n'ont pas le téléphone, il est obligé d'appeler le petit café du village pour qu'on aille avertir sa famille. Le patron, Bashir, se charge d'aller chez les Loucif et revient avec Latifa. Ecoutez la conversation avant de passer aux activités.

activité 4   Répondez *vrai* ou *faux*. Si une affirmation est fausse, corrigez-la.

1. Ahmed téléphone chez ses parents.
2. Son frère Bashir est la personne qui lui répond.
3. Il appelle pour annoncer qu'il va venir les voir cet été.
4. Ahmed va faire ce voyage tout seul.
5. Il demande à sa sœur de ne pas en parler à leurs parents.
6. Normalement Ahmed retourne en Algérie en voiture.
7. Le père d'Ahmed cultive des olives.
8. C'est la mère d'Ahmed qui fait la cuisine ce jour-là.

activité 5   Choisissez la bonne réponse pour compléter les phrases suivantes.

1. Ahmed a l'intention de venir au mois _____.
   a. de juillet   b. d'août
2. Les deux personnes qui viennent avec lui sont des _____.
   a. cousins   b. oncles
3. Le père d'Ahmed _____.
   a. commence à se faire vieux   b. est en très bonne santé
4. _____ fait la cuisine ce soir.
   a. Mme Loucif   b. M. Loucif   c. Latifa
5. Latifa demande un _____ à son frère.
   a. cadeau   b. manteau
6. Latifa aime beaucoup la _____.
   a. musique   b. lecture

A l'écoute 2

workbook

A sept heures et demie, Ahmed rappelle. Bashir lui passe sa mère qui attend son coup de téléphone. Lisez les notes culturelles et écoutez la conversation avant de passer aux activités.

Notes culturelles

1. **La djemââ.** **Djemââ** est un mot arabe qui veut dire «assemblée». C'est donc un lieu de réunion et désigne la grand-place d'un village. C'est là que viennent les hommes quand ils ont envie de discuter. Ils bavardent souvent en jouant aux dames.

2. **Le méchoui.** **Méchoui** est un mot arabe qui désigne un grand repas où on fait cuire à la broche un agneau ou un mouton entier. Chez les Arabes (et de nos jours chez les Français), c'est une occasion de se réunir entre amis et membres de la famille.

activité 6   Décidez si les affirmations suivantes sont *vraies* ou *fausses*. Ensuite justifiez votre réponse.

1. Les parents d'Ahmed ont une retraite aisée.
2. Ahmed aide ses parents en leur envoyant de l'argent.
3. Les cousins d'Ahmed ne font rien pour leur père.
4. Ahmed vient de s'acheter une voiture neuve.
5. C'est un modèle de sport qu'Ahmed vient d'acheter.
6. La mère d'Ahmed savait que son fils venait pour les vacances.
7. Un méchoui n'est qu'un petit repas.
8. Ahmed fixe la date de son arrivée en Algérie.

activité 7   Répondez aux questions suivantes.

1. Pourquoi est-ce que le père d'Ahmed est si fier de son fils?
2. Comment s'appelle l'endroit où son père retrouve ses amis pour bavarder?
3. Quel jeu est très apprécié par les Arabes?
4. Comment Ahmed est-il plus avantagé que ses cousins?
5. Quelle est la réaction de Fatma quand elle apprend qu'il s'est acheté une voiture?
6. Comment les Loucif vont-ils célébrer l'arrivée de leur fils?
7. Quel appareil ménager des Loucif est tombé en panne?
8. Pourquoi est-ce que cela présente un problème pour les Loucif?

◆ TETE-A-TETE

Conversation.   Latifa parle avec sa mère après le deuxième coup de téléphone de son frère.

FATMA: Marhaba.*

LATIFA: Marhaba. Alors, maman, tu as pu parler avec Ahmed?

FATMA: Oui, ma fille. Quelle joie de penser qu'on va bientôt être tous ensemble.

———
*Marhaba = Bonjour

LATIFA: Ecoute, maman, je voudrais te parler.

FATMA: Oui, ma fille. De quoi s'agit-il?

LATIFA: Je me demande si je devrais reprendre mes études. A mon avis, ce n'est pas possible ici. Je pense que j'aimerais repartir en France avec Ahmed. Qu'est-ce que tu en penses?

FATMA: Oh, moi, tu sais, je suis de ton avis. Mais ton père veut que tu sois ici avec nous.

LATIFA: Qu'est-ce qu'il faut faire?

FATMA: Que veux-tu que je fasse? Tu veux que j'en parle à ton père?

LATIFA: Peut-être. De toute façon, il vaut mieux attendre l'arrivée d'Ahmed. S'il est d'avis que je dois partir, peut-être qu'il réussira à convaincre papa.

FATMA: D'accord. Ça se peut. Attendons donc ton frère.

Et vous?   Répétez la conversation avec votre partenaire. Ensuite modifiez-la: c'est Ahmed qui parle avec son père. Il dit à son père qu'il voudrait que Latifa reparte en France avec lui.

Expressions utiles

1. Pour demander un avis, un conseil

A ton avis, qu'est-ce que je devrais faire?	*In your opinion, what should I do?*
Je me demande si je devrais...	*I wonder if I should . . .*
Qu'en penses-tu?	*What's your opinion?*
Es-tu d'accord que je devrais... ?	*Do you agree that I should . . . ?*
Qu'est-ce que tu me conseilles de faire?	*What do you advise me to do?*
Est-ce que tu trouves que j'ai tort/raison de... ?	*Do you think that I'm wrong/right to . . . ?*
Qu'est-ce que tu veux que je fasse?	*What do you want me to do?*
Qu'est-ce qu'il faut que je fasse?	*What do I have to do?*

2. Pour donner des conseils et des suggestions

Il faut que tu / Il ne faut pas que tu...	*You must / You must not . . .*
Il vaut mieux que tu...	*It's better that you . . .*
A ta place, je ferais...	*In your place, I'd do . . .*
Il faut que tu prennes le temps de réfléchir.	*You need to take time to think.*
Sois patient(e)!	*Be patient!*
Je suggère que tu...	*I suggest that you . . .*
Je te conseille de...	*I advise you to . . .*

workbook

activité **8**   Vous avez des suggestions à faire. Complétez les phrases suivantes en choisissant le nom d'une personne que vous connaissez.

> **Modèle:**   Il vaudrait mieux que _____ change de nom.
> **Il vaudrait mieux qu'Engelbert Humperdinck change de nom.**

1. Je suggère que _____ se couche plus tôt le soir.
2. Nous recommandons que _____ vienne au cours tous les jours.
3. Il serait bon que _____ porte des vêtements plus conservateurs.
4. Il vaudrait mieux que _____ ait plus de patience.
5. A la place de _____, j'éviterais de choquer les gens.
6. Il est nécessaire que _____ suive des cours de gymnastique.
7. Il faut que _____ fasse plus souvent ses devoirs.
8. Je conseille à _____ d'être plus souvent à l'heure.
9. Il ne faut pas que _____ sorte tous les soirs.

activité **9**   On vous donne des conseils concernant différents aspects de votre vie. Décidez si vous acceptez ces conseils ou non. Utilisez **je vais** ou **je ne vais pas** + l'infinitif.

> **Modèle:**   Il faut que vous parliez français au cours de français.
> **D'accord, je vais parler français.**

1. Il faut que vous soyez toujours à l'heure au cours de français.
2. Il ne faut pas que vous oubliiez de contacter vos amis.
3. Ecrivez-leur souvent.
4. Nous suggérons que vous alliez aux matchs de votre équipe universitaire.
5. Il vaut mieux que vous ne buviez pas de boissons alcoolisées.
6. A votre place, nous nous coucherions de bonne heure tous les soirs.

Entre amis   Votre partenaire joue le rôle d'un(e) ami(e) maghrébin(e) qui voudrait visiter votre pays. Il (elle) vous demande votre conseil. Faites des suggestions (culturelles, touristiques, culinaires, etc.) pour rendre son séjour plus agréable. Expliquez-lui ce que vous feriez à sa place.

◆ LIRE ET DISCUTER

Echange 1

Peu après le coup de téléphone de son frère, Latifa lui écrit une lettre.

Cher Ahmed,

Comme je suis heureuse de savoir que je vais pouvoir bientôt te voir et te parler. Tu ne peux pas t'imaginer à quel point je trouve le temps long ici. J'aime beaucoup papa mais je lui en veux un peu de m'avoir fait quitter la France. La vie ici est très monotone. Il y a très peu de choses à faire. La plupart des jeunes filles de mon âge ne vont même plus à l'école et il y en a qui pensent qu'il n'est pas important que les filles fassent des études. Dans ce village, elles travaillent à la maison; elles filent la laine; elles s'occupent des autres enfants en attendant qu'on leur trouve un mari. Deux de mes amies viennent de se marier à des hommes beaucoup plus âgés qu'elles connaissaient à peine. Elles ne semblent pas particulièrement malheureuses mais moi, je ne pourrais jamais m'habituer à cette vie-là. Quand j'étais à Paris, je pouvais aller au cinéma, aller au café, voir des amies. Je pouvais exprimer mes idées comme tout le monde. Si j'avais continué à l'école, j'aurais pu avoir mon bac et trouver du travail. Ici, c'est pratiquement interdit. Quand je sors, je dois porter le voile parce qu'il y a des gens qui n'acceptent pas que les femmes montrent leur visage. Il n'est surtout pas question de trouver un emploi. C'est maintenant impossible.

Je ne pouvais rien te dire lorsque nous nous sommes parlé au téléphone parce que Bashir aurait pu nous entendre et en parler à papa. Vois-tu, il faut que tu m'aides à rentrer en France. Au fond du cœur, même si certains Français nous considèrent toujours comme des étrangers, je me sens française. Je suis née en France et mes idées et ma façon de voir les choses sont bien plus françaises qu'algériennes. Je ne veux pas faire de peine à maman et papa mais je trouve la vie ici trop différente. Si tu viens en voiture, tu pourras me ramener en France avec toi sans causer de frais supplémentaires à nos parents. Je n'osais pas leur demander de l'argent pour mon voyage. Si tu arrives à convaincre papa, je pourrai retourner en terminale pour passer mon bac. Je sais que tu feras tout pour que je sois heureuse dans la vie.

Grosses bises.

Latifa

activité **10**   Répondez aux questions suivantes.

1. Pouvez-vous deviner l'âge de Latifa? Justifiez votre réponse.
2. Pourquoi se sent-elle plus française qu'algérienne?
3. Que font les jeunes filles au village où Latifa habite?
4. Qu'est-ce qu'elles n'ont pas le droit de faire?
5. Pourquoi Latifa voudrait-elle avoir le bac?
6. Pourquoi ne pouvait-elle pas parler au téléphone de son désir de partir?
7. Voudrait-elle que ses parents lui donnent de l'argent pour qu'elle puisse rentrer en France? Justifiez votre réponse.

activité **11**

Vous êtes Ahmed. Téléphonez à votre sœur. Vous comprenez sa situation. Expliquez-lui votre point de vue.

Echange 2

L'immigration en France.

Depuis très longtemps, la France ouvre ses portes aux gens qui fuient (*flee*) l'injustice dans leur propre pays ou qui espèrent y trouver une vie meilleure. Nombreux sont ceux venus d'Afrique, d'Asie et de l'Europe de l'Est. En 1999, les étrangers représentaient presque 8 pour cent de la population. Ce chiffre (*figure*) comprend la population étrangère ainsi que les mineurs nés en France de parents étrangers. Il est assez facile de comprendre pourquoi ces gens, qui sont souvent des ouvriers, vivent le plus souvent dans les grandes agglomérations comme la région parisienne, Marseille et Lyon. Depuis une quarantaine d'années, une majorité de ces immigrés sont des Maghrébins, c'est-à-dire des habitants des pays du nord-ouest de l'Afrique. Ils viennent du Maroc, d'Algérie et de Tunisie, anciennes colonies françaises souvent considérées comme une entité culturelle qu'on appelle le Maghreb. Depuis quelque temps, la France s'interroge sur les conséquences de cette explosion démographique. L'économie française n'est plus en expansion. Beaucoup de Français se sentent menacés à présent par le chômage et s'inquiètent de voir se multiplier les fermetures d'usines. Ils ont peur que l'économie française soit dépendante des pays forts de la communauté européenne, de l'Allemagne en particulier. Dans le même ordre d'idées, certains Français ont peur de perdre leur identité culturelle face à une population d'étrangers dont la natalité est beaucoup plus forte que la leur. Déjà, le fait que la religion musulmane soit la deuxième religion en France ne les rassure pas beaucoup. Tout cela rend la vie de ces immigrés beaucoup plus difficile. Dans la région parisienne, ils sont souvent regroupés dans certains quartiers. A Saint-Denis, un jour de marché, vous entendez parler l'arabe tout autant que le français, sinon plus. Cette situation se comprend facilement car il s'agit souvent de gens qui ont des liens de parenté entre eux ou qui viennent de la même région du Maghreb.

Depuis quelques années l'opinion publique a changé et la présence de ces immigrés est vue sous un œil plus favorable. Donc, même si les mouvements d'extrême droite, comme le Front national, n'ont pas encore renoncé à leur attitude raciste, d'autres personnes en France sont très heureuses que l'Assemblée nationale ait adopté une proposition de loi, à l'initiative des Verts, qui accorde «le droit de vote et d'éligibilité aux élections municipales» aux étrangers non ressortissants de l'Union européenne et résidant en France. Plusieurs autres pays de l'Union européenne ont déjà accordé ce droit de vote: le Danemark, la Finlande, l'Irlande, les Pays-Bas, le Portugal, le Royaume-Uni et la Suède.

activité 12

Répondez *vrai* ou *faux*. Si une affirmation est fausse, corrigez-la.

1. La France est souvent considérée comme une terre d'asile (*asylum*).
2. La plupart des immigrés en France viennent des Amériques.
3. Tous les Français sont heureux de pouvoir accueillir des immigrés.
4. Les immigrés vivent souvent ensemble.

5. La plupart des Maghrébins sont catholiques.
6. Ce sont des cadres et des professionnels pour la plupart.
7. Plus de la moitié de ceux qui habitent en France sont des immigrés.
8. Il y a des pays qui permettent aux étrangers de voter.

activité 13   Relisez l'Echange 2. Faites ensuite une liste des groupes ethniques qui sont con-
sidérés comme des immigrés dans votre propre pays. Quelle est l'attitude de vos
concitoyens envers ces gens?

Début de rédaction.   Faites deux listes: (1) les raisons pour
lesquelles il serait bon que Latifa rentre en France avec son frère
aîné; (2) les problèmes qu'une telle décision créerait pour Latifa et
pour sa famille.

Notes culturelles

1. **L'indépendance.**   La Tunisie et le Maroc, anciens protectorats
français, ont obtenu leur indépendance de la France en 1956.
L'Algérie, de son côté, faisait partie du territoire français et ses
citoyens avaient la nationalité française. Après la Seconde Guerre
mondiale, divers mouvements ont réclamé l'indépendance. La guerre
a éclaté en 1954. Elle durera jusqu'au cessez-le-feu en 1962. Ahmed
Ben Bella, un des chefs de la révolution, est élu président. Plus de
deux millions de Français sont retournés en France ainsi que de
nombreux Algériens. Le désir du parti du Front islamique du salut
(FIS) de faire de l'Algérie un pays islamique comme l'Iran a provoqué
ce qui correspond à une guerre civile. Le président Abdelaziz
Bouteflika a beaucoup de mal à gouverner le pays et à gagner la
confiance de son peuple. Depuis 1991, près de cent mille personnes
ont trouvé la mort. Parmi eux figuraient de nombreux journalistes et
intellectuels.
2. **L'égalité.**   Dans le monde arabo-musulman, la Tunisie est un des
rares pays où le principe d'égalité entre hommes et femmes sur le
plan de la citoyenneté et devant la loi est expressément affirmé dans
les textes législatifs. Un exemple qui montre le désir du président Zine
El Abidine Ben Ali de donner un rôle important aux femmes: Mme
Faïza Kéfi occupe le poste d'ambassadrice de Tunisie en France.

Structure

Il **faut** que j'aille au supermarché.	*I've got to go to the supermarket.*
Il **vaut mieux** que tu prennes un parapluie, parce qu'il **pleut.**	*You'd better take an umbrella because it's raining.*
Il **a plu** hier aussi.	*It rained yesterday too.*
Oui, et j'ai pensé qu'il **valait mieux** attendre aujourd'hui.	*Yes, and I thought it would be better to wait for today.*
Mais il **fallait** y aller hier, même s'il **pleuvait.**	*But you needed to go there yesterday, even if it was raining.*
Ça ne **valait** pas **la peine** d'attendre.	*It wasn't worth waiting.*

---

valoir (*to be worth*)

je **vaux**	nous **valons**
tu **vaux**	vous **valez**
il/elle/on **vaut**	ils/elles **valent**

passé composé:	j'**ai valu**
imparfait:	je **valais**
participe présent:	**valant**
subjonctif:	que je **vaille,** que nous **valions**

The subject of **falloir** (*to be necessary*) and **pleuvoir** (*to rain*) is always the pronoun **il.**

il faut	**il** pleut
il a fallu	**il** a plu
il fallait	**il** pleuvait

exercice **1** Complétez les phrases suivantes avec la forme convenable du verbe. Attention au temps du verbe et au choix entre **falloir, valoir** et **pleuvoir.**

1. Hier il _____ quand je suis sorti de chez moi. Il _____ que je fasse trois kilomètres à pied pour aller voir mon patron.
2. Vous le connaissez, hein? Il _____ mieux ne pas arriver en retard quand il _____ aller parler au patron.
3. Mais il faisait mauvais. Pourquoi _____ -il toujours quand il _____ que j'aille quelque part?
4. Eh bien, ça ne _____ pas la peine de me fâcher. Mon travail et l'argent que je gagne _____ bien une petite promenade sous la pluie.

workbook

A. In general, use the infinitive in French whenever the verb functions as a noun. The infinitive in French can be:

1. a subject.

Jouer au foot est amusant.   *Playing soccer is fun.*

2. a direct object.

Elle ne veut pas **sortir.**   *She doesn't want to go out.*

3. an object of a preposition.

Elle est contente **de rester** chez elle.   *She is happy to stay at home.*

B. The infinitive can have the force of a command and is frequently used as such in written instructions. Notice that both **ne** and **pas** precede the infinitive.

Ajouter une cuillerée de sucre.   *Add a spoonful of sugar.*
Ne pas marcher sur la pelouse.   *Don't walk on the lawn.*

C. Use the infinitive after all prepositions, with the exception of **en** (see the following section).

Essayez **de deviner** la réponse.   *Try to guess the answer. (Try guessing the answer.)*

Je l'ai fait **sans réfléchir.**   *I did it without thinking.*

D. When the preposition **après** is used with an infinitive, the past infinitive is required. The past infinitive is the infinitive **être** or **avoir** plus the past participle of the main verb.

Après avoir visité le château, nous sommes allés au musée des beaux-arts.   *After having visited the castle, we went to the fine arts museum.*

Après être sortis du musée, nous avons cherché un hôtel.   *After having gone out of the museum, we looked for a hotel.*

Après nous être installés à l'hôtel, nous nous sommes couchés.   *After getting settled in the hotel, we went to bed.*

exercice **2**　Complétez les phrases suivantes en employant des verbes à l'infinitif. Essayez de trouver des réponses originales.

> **Modèle:**　Nous ne devons pas...
> **Nous ne devons pas nous disputer avec nos amis.**

1. Sans... on ne peut pas...
2. Il est toujours nécessaire de... avant de...
3. Pourrais-je vous demander de...
4. ... de bonne heure le matin n'est pas facile pour tout le monde.
5. ... n'est pas facile, mais cela me plaît beaucoup.
6. Il vaut mieux... si on a envie de...

exercice **3**　Utilisez **après** et le passé de l'infinitif pour récrire les phrases suivantes.

> **Modèle:**　Ahmed a fini son travail et puis il a téléphoné à sa famille.
> **Après avoir fini son travail, Ahmed a téléphoné à sa famille.**

1. M. Loucif s'est marié et puis il est parti en France.
2. Il est arrivé en France et puis il a fait venir sa femme.
3. Ils se sont installés dans un petit appartement et puis ils ont eu deux enfants.
4. M. Loucif a cherché du travail et puis il a trouvé un poste dans une usine.
5. Il a travaillé dans cette usine pendant 29 ans et puis il a pris sa retraite.
6. Il a pris sa retraite et puis il a décidé de quitter la France.
7. Il est rentré en Algérie et puis il a acheté une maison.

◆ LE PARTICIPE PRESENT

workbook

A. The present participle is used either as a verb or as an adjective.

1. Used as an adjective, the present participle agrees with the noun it modifies.

une chose **surprenante**	*a surprising thing*
des conseils **rassurants**	*comforting advice*

2. Used as a verb, the present participle is invariable.

une communauté immigrée **vivant** en France	*an immigrant group living in France*
espérant trouver une vie meilleure	*hoping to find a better life*

B. To form the present participle, use the **nous** form of the present. Drop the **-ons** ending and add **-ant**.

essayer	nous essay(ons)	**essayant**	*trying*
réfléchir	nous réfléchiss(ons)	**réfléchissant**	*thinking*

| faire | nous fais(ons) | **faisant** | *doing* |
| prendre | nous pren(ons) | **prenant** | *taking* |

C. The only irregular present participles are:

être	**étant**
avoir	**ayant**
savoir	**sachant**

D. En and the present participle are used to express two actions that are connected through cause and effect or that occur at the same time. The English translation of **en** is often *by, while,* or *(up)on.*

> **En restant** en France, Ahmed a pu aider sa famille.
>
> *By staying in France, Ahmed was able to help his family.*
>
> J'écoute la radio **en faisant** mes devoirs.
>
> *I listen to the radio while doing my homework.*

E. The expression **tout en** + the present participle is used to indicate that two things are going on at the same time, even though they are not usually associated.

> Marie faisait ses devoirs **tout en regardant** la télévision.
>
> *Marie used to do her homework while watching television.*

F. After **après,** remember to use the past infinitive to translate the English participle (a verb in -*ing*). **En** is the only preposition that is followed by the present participle.

> **après être arrivé** en France
>
> *after arriving in France*
>
> **après avoir mangé**
>
> *after eating*
>
> *but:* **en arrivant** en France
>
> *upon arriving in France*
>
> **en mangeant**
>
> *while eating*

exercice **4** Utilisez **en** + le participe présent pour répondre aux questions suivantes.

> **Modèle:** Que faut-il faire pour apprendre une langue étrangère? (On étudie, on écoute, on parle, on lit et on écrit.)
>
> **On apprend une langue étrangère en étudiant, en écoutant, en parlant, en lisant et en écrivant.**

1. Que faut-il faire pour savoir l'heure? (On regarde sa montre ou on demande aux autres.)
2. Que faut-il faire pour être heureux? (On a de bons amis, on est en bonne santé, on prend le temps de respirer, on s'entend bien avec les autres et on sait se contenter de peu.)
3. Que faut-il faire pour s'entendre avec les autres? (On évite de se disputer et on prend le temps de les écouter.)
4. Que faut-il faire pour avoir de bonnes notes? (On va souvent à la bibliothèque et on fait toujours ses devoirs.)

◆ L'IMPERATIF

Mange!	Finis!	Réponds!	Lève-toi!
Mangez!	Finissez!	Répondez!	Levez-vous!
Mangeons!	Finissons!	Répondons!	Levons-nous!

A. The imperative is used to give commands and to make suggestions. The forms are usually the same as the present tense for **tu, vous,** and **nous.**

B. If the infinitive ends in **-er,** the final **-s** is omitted from the form that corresponds to **tu.**

écouter   **Ecoute!**
aller   **Ne va pas au bistro!**

C. Etre, avoir, and **savoir** have irregular imperatives:

sois	**aie**	**sache**
soyez	**ayez**	**sachez**
soyons	**ayons**	**sachons**

Sois prudent(e)!	*Be careful!*
Soyons raisonnables!	*Let's be reasonable!*
Ayez du courage!	*Take courage!*
Sachez qu'il ne faut pas fumer.	*Be advised that smoking isn't allowed.*

D. In an affirmative sentence, a pronoun object follows the imperative. If the sentence is negative, the pronoun object precedes the verb. The **-s** is always used in the imperative when followed by a pronoun that begins with a vowel. You may wish to review the object pronouns in Chapter 3.

Tu vas faire tes devoirs?	**Fais-les!**	**Ne les fais pas!**
Je vais acheter cette cravate.	**Achète-la!**	**Ne l'achète pas!**
Je peux aller au cinéma?	**Vas-y!**	**N'y va pas!**
Tu veux manger du fromage?	**Manges-en!**	**N'en mange pas!**

E. Used after a verb, **me** and **te** become **moi** and **toi.**

Ecoute-moi!	*Listen to me!*
Amuse-toi!	*Have fun!*

exercice **5**   Vous êtes sergent dans la Légion étrangère (*Foreign Legion*). Vos soldats ne sont pas très disciplinés. Donnez-leur des ordres d'après le modèle.

> **Modèle:** Se réveillent-ils?   **Réveillez-vous!**

1. Se lèvent-ils?
2. Obéissent-ils?
3. Font-ils attention?

4. Vous écoutent-ils?
5. Sont-ils sérieux?
6. Ont-ils du courage?

Employez l'impératif pour donner des conseils à un(e) autre étudiant(e) francophone.

> **Modèle:** Je ne veux pas aller au cours. **Si! Va au cours. C'est très important.**
>
> Tu permets que je conduise ta voiture? **Non, ne conduis pas ma voiture, s'il te plaît.**

1. Je n'ai pas envie d'étudier tous les soirs.
2. Je ne veux pas faire mes devoirs.
3. J'ai envie de sortir ce soir.
4. J'aimerais rester au lit.
5. Je ne vais pas me lever de bonne heure.
6. Je ne veux pas être raisonnable tout le temps.
7. Tu permets que je fume?

Vous êtes «au pair» (*nanny*) dans une famille francophone et vous surveillez un(e) enfant qui ne veut pas obéir. Répondez-lui. Utilisez **te, toi, le, la, l', les, lui, leur, y** ou **en** dans chaque réponse.

> **Modèle:** Je veux regarder la télé.
> **Ne la regarde pas!**

1. Je ne veux pas manger ces épinards.
2. Je ne veux pas me coucher.
3. Je ne veux pas aller au lit tout de suite.
4. Je ne veux pas boire de lait.
5. Je veux boire du coca avant de me coucher.
6. Je veux téléphoner à mes parents.

◆ LE SUBJONCTIF

workbook

The subjunctive is a form of the verb used to express a reaction to some event (*je suis surpris qu'il fasse froid*), to express a wish (*je voudrais que tu sois content*), to express a doubt (*je doute que nous ayons du beau temps demain*), etc.

A. The subjunctive occurs in dependent clauses. A dependent clause is part of a sentence that has its own conjugated verb. It is connected to the main part of the sentence by a conjunction, usually **que.** Often the verb in the main clause determines the form of the verb in the dependent clause. Compare:

Main clause	*Conjunction*	*Dependent clause*
Fatma **sait**	**que**	son fils **est** chez lui.
Fatma **veut**	**que**	son fils **vienne** la voir.

The first sentence is a statement of a fact (or perceived as a fact by Fatma). The second sentence, however, includes the notion of something that Fatma wants to happen. Wishes and desires are indirect ways of influencing the behavior of others; therefore, the verb **vouloir** takes the subjunctive.

B. In this chapter, we will focus on expressions followed by **que** plus the subjunctive that have to do with giving suggestions, advice, or orders. Notice that in each case there is a change of subject. **Il ne faut pas qu'ils fument** means *They must not smoke.* **Il ne faut pas** is not synonymous with **Il n'est pas nécessaire.**

Il faut que	Il faut absolument que les étudiants fassent attention.
Il ne faut pas que	Il ne faut pas qu'on fume en classe.
Il vaut mieux que	Ne vaut-il pas mieux que tu prennes le bus?
Il est indispensable que	Il est indispensable que nous économisions notre argent.
Il est essentiel que	Il est essentiel que je dorme au moins sept heures par nuit.
Il est nécessaire que	Il est nécessaire que vous m'attendiez.
Il est important que	Il est important que tu viennes avec nous.
vouloir que	Les étudiants veulent que les professeurs soient plus tolérants.
préférer que	Ils préfèrent que leurs parents aient de la patience.
suggérer que	Je suggère que nous laissions un bon pourboire.

C. Remember that the subjunctive is used with the above expressions only when they include **que** and when they introduce a change of subject. When there is no change of subject, the infinitive is used.

Mes amis veulent **que je revienne** en France.	*My friends want me to come back to France.*
Je veux **retourner** en France.	*I want to go back to France.*

D. After impersonal expressions such as **il est nécessaire (important, essentiel, indispensable),** the preposition **de** must be used before an infinitive.

Il est nécessaire **que tu étudies** pour l'examen.	*It is necessary that you study for the test.*
But: Il est nécessaire **d'étudier** pour l'examen.	*It is necessary to study for the test.*

E. The expression **jusqu'à ce que,** which is followed by the subjunctive, is useful for giving advice or directions.

Travaille **jusqu'à ce que** tu réussisses.	*Work until you succeed.*
Continuez **jusqu'à ce que** vous arriviez au feu.	*Continue until you come to the light.*

F. The stem of the subjunctive is often the same as the stem of the **ils/elles** form of the present tense. With the exception of **avoir** and **être**, the endings of the subjunctive are the same for all verbs: **-e, -es, -e, -ions, -iez, -ent**.

> Les professeurs veulent **que nous étudiions** beaucoup.
> Il ne faut pas **que vous sortiez** tous les soirs.

	-er	*-re*	*-ir*	*faire*	*être*	*avoir*
que je	parle	vende	finisse	fasse	sois	aie
que tu	parles	vendes	finisses	fasses	sois	aies
qu'il/elle/on	parle	vende	finisse	fasse	soit	ait
que nous	parlions	vendions	finissions	fassions	soyons	ayons
que vous	parliez	vendiez	finissiez	fassiez	soyez	ayez
qu'ils/elles	parlent	vendent	finissent	fassent	soient	aient

Aie, aies, ait and *aient* are all pronounced like *est*.

G. Several verbs have *two* stems in the subjunctive. These are often verbs that have more than one stem in the present indicative as well. They have one stem for **je, tu, il, elle, on, ils,** and **elles** and another stem for **nous** and **vous**.

aller	que j'aille; que nous allions
croire	que je croie; que nous croyions
devoir	que je doive; que nous devions
prendre	que je prenne; que nous prenions
venir	que je vienne; que nous venions
vouloir	que je veuille; que nous voulions

exercice **8**   Latifa veut faire plusieurs choses. Mais qu'est-ce que son père veut qu'elle fasse? Pour chaque expression, inventez deux phrases, d'après le modèle.

> **Modèle:**   aller en France
> **Latifa veut aller en France.**
> **Son père ne veut pas qu'elle y aille.**

1. porter le voile
2. se marier avec un homme du village
3. aller à Paris
4. reprendre sa vie de lycéenne
5. finir ses études
6. être française
7. faire comme son frère

exercice **9** Suggérez ce que votre professeur devrait faire pour être élu «professeur de l'année». Ecrivez au moins huit phrases.

Modèle: **Je suggère que le professeur soit plus gentil.**

exercice **10** Utilisez **jusqu'à ce que** dans chacune des phrases suivantes.

Modèle: Leurs parents sont restés en France / M. Loucif prend sa retraite
Leurs parents sont restés en France jusqu'à ce que M. Loucif prenne sa retraite.

1. Les Loucif sont restés en France / Ils vont en Algérie
2. M. Loucif a travaillé en France / Il a soixante ans
3. Les cousins d'Ahmed habitent avec lui / Ils trouvent du travail
4. Sa sœur Latifa sera triste / Elle reprend ses études
5. Ahmed encourage Latifa à rester là / Les deux sont ensemble
6. Latifa va attendre / Il vient

exercice **11** Répondez aux six questions suivantes.

1. Qu'est-ce que les parents veulent que leurs enfants fassent? (3 choses)
2. Qu'est-ce que les jeunes veulent faire?
3. Quel conseil donnez-vous à vos amis qui n'arrivent pas à joindre les deux bouts?
4. Est-il nécessaire de travailler en été? Expliquez votre réponse.
5. Est-il essentiel de faire des études universitaires? Expliquez votre réponse.
6. Vaut-il mieux avoir beaucoup d'argent ou beaucoup d'amis? Expliquez votre réponse.

exercice **12** Donnez des conseils aux étudiants de première année qui étudient le français, pour faciliter leur vie universitaire. Que faut-il qu'ils fassent? Qu'est-ce qu'il vaut mieux qu'ils ne fassent pas? Inventez au moins six conseils.

Modèle: **Il vaut mieux que vous alliez plus souvent à la bibliothèque.**

 Brouillon. Utilisez les listes que vous avez faites pour votre **Début de rédaction,** page 153, et écrivez deux petites lettres: (1) Ahmed offre d'aider sa sœur; (2) Ahmed regrette de ne pas pouvoir aider sa sœur.

A la découverte

✦ **LECTURE 1**

Francis Bebey *est un écrivain contemporain né au Cameroun. Alors qu'il commençait à écrire, Bebey a travaillé comme journaliste, puis comme directeur du Programme de la Musique à l'UNESCO. Célèbre pour ses chansons populaires qu'il accompagne à la guitare, Bebey s'est consacré plus tard à sa carrière littéraire et musicale.*

activité **1** **Anticipez le contenu.** Faites une liste des choses ou des personnes qui vous manqueraient, si vous deviez aller chercher du travail dans un autre pays.

Je suis venu chercher du travail

Je suis venu chercher du travail
J'espère qu'il y en aura
Je suis venu de mon lointain pays
Pour travailler chez vous

5   J'ai tout laissé, ma femme, mes amis
Au pays tout là-bas
J'espère les retrouver tous en vie
Le jour de mon retour

<pre>
        Ma pauvre mère était bien désolée
10   En me voyant partir
        Je lui ai dit qu'un jour je reviendrai
        Mettre fin à sa misère

        J'ai parcouru de longs jours de voyage¹
        Pour venir jusqu'ici
15   Ne m'a-t-on pas assuré d'un accueil
        Qui vaudrait bien cette peine

        Regardez-moi, je suis fatigué
        D'aller par les chemins
        Voici des jours que je n'ai rien mangé
20   Auriez-vous un peu de pain?

        Mon pantalon est tout déchiré²
        Mais je n'en ai pas d'autre
        Ne criez pas, ce n'est pas un scandale
        Je suis seulement pauvre

25   Je suis venu chercher du travail
        J'espère qu'il y en aura
        Je suis venu de mon lointain pays
        Pour travailler chez vous
</pre>

Inédit, Francis Bebey, *Anthologie africaine: poésie collections Monde Noir, Hatier*

1. **parcouru de longs jours de voyage** spent many days traveling   2. **déchiré** ripped

activité 2   **Compréhension.**   Répondez aux questions suivantes.

1. A qui s'adresse le narrateur?
2. Qu'est-ce que le narrateur regrette d'avoir laissé dans son pays?
3. Quelles répétitions de mots et de vers trouvez-vous dans ce poème?
   Pourquoi, à votre avis, le poète les répète-t-il?
4. Le poète emploie très peu d'adjectifs. Faites une liste de ceux qu'il emploie.
   Qu'est-ce que ce choix d'adjectifs vous suggère?
5. A votre avis, quel pays le narrateur a-t-il choisi? Justifiez votre réponse.
6. Le titre du poème nous indique la raison principale pour laquelle le
   narrateur a choisi ce nouveau pays. Quelle est l'autre raison exprimée pour
   ce choix?
7. Quel est le ton du poème? Le narrateur conserve-t-il son optimisme à
   la fin?
8. Connaissez-vous des gens dans votre pays qui ressemblent à cet homme?
   D'où viennent ces personnes?

Dans l'analyse d'un poème français, il est important de compter le nombre de syllabes. Les vers de huit syllabes s'appellent des *octosyllabes,* ceux de dix syllabes des *décasyllabes* et ceux de douze des *alexandrins.*

En poésie, il existe trois sortes de rime: la rime plate où le même son est répété (AA), la rime embrassée, où deux rimes encadrent ou embrassent deux vers qui riment (ABBA), et la rime croisée (ABAB), où il y a alternance de rimes.

Si la dernière lettre du mot qui forme la rime est un **e** muet, on dit que la rime est féminine. Toutes les autres rimes sont masculines. Fréquemment, dans un poème il y a alternance entre rime masculine et rime féminine.

activité 3　**Analyse du style.**　Relisez le poème et étudiez la rime et le style. Puis répondez aux questions.

1. Quelle est la longueur de chaque vers? Est-ce que chaque vers se divise en un nombre égal de syllabes?
2. Y a-t-il des vers qui riment? Si oui, de quelles rimes s'agit-il?
3. Peut-on dire que la langue du poète se rapproche plus de la langue parlée que du langage de la poésie? Expliquez votre réponse.

◆ LECTURE 2

Fernand Reynaud (1926–1973) était satiriste et chansonnier. On a souvent comparé Reynaud à Charlot (Charlie Chaplin) et à La Fontaine. Reynaud a interprété le monologue suivant au Théâtre des Variétés en 1966.

activité 4　**Anticipez le style.**　Le français familier est la variété du français utilisée avec des amis et les membres de la famille. Etudiez les caractéristiques du français familier qui suivent et ensuite cherchez-en des exemples dans le monologue de Fernand Reynaud.

J'suis pas un imbécile

Moi, j'aime pas les étrangers! Non! Parce qu'ils viennent manger le pain des Français! Oui! J'aime pas les étrangers! C'est vrai, c'est comme ça, c'est physique! Et pourtant, c'est curieux, parce que, comme profession, je suis douanier[1]! Alors, on devrait être aimable et gentil avec les étrangers qui
5 arrivent! Mais moi, j'aime pas les étrangers! Ils viennent manger le pain des Français! Et j'suis pas un imbécile! Puisque je suis douanier! Je peux écrire ce que je veux sur des papiers, j'aurai jamais tort! J'ai le bouclier[2] de la Loi[3]! Parce que je suis douanier! Je peux porter plainte contre n'importe qui, je suis sûr de gagner en justice[4]! J'suis pas un imbécile! Je suis Français! Oui! Et je
10 suis fier d'être Français! Mon nom, c'est Koulakerstersky du côté de ma mère et Piazanobenditti, du côté d'un copain à mon père!

1. **douanier** customs agent   2. **bouclier** shield   3. **loi** law   4. **en justice** in court

Dans le village où j'habite, on a un étranger. On l'appelle pas par son nom! On dit: «Tiens! v'là l'étranger qui arrive!» Sa femme: «Tiens! v'là l'étrangère!» Souvent, j'lui dis: «Fous le camp! Pourquoi qu'tu viens manger le
15 pain des Français?» Un étranger!...

Une fois, au café, il m'a pris à part. J'ai pas voulu trinquer[5] avec lui, un étranger, dites donc! Je vais pas me mélanger avec n'importe qui! Parce que moi, j'suis pas un imbécile: je suis douanier!

Il m'a dit: «Et pourtant, je suis un être humain, comme tous les autres êtres
20 humains et... »

Evidemment! Qu'est-ce qu'il est bête[6], alors, celui-ci!

«J'ai un corps[7], une âme[8], comme tout le monde... »

Evidemment! Comment se fait-il qu'il puisse dire des bêtises pareilles! Enfin, du haut de ma grandeur, je l'ai quand même écouté, cette espèce
25 d'idiot!

«J'ai un corps, une âme... Est-ce que vous connaissez une race où une mère aime davantage, ou moins bien, son enfant, qu'une autre race? Nous sommes tous égaux.»

Et là, j'ai rien compris à ce qu'il a voulu dire... Et pourtant j'suis pas un
30 imbécile, puisque je suis douanier! «Fous le camp! Tu viens manger le pain des Français!»

Alors, un jour, il nous a dit: «J'en ai ras le bol! Vous, vos Français, vot' pain et pas vot' pain... J' m'en vais!»

Alors, il est parti, avec sa femme et ses enfants. Il est monté dans un bateau,
35 il est allé loin au-delà des mers. Et, depuis ce jour-là, on ne mange plus de pain... Il était boulanger!

Heureux, Editions de *La Table Ronde*, Paris

5. **trinquer** drink a toast   6. **bête** stupid   7. **corps** body   8. **âme** soul

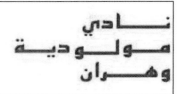

activité 5   **Compréhension.**   Répondez aux questions suivantes.

1. Pourquoi Reynaud raconte-t-il cette histoire? Quel en est le ton?
2. Comment s'appelle le boulanger?
3. Lequel des deux hommes vous paraît le plus raisonnable? Pourquoi?
4. Pourquoi le narrateur se croit-il si important?
5. Pourquoi est-ce drôle que Reynaud mentionne les noms des parents du narrateur?

activité 6   **Réflexion.**   Est-ce que ce monologue est raciste? Justifiez votre réponse.

Fatima Gallaire *est une femme écrivain qui s'intéresse à la condition des femmes en Algérie. Elle écrit surtout des pièces de théâtre, et deux de ses pièces,* Les Co-épouses *et* Princesse, *traitent de ce thème. Gallaire y décrit les injustices commises contre les femmes.*

activité **7**   **Etude du vocabulaire.**   Choisissez les définitions ou les paraphrases de la deuxième colonne qui correspondent aux expressions de la première colonne.

1. ____ interdire
2. ____ autoriser
3. ____ rejeter
4. ____ grandir
5. ____ s'incliner
6. ____ améliorer
7. ____ s'activer
8. ____ obéir
9. ____ rapporter
10. ____ démolir

a. faire ce que quelqu'un veut
b. revenir avec
c. accepter l'opinion d'une personne
d. rendre meilleur
e. détruire
f. devenir plus grand
g. refuser d'accepter quelque chose
h. défendre
i. donner la permission à quelqu'un
j. se dépêcher

Dans cette pièce, Fatima Gallaire raconte l'histoire d'un homme, Driss, qui veut se remarier pour avoir une jeune épouse qui lui donnerait un fils. Sa première femme n'a pas pu avoir d'enfant. Sa deuxième lui en a donné sept, mais rien que des filles. Il épouse Siréna, une amie de sa première femme. Cependant il devient impuissant et sa femme le quitte au bout de sept jours pour retourner chez son père. Driss est couvert de déshonneur. Il pense chercher une nouvelle épouse mais sa fille aînée, Chems, n'est pas du même avis...

Les Co-épouses

Personnages

DRISS: le mari
SAHNOUHA: la mère de Driss
TAOS: la première femme de Driss
CHEMS: la fille aînée de Driss

TAOS: Te voilà, ma fille, tu sembles bien fatiguée.

CHEMS: Oh, c'est cet examen qui approche!

TAOS: Ton père te permettra-t-il de te présenter[1]?

CHEMS: Il n'a plus rien à me permettre ni à interdire.

5 SAHNOUHA: (*levant les bras*) Ah! La perversion et le dévergondage[2] ont atteint la dernière génération!

CHEMS: Où est passée Siréna?

TAOS: Elle est retournée dans la maison de son père. Ainsi que le veut la coutume. Fille, elle est restée! Fille, elle reprend tous ses
10 droits...

CHEMS: Tant mieux pour elle, tant mieux pour nous!

TAOS: Ton père voudra se remarier!

CHEMS: Mère, tant que j'aurai un souffle[3] de vie, tu n'auras plus besoin d'avoir cette peur-là.

15 TAOS: Enfant de ma chair[4], connais-tu seulement ton père comme je le connais?

CHEMS: Mieux! Je n'ai pas pour lui l'indulgence des épouses. Ni l'indulgence, ni la soumission. Attendons-le de plain-pied[5].

TAOS: Il a été blessé dans son orgueil[6]. Il va vouloir réparer ça au plus
20 tôt.

CHEMS: Il peut le faire en étant un bon père et, pour toi, un bon mari!

TAOS: Attention, le voilà!

(*Entre Driss. Il s'assoit sans saluer.*)

DRISS: Thé!

25 (*Les servantes s'activent.*)

Dites à ma femme de venir.

(*Taos et Chems sont debout de part et d'autre du divan comme des juges.*)

CHEMS: Tu veux parler de notre voisine Siréna?

DRISS: (*hérissé[7] de colère*) J'ai décidé aujourd'hui de donner une raclée[8]
30 à toutes les femmes de cette maison. A toutes les filles aussi. Tu veux que je commence par toi?

CHEMS: Je voulais simplement t'informer que notre voisine est retournée chez son père ainsi que l'y autorise notre loi orale, au soir du septième jour!

35 DRISS: Ah, c'est comme ça! Eh bien, je ressors de ce pas! Je vais me chercher une autre femme ainsi que m'y autorise notre loi

---

1. **te présenter** to take the test   2. **dévergondage** shameless behavior   3. **souffle** breath
4. **chair** flesh   5. **attendons-le de plain-pied** let's be ready for him   6. **orgueil** pride
7. **hérissé** bristling   8. **raclée** beating

orale. Heureusement que j'ai une fille savante[9] qui me rappelle mes droits!

CHEMS: Non!

DRISS: (*se relevant*) Tu me dis non, toi? A moi, ton père? Toi qui es sortie d'une goutte de ma bonne humeur, tu me dis non, à moi, ton père? As-tu oublié que j'ai tous les droits sur toi?

CHEMS: Non.

DRISS: C'est bien bon de l'entendre. Tu n'as pas oublié?

CHEMS: Non. Tu n'as pas tous les droits. Pas ceux de la violence ni de l'arbitraire. Tu as les droits de la tendresse dont tu n'as jamais profité. Tu es le père de sept filles. Où sont-elles? Que font-elles? A quoi pensent-elles? Comment te voient-elles? Comment t'aiment-elles? Comment te détestent-elles? A quel âge feront-elles leur première bêtise[10] pour ruiner ton honneur définitivement?

DRISS: (*menaçant*) Qu'est-ce que j'entends? C'est bien de ta bouche aimée que tombent aujourd'hui ces paroles ordurières[11]?

CHEMS: Elles sont vraies. Et si elles sont ordurières, c'est qu'elles disent l'ordure de notre vie. De la vie que tu nous fais mener.

DRISS: Je m'occuperai de toi plus tard. Pour l'instant, je ressors comme j'ai dit. Je vais ramener une quatrième femme dans cette maison et ce sera la bonne.

CHEMS: Jamais!

DRISS: Tu serais un grand fils, je t'écouterais peut-être! Mais là...

CHEMS: Oui, je ne suis qu'une fille! Celle qui coûtera cher pour une dot et ne rapportera jamais rien. Et encore! Heureusement qu'elle change de nom, ainsi, les déshonneurs futurs seront pour son mari et non plus pour son père! Je suis le garçon dont tu as toujours rêvé et que tu n'as jamais eu. Faut-il que tu souffres pour rejeter ainsi la chair de ta chair? Mais pour n'être pas garçon, j'ai toutes les qualités d'une fille d'aujourd'hui. Oui! Je suis forte, j'ai de la volonté, de la détermination, je n'ai pas peur de prendre des décisions, j'aime le travail de l'école et tout ce que j'apprends dehors. Je suis adroite[12] quand il faut faire des réparations à la maison. Tu ne le savais pas? Bien sûr, tu ne m'as jamais regardée, jamais écoutée, jamais su que j'étais là à grandir! Je suis le garçon que tu n'auras jamais car c'est la volonté[13] de Dieu. Toi qui t'inclines devant Dieu pour beaucoup de choses très arbitraires que nous pourrions changer ou améliorer, pourquoi n'acceptes-tu pas ... une fille pleine de qualités et une femme extraordinaire, sans compter tes autres filles—mes sœurs—qui t'ont toujours obéi en silence?

DRISS: Non, je n'ai pas de femme. Et je ne prends de leçons chez

9. **savante** knowledgeable   10. **bêtise** blunder   11. **ordurières** trashy   12. **adroite** handy
13. **volonté** will

personne et surtout pas chez ma progéniture[14] femelle! J'ai dit que je sortais et je sors!

CHEMS: Non!

DRISS: Elle avait bien raison, ma pauvre mère qui n'a plus le droit à la parole! Dès qu'on laisse une brèche[15], la révolte s'y engouffre[16]! J'étais trop bête pour comprendre ça! Mais je ne l'oublierai plus. Je vous laisse.

CHEMS: J'ai dit non!

(*Driss qui s'apprêtait à sortir, se retourne.*)

CHEMS: (*courant vers la sortie*) Attendez... et vous verrez!

(*Elle sort. On entend du bruit dans la cour, une porte qui claque. Chems revient avec une hache[17] qu'elle brandit.*)

CHEMS: (*à son père*) Voilà ce que je fais de ton remariage!

(*Elle se dirige vers le second métier à tisser[18] et, avec la dernière énergie, se met à le démolir à la hache en criant.*)

Voilà ce que j'en fais! Il n'y aura jamais plus d'une mère dans cette maison. De remariage, point, ni aujourd'hui ni demain. Je suis une fille indigne? Eh bien, que mon indignité serve au moins l'intérêt de cette maison. Grand-mère disait que les filles c'est comme les mères, ça ne compte pas! A partir d'aujourd'hui, sous ce toit, les mères seront comme les filles: elles compteront! ... Tu es père et mari, nous allons t'apprendre à devenir un bon père et un bon mari. Et Dieu, qui est aussi notre Dieu, nous aidera dans toutes nos justes entreprises. Te voilà descendu de ton piédestal, Père. A partir de maintenant, tu te contenteras d'être un homme ordinaire!

(*Epuisée, elle jette la hache près du métier démoli. Reste en place le métier de Taos. Chems revient menaçante vers son père qui se recroqueville et va s'asseoir prudemment sur le divan. Il met la tête entre les mains.*)

CHEMS: (*prenant sa mère aux épaules[19], lui sourit et déclare*) A partir de ce jour, je te fais maîtresse chez toi!

(*Les trois servantes viennent se prosterner aux pieds de Chems qui embrasse sa mère. Elles se relèvent et l'emmènent sur les débris du métier avec lesquels elles jouent toutes les trois.*)

CHEMS: (*à Taos*) A moins que tu aies envie d'aller chercher un deuxième mari! Un deuxième papa pour moi?

(*Les trois filles rient. Les parents sont figés[20]: Taos dans son rôle de mère sérieuse; Driss dans celui de père vaincu[21].*)

Les Co-épouses, Fatima Gallaire, Acte III, scène 6. Editions des Quatre-vents (1990)

---

14. **progéniture** offspring   15. **brèche** opening   16. **s'engouffre** rushes in   17. **hache** axe
18. **métier à tisser** loom   19. **épaules** shoulders   20. **figés** stunned   21. **vaincu** defeated

activité 8   **Compréhension.**   Répondez aux questions basées sur le texte.

1. Quelle attitude Chems montre-t-elle envers son père au commencement de la scène?
2. Comment réagit son père quand il l'entend parler comme ça?
3. Que veut dire Sahnouha?
4. Expliquez pourquoi Taos ne partage pas le courage de sa fille.
5. Pourquoi Chems est-elle vexée que son père veuille se remarier?
6. A-t-elle des complexes d'être une jeune fille?
7. Pourquoi démolit-elle le deuxième métier à tisser?
8. Qu'est-ce que Chems veut apprendre à son père?
9. Quelle est la réaction de Driss quand il apprend que Siréna est repartie?
10. Qu'est-ce qui l'empêche de réaliser son projet?

activité 9   **Réflexion.**

1. Que pensez-vous de l'attitude de Driss envers les filles?
2. Qu'est-ce qui autorise Driss à agir comme il le fait?
3. Que pensez-vous de la suggestion faite par Chems à la fin de la pièce? Serait-ce possible selon la loi musulmane?
4. Quelle serait votre réaction si vous vous trouviez dans la situation de Chems ou de la mère?
5. La femme musulmane doit renoncer à certains droits que la femme occidentale trouve normaux. Pouvez-vous imaginer quels sont certains de ces droits? Faites-en une liste en consultant vos partenaires et dites ce que vous en pensez.
6. Trouvez-vous cette pièce réaliste? Expliquez votre réponse.

Intégration

activité A   Interviewez les autres étudiants. Vous voulez savoir s'il y a quelqu'un...

Modèle: qui prend des résolutions de Nouvel An
Est-ce que tu prends des résolutions de Nouvel An?

1. qui est déjà allé en Afrique du Nord
2. dont le père ou la mère n'est pas né(e) dans votre pays
3. qui regarde la télévision en mangeant
4. qui fait ses devoirs tout en regardant la télévision
5. qui regarde la télévision après avoir fait ses devoirs
6. qui veut que les professeurs soient plus raisonnables
7. qui va s'installer dans une grande ville après avoir obtenu son diplôme

activité B   Faites une liste de vos résolutions de Nouvel An. Que voulez-vous faire? Qu'est-ce qu'il faut que vous changiez?

activité C Faites une comparaison entre la famille d'Ahmed Loucif et une famille minoritaire de votre pays. Quelles ressemblances et quelles différences pouvez-vous
trouver?

 Rédaction.   Vous êtes Ahmed Loucif et vous devez répondre à la
lettre de votre sœur Latifa (Echange 1, page 150). Ecrivez une
lettre de deux pages pour lui dire que vous comprenez sa situation,
que ce projet d'études pose quelques problèmes mais que vous
voulez l'aider. Utilisez certains des arguments donnés dans votre
Brouillon, page 162.

 Entre amis   Vous êtes Ahmed Loucif. Quand vous arrivez chez vos
parents, votre sœur Latifa (votre partenaire) vous reparle de son désir de
rentrer en France. Discutez de ce sujet avec elle. Ecoutez-la et donnez-lui des
conseils.

Un homme d'affaires à Dakar

Buts communicatifs

◆ Aborder un sujet
◆ Exprimer une réaction, une opinion

Structure

◆ Les verbes *croire* et *craindre*
◆ L'emploi du subjonctif et de l'indicatif
◆ L'emploi du subjonctif et de l'infinitif
◆ Le passé du subjonctif

A la découverte

◆ *Souffles* Birago Diop
◆ *Dakar* Bernard Dadié
◆ *La Légende Baoulé* Bernard Dadié

Connaissez-vous Dakar et le Sénégal?

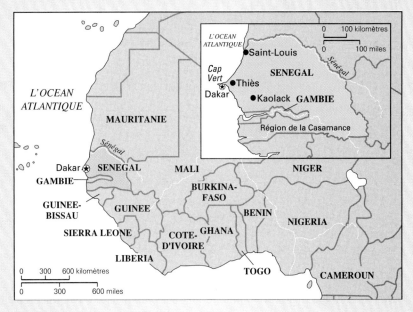

Le saviez-vous? Essayez de compléter ces phrases. Ensuite cherchez les réponses en lisant le texte qui suit.

1. Le Sénégal se trouve dans ＿＿ de l'Afrique.
   a. l'est   b. l'ouest   c. le sud
2. Les premiers Européens à venir au Sénégal en 1455 étaient ＿＿.
   a. portugais   b. français   c. anglais
3. La France a cherché à faire du Sénégal une colonie au ＿＿ siècle.
   a. XVIIe b. XVIIIe c. XIXe
4. Au XVIIIe siècle le commerce ＿＿ était très important.
   a. des esclaves   b. du sucre   c. des cacahuètes
5. La France a administré le Sénégal jusqu'en ＿＿.
   a. 1945   b. 1956   c. 1958
6. La population de Dakar est passée de 20.000 habitants en 1900 à ＿＿ aujourd'hui.
   a. 250.000   b. 500.000   c. 2.000.000
7. Le Sénégal compte ＿＿ d'habitants.
   a. huit millions   b. douze millions   c. quinze millions
8. L'île en face de Dakar qui a servi de base pour le marché des esclaves s'appellent l'île de ＿＿.
   a. Ré   b. Corée   c. Gorée
9. Le chômage, la dette extérieure et la situation ＿＿ représentent des problèmes graves pour le pays.
   a. en Côte d'Ivoire   b. au Bénin   c. en Casamance
10. Grâce à la lutte contre le SIDA au Sénégal, le nombre de malades ne représente que ＿＿ pour cent de la population du pays.
    a. 1   b. 5   c. 10

Le Sénégal

occupe la partie la plus à l'ouest du continent africain. Cette situation géographique lui a permis d'établir, au cours de son histoire, des contacts et des relations avec les Européens venant par la mer et avec les populations arabes et berbères du nord du Sahara.

Dès le XVe siècle, les Portugais établissent des comptoirs commerciaux (*trade centers*) sur la côte de Gambie et de Casamance. Les Hollandais, les Français et les Anglais font de même, sans jamais chercher à pénétrer à l'intérieur du pays. Ce n'est qu'à la fin du XIXe siècle que la France adopte une politique de conquête et administre le pays jusqu'en 1958.

Au XVIIe siècle, les marchands hollandais construisent une forteresse sur l'île de Gorée, située en face de Dakar. C'est là que les captifs de l'ouest africain, vendus aux négriers, étaient détenus avant leur embarquement pour un voyage sans retour. Au XVIIIe siècle, le commerce des esclaves avec l'Amérique est très important. Il ne cessera qu'à partir de 1827 quand les Français chasseront les négriers de l'île de Gorée.

Village sénégalais

L'histoire moderne du Sénégal est inséparable de celle de Léopold Sédar Senghor, premier président du pays, un «sage parmi les sages». Il a su engager son pays dans la voie de la démocratie en installant un système de multipartisme politique. Poète, érudit, professeur, chantre de la négritude, membre de l'Académie française, Senghor a créé le mouvement de la «francophonie» et exalté «le merveilleux

outil trouvé dans les décombres du régime colonial: la langue française». A
sa voix se sont jointes celles d'autres écrivains des îles Caraïbes comme
Aimé Césaire.

Le Sénégal compte huit millions d'habitants, dont deux millions dans
la capitale. Sa population est composée de nombreuses ethnies parmi
lesquelles les Sérères (19 pour cent), les Toucouleur (12 pour cent) et les
Peuls (10,5 pour cent); 92 pour cent des Sénégalais sont musulmans. Les
Wolof, qui vivent principalement dans le sud du Sénégal et dont la langue
porte le même nom, représentent près de 36 pour cent de la population.

Le Sénégal utilise le franc CFA, le franc de la Communauté financière
africaine, une monnaie commune à quatorze autres pays africains de l'ouest
et du centre. Les ressources principales du pays sont la pêche, le tourisme,
l'arachide et les phosphates.

Aujourd'hui le Sénégal et son nouveau président, Abdoulaye Wade,
doivent faire face à de sérieux problèmes. En Casamance, la région agricole
la plus riche du pays, le MFDC, le Mouve-
ment des forces démocratiques pour la
Casamance, n'hésite pas à utiliser la violence pour obtenir l'indépendance de la
région. Cette lutte, qui dure depuis 1982,
a provoqué la mort de nombreux civils.
De même, 65 pour cent des Sénégalais
vivent en dessous du seuil (*threshold*) de la
pauvreté, et la dette nationale du Sénégal est
toujours très élevée. Une note positive à mentionner: les efforts du gouvernement dans la
lutte contre le SIDA (*AIDS*) ont donné de bons
résultats car le taux (*rate*)
d'infection est d'environ 1
pour cent des adultes. Par
contraste, dans d'autres pays
d'Afrique plus d'un quart de
la population est touché.

ÊTES-VOUS BRANCHÉS? Pour en savoir plus sur Dakar et le Sénégal, cherchez les renseignements indiqués sur Internet. Allez d'abord au site de Houghton Mifflin, http://college.hmco.com/languages/french/students et de là au site *Personnages*. Consultez la liste des adresses Web pour obtenir les renseignements.

Interactions

Ousmane Bambock, 26 ans, est homme d'affaires à Dakar, capitale du Sénégal. Il est installé dans cette ville depuis son retour de France où il a fait ses études universitaires. Ousmane travaille pour une compagnie qui exporte des produits agricoles, notamment de l'huile d'arachide et du maïs. Il habite dans un petit appartement au centre-ville. Il attend l'arrivée de sa plus jeune sœur, Fanda, qui vient le voir pour parler de son propre avenir.

VOCABULAIRE

Noms

l'allaitement (*m.*) nursing (a baby)
une bourse scholarship
un champ field
les frais de scolarité tuition
une grossesse pregnancy
le mal du pays homesickness
le monde world
une naissance birth
le sol ground; floor; soil

Verbes

améliorer to improve
craindre to fear
économiser to save; to put aside
s'endormir to fall asleep
gagner to earn; to win
s'instruire to learn
prendre une décision to make a decision
ramener to bring back (home)
taquiner to tease
tenter to tempt; to try
tirer to get; to draw

Adjectifs

aimable nice; kind
aisé(e) well-to-do
censé(e) supposed to
déçu(e) disappointed
élevé(e) raised; high
enceinte pregnant

Autres mots et expressions

à l'aise at ease; comfortable
autrefois formerly
il se peut que... it's possible
les Lettres (*f.*) liberal arts, literature
notamment in particular
puisque since, as
tellement so; so much; to such an extent
toutes les cinq minutes every five minutes

La vie au Sénégal

la brousse bush; outlying area
une case hut

	Pour parler du logement
une dot dowry	**un bail** lease
l'huile d'arachide (*f.*) peanut oil	**une caution** security deposit
un lance-pierres slingshot	**les charges** utilities
une natte mat	**le chauffage central** central
une proie prey; victim	heating
un puits well	**la climatisation** air conditioning
ramasser du bois to pick up	**le logement** lodging; housing
wood	**le loyer** rent
un singe monkey	**meublé(e)** furnished
	une pièce room

activité **1** Choisissez les mots ou expressions de la colonne de droite qui correspondent le mieux à ceux de la colonne de gauche.

workbook

1. ＿＿ s'instruire
2. ＿＿ autrefois
3. ＿＿ aimable
4. ＿＿ le sol
5. ＿＿ aisé
6. ＿＿ tenter
7. ＿＿ notamment
8. ＿＿ tellement

a. qui a suffisamment d'argent pour vivre confortablement
b. par exemple
c. tant
d. apprendre
e. gentil
f. la terre
g. il y a longtemps
h. essayer

activité **2** Complétez les phrases suivantes à l'aide d'une des expressions de la liste de vocabulaire.

1. ＿＿＿＿＿＿＿＿ est une chose sur laquelle on dort parfois dans les pays pauvres.
2. Si une femme attend un bébé, elle est ＿＿＿＿＿＿＿＿.
3. ＿＿＿＿＿＿＿＿ est un endroit où on va pour chercher de l'eau.
4. ＿＿＿＿＿＿＿＿ est un animal qui mange des bananes et vit dans les arbres.
5. Une somme d'argent qu'un étudiant reçoit pour l'aider à faire ses études s'appelle ＿＿＿＿＿＿＿＿.
6. Si vous êtes à l'étranger et que votre pays vous manque, on dit que vous avez ＿＿＿＿＿＿＿＿＿＿＿.
7. ＿＿＿＿＿＿＿＿ veut dire *être payé* ou *remporter une victoire dans un match.*
8. ＿＿＿＿＿＿＿＿ permet de rendre une maison plus confortable en été.
9. Si vos parents vous obligent à faire quelque chose, vous êtes ＿＿＿＿＿＿＿＿ leur obéir.

activité 3   Utilisez des périphrases pour expliquer les expressions suivantes.

Modèle: prendre une décision
C'est quand on choisit de faire quelque chose.

1. une case
2. s'endormir
3. un champ
4. une caution

5. la dot
6. le logement
7. les frais de scolarité
8. le loyer

✦ ECOUTER ET DISCUTER

A l'écoute 1

Fanda rend visite à son frère aîné. Elle frappe à sa porte. Toc, toc, toc. Lisez la note culturelle et écoutez la conversation avant de passer aux activités.

Note culturelle

L'économie sénégalaise a été longtemps marquée par la monoculture de l'arachide, qui a fait naître des industries modernes, huileries et raffineries notamment. L'arachide est la première source de revenus pour le pays avec celle des phosphates, mais les cours de l'arachide peuvent chuter d'une année à l'autre. De plus, cette culture épuise le sol. C'est pourquoi les Sénégalais essaient maintenant de diversifier leur production en développant de nouvelles cultures, notamment du maïs, du manioc, des céréales dans la vallée où passe le fleuve Sénégal. Le pays tire, d'autre part, des ressources importantes de la pêche.

---

activité 4 Choisissez *vrai* ou *faux*. Si l'affirmation est fausse, corrigez-la.

1. Fanda est plus âgée qu'Ousmane.
2. Ousmane habite à Dakar.
3. Ousmane a fait des études à Paris.
4. Fanda n'est pas encore certaine de vouloir faire des études universitaires.
5. Elle a envie de suivre l'exemple de son frère.
6. Ousmane l'encourage à aller à Paris.
7. La famille d'Ousmane est très importante pour lui.

activité 5 Choisissez les mots ou expressions qui conviennent le mieux pour compléter les phrases suivantes.

1. Fanda a envie de faire comme ____.
   a. ses sœurs   b. son frère   c. sa mère
2. Pour ses études, son frère Ousmane avait décidé d'aller à ____.
   a. Saint-Louis   b. Paris   c. Dakar
3. Elle vient voir son frère pour lui ____.
   a. demander un conseil   b. rendre visite   c. demander de l'argent
4. Ousmane a quitté Paris parce que ____.
   a. c'était une grande ville   b. il ne l'aimait pas
   c. il voulait être plus près de sa famille
5. Fanda n'est pas obligée de payer ses études parce que ____.
   a. ses parents l'aident   b. son frère va l'aider   c. elle a obtenu une bourse

workbook

A l'écoute 2

Ousmane et Fanda continuent leur conversation dans un restaurant du quartier. Ecoutez la conversation avant de passer aux activités.

 **6** Choisissez la bonne réponse pour compléter les phrases suivantes.

1. Fanda veut ____.
   a. devenir médecin   b. être femme d'affaires   c. enseigner
2. Fanda va ____.
   a. chercher un appartement   b. loger dans une résidence universitaire
   c. s'installer chez son frère
3. Il y a au moins ____ enfants dans leur famille.
   a. trois   b. cinq   c. sept
4. Les sœurs de Fanda ____.
   a. sont jalouses d'elle   b. ne sont pas malheureuses
   c. rêvent de faire des études
5. Malick est sans doute ____ de Fanda.
   a. le père   b. une des sœurs   c. un des frères

activité 7   Qu'en savez-vous?

1. Décrivez Ousmane, Fanda et Malick.
2. Comment Fanda diffère-t-elle de la Sénégalaise traditionnelle?

✦ TETE-A-TETE

Conversation.   Rentré au village où habite sa famille, Ousmane parle avec son père.

ABDOU: Alors, mon fils, ta vie à la grande ville te plaît?

OUSMANE: Le village me manque, père. Mais que veux-tu? Mon travail est à Dakar.

ABDOU: C'est dommage que tu ne viennes pas nous voir plus souvent.

OUSMANE: Tu as raison, père. Je promets de revenir pendant les vacances.

ABDOU: Au fait, je me demande si tu aimes encore chasser.

OUSMANE: Ecoute, la prochaine fois nous irons tous les deux, comme autrefois. Qu'en penses-tu?

ABDOU: Ah, ça me plairait bien. Il vaut mieux que ce soit avant la saison des pluies.

OUSMANE: Je te le promets.

 Et vous?   Répétez la conversation avec votre partenaire. Ensuite modifiez-la: c'est Fanda, maintenant étudiante à l'université de Dakar, qui est rentrée au village et qui parle avec sa mère, Issa. Faites toutes les modifications nécessaires.

1. Pour aborder un sujet

Ecoutez, ...	*Listen, . . .*
Dites, ...	*Say, . . .*
Au fait, ...	*By the way, . . .*
En ce qui concerne...	*As far as . . . is concerned*
Pour ce qui est de...	*With respect to . . .*
Dans le domaine de...	*In the realm of . . .*
A propos de...	*About . . .*
Au sujet de...	*On the subject/matter of . . .*
Il s'agit de...	*It's about . . .*

2. Pour exprimer une réaction, une opinion

C'est bon/normal/chouette que...	*It's good/understandable/great that . . .*
C'est triste/dommage/ridicule/épouvantable que...	*It's sad/too bad/ridiculous/appalling that . . .*
Je suis content(e)/ravi(e)/déçu(e) que...	*I am happy/delighted/disappointed that . . .*
Je trouve/pense/crois/estime que...	*I think/believe/feel that . . .*
Je regrette que...	*I'm sorry that . . .*

workbook

activité 8 Pour chaque phrase qui suit, donnez votre réaction. Choisissez entre (a) **J'en suis ravi;** (b) **C'est normal;** (c) **C'est dommage;** (d) **C'est épouvantable.** Ensuite expliquez pourquoi vous avez choisi ces réponses-là.

1. Le chômage diminue dans ce pays.
2. L'utilisation des drogues augmente.
3. Le sport joue un rôle très important sur ce campus.
4. Les frais de scolarité sont très élevés.
5. Il n'y a pas beaucoup d'étudiants qui apprennent une langue étrangère.
6. Le service militaire n'est plus obligatoire.
7. Mes professeurs donnent beaucoup de devoirs.

activité 9 Identifiez six sujets d'actualité (*current events*) sur votre campus. Pour chaque sujet, préparez une question qui commence par une des expressions «pour aborder un sujet» ci-dessus. Ensuite interviewez deux autres étudiants. Après, comparez leurs réponses.

> **Modèle:** **Au sujet du logement, est-ce que c'est une bonne idée d'obliger tous les étudiants à habiter une résidence universitaire?**

Entre amis Vous êtes professeur de français et un(e) étudiant(e) vient vous demander votre opinion. Il (Elle) pense laisser tomber ses études pour s'amuser, faire des voyages ou gagner un peu d'argent. Posez-lui des questions pour savoir plus précisément ce qu'il (elle) compte faire. Ensuite dites-lui ce que vous pensez de ses projets.

◆ LIRE ET DISCUTER

Echange 1

Bien qu'il bénéficie d'une vie relativement aisée pour une personne de son âge, Ousmane n'est pas vraiment heureux. Sa famille lui manque. Elle habite un petit village dans la brousse à trois heures de route de Dakar en car. C'est la raison pour laquelle il ne la voit qu'une fois toutes les cinq ou six semaines, quand il apporte un peu d'argent. Habitué dans sa jeunesse à une vie de communauté, Ousmane se trouve isolé à présent. Au village, la vie reste traditionnelle. Sa mère Issa, âgée de 56 ans, s'occupe de sa case comme elle l'a toujours fait. Ses quatre sœurs aînées, mariées à présent, vivent dans le même village. En tout, elles lui ont déjà donné quinze neveux et nièces. De plus, deux d'entre elles sont enceintes en ce moment. La vie des jeunes mamans a son rythme: grossesse, naissance et allaitement. Tous les deux ans et demi, un nouveau né vient agrandir le cercle de la famille. Ses sœurs font comme leur mère avant elles et comme toutes les autres femmes du village qui peuvent avoir des enfants. Pour Issa, le travail continue. Ses journées sont toujours aussi longues et le travail aux champs d'autant plus difficile qu'elle ne peut plus compter sur l'aide de ses enfants. Parfois elle regrette le fait qu'Ousmane et sa sœur aient voulu s'instruire, sachant très bien qu'ils finiraient par quitter le village pour la ville. Maintenant Malick, le plus jeune, a 16 ans et parle de partir. Très fort au football, il a la possibilité de jouer pour une équipe à Saint-Louis.

activité **10** A vous de dire si ces phrases sont vraies ou fausses. Si une phrase est fausse, corrigez-la.

1. Il faut cinq heures pour aller de Dakar au village de la famille d'Ousmane.
2. Ousmane va voir ses parents quand il a besoin d'argent.
3. Deux de ses sœurs attendent un bébé.
4. Les naissances sont assez fréquentes dans la famille.
5. Les journées d'Issa sont très longues et fatigantes.
6. Issa ne regrette pas que son fils ait décidé de faire des études universitaires.
7. Malick ne veut pas quitter son village.

activité **11** Répondez aux questions suivantes.

1. Pour quelle raison Ousmane a-t-il la nostalgie de son village?
2. A quelle distance de Dakar se trouve la famille d'Ousmane?
3. A-t-il souvent l'occasion d'aller la voir?
4. Quelle est la journée habituelle de la mère d'Ousmane?

5. Que savez-vous jusqu'ici des autres membres de sa famille?
6. Quelles différences et quelles ressemblances y a-t-il entre les sœurs d'Ousmane et leur mère?
7. Pourquoi la mère d'Ousmane a-t-elle tant de travail?
8. Qu'est-ce qui passionne Malick?

Echange 2

Ousmane pense souvent à sa jeunesse, «au bon vieux temps». Il se souvient des soirées passées à écouter les histoires que racontaient les vieux du village. Assis sur le sol, à côté de son père, il ne voulait jamais aller se coucher. Parfois il s'endormait et son père le ramenait dans sa case et le couchait sur sa natte. Les histoires qu'il entendait en wolof, sa langue natale, valaient bien celles que l'instituteur français leur racontait dans leur petite école. Ousmane se rappelle aussi les merveilleuses parties de chasse avec ses jeunes camarades. Pendant que ses sœurs travaillaient dans la case avec leur mère ou s'occupaient des enfants, il apprenait à manier un lance-pierres. Son père, Abdou, si fier de son premier fils, l'était encore plus le jour où Ousmane était revenu avec sa première proie, un petit singe.

Ni rien ni personne ne plaisait autant à Abdou que son fils, Ousmane. Même pas la dot que ses filles lui avaient rapportée au moment de leur mariage! Le père était, bien sûr, ravi d'avoir pu trouver des maris pour les plus âgées de ses filles, mais Ousmane était son favori. Quand il a commencé l'école, son père craignait qu'il soit plus intéressé par le monde extérieur que par son village. Il fallait, bien sûr, que son fils apprenne à lire et à écrire. Pourtant Abdou ne s'attendait pas à ce que l'éducation de son fils ait une si grande influence sur la vie de la famille. Après son succès au lycée, sa bourse à la Sorbonne, Ousmane avait montré à Fanda et à Malick qu'un autre monde existait à l'extérieur du village, le monde du progrès. Malgré cela, dans sa tête et dans son cœur, Ousmane n'avait jamais vraiment quitté son village.

Note culturelle

La dot.   Au Sénégal, la coutume de la dot existe encore, du moins dans les villages. Mais, contrairement à la tradition européenne, c'est la famille de la mariée sénégalaise qui reçoit la dot!

---

activité 12   Complétez les phrases suivantes.

1. Le Sénégal est une ancienne _____ française. (province, colonie)
2. Les familles sont souvent _____ dans «le monde du progrès». (séparées, ensemble)
3. La dot au Sénégal rapporte de l'argent à la famille _____. (du marié, de la mariée)
4. Les familles sénégalaises sont d'habitude beaucoup plus _____ que les familles américaines. (petites, grandes)

5. Dans les _____, les familles passent beaucoup plus de temps ensemble. (villages, villes)
6. Ceux qui vont à l'école au Sénégal apprennent à parler le _____. (wolof, français)

activité 13 Répondez *vrai* ou *faux*. Ensuite cherchez dans l'Echange qui précède une phrase ou deux pour justifier votre réponse.

1. L'enfance d'Ousmane ressemblait beaucoup à votre enfance.
2. La vie des garçons et celle des filles se ressemblent beaucoup dans le village d'Abdou.
3. Les enfants d'Abdou parlaient une langue au village et une autre langue à l'école.
4. La première proie du lance-pierres d'Ousmane était un oiseau.
5. Abdou est content d'avoir marié plusieurs de ses filles.
6. Abdou était surpris que son fils ait tellement changé.
7. Ousmane est ravi d'être parti de son village.

Début de rédaction. Complétez le questionnaire suivant pour vous aider à trouver un logement.

A. Ecrivez T (*très*), A (*assez*) ou PT (*pas du tout*) pour indiquer si vous considérez ces catégories importantes.

_____ loyer raisonnable   _____ charges comprises   _____ chauffage central
_____ baignoire   _____ douche   _____ piscine
_____ meublé   _____ garage   _____ balcon ou terrasse
_____ endroit chic   _____ confort exceptionnel   _____ climatisation
_____ bail   _____ caution à verser   _____ branché au câble
_____ possibilité de   _____ possibilité d'avoir un   _____ proximité d'un
      sous-louer   animal domestique   centre commercial
_____ accès aux
      transports publics

B. Complétez les renseignements pour indiquer le genre d'appartement que vous aimeriez avoir.

le nombre de pièces _____   le prix (approximatif) du loyer par mois _____

le nombre de chambres _____   le prix (approximatif) des charges par mois _____

C. Ecrivez cinq phrases pour indiquer ce qui compte le plus pour vous. Justifiez chaque condition.

Modèle: **Il faut que l'appartement soit meublé parce que je n'ai pas de meubles.**

Structure

◆ LES VERBES *CROIRE* ET *CRAINDRE*

Voir, c'est **croire.**   *Seeing is believing.*
Je **croyais** que vous étiez ma sœur.   *I thought that you were my sister.*
Je **crains** que vous ayez tort.   *I'm afraid that you are wrong.*
Je **crois** que oui.   *I think so.*
Elle **croit** avoir perdu son sac.   *She believes that she lost her bag.*
Elle **craint** d'avoir perdu son sac.   *She fears that she lost her bag.*
Vous ne **craignez** rien?   *Are you afraid of nothing?*

	croire (*to believe*)	*craindre* (*to fear*)
	je **crois**	je **crains**
	tu **crois**	tu **crains**
	il/elle/on **croit**	il/elle/on **craint**
	nous **croyons**	nous **craignons**
	vous **croyez**	vous **craignez**
	ils/elles **croient**	ils/elles **craignent**
passé composé:	**j'ai cru**	**j'ai craint**
imparfait:	je **croyais**	je **craignais**
participe présent:	**croyant**	**craignant**
subjonctif:	que je **croie**	que je **craigne**
	que nous **croyions**	

exercice **1**   Complétez les phrases suivantes avec la forme convenable du verbe. Attention au choix entre **croire** et **craindre.**

1. Je ne _____ pas que Marc puisse sortir. Il a un examen et il _____ d'avoir une mauvaise note. La dernière fois il _____ que le test allait être facile et qu'il n'avait vraiment rien à _____.

2. _____ -vous qu'il ait l'intention de sortir avec nous demain? Moi, je n'arrive pas à _____ qu'il reste chez lui.

3. Mais si, il _____ qu'il faut étudier beaucoup.

4. Moi, je _____ qu'il ait de nouveau des problèmes, même s'il étudie beaucoup.

workbook

A. Review the formation of the subjunctive in Chapter 5, pages 159–161. Remember that the subjunctive is normally formed by adding **-e, -es, -e, -ions, -iez, -ent** to the stem of the **ils/elles** form of the present tense.

B. A few additional verbs that have irregular stems in the subjunctive are given below. Their endings are regular.

pouvoir	que je **puiss**e
savoir	que je **sach**e
falloir	qu'il **faill**e
vouloir	que je **veuill**e, que nous **voul**ions

C. Generally what the main clause expresses determines whether you should use the indicative or the subjunctive in the dependent clause.

1. Use the indicative in the dependent clause whenever the main clause expresses *certainty* or *probability*.

Il est vrai que Dakar est la capitale du Sénégal.	*It's true that Dakar is the capital of Senegal.*
Il est certain qu'Issa travaille beaucoup.	*It's certain that Issa works a lot.*
Il est sûr que Fanda veut continuer ses études.	*It's sure that Fanda wants to continue her studies.*
Il est évident que son frère va l'aider.	*It's evident that her brother is going to help her.*
Il est clair que Fanda a du respect pour son frère.	*It's clear that Fanda respects her brother.*
Il est probable qu'elle restera à Dakar.	*It's probable that she will stay in Dakar.*
Ousmane **est sûr que** les études sont importantes.	*Ousmane is sure that studies are important.*
Ousmane **est certain que** la décision de sa sœur est la bonne.	*Ousmane is certain that his sister's decision is the right one.*

2. Use the subjunctive in the dependent clause after expressions that *negate or doubt the truth or certainty* of the information in the dependent clause.

Il n'est pas vrai que la vie dans le village soit facile.	*It's not true that life in the village is easy.*
Il n'est pas sûr que Fanda aille en France.	*It's not sure that Fanda is going to France.*
Il n'est pas évident que son père soit heureux.	*It's not evident that her father is happy.*
Il est douteux que Fanda choisisse la Sorbonne.	*It's doubtful that Fanda will choose the Sorbonne.*
Il est peu probable qu'elle se marie bientôt.	*It's not likely that she'll get married soon.*

Est-ce qu'Abdou **est certain** que sa fille ait tort?	*Is Abdou certain that his daughter is wrong?*
Abdou **n'est pas sûr que** la décision de sa fille soit la bonne.	*Abdou isn't sure that his daughter's decision is the right one.*
Fanda **doute que** son père soit content.	*Fanda doubts that her father is happy.*

D. If the verbs **croire**, **penser**, or **espérer** are used in the affirmative in the main clause, the indicative must be used in the dependent clause. When these verbs are used negatively or interrogatively, however, the subjunctive is suggested, especially to imply that information or opinion is less than certain.

Je crois que Fanda est très sympathique.	*I think that Fanda is very nice.*
Je pense que son frère a envie de l'aider.	*I think that her brother wants to help her.*
J'espère qu'elle sera heureuse.	*I hope that she will be happy.*
But: **Croyez-vous que** Fanda aille à Paris?	*Do you believe that Fanda will go to Paris?*
Je ne crois pas qu'elle parte pour la France.	*I don't think that she'll leave for France.*
Pensez-vous vraiment **qu'**elle prenne cette décision?	*Do you really think that she'll make that decision?*

exercice **2** Faites une liste de cinq phrases avec l'indicatif et une liste de cinq phrases avec le subjonctif pour décrire votre vie universitaire.

> **Modèles:** **Il est vrai que nous avons beaucoup de devoirs à faire.**
> **Il n'est pas vrai que les repas soient aussi mauvais qu'on le dit.**

exercice **3** Utilisez les listes suivantes pour faire des phrases. Attention au choix entre le subjonctif et l'indicatif.

> **Modèles:** **Il est vrai que Fanda n'a pas d'enfant.**
> **Il se peut que la famille Bambock craigne les grandes villes.**

		connaître Paris
		aller à Paris
Il est évident	Issa	avoir des enfants
Il est probable	Ousmane	être étudiant(e)(s)
Il n'est pas sûr	Fanda	prendre la bonne décision
Il est douteux	Malick	vouloir faire des études
Il n'est pas vrai	les sœurs mariées	comprendre Fanda
Il est vrai	la famille Bambock	être enceinte(s)
Il est impossible	Abdou	venir à Dakar
		craindre les grandes villes
		savoir écrire le français

exercice **4**   Interviewez votre partenaire pour connaître son avis sur les points suivants. Utilisez des expressions telles que **croyez-vous, doutez-vous, êtes-vous sûr(e)**.

      Modèles: Il fait toujours beau à Dakar.
                  Croyez-vous qu'il fasse toujours beau à Dakar?

1. Il y a de la vie sur la planète Mars.
2. Il est possible de trouver un remède pour le SIDA.
3. Le professeur de français connaît personnellement le président du Sénégal.
4. Les Sénégalaises ont plus d'enfants que les Françaises.
5. Le professeur de français veut aller à Dakar.
6. La musique rock est moins populaire aujourd'hui qu'il y a vingt ans.
7. Les étudiants peuvent sortir tous les soirs et avoir de bonnes notes.
8. Les hommes font plus souvent la cuisine que les femmes.
9. Il faut aider les pays du Tiers-Monde.

◆ L'EMPLOI DU SUBJONCTIF ET DE L'INFINITIF

workbook

A. If there are *two different subjects* (one in each clause), the subjunctive is required in the following cases.

    1. An attempt to influence other people's behavior

Il vaut mieux que Fanda ait une profession.	*It's better that Fanda have a profession.*
Il est important que Fanda puisse étudier.	*It is important that Fanda be able to study.*
Il est préférable qu'elle soit près de son frère.	*It's preferable that she be near her brother.*

    2. A reaction to the information in the dependent clause

Il est ridicule que les filles soient obligées d'arrêter leurs études.	*It's ridiculous that girls are forced to stop their studies.*
C'est dommage que leur village soit si loin de Dakar.	*It's too bad that their village is so far from Dakar.*
Il est bon que son frère soit là.	*It's good that her brother is there.*
Il est normal qu'Ousmane veuille aider sa sœur.	*It's normal that Ousmane wants to help his sister.*

    3. A comment on the possibility of the situation described in the dependent clause

Il se peut que son père ait tort.	*It's possible that her father is wrong.*
Il n'est pas possible qu'elle reste au village.	*It's not possible that she remain in the village.*

4. An emotional reaction to a situation

Fanda **a peur que** son père l'oblige à rester au village.	*Fanda is afraid that her father will make her stay in the village.*
Elle **craint que** son père lui trouve un mari.	*She fears that her father will find a husband for her.*
Elle **regrette que** son père ne comprenne pas.	*She is sorry that her father doesn't understand.*
Ousmane **est triste que** le village soit si loin de Dakar.	*Ousmane is sad that the village is so far from Dakar.*
Il **est content que** Fanda vienne le voir.	*He is happy that Fanda is coming to see him.*
Il **est ravi qu'**elle lui demande des conseils.	*He is delighted that she asks him for advice.*

B. If, however, the sentence has *only one subject*, use the *infinitive* rather than the subjunctive.

1. Impersonal sentences

Il est important de faire des études.	*It's important to pursue your studies.*
Il est ridicule d'être raciste ou sexiste.	*It's ridiculous to be a racist or a sexist.*
C'est dommage de se disputer avec ses parents.	*It's a shame to fight with one's parents.*
Il est bon de pouvoir parler deux langues.	*It's good to be able to speak two languages.*
Il n'est pas possible de plaire à tout le monde.	*It's not possible to please everybody.*
Il est normal de vouloir aider sa famille.	*It's normal to want to help one's family.*

NOTE: With the verb **valoir,** no preposition is used before an infinitive.

Il vaut mieux continuer à étudier.	*It's better to continue to study.*

2. Other expressions that indicate a reaction to a situation

Fanda **a peur d'**être obligée de rester au village.	*Fanda fears having to stay in the village.*
Elle **craint d'**avoir beaucoup d'enfants.	*She is afraid of having a lot of children.*
Ousmane **est triste d'**être si loin du village.	*Ousmane is sad to be so far from the village.*
Il **est content de** voir sa sœur.	*He is happy to see his sister.*
Il **est ravi de** répondre à ses questions.	*He is delighted to respond to her questions.*

exercice **5**   Composez une phrase en combinant les deux éléments.

> **Modèle:**   Ousmane est un modèle pour sa sœur / Il est important...
>   **Il est important qu'Ousmane soit un modèle pour sa sœur.**

1. Malick est très sportif / Son père est content...
2. Fanda veut suivre des cours / Abdou n'est pas content...
3. Ousmane a un appartement à Dakar / Fanda est ravie...
4. Issa doit travailler beaucoup / C'est dommage...
5. La famille ne vient pas souvent en ville / Ousmane regrette...
6. On apprend à parler français à l'école au Sénégal / Il est bon...
7. Les jeunes Sénégalais ont quelquefois des bourses pour étudier en France / Il est normal...
8. Issa et Abdou ne vont pratiquement jamais à la capitale / Il se peut...

exercice **6**   Complétez les phrases suivantes.

1. Il est ridicule que les professeurs de cette université...
2. Il est incroyable que les étudiants de cette université...
3. Nos parents craignent que nous...
4. Je suis ravi(e) de...
5. Je suis ravi(e) que...
6. L'année prochaine, il est possible que je...
7. C'est dommage que mes amis...
8. Il vaut mieux...

exercice **7**   Répondez aux questions suivantes.

1. Est-il important que vous fassiez des études universitaires?
2. Vaut-il mieux chercher un emploi ou s'inscrire à la faculté après le lycée?
3. Craignez-vous de manquer d'argent pour payer vos frais de scolarité?
4. Avez-vous peur d'avoir de mauvaises notes?
5. Est-il normal de travailler et d'étudier en même temps?
6. Est-il possible que vous travailliez pour une compagnie multinationale un jour?
7. Se peut-il que vous alliez habiter dans un pays francophone après vos études?

◆ LE PASSE DU SUBJONCTIF

workbook

The past subjunctive is used to show that the action of the verb in the dependent clause takes place *prior* to that of the verb in the main clause. The key to using this subjunctive tense is to remember that the action happened *before* that of the main verb, whatever the tense may be.

A. With respect to the main verb:

1. If the action expressed by the dependent verb takes place at the same time as or later than the action expressed by the main verb, use the present subjunctive.

Je suis content que mon ami **vienne** chez moi.	*I'm happy that my friend is coming to my house.*
Je regrette qu'il ne **puisse** pas rester longtemps.	*I'm sorry he can't stay for long.*

2. If the action in the dependent clause took place prior to the action in the main verb, use the past subjunctive.

Je suis content que mon ami **soit venu** chez moi.	*I'm happy that my friend came to my house.*
Je regrette qu'il n'**ait** pas **pu** rester longtemps.	*I'm sorry he wasn't able to stay for long.*

B. The past subjunctive is formed in the same way as the **passé composé.** Use the present subjunctive of **avoir** or **être** and the past participle of the main verb.

finir	*venir*
que j'**aie fini**	que je **sois venu(e)**
que tu **aies fini**	que tu **sois venu(e)**
qu'il/elle/on **ait fini**	qu'il/elle/on **soit venu(e)**
que nous **ayons fini**	que nous **soyons venu(e)s**
que vous **ayez fini**	que vous **soyez venu(e)(s)**
qu'ils/elles **aient fini**	qu'ils/elles **soient venu(e)s**

se blesser

que je **me sois blessé(e)**
que tu **te sois blessé(e)**
qu'il/elle/on **se soit blessé(e)**
que nous **nous soyons blessé(e)s**
que vous **vous soyez blessé(e)(s)**
qu'ils/elles **se soient blessé(e)s**

C. If there is only one subject, use the past infinitive to express a prior action. You may wish to review the past infinitive in Chapter 5, page 155.

J'étais content d'**avoir vu** mon amie.	*I was happy to have seen my friend.*
Elle est triste d'**être partie** si tôt.	*She's sad to have left so early.*
Elle regrette de ne pas **être restée** longtemps.	*She's sorry not to have stayed long.*

exercice **8** Pour chaque phrase, donnez (1) votre avis et (2) l'avis de vos parents.

Modèles: Nous avons beaucoup d'amis.
Nous sommes heureux d'avoir beaucoup d'amis.
Nos parents sont heureux que nous ayons beaucoup d'amis.

Nous avons choisi d'étudier ici.
Nous sommes heureux (regrettons, etc.) d'avoir choisi d'étudier ici.
Nos parents sont heureux (regrettent, etc.) que nous ayons choisi d'étudier ici.

1. Nous nous entendons bien avec nos amis.
2. Nous avons décidé de louer un appartement ensemble.
3. Nous avons trouvé un bel appartement près du campus.
4. Nous devons travailler pour payer le loyer et les charges.
5. Nous sommes souvent fatigués.
6. Nous nous endormons en classe.

exercice **9**

Essayez d'établir une liste de trois ou quatre sujets d'actualité (*current events*). Interviewez ensuite les étudiants de votre groupe pour connaître leur avis sur les sujets que vous avez choisis. Utilisez des expressions telles que «**Etes-vous content(e)... ? Est-il bon... ? Regrettez-vous... ?**». Essayez d'utiliser les expressions «Pour aborder un sujet», page 183.

Modèle: A propos du basket-ball, Boston a gagné le match.
Etes-vous triste que Boston ait gagné le match?

exercice **10** Choisissez un des sujets suivants et préparez une petite présentation (une ou deux minutes). Utilisez des expressions des pages 188–189.

1. un événement mémorable de votre vie
2. les cours les plus difficiles que vous ayez suivis jusqu'à présent sur ce campus
3. une erreur que vous avez faite

Brouillon. Utilisez les réponses que vous avez choisies pour votre **Début de rédaction**, page 186, et envoyez une télécopie (un fax) à l'une des adresses dans la publicité suivante pour dire que vous vous intéressez à louer l'appartement. Ajoutez des questions pour pouvoir vous renseigner sur l'appartement qui vous intéresse.

LOGEMENT

21 avenue Albert Sarraut. Immeuble ancien, sans ascenseur, 4e étage, sur rue, séjour, petite chambre, kitchenette équipée. 2200F CFA/mois. Libre à partir du 1er. *Fax (221) 823 30 80.*

34 avenue A. K. Bourgi. Petit immeuble, cave, 2 chambres, salle à manger, salle de bain, wc, cuisine équipée, chauffage central. Bail. 3650F CFA/mois + charges. *Fax (221) 821 70 14.*

42 rue du Dr. Thèze. Immeuble moderne, rez-de-chaussée, appartement meublé, cuisine, wc, douche, séjour, salon, 2 chambres, charges minimes. 2680F CFA/mois. *Fax (221) 821 40 80.*

39 rue Ndoye. Appt. ancien rénové, loyer 3100F CFA, charges incluses, dans résidence avec balcon, jardinet, libre, 41-88-64-70 soir. Métro Bolivar. *Fax (221) 822 54 17.*

41 avenue Lamine Gueye. Immeuble bon standing, appts. entièrement rénovés, 3 pièces, 5860F CFA charges comprises; grands studios, 3770F CFA ch. comp. *Fax (221) 821 88 31.*

Note culturelle

Le franc CFA. Les prix indiqués dans la publicité *Logement* qui précède sont en francs de la Communauté financière africaine. Le franc CFA est la dénomination de la monnaie commune de quatorze pays africains membres de la zone franc. Il s'agit des Etats suivants:

- le Bénin, le Burkina Faso, la Côte d'Ivoire, la Guinée Bissau, le Mali, le Niger, le Sénégal et le Togo, qui constituent l'Union économique et monétaire ouest africaine
- le Cameroun, la République centrafricaine, le Congo, le Gabon, la Guinée équatoriale et le Tchad, qui constituent la Communauté économique et monétaire de l'Afrique centrale.

A la découverte

♦ **LECTURE 1**

Né à Dakar, **Birago Diop** *(1906–1989) est, avec Léopold Senghor, un des grands poètes de la littérature africaine de langue française. Il est également fort apprécié pour ses contes dont l'inspiration vient de la riche tradition orale africaine des griots ou conteurs. Ce poème, dont vous trouverez ici un extrait, illustre la pensée africaine qui ne craint pas du tout la mort et qui pense que les morts retournent à la Nature.*

Notes culturelles

1. **L'animisme.** L'animisme est une croyance qui consiste à attribuer aux choses une âme semblable à celle des humains. L'animisme figure assez souvent dans la littérature africaine.
2. **Le griot/la griotte.** Il s'agit d'une personne d'une tribu africaine qui appartient à une caste spéciale, à la fois poète, musicien et sorcier (*witch doctor*). Les griots racontent des histoires, souvent à l'aide de masques et de costumes.

---

activité 1 **Etude du vocabulaire.** Etudiez les phrases suivantes et choisissez les mots anglais qui correspondent aux mots français en caractères gras: *crowd, shade, human beings, groans, bushes, breath.*

1. Asseyons-nous sous cet arbre; il fait plus frais à l'**ombre.**
2. Une **foule** de touristes faisait la queue devant l'entrée du musée.
3. Sous l'eau, mon frère était capable de retenir son **souffle** pendant deux minutes.
4. Nous avons planté plusieurs **buissons** près de notre maison.
5. Georges et Marie sont des **êtres** merveilleux avec qui j'adore parler.
6. La porte **gémit** chaque fois qu'on l'ouvre.

Souffles

Ecoute plus souvent
Les choses que les êtres,
La voix du feu s'entend.
Entends la voix de l'eau.

5   Ecoute dans le vent
Le buisson en sanglot:
C'est le souffle des ancêtres.
Ceux qui sont morts ne sont jamais partis
Ils sont dans l'ombre qui s'éclaire
10   Et dans l'ombre qui s'épaissit,
Les morts ne sont pas sous la terre
Ils sont dans l'arbre qui frémit,
Ils sont dans le bois qui gémit,
Ils sont dans l'eau qui coule,
15   Ils sont dans l'eau qui dort,
Ils sont dans la case, ils sont dans la foule
Les morts ne sont pas morts.

Leurres et lueurs, Birago Diop (Editions Présence Africaine)

activité 2 **Compréhension.** Relisez le poème et choisissez ensuite la périphrase qui représente le mieux le mot ou l'expression en caractères gras.

1. Ecoute plus souvent les choses que **les êtres**
   a. les gens   b. les animaux
2. Le buisson **en sanglot**
   a. qui pleure   b. qui rit
3. Dans l'ombre qui **s'épaissit**
   a. devient plus claire   b. devient plus foncée
4. Ils sont dans l'arbre qui **frémit**
   a. chante   b. tremble
5. Ils sont dans **la case**
   a. la boîte   b. la maison

activité 3 **Réflexion.**

1. Ce poème est d'inspiration animiste. Donnez-en quelques exemples.
2. Comment, d'après vous, peut-on entendre la «voix» du feu, de l'eau, d'un buisson?
3. Quel est le message du poète?

LECTURE 2

Bernard Dadié est né en Côte d'Ivoire en 1916. Il a vécu en France ainsi que de nombreuses années au Sénégal où il a fait de la politique avant de retourner dans son pays natal pour devenir ministre des Affaires culturelles en 1977. Un Nègre à Paris, *publié en 1959, est un roman où le personnage principal est un Africain qui va à Paris et qui décrit dans une lettre ce qu'il y voit et ce qu'il ressent. Il nous raconte ce qu'il observe sans juger les Français. Dans cet extrait, il décrit le jour de son départ.*

Note culturelle

Saint-Louis a été la capitale du Sénégal jusqu'en 1956, et certaines rues de cette petite ville ont conservé de belles maisons coloniales aux balcons ouvragés. Dakar, la nouvelle capitale, compte plus d'un million d'habitants. Cette ville dispose de luxueux hôtels et de bâtiments de style moderne qui en font une grande ville à l'européenne. C'est un port prospère et un centre industriel actif. Par sa situation géographique, son activité portuaire et son aéroport, Dakar enregistre un trafic important de marchandises et de voyageurs, à la fois vers l'Europe et vers les continents américains.

---

activité 4   **Etude du vocabulaire.**   Etudiez les phrases suivantes et choisissez les mots anglais qui correspondent aux mots français en caractères gras: *noisy, laundry, sidewalk, to walk up and down, were hurrying, roosters, barked, in order to, buildings.*

1. **Afin de** pouvoir dormir tard le matin, je me bouchais les oreilles.
2. Si ce n'étaient pas les **coqs** qui se mettaient à chanter à cinq heures du matin, c'étaient les chiens qui **aboyaient** quand le voisin partait pour aller au travail.
3. J'étais souvent obligé de me lever au milieu de la nuit et de **faire les cent pas** dans le couloir en attendant de pouvoir me rendormir.
4. Si le quartier devenait trop **bruyant** avec les coqs, les chiens, les voitures, j'allais m'asseoir sur le **trottoir** devant la maison.
5. Les gens ne voulant pas être en retard **se pressaient** déjà pour aller au travail.
6. Quand je regardais autour de moi, je voyais le **linge** des voisins qui séchait au vent, des chemises, un pantalon, une robe.
7. Au loin j'apercevais les nouvelles **bâtisses**, à plusieurs étages, qui dominaient déjà le centre de Dakar.

activité 5   **Parcourez la lecture.**   Lisez rapidement le passage suivant pour savoir les lieux de départ et d'arrivée de ce voyageur et le moyen de transport.

Dakar

Dakar. Je me suis levé de bonne heure afin de reprendre contact avec la ville. Des autos se reposent, au long des trottoirs, de leur fatigue de la journée. A des balcons, pend du linge que secoue[1] le vent réveillant tout sur son passage. Un chat dans la rue me regarde. Me reconnaît-il? Un chien aboie. Je suis
5 pour lui un étranger. A cette heure tout le monde dort encore et j'ai l'air de venir troubler le sommeil des maîtres. A chaque pas, des foules de souvenirs jaillissent[2] en moi. Chaque maison, chaque poteau[3] que j'ai pu poser[4], chaque arbre, me tient un langage[5], m'entraîne dans le passé. Un nouveau bruit s'est ajouté aux bruits anciens, le bruit des climatiseurs[6]. L'Européen transporte
10 maintenant avec lui non seulement ses habitudes, mais son climat. A côté des buildings, bâtisses modernes, visage futur de Dakar, demeurent[7] encore des petites villas coquettes[8] bâties pour un ou deux ménages[9] et possédant cour et jardin. Et j'écoute les bruits et je suis le réveil de cette capitale en évolution, image de notre propre évolution, une génération succédant à une autre avec
15 de nouvelles idées comme de nouvelles maisons succédant aux anciennes demeures. Et tout semble crier «Progrès, progrès!»

Un boy se rend au travail, une auto démarre[10]. Les coqs redoublent leur appel comme pour dire: «Levez-vous, hommes de peu de courage, le Progrès ne vous attendra pas.» Il se lève avec le soleil et se couche avec lui...

1. **secoue** shakes   2. **jaillissent** spring up   3. **poteau** telephone pole   4. **poser** install
5. **tient un langage** talks to me   6. **climatiseurs** air conditioners   7. **demeurent** remain
8. **coquettes** stylish   9. **ménages** families   10. **démarre** starts

20   Me voici à Yoff. Les formalités remplies, je fais les cent pas dans un hall
bruyant où je me sens seul, ne connaissant aucune des personnes que je
croise[11].

Fait étrange, je ne suis plus pressé; en moi, le calme qui précède les événements importants. Je ne réfléchis même plus. Je fais les cent pas, machinale-
25 ment, pendant que des avions se pressent et s'envolent[12]. Enfin notre tour.
J'attendais cette phrase que le micro annonce: «Les passagers pour Paris... »
Les gens nous regardent nous précipiter sur le terrain[13]. Oui, moi aussi, je
pars pour Paris, Messieurs!

Un Nègre à Paris, Bernard B. Dadié (Editions Présence Africaine)

11. **croise** meet, come across   12. **s'envolent** take off   13. **terrain** runway

activité 6   **Cherchez des exemples.**   Relisez la lecture. Combien d'exemples pouvez-
vous trouver qui indiquent qu'il est tôt le matin?

activité 7   **Réflexion.**

1. Qui sont les «maîtres» dont il est question dans cette lecture?
2. Quelles sont les indications du progrès dans ce passage?
3. Quelles ressemblances y a-t-il entre l'homme de ce passage et Ousmane
   Bambock?
4. Quelles indications trouvez-vous dans ce passage qui prouvent que la ville
   de Dakar est habitée?
5. A qui s'adresse l'homme avant de prendre l'avion? Pourquoi?

Le texte qui suit, «La Légende Baoulé», vient de la collection Légendes africaines, *de* **Bernard Dadié.** *Ce sont des contes qui se situent en Côte d'Ivoire. Celui-ci expliquerait l'origine d'un peuple, les Baoulé.*

activité 8 **Faites un brainstorming.** D'après le dictionnaire *Le Petit Larousse illustré,* une légende est une histoire «à caractère merveilleux [*supernatural*], où les faits historiques sont déformés par l'imagination populaire ou par l'invention poétique». Donnez des exemples de légendes que vous connaissez.

activité 9 **Etude du vocabulaire.** Etudiez les phrases suivantes et choisissez les mots anglais qui correspondent aux mots français en caractères gras: *close, respite, precipice, tops, loincloths, days gone by, harassed, rang out.*

1. Les esclaves mêmes, fils des captifs des **temps révolus,** étaient heureux.
2. Ils laissèrent aux épines leurs **pagnes,** puis leur chair.
3. Il fallait fuir toujours, sans repos, sans **trêve.**
4. **Harassés,** exténués, amaigris, ils arrivèrent sur le soir au bord d'un grand fleuve.
5. Les flots montaient jusqu'aux **cimes** des arbres.
6. Les conquérants devenaient **proches.**
7. Et le chant de l'espoir **retentit.**
8. La reine est droite au-dessus de l'**abîme.**

La Légende Baoulé

Il y a longtemps, très longtemps, vivait au bord d'une lagune calme, une tribu paisible de nos frères. Ses jeunes hommes étaient nombreux, nobles et courageux, ses femmes étaient belles et joyeuses. Et leur reine, la reine Pokou, était la plus belle parmi les plus belles. Depuis longtemps, très
5 longtemps, la paix était sur eux et les esclaves mêmes, fils des captifs des temps révolus, étaient heureux auprès de leurs heureux maîtres.

Un jour, les ennemis vinrent nombreux comme des magnans[1]. Il fallut quitter les paillotes[2], les plantations, la lagune poissonneuse, laisser les filets, tout abandonner pour fuir[3]. Ils partirent dans la forêt. Ils laissèrent aux
10 épines[4] leurs pagnes, puis leur chair[5]. Il fallait fuir toujours, sans repos, sans trêve, talonné[6] par l'ennemi féroce. Et leur reine, la reine Pokou, marchait la dernière, portant au dos son enfant.

A leur passage l'hyène ricanait[7], l'éléphant et le sanglier[8] fuyaient, le chimpanzé grognait et le lion étonné s'écartait[9] du chemin. Enfin les broussailles
15 apparurent, puis la savane et les rôniers[10] et, encore une fois, la horde entonna son chant d'exil:

> Mi houn Ano, Mi houn Ano, blâ ô
> Ebolo nigué, mo ba gnan min -
> Mon mari Ano, mon mari Ano, viens,
20 > Les génies de la brousse m'emportent.

Harassés, exténués[11], amaigris[12], ils arrivèrent sur le soir au bord d'un grand fleuve dont le cours se brisait[13] sur d'énormes rochers. Et le fleuve mugissait[14], les flots[15] montaient jusqu'aux cimes des arbres et retombaient et les fugitifs étaient glacés d'effroi[16]. Et les conquérants devenaient proches. Et
25 pour la première fois, le sorcier parla: «L'eau est devenue mauvaise, dit-il, et elle ne s'apaisera que quand nous lui aurons donné ce que nous avons de plus cher.» Et le chant d'espoir retentit:

> Ebe nin flê nin bâ
> Ebe nin flâ nin nan
30 > Ebe nin flê nin dja
> Yapen'sè ni djà wali
> Quelqu'un appelle son fils
> Quelqu'un appelle sa mère
> Quelqu'un appelle son père
35 > Les belles filles se marieront.

1. **magnans** large ants   2. **paillotes** straw huts   3. **fuir** flee   4. **épines** thorns   5. **chair** flesh   6. **talonné** followed closely   7. **ricanait** laughed   8. **sanglier** wild boar
9. **s'écartait** moved off   10. **rôniers** palm trees   11. **exténués** worn out   12. **amaigris** thin   13. **se brisait** crashed   14. **mugissait** roared   15. **flots** waves   16. **effroi** fright

(...) Et chacun donna ses bracelets d'or et d'ivoire, et tout ce qu'il avait pu sauver. Mais le sorcier les repoussa du pied et montra le jeune prince, le bébé de six mois: «Voilà, dit-il, ce que nous avons de plus précieux.» Et la mère effrayée[17], serra[18] son enfant sur son cœur. Mais la mère était aussi la reine
40 et, droite au bord de l'abîme, elle leva l'enfant souriant au-dessus de sa tête et le lança dans l'eau mugissante.

Alors des hippopotames, d'énormes hippopotames émergèrent et, se plaçant les uns à la suite des autres, formèrent un pont et sur ce pont miraculeux, le peuple en fuite passa en chantant:

45
                                    Ebe nin flê nin bâ
                                    Ebe nin flâ nin nan
                                    Ebe nin flê nin dja
                                    Yapen'sè ni djà wali
                                    Quelqu'un appelle son fils
50   Quelqu'un appelle sa mère
                                    Quelqu'un appelle son père
                                    Les belles filles se marieront.

Et la reine Pokou passa la dernière et trouva sur la rive son peuple prosterné. Mais la reine était aussi la mère et put dire seulement «baouli», ce qui veut
55 dire: l'enfant est mort. Et c'était la reine Pokou et le peuple garda le nom de Baoulé.

Légendes africaines, Bernard Dadié (Editions Seghers)

17. **effrayée** frightened   18. **serra** held tightly

activité **10**   **Compréhension.**   Répondez aux questions suivantes.

1. Quand est-ce que cette histoire a eu lieu?
2. Que savez-vous à propos de cette tribu?
3. Qu'est-ce qui vient menacer le calme de ce peuple?
4. Comment se passe leur fuite (*flight*)?
5. Comment réagissent les animaux en voyant passer ces gens?
6. Comment le griot nous fait-il comprendre que la fuite dure longtemps?
7. Qu'est-ce qui barre le passage de ce peuple?
8. Quelle solution propose le sorcier?
9. Quelle est la réaction des membres de sa tribu?
10. Que pense le sorcier de la générosité des gens?

activité 11 **Réflexion.**

1. Comment l'auteur de cette légende nous montre-t-il que la vie dans cette tribu est particulièrement agréable au commencement de l'histoire?
2. Comment nous fait-il sentir le danger que ressent (*feel*) les gens? Donnez des exemples.
3. Comment peut-on justifier la réaction de la reine Pokou? Est-ce que son sacrifice vous rappelle une autre situation dans la Bible ou dans la littérature?
4. Que se passe-t-il une fois que la reine a lancé son enfant dans le fleuve? Est-ce que cela vous fait penser à une histoire semblable?
5. Trouvez des exemples du merveilleux, ou des choses qui vous paraissent des exagérations dans cette légende Baoulé.
6. Qu'est-ce que le chant apporte à cette légende? Serait-elle plus intéressante s'il n'y en avait pas? Justifiez votre réponse.

Intégration

activité A Interviewez les autres étudiants. Vous voulez savoir s'il y a quelqu'un...

> **Modèle:** qui craint d'avoir une mauvaise note à son prochain examen.
> **Est-ce que tu crains d'avoir une mauvaise note à ton prochain examen?**

1. qui ne craint pas le froid.
2. qui ne croit plus au père Noël.
3. qui a peur qu'il ne fasse pas beau demain.
4. qui a un jeune frère ou une jeune sœur qui pense faire des études universitaires.
5. qui espère être professeur de français un jour.
6. qui a été surpris qu'on parle français au Sénégal.
7. qui est content d'être déjà allé dans un pays francophone.
8. qui regrette de ne pas avoir fini ses études.

activité B Téléphonez à un(e) ami(e) qui parle français. Expliquez-lui que vous venez d'étudier le Sénégal. Parlez-lui de ce pays. Qu'est-ce qui vous a surpris(e)? Que saviez-vous déjà?

NOTRE AGENCE
AU SÉNÉGAL
AFRICARS

activité C Avec vos partenaires, essayez d'imaginer votre avenir après vos études. Combien de possibilités pouvez-vous envisager?

> **Modèle:** **Il est possible que je fasse un voyage en pays francophone.**

Rédaction. Vous habitez un appartement à Dakar. Ecrivez une lettre de deux pages à votre professeur de français pour lui décrire votre appartement et votre vie au Sénégal. Utilisez la description donnée dans votre **Brouillon,** page 194.

Entre amis Vous êtes propriétaire d'un logement mais vous avez peur de le louer aux étudiants. Votre partenaire joue le rôle d'un(e) étudiant(e) qui vient voir l'appartement. Montrez-lui l'appartement. Répondez à ses questions et expliquez-lui ce qu'il faut faire si vous lui louez l'appartement. Consultez les expressions du **Début de rédaction** à la page 186, si vous voulez.

CHAPITRE SEPT

Une hôtelière à Fort-de-France

Buts communicatifs

◆ Se renseigner à l'hôtel
◆ Exprimer sa reconnaissance ou faire un compliment

Structure

◆ Le verbe *vivre*
◆ Les pronoms relatifs: sujet et objet direct
◆ Les pronoms relatifs: objet d'une préposition
◆ Les pronoms démonstratifs
◆ Les pronoms possessifs

A la découverte

◆ *Joseph, lève!* Martin Gratiant
◆ *Le Livre* (première partie) Joseph Zobel
◆ *Le Livre* (seconde partie) Joseph Zobel

Connaissez-vous Fort-de-France et la Martinique?

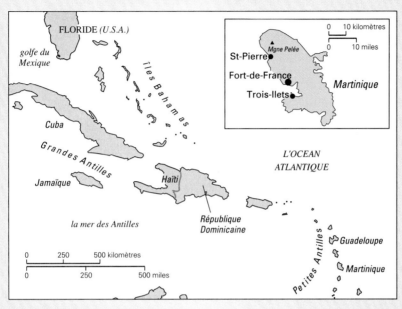

Le saviez-vous?   Essayez de compléter ces phrases. Ensuite cherchez les réponses en lisant le texte qui suit.

1. Les premiers habitants de la Martinique, les ____, étaient des Indiens pacifiques.
   a. Incas   b. Aztèques   c. Arawaks
2. Ils ont été décimés par les ____.
   a. Caraïbes   b. Cubains   c. Espagnols
3. Fort-de-France est ____ la Martinique.
   a. une île près de   b. la capitale de   c. un fort historique à
4. La Martinique est un ____.
   a. pays indépendant   b. département d'outre-mer
   c. territoire d'outre-mer
5. La religion ____ est la plus répandue dans l'île.
   a. catholique   b. protestante   c. musulmane
6. Le commerce «triangulaire», basé sur l'esclavage, a eu lieu entre la Martinique, l'Afrique et ____.
   a. l'Angleterre   b. l'Espagne   c. la France
7. La plus grande fête de la Martinique est ____.
   a. la fête de Fort-de-France   b. la fête de Joséphine   c. le carnaval
8. L'activité économique la plus importante de la Martinique de nos jours est ____.
   a. la pêche   b. le tourisme   c. l'agriculture
9. Aujourd'hui on y produit ____ de sucre qu'autrefois.
   a. plus   b. autant   c. moins

La Martinique

L'histoire tourmentée de l'île volcanique de la Martinique est une douloureuse suite de tragédies humaines. «Vae victis» ou «malheur aux vaincus», telle est l'impitoyable loi des envahisseurs (*invaders*) successifs de cette île.

RF 0,46 €

Le grand dauphin

A l'origine, des Indiens pacifiques, les Arawaks, vivent sur l'île lorsqu'un autre peuple, les Caraïbes, s'empare de leur terre. Les Caraïbes sont des guerriers féroces qui se déplacent entre les îles, ne laissant à la Martinique que leurs femmes. Les premiers marins venus d'Europe seront donc surpris d'aborder la Martinique, une île sans hommes, qu'ils baptisent en fait «l'île aux femmes». Au XVIIe siècle, les colons massacrent les Indiens caraïbes et les derniers résistants, réfugiés sur l'île de Saint-Vincent, sont déportés par la marine britannique sur la côte du Honduras.

Jour de marché

Au XVIIIe siècle, le commerce «triangulaire» entre les grands ports français, l'Afrique et l'Amérique, fondé sur la traite des Noirs et le travail de ces esclaves africains, est une source d'immenses profits. Avec l'abolition de l'esclavage en 1848, cette triste page de l'histoire peut être tournée.

Le changement de statut de colonie française à celui de département français, en 1946, a causé de profondes restructurations en Martinique. Si, de nos jours, la Martinique a encore une vocation agricole, la production du sucre y est peut-être inférieure à celle de 1789. En revanche (*On the other hand*), la production du rhum, tiré de la canne à sucre, est en constante progression, grâce au savoir-faire des producteurs. Cependant, le tourisme est devenu, en une trentaine d'années, la principale industrie de la Martinique.

Les Martiniquais, plus de quatre cent mille aujourd'hui, sont très attachés à la religion catholique, et la plupart d'entre eux sont pratiquants. A Noël, les habitants de l'île rendent visite à leurs voisins en chantant des cantiques. Le mélange des peuples originaires d'Afrique, d'Asie et d'Europe a donné naissance à un folklore d'une grande richesse. Ces influences sont évidentes dans la langue, le créole, ainsi que dans la musique et les cérémonies religieuses. Les combats de coqs introduits aux Antilles par les Espagnols jouissent (*enjoy*) aussi d'un succès remarquable et sont aussi populaires que les courses de chevaux dans d'autres pays.

La plus grande fête à la Martinique reste toutefois le carnaval qui y a fait son apparition au XVIIIe siècle. Il donne lieu, dans tous les villages, à des concours de danse, de beauté, de costumes, de construction de chars (*floats*) ou de batailles de fleurs. Les festivités les plus spectaculaires ont lieu à Fort-de-France, la capitale, où les magasins sont fermés pendant les quatre jours de la fête.

Aujourd'hui, les conséquences de la loi de la décentralisation de 1982 sont très importantes. La Martinique, tout comme sa voisine la Guadeloupe, est devenue une région européenne. Cela lui permet de recevoir des aides importantes de l'Union européenne pour certains projets, tout en laissant à l'île le droit de gérer son propre développement économique, social et culturel. Il existe quand même un mouvement séparatiste cherchant à obtenir l'indépendance.

Carnaval à Fort-de-France

ÉTES-VOUS BRANCHÉS? Pour en savoir plus sur Fort-de-France et la Martinique, cherchez les renseignements indiqués sur Internet. Allez d'abord au site de Houghton Mifflin, http://college.hmco.com/languages/french/students et de là au site *Personnages*. Consultez la liste des adresses Web pour obtenir les renseignements.

Interactions

A l'approche du carnaval, Claudine Dijoud fait ses derniers préparatifs avant d'accueillir les touristes qui vont envahir Fort-de-France. Elle espère bien que son petit hôtel, La Matadore, affichera complet. Le salon de l'hôtel est décoré avec goût et les chambres sont d'une propreté immaculée.

Les grands hôtels ont toujours beaucoup de monde pour cet événement qui attire des visiteurs de partout. Malheureusement, Mme Dijoud n'est pas assez riche pour se permettre de faire beaucoup de publicité pour mieux faire connaître son hôtel. De toute façon, elle pense que la meilleure publicité est sûrement celle que peuvent faire les clients satisfaits. Elle apprécie de recevoir des compliments et des lettres de remerciement pour son accueil si chaleureux et courtois mais elle apprécie encore plus que ses clients recommandent son hôtel à leurs amis.

VOCABULAIRE

Noms

les arrière-grands-parents great-grandparents
le bilan summary
la classe moyenne middle class
un(e) détenu(e) prisoner
une exposition exhibit
un(e) fonctionnaire civil servant
les impôts (*m.pl.*) income taxes
un nuage cloud
la poste post office
la poussière dust
les préparatifs (*m.pl.*) preparation

Verbes

augmenter to raise
se charger de to take care of
diminuer to lower

donner un coup de main à quelqu'un to help someone out; to give a hand to someone
empêcher to prevent
s'empêcher de (sourire) to keep from (smiling)
envahir to invade
épouser to marry
faillir to almost (do something)
faire face à un problème to confront, to face up to a problem
s'inquiéter to worry
régler le taxi to pay for the taxi ride
remplacer to replace
subvenir aux besoins de quelqu'un to provide for someone's needs

Adjectifs

menaçant   threatening
préoccupant   of concern; worrisome

Autres mots et expressions

autant en profiter   might as well take advantage of the situation
peu importe   whatever; no matter
quant à   as for; regarding
la raison pour laquelle   the reason why
sans tarder   without delay

A l'hôtel

afficher complet   to put up the "no vacancy" sign
un ascenseur   elevator
le couloir   hall; corridor; aisle
la cour   courtyard
un escalier   staircase
un étage   floor (in building)
un hôtelier/une hôtelière   hotel owner; hotelkeeper
la réception   front desk (hotel)

A la Martinique

le béké   plantation owner
la canne à sucre   sugar cane
la côte   coast
un coupeur/une coupeuse   cutter (of cane)
une croisière   cruise
un(e) esclave   slave
un mulâtre/une mulâtresse   mulatto
un négrier   slave trader
outre-mer   overseas
une paillote   straw hut
un pêcheur   fisherman
récolter   to harvest
un sinistre   disaster; catastrophe

Pour situer un événement

l'avant-veille   two days before
la veille   the day before
ce jour-là   that day
le lendemain   the next day
le surlendemain   two days later

Notes lexicales

1. **Demain ou le lendemain?**   Il faut distinguer entre les mots qui ont un rapport avec le présent: **aujourd'hui, demain, après-demain, dans trois jours,** etc., et ceux qui se réfèrent à un autre jour: **ce jour-là, le lendemain, le surlendemain, trois jours après,** etc.
2. **Hier ou la veille?**   Il faut distinguer, en parlant du passé, entre les mots **hier, avant-hier** (*the day before yesterday*), **il y a trois jours,** etc., et les mots qui se réfèrent à un autre jour: **ce jour-là, la veille, l'avant-veille, trois jours avant,** etc.
3. **Faillir.**   Ce verbe s'emploie d'habitude au passé composé avec un infinitif: **J'ai failli tomber.** (*I almost fell.*)

activité 1 Choisissez les mots ou expressions de la colonne de droite qui correspondent le mieux à ceux de la colonne de gauche.

workbook

1. ____ le bilan
2. ____ la raison pour laquelle
3. ____ donner un coup de main
4. ____ autant en profiter
5. ____ un détenu
6. ____ le lendemain
7. ____ épouser
8. ____ se charger
9. ____ la classe moyenne

a. se marier avec
b. aider quelqu'un
c. le jour après
d. la bourgeoisie
e. le résumé
f. s'occuper
g. pourquoi
h. pourquoi pas
i. un prisonnier

activité 2 Complétez les phrases suivantes avec une des expressions de la liste de vocabulaire.

1. _____ est la région d'un pays qui se trouve près de l'océan.
2. Un voyage d'agrément dans un navire s'appelle _____.
3. Il habite une case, c'est-à-dire une _____.
4. _____ est une machine qui permet de changer d'étage.
5. Une personne qui travaille pour l'état est _____.
6. A la Martinique, le propriétaire d'une plantation s'appelle _____.
7. L'endroit dans un hôtel où on règle sa note est _____.
8. _____ veut dire le jour avant.

activité 3 Utilisez des périphrases pour expliquer les expressions suivantes.

> **Modèle:** s'inquiéter
> **Quand on s'inquiète, on a peur et on est nerveux.**

1. un pêcheur
2. la poste
3. empêcher
4. remplacer
5. une exposition
6. arrière-grands-parents
7. les préparatifs
8. un négrier

A l'écoute 1

workbook

Quelqu'un sonne à la réception et Mme Dijoud se dépêche d'y aller. Ecoutez la conversation avant de passer aux activités.

activité 4   Choisissez *vrai, faux* ou *ce n'est pas indiqué*. Si l'affirmation est fausse, corrigez-la.

1. Les Beauchêne sont des touristes qui viennent d'arriver à la Martinique.
2. Ce sont des Français.
3. M. Beauchêne entre dans l'hôtel en même temps que sa femme.
4. Ils ont l'intention de se lever tôt le matin.
5. C'est M. Beauchêne qui porte les bagages jusqu'à leur chambre.
6. Ils ont choisi une chambre avec une vue sur la rue.

activité 5   Répondez aux questions suivantes.

1. Quelle question Mme Dijoud pose-t-elle à Mme Beauchêne quand elle la voit?
2. Que doit faire M. Beauchêne avant d'entrer dans l'hôtel?
3. Qui s'occupe des bagages des Beauchêne?
4. Pourquoi les Beauchêne préfèrent-ils la chambre qui donne sur la cour?
5. A quel étage se trouve leur chambre?
6. Comment les Beauchêne montent-ils à leur chambre?

A l'écoute 2

workbook Vous avez bien dormi? Les Beauchêne descendent à la salle à manger pour prendre le petit déjeuner. Ecoutez la conversation avant de passer aux activités.

activité 6 Répondez *vrai* ou *faux*. Si une affirmation est fausse, corrigez-la.

1. Mme Dijoud propose un déjeuner léger.
2. Mme Dijoud leur parle du carnaval.
3. Les gens dans les rues porteront des vêtements multicolores.
4. Les gens terminent la soirée en dansant très tard dans la nuit.
5. M. Beauchêne est venu pour faire des recherches sur l'île.
6. Les Beauchêne avaient prévu de faire une croisière pendant leur séjour.
7. Ils demandent des conseils à Mme Dijoud avant de décider.

activité 7 Répondez aux questions suivantes.

1. Est-ce que les Beauchêne ont bien dormi pendant leur première nuit? Pourquoi ou pourquoi pas?
2. Vont-ils pouvoir bien dormir la nuit d'après? Pourquoi ou pourquoi pas?
3. Combien de temps leur vol a-t-il duré?
4. Que choisissent-ils pour le petit déjeuner?
5. Pourquoi y aura-t-il beaucoup de gens dans les rues demain?
6. Qu'est-ce que les Beauchêne décident de faire comme excursion? Pourquoi prennent-ils cette décision?

Note culturelle

Vous avez bien dormi? Cette question est beaucoup plus qu'un prétexte pour commencer une conversation. C'est la question numéro un dans les pays francophones et une indication de l'accueil chaleureux des Français. Mme Dijoud veut vraiment savoir si les Beauchêne se sont bien reposés.

Conversation.   Patrick Jones, qui vient d'arriver à Fort-de-France, entre dans l'hôtel et s'arrête devant la réception. Claudine Dijoud lui adresse la parole.

CLAUDINE: Bonsoir, Monsieur. Vous avez réservé?

PATRICK: Oui, au nom de Jones.

CLAUDINE: Un instant, je vais vérifier… Oui, voilà. C'est pour toute la semaine, n'est-ce pas?

PATRICK: Oui, ce sont les vacances scolaires. Vous acceptez des cartes de crédit?

CLAUDINE: Absolument, Monsieur Jones. Vous pouvez me la donner un instant?

PATRICK: *(lui donne sa carte)* La voilà. Et pour demain matin, vous pourriez me réveiller?

CLAUDINE: *(lui rend la carte)* Merci beaucoup. Bien sûr, et pour quelle heure?

PATRICK: Ça dépend. On peut prendre le petit déjeuner à l'hôtel?

CLAUDINE: *(lui donne la clé de la chambre)* Oui, la salle à manger est ouverte à partir de sept heures.

PATRICK: Bien, réveillez-moi, s'il vous plaît, à six heures et demie.

CLAUDINE: Très bien, Monsieur Jones. Je vous souhaite une bonne nuit.

PATRICK: Merci, Madame, et à demain.

Le lendemain matin

(Le téléphone sonne.) Driiiiinnng!

PATRICK: *(décroche le téléphone et y répond)* Allô!

UNE VOIX: Monsieur Jones, il est six heures et demie précises.

PATRICK: Je vous remercie.

Un peu plus tard, devant la réception

CLAUDINE: Bonjour, Monsieur. Vous avez bien dormi?

PATRICK: Comme une souche! Mon lit était très confortable.

Et vous?   Répétez la conversation avec votre partenaire. Ensuite modifiez-la: Utilisez votre propre nom et précisez l'heure à laquelle vous voulez qu'on vous réveille.

Expressions utiles

1. Pour se renseigner à l'hôtel

Est-ce qu'il vous reste des chambres?	*Do you have any rooms left?*
Combien coûte la chambre?	*How much does the room cost?*
Le petit déjeuner est-il compris?	*Is breakfast included (in the price)?*
La chambre a-t-elle une douche et une baignoire?	*Does the room have a shower and a tub?*

Puis-je avoir la clé de ma chambre?	*May I have the key to my room?*
Pourrais-je vous demander d'autres serviettes?	*Could I ask for more towels?*
Y a-t-il d'autres suppléments à payer?	*Are there any other additional charges?*
Et pour régler la chambre?	*And to pay for the room?*
Vous acceptez les cartes de crédit?	*Do you accept credit cards?*

2. Pour exprimer sa reconnaissance ou faire un compliment

J'ai dormi comme une souche.	*I slept like a log.*
J'ai dormi sur mes deux oreilles.	*I slept very well.*
Mon lit est très confortable.	*My bed is very comfortable.*
Il y a une vue merveilleuse sur la ville.	*There's a wonderful view of the city.*
Le repas était délicieux!	*The meal was delicious.*
Je vous félicite de votre hôtel!	*I congratulate you on your hotel.*

workbook

Note culturelle

Répondre à un compliment. Beaucoup de francophones, lorsqu'ils répondent à un compliment, évitent d'utiliser le mot **merci.** Ils préfèrent trouver une réponse qui suggère que le compliment n'est pas tout à fait mérité. On entend donc «Vous trouvez?», «C'est gentil, mais vous exagérez», etc.

activité **8**   Que diriez-vous? Proposez une réponse pour chaque phrase.

> **Modèle:**   Vous avez bien mangé au restaurant de l'hôtel.
> **C'était délicieux! Nous avons très bien mangé.**

1. Vous n'avez pas réservé mais il vous faut une chambre.
2. Vous voulez savoir combien une nuit à l'hôtel va vous coûter.
3. Vous devez vous réveiller tôt parce que vous avez une réunion le lendemain.
4. Vous ne savez pas à quel étage se trouve votre chambre.
5. Vous n'avez pas assez de serviettes.
6. Vous avez très bien dormi.
7. Vous vous demandez s'il faut payer un supplément pour le petit déjeuner.
8. Vous avez perdu la clé de votre chambre.
9. Vous voulez savoir par quel moyen vous devez payer.
10. L'hôtel n'accepte pas de cartes de crédit.

activité 9 Répondez aux questions suivantes.

1. Quelle est la dernière fois que vous avez passé une nuit dans un hôtel ou dans un motel?
2. Comment avez-vous trouvé cette nuit à l'hôtel?
3. Quelles sont trois ressemblances entre l'hôtel de Mme Dijoud et un hôtel dans votre pays?
4. A votre avis, quelles sont les trois considérations les plus importantes quand on doit choisir un hôtel? Expliquez vos choix.
5. A votre avis, quelles sont trois difficultés auxquelles un touriste de votre pays doit faire face dans un hôtel francophone?

Entre amis

1. Vous travaillez à la réception d'un hôtel dans votre pays. Un(e) touriste francophone (votre partenaire) entre dans l'hôtel et vous pose quelques questions. Répondez à ses questions et ensuite aidez-le (la) à s'installer dans cet hôtel.
2. C'est le lendemain matin. Dites-lui bonjour et demandez-lui s'il (si elle) a bien dormi. Le (la) touriste vous fera un ou deux compliments en ce qui concerne votre hôtel et le service.

✦ LIRE ET DISCUTER

Echange 1

Après le départ des Beauchêne, Mme Dijoud est songeuse et se demande pourquoi elle a conseillé à ses clients d'aller à Saint-Pierre. Elle se rend compte que c'est une ville toujours présente dans sa mémoire. Ses arrière-grands-parents lui ont souvent parlé, dans sa jeunesse, de la terrible éruption volcanique de la montagne Pelée qui a détruit la ville de Saint-Pierre en 1902.

Joseph, son arrière-grand-père, travaillait sur une plantation située à 15 kilomètres de Saint-Pierre, alors capitale de la Martinique. C'était un coupeur de canne à sucre. Il faisait un travail très dur mais c'était un homme courageux et il était prêt à faire n'importe quel travail pour subvenir aux besoins de sa famille. Depuis longtemps, Joseph avait promis à sa femme de l'accompagner à Saint-Pierre pour y rendre visite à sa mère qu'elle n'avait pas vue depuis plusieurs mois. Cette visite était prévue pour le dimanche 8 mai. Il était convenu que Joseph et sa femme partiraient le matin de bonne heure pour revenir le soir même. Pendant leur absence, les enfants resteraient chez leur tante.

La veille du départ, le ciel est devenu menaçant et s'est couvert d'épais nuages sombres. Le propriétaire de la plantation, appelé communément le béké, a décidé de récolter sa canne à sucre sans tarder. Il a donc exigé que tous ses ouvriers soient présents le lendemain pour continuer le travail. Grâce à Dieu, cette décision autoritaire leur a sauvé la vie.

Le 8 mai, la montagne Pelée a fait éruption, recouvrant la ville d'un nuage de poussière. Tous les habitants de Saint-Pierre ont trouvé la mort dans cette

catastrophe naturelle, considérée comme l'une des plus terribles de tous les temps. Une seule personne, un détenu de la prison de Saint-Pierre, a survécu à cette apocalypse. Bilan de l'éruption: trente mille morts.

Notes culturelles

1. Saint-Pierre est l'ancienne capitale de la Martinique. Fort-de-France n'est devenu la capitale qu'après l'éruption de la montagne Pelée en 1902.
2. L'histoire nous apprend que le commerce avec les Antilles avait une telle importance qu'il faisait travailler plus de 400.000 personnes en France. Les navires revenaient en Europe chargés de produits exotiques: sucre, cacao, rhum, indigo, tabac, épices, cuir, parmi d'autres marchandises. Le royaume de France était alors le plus gros producteur de sucre du monde.

activité **10**   Répondez *vrai* ou *faux*. Si une affirmation est fausse, corrigez-la.

1. La ville de Saint-Pierre n'a pas joué de rôle important dans la vie des Dijoud.
2. L'arrière-grand-père de Mme Dijoud travaillait sur une plantation.
3. Il voulait aller voir sa belle-mère à Saint-Pierre.
4. Il a décidé de ne pas aller à Saint-Pierre à cause du mauvais temps.
5. Le «béké» est le nom qu'on donne au propriétaire d'une plantation.
6. L'éruption a causé la mort de 30.000 personnes.

activité **11**   Relisez le texte qui précède et répondez aux questions suivantes.

1. Que faisait l'arrière-grand-père de Mme Dijoud sur la plantation?
2. Depuis combien de temps la femme de Joseph n'avait-elle pas vu sa mère?
3. A quelle distance celle-ci se trouvait-elle?
4. En quelle année l'éruption du volcan a-t-elle eu lieu?
5. Quel jour de la semaine est-ce que c'était?
6. Combien y a-t-il eu de survivants? Comment expliquez-vous cela?

Echange 2

Quand elle pense à sa famille, Claudine Dijoud ne peut pas s'empêcher de sourire. Bien sûr, elle a connu des moments difficiles dans sa vie! Elle pense, cependant, avoir assez bien réussi. Ses parents avaient toujours été obligés de travailler à la plantation. D'ailleurs, depuis que ses ancêtres étaient arrivés du Sénégal à bord de bateaux de négriers, ils y avaient tous travaillé. En 1848, quand l'esclavage avait été aboli, ils avaient pris la décision de travailler pour le même béké. D'autres qui avaient voulu quitter la terre avaient été remplacés par des ouvriers chinois. Quant à Claudine, son mariage avec Aristide, un grand mulâtre de Fort-de-France, lui avait permis de quitter sa modeste paillote et de s'installer dans la belle maison en ciment de son mari. Ses deux fils aînés étaient fonctionnaires, l'un à la poste, l'autre à la gendarmerie. Leur éducation avait été pour eux un moyen assuré de promotion sociale. Ses deux filles avaient fait de bons mariages. Le mari d'Amadoue était un petit commerçant et l'homme que Justine avait épousé était pêcheur. Actuellement il ne reste que Bali à la maison. Il est en seconde au lycée. Il donne un coup de main à sa mère quand il est disponible et il est entendu que c'est lui qui s'occupera de l'hôtel quand Claudine prendra sa retraite. Eh bien oui, à son avis, elle n'a pas à se plaindre. Peu importe si elle a parfois des journées bien chargées. Sa vie aurait pu être pire!

Notes culturelles

1. **La traite des esclaves** était l'un des éléments fondamentaux d'un commerce colonial prospère, connu sous le nom tristement célèbre de «commerce triangulaire». Les bateaux quittaient un port européen pour échanger des marchandises contre des captifs. Les négriers vendaient ensuite ces esclaves aux planteurs des Antilles, de Cayenne ou de Louisiane et rapportaient du sucre, du rhum, du tabac, des bananes, etc., dans leur port de départ.
2. **Les fonctionnaires** sont les personnes qui ont un emploi permanent dans l'administration publique. Cela inclut non seulement les hauts fonctionnaires, c'est-à-dire les responsables administratifs, mais aussi les facteurs, les gendarmes, les professeurs et tous ceux qui travaillent pour l'état.

activité 12   Répondez *vrai* ou *faux*. Ensuite cherchez dans l'Echange qui précède une phrase ou deux pour justifier votre réponse.

1. Claudine est fière du progrès de sa famille.
2. Elle a quatre enfants.
3. Son attitude envers ses fils est différente de celle qu'elle a envers ses filles.
4. Elle a changé de maison après son mariage.
5. Ses ancêtres étaient africains.
6. Ceux-ci avaient décidé d'émigrer.
7. On a cessé de vendre des esclaves à la Martinique vers le milieu du dix-huitième siècle.
8. Un jour Bali prendra la place de sa mère à l'hôtel.

 Début de rédaction.   Faites une liste des ressemblances et des différences entre la famille de Claudine Dijoud et la famille d'Ousmane Bambock (Chap. 6). Vous devez trouver cinq ressemblances et cinq différences.

Structure

◆ LE VERBE *VIVRE*

Tu **as vécu** deux ans à Fort-de-France?	*You lived for two years in Fort-de-France?*
Oui, tu as envie d'y **vivre** un jour?	*Yes, do you want to live there someday?*
De quoi **vivent-ils?**	*What do they live on?*
On ne **vit** vraiment pas; on **survit.**	*We're not really living; we're (just) surviving.*
On ne peut pas **vivre** d'amour et d'eau fraîche.	*You can't live on love alone.*

vivre (*to live*)

je **vis**	nous **vivons**
tu **vis**	vous **vivez**
il/elle/on **vit**	ils/elles **vivent**

passé composé:	**j'ai vécu**
imparfait:	**je vivais**
participe présent:	**vivant**
subjonctif:	que je **vive**

The verb **survivre** is conjugated like **vivre**.

Complétez les phrases suivantes avec la forme convenable du verbe. Attention au choix entre **vivre** et **survivre**.

1. Après cet accident, le blessé n'avait sûrement aucune chance de
_____. 2. Il a _____ seulement deux heures.
3. Depuis combien de temps _____-vous dans cette ville? 4. Je n'y
_____ que depuis un an. 5. Mais, avant ça, j'ai _____
trois ans dans la ville voisine. 6. Il n'est pas facile d'y _____, avec
tous ces accidents. 7. Mais où voulez-vous que je _____? 8. Une
seule personne a _____ à l'éruption de la montagne Pelée à
Saint-Pierre.

◆ LES PRONOMS RELATIFS: SUJET ET OBJET DIRECT

workbook

A. Relative pronouns are used to join two clauses. The choice of relative pronoun depends on whether the relative pronoun is the subject (**qui**) or the direct object (**que**) of the verb in the second clause. Relative pronouns used as the object of a prepositon will be discussed in the next section.

C'est une île. Elle est située
aux Caraïbes.
C'est une île **qui** est située   *It's an island (that is) in the Caribbean.*
aux Caraïbes.

C'est une île. Nous l'avons
déjà visitée.
C'est une île **que** nous avons   *It's an island (that) we already visited.*
déjà visitée.

B. The relative pronoun **qui** replaces the subject of the second clause. **Qui** never drops the **i** before a vowel.

Voilà des touristes **qui** arrivent!   *There are tourists (who are) arriving!*

C. The verb in the second clause agrees with the person or thing that **qui** represents.

Où sont les gens **qui** parl**ent**   *Where are the people who speak*
français?   *French?*
C'est nous **qui** parl**ons** français.   *We are the ones who speak French.*

D. **Que**, referring to either a person or a thing, is the direct object of the verb in the second clause. Some other word or expression serves as the subject of that verb. **Que** becomes **qu'** when it precedes a vowel.

Voilà la femme **que** nous   *There's the woman (that) we saw.*
avons vue.
C'est la même **qu'**on a vue   *She's the same one we saw the day*
la veille.   *before.*

NOTE: Since **que** is an object and can never serve as subject of a verb, word order may vary somewhat.

la publicité que font les bons clients
or   la publicité que les bons clients font

E. Past participles used with the verb **avoir** agree with the relative pronoun **que** that precedes them.

Mon fils a acheté une voiture.
Où est **la voiture qu'**il a achet**ée?**   *Where is the car (that) he bought?*

Nous avons vu deux amis.
Où sont **les deux amis que** vous avez vu**s?**   *Where are the two friends (that) you saw?*

F. Although relative pronouns used as objects are often omitted in English, they must be used in French.

C'est le livre **que** j'ai lu.   *It's the book (that) I read.*
C'est une femme **que** vous connaissez.   *She's a woman (whom) you know.*

G. If the relative pronoun has no specific antecedent, **ce** must be used.

Le guide explique **ce qui** s'est passé.   *The guide is explaining what happened.*
Voilà **ce qui** me plaît.   *That's what pleases me.*
Je me demande **ce que** vous voulez.   *I wonder what you want.*
Voilà **ce que** je veux.   *Here's what I want.*

exercice **2**   On vous indique des personnes ou des choses mais vous ne les voyez pas tout de suite. Demandez où elles sont et utilisez **qui** dans chaque question.

> **Modèle:**   Cette femme achète un magazine.
> **Où est la femme qui achète un magazine?**

1. Ces ouvriers travaillent bien.
2. Cette cathédrale s'appelle Saint-Louis.
3. Ces agriculteurs cultivent de la canne à sucre.
4. Ces familles ont toujours vécu près du centre-ville.
5. Cette boulangerie vend des croissants délicieux.
6. Ce marché était plus fréquenté il y a deux ans.
7. Ces touristes viennent de visiter le musée.

MARTINIQUE

CENTRE INFORMATION
J E U N E S S E

exercice 3   Utilisez le pronom relatif **que** et les expressions suivantes pour faire des phrases logiques. Vous pouvez utiliser la forme négative.

> **Modèle:**   **La Martinique est un endroit que je n'ai jamais visité.**

Les impôts	un mois		visiter
Le basket	un phénomène		voir
La poussière	un endroit	je	connaître bien
Saint-Pierre	un restaurant	mes amis	craindre
La Martinique	un sport	nous	détester
Février	une chose	mon professeur	aimer beaucoup
Burger King	un jeu		

exercice 4   Utilisez **qui** ou **que** afin de reformuler la question.

> **Modèle:**   Où est la voiture? Vous avez loué une voiture.
> **Où est la voiture que vous avez louée?**

1. Comment était le voyage? Vous avez fait un voyage à Saint-Pierre.
2. Comment va votre sœur? Elle habite à Saint-Pierre.
3. Connaissez-vous bien ses voisins? Vous les avez vus.
4. Connaissez-vous bien son amie? Elle nous a parlé au téléphone.
5. Avez-vous reçu la lettre? Elle a envoyé une lettre.
6. C'était votre sœur, Anne, n'est-ce pas? Elle vous a écrit cette lettre.
7. Avez-vous peur du volcan? Il a fait éruption en 1902.
8. Où sont les cadeaux? Vous avez acheté des cadeaux.

exercice 5   Choisissez **qui, ce qui, que** ou **ce que** pour compléter les phrases suivantes.

1. Avez-vous aimé le voyage _____ vous avez fait?
2. Oui, les trois semaines _____ nous avons passées ensemble étaient formidables.
3. Nous avons visité des villes _____ étaient vraiment charmantes.
4. Quelle chance! Quand on voyage, on ne sait pas toujours _____ sera intéressant.
5. C'est vrai. On se demande _____ il faut voir.
6. Je crois que Fort-de-France était le plus impressionnant de tous les endroits _____ nous ayons visités.
7. Vous souvenez-vous du magasin _____ se trouve au bout du grand boulevard?
8. Marie y a dépensé tout l'argent _____ vous lui aviez donné.

workbook

A. In French, if the verb in the second clause requires a preposition, that preposition must be used with the relative pronoun. As the object of a preposition, **qui** or **lequel** may be used for persons, and **lequel** (not **qui**) is used for things and animals. See Chapter 1, page 34, to review the forms of **lequel.**

Marie est une amie. Je lui écris
    souvent.
Marie est une amie **à qui** (**à**   *Marie is a friend to whom I often*
    laquelle) j'écris souvent.   *write.*

La Martinique est une île. Je pensais
    à cette île.
La Martinique est une île **à laquelle**   *Martinique is the island I was*
    je pensais.   *thinking about.*

B. The relative pronoun **dont** may replace either **qui** or **lequel** if they are the object of the preposition **de.**

C'est une île. On m'a souvent
    parlé de cette île.
C'est une île **dont** on m'a   *It's an island that they often spoke*
    souvent parlé.   *to me about.*

Voilà la carte. Vous en avez
    besoin.
Voilà la carte **dont** vous avez   *There's the map you need.*
    besoin.

NOTE: If there is no antecedent for **dont, ce** must be used.

Je ne comprends pas **ce dont**   *I don't understand what you are*
    vous parlez.   *talking about.*

C. Où is normally used to replace a preposition + **lequel** if the meaning is *where.*

Voilà la maison **dans laquelle** il   *There's the house in which he was*
    est né.   *born.*
Voilà la maison **où** il est né.   *There's the house where he was*
                                                           born.

D. If the word that the relative pronoun replaces is a period of time (**jour, mois, année,** etc.) **où** must be used.

Je me souviens de l'année **où**   *I remember the year (when) I*
    j'ai fait votre connaissance.   *met you.*

exercice **6** Utilisez les éléments des listes suivantes pour faire des phrases complètes. Vous pouvez utiliser la forme négative.

Modèles: **La politique est une chose à laquelle je ne m'intéresse pas.**
Paris est une ville dont nous parlons souvent.

Le racisme
La politique
Une bonne note
L'été
Le tennis
L'hiver
Le football
Le petit déjeuner
Paris
Fort-de-France
L'argent
Le français

un cours
un repas
un sujet
une saison
une chose
un sport
une ville

auquel
à laquelle
dont

je
nous
mes amis

avoir besoin (de)
avoir peur (de)
s'intéresser (à)
penser souvent (à)
parler souvent (de)
se souvenir (de)

exercice **7** Répondez aux questions suivantes.

1. Comment s'appelait la ville où vous viviez quand vous aviez cinq ans?
2. Quels étaient les amis d'enfance avec qui vous jouiez?
3. Dans quel état ou dans quelle province se trouvait la ville où vous habitiez?
4. Quel était le cours dans lequel vous receviez les meilleures notes quand vous aviez quatorze ans?
5. Qui étaient les personnes auxquelles vous rendiez visite?
6. Que vendait-on dans les magasins où vous faisiez vos achats?
7. Quelle était la personne à qui vous téléphoniez le plus souvent?

exercice **8** Utilisez **dont, ce dont, à qui, auquel, à laquelle** ou **où** pour compléter les phrases suivantes.

Modèle: Voilà l'homme _____ j'ai fait la connaissance hier.
Voilà l'homme dont j'ai fait la connaissance hier.

1. J'ai vu l'hôtelière _____ j'avais téléphoné.
2. J'ai oublié _____ vous me parliez.
3. C'est la même personne _____ tu m'as parlé ce matin?
4. Paul a acheté _____ il avait envie?
5. On lui a vendu la carte postale _____ il s'intéressait.
6. Nous avons visité le site du volcan _____ on avait tellement peur.
7. Le printemps était la saison _____ il pleuvait le plus.
8. C'est un voyage _____ je vais me souvenir longtemps.
9. C'est un endroit _____ je me suis bien amusé.

workbook

A. Demonstrative pronouns agree in gender and number with the nouns they replace.

Quel pays?	**Celui**-ci.	*This one.*
Quelle cravate?	**Celle** de mon père.	*My father's (that of my father).*
Quels fonctionnaires?	**Ceux** qui habitent aux Anses.	*The ones (those) who live in Anses.*
Quelles paillotes?	**Celles** dont tu m'as parlé.	*The ones you spoke to me about.*

B. The demonstrative pronouns **celui, celle, ceux, celles** never stand alone. They are always used with one of the following constructions:

1. **-ci** or **-là.** When comparing two items, the suffix **-ci** refers to that which is closer: *this, these, the latter.* The suffix **-là** refers to that which is farther away: *that, those, the former.*

Ces légumes-**ci** sont magnifiques. Oui, mais **ceux-là** sont moins chers.	*These vegetables are wonderful. Yes, but those are cheaper.*
Les deux villes s'appellent Saint-Pierre et Fort-de-France. **Celle-ci** est la capitale actuelle; **celle-là** était la capitale jusqu'en 1902.	*The two cities are named Saint-Pierre and Fort-de-France. The latter is the present capital; the former was the capital until 1902.*

2. **de** + a noun

C'est ta voiture? Non, c'est **celle de** mes parents.	*No, it's my parents'.*

3. a relative pronoun

Laquelle est ta voiture? C'est **celle qui** est dans le garage.	*It's the one (that is) in the garage.*
C'est **celle que** j'avais hier.	*It's the one (that) I had yesterday.*
C'est **celle dont** je me suis servi hier.	*It's the one (that) I used yesterday.*

exercice **9** Utilisez des pronoms démonstratifs pour compléter les phrases suivantes.

1. Quel hôtel? C'est _____ de Mme Dijoud.
2. Quels bagages? _____ que j'ai apportés avec moi.
3. On les met dans quelle chambre? Dans _____-ci ou dans _____-là?

4. On doit s'occuper tout de suite de _____ qui viennent s'installer à l'hôtel.
5. Me conseillez-vous le tour de la côte nord ou _____ de la côte sud?
6. Ce volcan est _____ qui a fait éruption en 1902.
7. Les gens qui sont morts sont _____ qui étaient restés dans la ville de Saint-Pierre.

✦ LES PRONOMS POSSESSIFS

workbook

Possessive pronouns take the place of possessive adjectives and the nouns they modify. They agree in gender and number with the *nouns* they replace.

C'est votre valise?
Oui, c'est **la mienne.** *Yes, it's mine.* (agrees with **la valise**)

C'est l'hôtel de Mme Dijoud?
Oui, c'est **le sien.** *Yes, it's hers.* (agrees with **l'hôtel**)

Ce sont les filles de M. Dupont?
Oui, ce sont **les siennes.** *Yes, they are his.* (agrees with **les filles**)

A ta santé!
A la tienne! *To yours!* (agrees with **la santé**)

One possession	Pronoun	
mon livre / ma clé	le mien / la mienne	*mine*
ton livre / ta clé	le tien / la tienne	*yours*
son livre / sa clé	le sien / la sienne	*his or hers*
notre livre / notre clé	le nôtre / la nôtre	*ours*
votre livre / votre clé	le vôtre / la vôtre	*yours*
leur livre / leur clé	le leur / la leur	*theirs*

More than one possession	Pronoun	
mes livres / mes clés	les miens / les miennes	*mine*
tes livres / tes clés	les tiens / les tiennes	*yours*
ses livres / ses clés	les siens / les siennes	*his or hers*
nos livres / nos clés	les nôtres / les nôtres	*ours*
vos livres / vos clés	les vôtres / les vôtres	*yours*
leurs livres / leurs clés	les leurs / les leurs	*theirs*

The normal contractions occur with **à** and **de**.

On s'est occupé de mes bagages et **des** vôtres.

They took care of my baggage and yours.

J'en veux à ses amis et **aux** miens.

I'm mad at her friends and mine.

Synthèse: pronoms démonstratifs et pronoms possessifs

	John's		*his*
l'idée de Jean	celle de Jean	⟶	la sienne
l'appartement de Jean	celui de Jean	⟶	le sien
les amis de Jean	ceux de Jean	⟶	les siens
les nouvelles de Jean	celles de Jean	⟶	les siennes
	his parents'		*theirs*
l'idée de ses parents	celle de ses parents	⟶	la leur
l'appartement de ses parents	celui de ses parents	⟶	le leur
les amis de ses parents	ceux de ses parents	⟶	les leurs
les nouvelles de ses parents	celles de ses parents	⟶	les leurs

---

exercice **10** Complétez les phrases suivantes en utilisant des pronoms possessifs ou des adjectifs possessifs.

1. Mme Dijoud s'occupe bien de _____ hôtel et de _____ famille. 2. Cet hôtel est _____ depuis dix ans. 3. _____ mari en avait hérité de _____ parents après _____ mort. 4. Il l'a ensuite laissé à _____ femme. 5. Celle-ci va sans doute laisser l'hôtel au plus jeune de _____ enfants. 6. L'aîné de ceux-ci, Joseph, a _____ propre voiture et Bali, le dernier, rêve d'avoir _____. «Maman, ma voiture est en panne; je peux emprunter _____?» lui demande parfois _____ aîné.

exercice **11** Répondez aux questions en utilisant deux pronoms possessifs dans chaque phrase. Si vous ne savez pas la réponse, devinez.

> **Modèle:** Vous aimez mieux votre voiture ou celle de votre ami?
> **J'aime autant la mienne que la sienne.**

1. Vos devoirs prennent-ils plus, moins ou autant de temps que ceux de vos amis?
2. Vos vacances sont-elles plus, moins ou aussi courtes que celles des Français?
3. Votre ville est-elle plus petite que la ville où habite Claudine Dijoud?
4. Votre université est-elle plus connue que celle des étudiants de Notre-Dame?
5. Votre emploi du temps est-il moins chargé que celui de votre meilleur(e) ami(e)?
6. Votre journée est-elle moins longue que celle de Mme Dijoud?
7. Votre vie est-elle plus, moins ou aussi difficile que celle de vos arrière-grands-parents?

Brouillon. Ecrivez une page pour décrire la vie de Claudine Dijoud. Utilisez certaines des réponses que vous avez choisies pour votre **Début de rédaction,** page 220.

A la découverte

◆ **LECTURE 1**

*Le poème qui suit a été écrit par un auteur martiniquais du nom de **Martin Gratiant.** Il est né à Fort-de-France en 1901. Gratiant était un des premiers poètes de la Martinique à suggérer à ses compatriotes de ne plus accepter la situation telle qu'elle était. Ce poème nous permet de comparer sa version en patois (regional dialect) avec une traduction en français.*

activité **1** **Comparaison des versions.** Lisez d'abord le poème dans sa version originale. Faites ensuite une liste des mots que vous avez compris. Comparez enfin les deux versions du poème. Quelles différences et quelles ressemblances trouvez-vous en ce qui concerne le choix des mots, la forme des mots et l'ordre des mots?

Joseph, lève!

Joseph, mi an chapeau mussieu pa
peu métté:
I ké fai-ou philosophe loss ou
descen-n dan bouk.
5   —Mèci, madanm!

Joseph, mi ti l'agen ou travaill ba
moin
(Ou a viré ren-n-li dan boutique
l'usine-la).
10   —Mèci, maitt-moin!

Joseph, ni l'election, dimanch, pou
député.
Tafia-moin bon; mi an bell goudd;
nèg pa ingra...
15   —Mèci, mussieu!

Joseph, cé an laquètt mank a fai
pou la Viège,
Montré ou bon chrétien, man ké
tiré-ou l'enfè.
20   —Mèci, mon Pè

Joseph! Joseph!
Qui temps ou ké lévé?
La charité ça bon pou chien!
   Joseph! Joseph!

25 Pa sè ni pièce chan-ca-n,
Pa sè ni pièce chateau,
Pa sè ni pièce l'auto,
Pa sè ni pièce Mussieu,
Pa sè ni pièce Madanme,
30 Pa sè ni pièce mon Pè
   Si pa té ni Joseph!

Debout! Joseph!
(Traduction de Jean Loize)

Joseph, voici un chapeau que
Monsieur ne porte plus:
Il te fera faraud[1] quand tu
descendras au bourg.
5   —Merci, Madame!

Joseph, voici quelques sous[2] pour
le travail que tu m'as fait
(Tu viendras le rendre à la
boutique de l'usine).
10   —Merci, mon maître!

Joseph, c'est l'élection, dimanche,
pour le député.
Mon rhum est bon; voici une belle
pièce de cinq francs; les nègres ne
15 sont pas ingrats...
   —Merci, Monsieur!

Joseph, c'est une quête[3] que je fais
pour la Vierge,
Montre que tu es bon chrétien, je
20 te sauverai de l'enfer[4].
   —Merci, mon père

Joseph! Joseph!
Quand te lèveras-tu?
La charité c'est bon pour les
25 chiens!
   Joseph! Joseph!

Il n'y aurait pas de champs de
cannes,
Il n'y aurait pas de château,
30 Il n'y aurait pas d'auto,
Il n'y aurait pas de Monsieur,
Il n'y aurait pas de Madame,
Il n'y aurait pas de «Mon Père»
   S'il n'y avait pas Joseph!

Dans *Les Quatre Samedis des Antilles*, trad. Jean Loize, *Anthologie de la nouvelle poésie nègre de langue Malgache et française*, éd. Léopold Senghor (Presses universitaires de France)

1. **fera faraud** make you look sharp 2. **sous** pennies 3. **quête** collection 4. **enfer** hell

230   Chapitre 7

activité **2** **Compréhension.** Répondez aux questions suivantes.

1. Qui est Joseph et que fait-il dans la vie?
2. Qui sont les quatre personnes qui lui parlent?
3. Que pensez-vous de la générosité de Madame?
4. Pourquoi donne-t-on une pièce de cinq francs à Joseph?
5. Pour quelle raison le Père lui demande-t-il de l'argent?
6. Quelle promesse ce dernier fait-il à Joseph?

activité **3** **Réflexion.**

1. A votre avis, qui est le plus hypocrite de ceux qui parlent à Joseph?
2. Commentez l'ironie du poème.
3. Le ton du poème vous paraît-il condescendant, pessimiste, triste, moqueur? Justifiez votre réponse.
4. La deuxième strophe vous rappelle-t-elle quelque chose dans l'histoire des Etats-Unis?
5. Que suggère le poète dans la dernière strophe? Est-ce vrai?

◆ LECTURE 2

Joseph Zobel est un écrivain martiniquais qui, comme beaucoup d'Antillais, a quitté son pays natal pour aller faire des études en France. L'extrait suivant montre à merveille l'importance de l'éducation à la Martinique. Bien souvent une bonne instruction permet aux «gens de couleur», comme on les nomme sur cette île, de s'améliorer au niveau social.

activité **4** **Etude du vocabulaire.** Essayez de choisir les définitions ou les paraphrases de la deuxième colonne qui correspondent aux expressions de la première colonne.

1. _____ sitôt après
2. _____ une bourse
3. _____ une enseigne
4. _____ un(e) gosse
5. _____ une ceinture
6. _____ une boucle d'oreille
7. _____ un syllabaire
8. _____ la messe
9. _____ le chahut

a. le bruit, le tumulte fait par les élèves
b. un mot familier pour *enfant*
c. tout de suite après
d. la liturgie principale de l'Eglise catholique
e. un petit sac où on met de l'argent
f. un panneau qui porte une inscription (magasin, cinéma, etc.)
g. un bijou
h. un livre élémentaire de lecture
i. une bande qui sert à ajuster les vêtements à la taille

activité 5   **Parcourez la lecture.**   Lisez le texte qui suit pour trouver ces renseignements.

1. l'âge d'Aristide
2. la raison pour laquelle ils doivent obtenir le livre
3. le métier de la mère
4. combien d'argent il y a dans sa bourse
5. comment elle a pu obtenir cet argent
6. le nom du plus gentil des camarades de classe d'Aristide

NOTE: Review the passé simple, page 69.

Le Livre (première partie)

Dans ce texte, nous rencontrons un jeune garçon de sept ans, Aristide, accompagné de sa mère, Théodamise. Ils se dirigent vers un petit bourg à plusieurs heures de marche de leur propre village. Ils sont tous les deux très fatigués. Après s'être lavé les pieds dans une rivière à l'entrée du bourg, ils s'avancent vers les petits commerces à la recherche d'une librairie. En effet ils sont là pour acheter un syllabaire dont Aristide a besoin pour apprendre à lire. Au passage ils s'arrêtent à l'église pour assister à la messe.

—On y va, maman, pour voir s'il y a le livre?

    Elle aussi avait plutôt hâte de voir terminer la messe; mais il lui fallait absolument prendre la bénédiction, étant donné que c'était la première fois; elle était étrangère à la paroisse[1]. Alors elle tint bon[2], calmant le gosse autant
5 qu'elle le pouvait, et sitôt après l'élévation, elle dénoua sa bourse, se faufila[3]

1. **paroisse** parish   2. **tint bon** didn't give in   3. **se faufila** edged her way in

à l'intérieur, lâcha une pièce dans le tronc des Ames du Purgatoire en faisant bouger machinalement ses lèvres[4]. Enfin, elle se signa deux ou trois fois et regagna la porte, en entraînant son fils par la main.

—Le livre, à présent, hein maman?

10   Le cœur d'Aristide dansait si fort que ses yeux ne distinguaient rien de ce qui l'eût pourtant charmé[5]: les belles autos des «békés» stationnées devant l'église, le Monument aux Morts, les grandes maisons «hautes-et-basses», la Mairie en béton[6], toute neuve, les deux globes sur le comptoir de la pharmacie, l'un vert et l'autre rose, les enfants bien habillés avec des vareuses à col
15 de marin[7] et des chaussures vernies, les marchandes de gâteaux.

    Tout cela ne lui disait rien. Ce qu'il cherchait des yeux, c'était une maison, un magasin, quoi! où il y eût des livres: une librairie. Et Théodamise, pour ne pas s'exposer au ridicule de laisser voir qu'elle n'était pas de l'endroit, ne voulait rien demander à personne. Elle essayait de trouver toute seule. Entre-
20 temps, la messe avait pris fin et elle n'avait pas encore trouvé. Alors, elle pensa que c'était peut-être comme à Saint-Esprit, chez Madame Marc, où les livres se vendent dans un petit bazar. Et elle entra tout simplement dans un magasin et demanda le plus gentiment qu'elle pût s'il n'y avait pas des livres pour «petits enfants de sept ans».

25   —Non, madame.

    Mais la demoiselle du magasin voulut bien lui indiquer: «Plus haut; prenez la rue à droite et demandez chez M. Joville. C'est une maison avec des aluminiums[8] suspendus à la devanture[9]».

    Elle remercia. Elle sortit, fit quelques pas, regardant partout, vit les
30 casseroles et fait-tout[10] suspendus, miroitant[11] au soleil. Et même, Aristide essaya d'épeler tout haut pour sa mère l'enseigne en lettres blanches sur fond d'émail bleu[12].

    Mais Théodamise n'y prêta aucune attention, trop occupée à tirer sa bourse des replis de sa ceinture. Elle en sortit une petite boîte plate en fer
35 blanc[13], l'ouvrit précautionneusement, s'assura de ce qu'elle contenait: le papier que l'institutrice lui avait envoyé et qui portait le titre du livre, l'auteur, le degré, tout. Elle n'avait qu'à le présenter à la librairie, lui avait fait dire l'institutrice. Ce qu'elle avait déjà fait, du reste[14], chez Madame Marc pour savoir le prix; mais on lui avait répondu que c'était «épuisé[15]». Il ne lui restait
40 par conséquent que deux endroits où aller: en ville et au Lamentin. Au Lamentin d'abord, puisque la ville était plus loin et devait certainement coûter plus cher.

    Enroulé dans le petit papier se trouvait l'argent: deux billets de cinq francs. C'était peut-être la plus forte somme que Théodamise était parvenue à
45 rassembler[16]: presque deux semaines de son salaire de sarcleuse[17] aux champs de canne à sucre, à la plantation de Féral. Il lui avait fallu elle ne savait plus

---

4. **en faisant bouger ses lèvres** moving her lips 5. **l'eût charmé** would have delighted him
6. **Mairie en béton** concrete town hall   7. **vareuses à col de marin** jackets with sailor collars 8. **aluminiums** aluminum ware 9. **devanture** display window 10. **les casseroles et fait-tout** pots and pans 11. **miroitant** gleaming 12. **sur fond d'émail bleu** on a blue enamel background 13. **boîte plate en fer blanc** flat tin box 14. **du reste** besides
15. **épuisé** sold out 16. **parvenue à rassembler** had been able to set aside 17. **sarcleuse** hoer

combien de semaines, car plus d'une fois, comme cédant à une tentation maligne[18], elle avait dû faire des prélèvements sur[19] ce qu'elle avait déjà réalisé[20]. Et pendant ce temps, les élèves, au fur et à mesure[21], revenaient à l'é-
50 cole avec leur livre, et Aristide demeurait l'un des rares qui n'eussent pas encore le leur. Il ne pouvait pas prendre part aux exercices de lecture, car son voisin, pour ne pas abîmer[22] son livre, refusait de l'ouvrir tout grand pour lui permettre d'y voir. Et la maîtresse de protester chaque jour: «Et qu'attendez-vous pour avoir le vôtre? Tous les autres... »

55 La semaine d'avant, Aristide avait eu l'excuse que c'était «épuisé» chez Madame Marc, à Saint-Esprit; mais les autres avaient brandi[23] leur livre en criant: «Et mon papa a acheté le mien en ville!... Et le mien, c'est au Lamentin qu'on l'a acheté...Y'en a...». Un chahut dont Aristide était resté mortifié.

Seul Christian, un bon camarade qui, une fois, lui avait prêté son crayon
60 rouge et bleu, lui laissa voir son livre un jour, pendant la récréation. Non sans d'infinies précautions, car ce fut Christian lui-même qui tourna les pages, en soutenant le dos du livre pour ne pas trop l'ouvrir. C'était gentil tout de même, et cela donna à Aristide un avant-goût du bonheur[24] de posséder sous peu son propre livre avec les mêmes illustrations, le lustre des feuillets[25], la
65 même odeur de papier neuf. Or, le jour tant espéré était ce dimanche.

Depuis la veille au soir, Théodamise, n'ayant pu disposer de son salaire, avait porté en gage[26] à une dame du bourg qu'elle connaissait bien sa modeste mais combien précieuse paire de boucles d'oreilles. Ainsi, elle avait pu réunir dix francs, deux billets de cinq francs.
70 Elle déplia[27] donc les deux billets et les replia au creux[28] de sa main. Elle tint le petit papier ouvert et, prenant son aplomb[29], entra dans le bazar[30].

Laghia de la mort, Joseph Zobel (Editions Présence Africaine)

18. **tentation maligne** evil temptation   19. **faire des prélèvements sur** to draw from
20. **réalisé** saved   21. **au fur et à mesure** little by little   22. **abîmer** damage   23. **brandi** shown   24. **avant-goût du bonheur** foretaste of the joy   25. **lustre des feuillets** shine of the pages   26. **en gage** as security deposit   27. **déplia** unfolded   28. **creux** palm
29. **prenant son aplomb** gaining her composure   30. **entra dans le bazar** entered the store

activité **6**   **Compréhension.**   Répondez aux questions suivantes.

1. Pourquoi Théodamise ne veut-elle pas quitter l'église avant la fin de la messe?
2. Pourquoi le petit Aristide ne s'intéresse-t-il pas aux belles autos ou aux grandes maisons?
3. Pourquoi sa maman ne veut-elle pas demander où se trouve la librairie?
4. Y a-t-il une librairie à Saint-Esprit?
5. Pourquoi la demoiselle du magasin dit-elle à Théodamise de chercher les aluminiums dans la devanture?
6. Où Théodamise garde-t-elle son argent?
7. Qu'est-ce que cela suggère?
8. Pour quelle raison Théodamise a-t-elle préféré essayer d'acheter le livre au Lamentin?
9. Comment Aristide a-t-il eu l'occasion de regarder un livre de plus près?

activité **7**   **Etude du vocabulaire.**   Essayez de choisir les définitions ou les paraphrases de la deuxième colonne qui correspondent aux expressions de la première colonne.

1. ____ un rabais	a. en parlant très, très fort
2. ____ un crayon	b. un endroit où on met des vêtements
3. ____ pressante	c. la partie du magasin où se trouve la caisse
4. ____ le comptoir	d. une réduction du prix de quelque chose
5. ____ en criant	e. qui vous oblige à vous dépêcher
6. ____ une armoire	f. un instrument avec lequel on écrit

activité **8**   **Parcourez la lecture.**   Lisez la lecture suivante pour trouver ces renseignements:

1. dans quelle sorte de magasin ils trouvent le livre
2. comment Aristide reconnaît le livre
3. le prix du livre dont Aristide a besoin
4. ce qui arrivera si Aristide n'a pas son livre
5. ce que Théodamise demande à la vendeuse
6. quelle est la réponse de celle-ci
7. comment réagit Aristide
8. quelle promesse elle fait à son fils après être sortie du magasin

Le Livre (seconde partie)

C'était un intense martèlement de plancher[1], un grand tressaillement d'étoffe déchirée[2], qui jetèrent le trouble sur la joie d'Aristide. Les vendeuses se démenaient comme une chorégraphie réglée pour un effet de confusion, et lançaient d'une voix affectée:

5 —Recevez dix-huit francs!

—De la dentelle de Valenciennes? En quelle largeur?...

—Que désirez-vous madame?

—Un livre pour un enfant, répondit Théodamise.

Elle tendit en même temps le papier en inclinant légèrement la tête,
10 comme pour remercier la vendeuse de son attention.

La vendeuse lit le papier.

—Syllabaire Langlois, 1er degré? Oui, madame.

—Vous ne voudriez pas avoir la complaisance de me le faire voir, s'il vous plaît, mademoiselle, dit Théodamise en sucrant elle aussi sa voix[3], et de son
15 air le plus docile.

La vendeuse alla à une armoire vitrée[4], au fond du magasin. Dès qu'elle reparut avec le petit livre vert, Aristide sauta sur la pointe des pieds en criant:

1. **martèlement de plancher** pounding of the floor   2. **tressaillement d'étoffe déchirée** rustling of torn fabric   3. **en sucrant sa voix** sweetening her voice   4. **armoire vitrée** glass front cabinet

—C'est ça, maman! C'est bien cette peau[5] qu'ils ont, ceux de tous les élèves.

20 Théodamise pris le livret, l'entrouvrit. Aristide se haussa[6] et, la tirant par le bras:

—C'est bien ça, maman. Celui de Christian a cette image comme ça, là.

Théodamise ouvrit sa main qui gardait l'argent et demanda:

—C'est combien, mademoiselle?

25 —Dix francs quinze.

Elle portait déjà une main à ses cheveux où était piqué un crayon, et l'autre main à la poche de sa blouse pour en retirer certainement son carnet de tickets.

—Dix francs et quinze sous? fit Théodamise.

30 —Oui, madame.

Théodamise sentit un froid couler dans tout son corps. Mais sans broncher[7] elle demanda:

—C'est votre dernier prix, mademoiselle?

—Oui, madame.

35 Alors dépliant vivement les deux billets de cinq francs et se penchant un peu sur le comptoir, Théodamise reprit, sans cacher son désarroi[8]:

—Faites-moi donc un petit rabais, mademoiselle. Je viens jusque de Petit-Bourg avec cet enfant. Je suis une malheureuse. Nous sommes partis depuis quatre heures ce matin.

40 —Je regrette, madame. Le prix est marqué: voyez.

Elle montrait un angle de la couverture[9] où s'inscrivaient des chiffres au crayon.

Théodamise restait sans parler, les yeux sur le livre qu'elle tenait encore et Aristide, pour briser cette hésitation à laquelle il ne comprenait rien, la tira par la robe et lui cria doucement:

45

5. **peau** cover   6. **se haussa** stood on his toes   7. **sans broncher** staying calm   8. **désarroi** confusion   9. **couverture** book cover

—Eh, bien, prends-le quand même, maman!

—Alors, qu'est-ce que vous faites? reprit la vendeuse, plutôt pressante.

—Je vous demande un petit rabais, chère mademoiselle, reprit la femme, suppliante, affaiblie. Vous ne le laisseriez pas à dix francs, pour moi? Ce serait 50 un service que le Bon Dieu...

Mais hélée[10] par une de ses camarades, la vendeuse, d'un geste péremptoire[11], reprit le livre et l'emporta en se déhanchant avec souplesse sur ses talons pointus[12].

Aristide poussa un cri, un beuglement[13] qui fit se retourner tous ceux qui 55 étaient là et, retenant Théodamise par la main, il trépignait[14] en répétant:

—Maman, prends-le! Prends-le quand même, maman!

Et il ne voulait rien entendre de ce que sa mère se penchait pour lui dire.

Théodamise, visiblement ébranlée[15], s'écroulait[16] en elle-même... et les sanglots[17] de l'enfant continuaient de la déchirer et l'affolaient[18] d'autant 60 plus, au regard de tous ces gens qui assistaient ahuris[19] ou amusés à cette scène, qu'elle ressentait comme une humiliation.

—Maman, prends-le quand même!

Les cris et les pleurs redoublaient tout le long de la rue. Désemparée[20], Théodamise entraîna son enfant hors du bourg, et quand il n'y eut plus de 65 maisons tout près, elle s'affaissa[21] sur le bord de la route et, elle aussi, pleura tout haut avec lui.

Le soleil commençait à descendre du côté où le ciel va toucher la mer, très loin. Voyant avancer les premiers paysans endimanchés[22] qui revenaient du bourg, Théodamise s'essuya les yeux et se hâta de consoler son petit.

70 —Maman n'a pas assez d'argent, vois-tu. C'est plus cher que tout l'argent que maman a dans la boîte. Il faut que maman travaille encore, et dimanche prochain nous allons revenir. Et tu auras deux sous pour acheter des bonbons. Elle l'emmenait lentement par la main. Comme ils n'avaient pas déjeuné, arrivés à la rivière, ils burent une bonne lampée[23] qui les remit un peu. 75 Aristide ôta ses alpargates[24] et ils quittèrent la grand-route, prenant par les manguiers le raccourci[25] qui passe par la plantation Génipa.

—Dimanche prochain...

Puis elle se taisait, pour se dire et voir dans sa tête:

—Le livre, ou mon enfant n'ira pas à l'école. Fera partie des «petites ban-80 des» qui travaillent dans les plantations des békés. Comme moi depuis l'âge de sept ans. Non.

—Dimanche prochain, reprenait-elle tout haut. Comme si elle allait conter une merveilleuse histoire.

Laghia de la mort, Joseph Zobel (Editions Présence Africaine)

10. **hélée** called   11. **geste péremptoire** a brusque gesture   12. **se déhanchant avec souplesse sur ses talons pointus** swaying gracefully on her pointed heels   13. **beuglement** bellowing   14. **trépignait** stamped his feet   15. **ébranlée** shaken   16. **s'écroulait** was falling apart   17. **sanglots** sobbing   18. **l'affolaient** made her panic   19. **ahuris** stunned 20. **désemparée** distraught   21. **s'affaissa** collapsed   22. **endimanchés** wearing (their) Sunday best   23. **burent une bonne lampée** took a big gulp   24. **alpargates** type of sandal 25. **raccourci** shortcut

activité 9   **Compréhension.**   Répondez aux questions suivantes.

1. Qu'est-ce qui étonne Aristide quand il entre dans le magasin?
2. Où se trouve le livre dont il a besoin?
3. Pourquoi la vendeuse ne peut-elle pas vendre le livre moins cher?
4. Que fait la vendeuse quand elle voit que Théodamise n'a pas assez d'argent?
5. Comment réagit Théodamise quand son fils se met à crier et à pleurer?
6. Pourquoi est-il si important que son fils ait son propre livre?

activité 10   **Réflexion.**

1. Trouvez des exemples qui suggèrent que la mère aime beaucoup son fils.
2. Trouvez des exemples qui montrent la pauvreté de Théodamise.
3. Trouvez des expressions qui prouvent que cette histoire est située dans un pays tropical.
4. Théodamise est-elle optimiste ou pessimiste? Justifiez votre réponse.

activité 11   **Faites une comparaison.**   Comparez Théodamise et Madame Dijoud, l'hôtelière de Fort-de-France (de ce chapitre). Parlez de l'amour qu'elles ressentent pour leur famille et discutez des sacrifices qu'elles ont dû faire. Quelles ressemblances et quelles différences pouvez-vous trouver entre ces deux mères de famille?

RELAIS CRÉOLES
les relais créoles de la Martinique

Un accueil personnalisé, chaud, amical dans des établissements coquets, disséminés dans toute l'île et qui offrent des chambres d'un très bon confort.

Animation, cuisine, excursion.
C'est la Martinique profonde.

Intégration

activité A   Interviewez les autres étudiants. Vous voulez savoir s'il y a quelqu'un...

Modèle: qui a déjà vécu dans un autre pays
Est-ce que tu as déjà vécu dans un autre pays?

1. qui a déjà vécu à l'étranger
2. dont la famille vit dans un autre état
3. à qui le professeur n'a pas encore posé de question aujourd'hui
4. qui se souvient du jour où il est arrivé sur ce campus
5. qui a envoyé ou reçu un paquet cette semaine

6. dont les arrière-grands-parents n'ont pas habité dans votre pays
7. qui a déjà fait une croisière quelque part
8. qui ne sait pas le nom du président/de la présidente de votre université

activité B

Complétez d'abord les phrases ci-dessous. Utilisez ensuite ces phrases pour interviewer votre partenaire en formulant des questions correspondantes.

> **Modèle:** Le dernier film que j'ai vu au cinéma était _____.
> **Quel est le dernier film que vous avez vu?**

1. Le dernier film que j'ai vu au cinéma était _____.
2. Le nom d'un acteur ou d'une actrice qui jouait dans ce film était _____.
3. Le cinéma où j'ai vu ce film s'appelait _____.
4. Le jour où j'ai vu ce film était _____.
5. La raison pour laquelle je suis allé(e) voir ce film était que _____.
6. L'heure à laquelle je suis rentré(e) était _____.

activité C

Vous êtes agent de tourisme à Fort-de-France et vous voulez attirer des touristes. Préparez une affiche montrant les différentes activités qu'offre la Martinique. Ensuite vous présenterez cette affiche à la classe.

Rédaction. En vacances à Fort-de-France, vous venez de passer huit jours à l'hôtel de Mme Dijoud. Ecrivez une lettre de deux pages à Ousmane Bambock. Parlez-lui de Mme Dijoud et de sa vie. Ajoutez quelques comparaisons entre Claudine et lui. Utilisez la description donnée dans votre **Début de rédaction,** page 220, et dans votre **Brouillon,** page 229.

Entre amis Vous avez passé la nuit à l'hôtel de Mme Dijoud. Le lendemain, au petit déjeuner, vous vous trouvez à table avec un(e) autre touriste francophone (votre partenaire). Présentez-vous et discutez de votre séjour à la Martinique et de ce que vous y faites.

CHAPITRE HUIT

Un étudiant en gymnastique à Genève

Buts communicatifs

◆ Exprimer son enthousiasme ou son manque d'enthousiasme
◆ Présenter un argument

Structure

◆ Les verbes *mettre* et *tenir*
◆ Verbe (+ préposition) + infinitif
◆ *Faire* causatif
◆ La négation (suite)
◆ Les prépositions + un nom de lieu

A la découverte

◆ *Genève* Henry Spiess
◆ *Au sommet du Mont-Blanc* Blaise Cendrars

Connaissez-vous Genève et la Suisse?

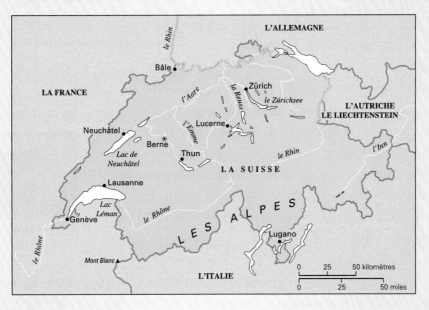

Le saviez-vous? Essayez de compléter ces phrases. Ensuite cherchez les réponses en lisant le texte qui suit.

1. La devise de la Suisse est un reflet de ____.
   a. son économie   b. sa taille   c. sa politique
2. En plus du Rhin et de l'Aare, ____ coule en Suisse.
   a. le Rhône   b. le Danube   c. la Volga
3. Le nom officiel de la Suisse est la ____.
   a. Fédération suisse   b. Fédération helvétique
   c. Confédération helvétique
4. La Réforme et Calvin ont joué un rôle très important à Genève au ____ siècle.
   a. XVe   b. XVIe   c. XVIIe
5. La plus grande ville suisse est ____.
   a. Genève   b. Bâle   c. Zurich
6. La Croix-Rouge internationale a été fondée par ____.
   a. Rousseau   b. Voltaire   c. Dunant
7. La Suisse est divisée en ____.
   a. départements   b. cantons   c. états   d. paroisses
8. La Suisse est renommée pour ses textiles, son horlogerie et son industrie ____.
   a. pharmaceutique   b. automobile   c. pétrolière
9. Le secret bancaire est levé en cas ____.
   a. de fraude   b. d'évasion fiscale   c. de trafic de drogue
10. La Suisse tient à conserver son indépendance mais a peur de ____.
   a. se trouver isolée   b. perdre son identité   c. changer de monnaie

Genève,

métropole de la Suisse romande, capitale du canton portant le même nom, est une ville internationale qui compte près de 180.000 habitants. Elle est située à l'extrémité ouest du lac Léman que certains Genevois se plaisent à appeler le lac de Genève. Le Rhône le traverse avant d'entrer en France. Bien que Genève soit peut-être la ville la plus célèbre du pays, sa population ne représente que la moitié de celle de Zurich, la plus grande ville de la Suisse allemande. «Paix et neutralité politique», telle est la devise de l'état suisse depuis plus d'un siècle, et Genève symbolise ce choix politique.

La Suisse, avec ses sept millions d'habitants, jouit d'une grande stabilité financière et économique. C'est un pays industriel prospère, renommé pour ses industries horlogères, mécaniques, textiles, chimiques et pharmaceutiques. Les entreprises étrangères investissent volontiers en Suisse ou placent leurs réserves monétaires dans les banques de la Confédération helvétique. Le secret bancaire est, en effet, parmi les plus stricts du monde. Ce secret n'est pas levé en cas d'évasion fiscale et un banquier suisse qui révèle des informations au sujet d'un client sans son consentement risque des mois de prison. La seule exception à cette règle concerne les crimes graves, dont le trafic d'armes et le trafic

Vue de Genève et de son jet d'eau

de drogue. D'ailleurs ce secret pose un problème depuis longtemps, car on accuse, par exemple, les banques suisses de cacher de l'or (*gold*) que les Nazis y ont placé pendant la Seconde Guerre mondiale.

Genève est aussi la citadelle de la Réforme. A partir de 1532 Genève devient la «Rome du protestantisme», sous l'autorité dictatoriale de Jean Cauvin, dit Calvin, qui s'oppose par la force à ses adversaires religieux et politiques.

Jean-Jacques Rousseau, citoyen de Genève et auteur en 1762 du *Contrat social,* qui inspirera les assemblées révolutionnaires, est honoré dans sa ville natale. Genève a aussi un Institut et musée Voltaire, centre de recherches consacré à son hôte illustre de 1755 à 1765.

Genève et ses banques

C'est à Genève qu'ont souvent lieu les négociations politiques internationales lorsque les antagonismes semblent irréconciliables. Le Palais des Nations est depuis 1949 le second siège de l'Organisation des Nations unies, après celui de New York. De nombreux organismes administratifs et scientifiques internationaux se trouvent à Genève. La

fondation humanitaire la plus connue et la plus prestigieuse est probablement la Croix-Rouge internationale, fondée en 1864 par Henri Dunant, philanthrope suisse.

Aujourd'hui la Suisse doit faire face à un choix difficile: Va-t-elle décider de conserver son indépendance ou bien choisir de faire partie de l'Union européenne de peur de se trouver isolée au milieu d'une Europe qui favorise de plus en plus des liens économiques avec les autres pays membres. A présent le Conseil fédéral a comme objectif l'adhésion à l'Union européenne. Beaucoup de Suisses semblent favorables à cette décision.

ETES-VOUS BRANCHES? Pour en savoir plus sur Genève et la Suisse, cherchez les renseignements indiqués sur Internet. Allez d'abord au site de Houghton Mifflin, http://college.hmco.com/languages/french/ students et de là au site *Personnages*. Consultez la liste des adresses Web pour obtenir les renseignements.

Interactions

Paul Bouvard est étudiant à l'université de Genève. Un reporter du journal de l'université souhaite faire connaître le programme de l'Ecole d'éducation physique et de sport qui forme les étudiants désireux de devenir professeurs de gymnastique. Il interviewe Paul qui y fait ses études. Paul s'intéresse aussi beaucoup aux problèmes d'ordre écologique.

Notes culturelles

1. **La Suisse romande.** En Suisse, six cantons sur vingt-trois sont francophones. Ce sont ces cantons-là qu'on appelle la Suisse romande. A peu près un Suisse sur cinq parle français. Les villes principales de la Suisse romande sont Genève, Lausanne et Neuchâtel.

2. **Le «fromage suisse».** Le "Swiss cheese" qu'on sert aux Etats-Unis n'existe pas vraiment. Le genre de fromage qu'on utilise pour faire la célèbre fondue se trouve sous deux formes légèrement différentes: le gruyère et l'emmental.

3. **Le gymnase.** En Suisse, le gymnase est l'équivalent du lycée en France. Avant de pouvoir s'inscrire à l'université les étudiants doivent passer un «examen de maturité», examen semblable au baccalauréat en France.

4. **La faculté.** Le mot **faculté** (la «fac», voir Chap. 4, p. 120) ne désigne pas les professeurs, ou le corps enseignant, mais plutôt la branche d'une université où on étudie la médecine ou le droit, par exemple. Cela correspondrait au mot *college* en anglais.

VOCABULAIRE

Noms

un amateur lover of; fond of
un choix choice
un débouché job prospect;
  opening
une décennie decade
l'eau douce fresh water
un fils/une fille unique only
  child
la formation (professional)
  training
un mammifère mammal
la mer sea
un navire ship
le niveau level
la pluie rain
un projet plan
la santé health
une vingtaine about twenty

Verbes et expressions verbales

chasser to hunt
choisir to choose
se dérouler to take place; to
  occur
entraîner to train; to coach
entreprendre un projet to begin,
  to undertake a project
prendre conscience de to become aware of
redresser une situation
  to straighten out a situation
respirer to breathe
ressentir to feel; to experience
tenir à + inf. to be anxious to; to
  really want; to insist upon
trier to sort
tuer to kill

Adjectifs

aucun(e) none; not any; not one
chargé(e) loaded
hebdomadaire weekly; once a
  week
helvétique Swiss
incroyable unbelievable
inépuisable inexhaustible
sensible sensitive
titulaire tenured

Autres mots et expressions

à partir de (février) from
  (February) on
au milieu de in the middle of
cependant however

Le sport

l'athlétisme (*m.*) track and field
un esprit d'équipe team spirit
la gymnastique gymnastics
les jeux Olympiques (les JO)
  Olympic games
la lutte wrestling; struggle
le slalom géant giant slalom

L'environnement

le charbon coal
les ordures (*f.*) garbage
la pollution pollution
une poubelle garbage can
ramasser des déchets to pick up
  litter
recycler to recycle
sauvegarder to save; to safeguard
une usine factory

activité 1 Choisissez dans la colonne de droite les définitions qui correspondent le mieux aux expressions de la colonne de gauche.

1. ____ se dérouler
2. ____ déchets
3. ____ entraîner
4. ____ tuer
5. ____ débouché
6. ____ prendre conscience de
7. ____ tenir à
8. ____ entreprendre un projet
9. ____ ramasser

a. possibilité de travail
b. commencer quelque chose
c. prendre quelque chose qui est par terre
d. ordures
e. avoir lieu
f. mettre à mort
g. se rendre compte
h. préparer un(e) athlète ou une équipe avant un match
i. avoir vraiment envie de

activité 2 Complétez les phrases suivantes avec une des expressions de la liste de vocabulaire.

1. _____ est la préparation qu'on reçoit pour son travail.
2. _____ est un sport où on court et on saute.
3. Un sport qui se pratique dans les montagnes s'appelle _____.
4. Un professeur _____ est sûr de pouvoir garder son poste.
5. _____ est un sport où il s'agit de tuer des animaux.
6. Faire du sport est excellent pour _____.
7. Quelqu'un qui a beaucoup à faire a un horaire _____.

activité 3 Utilisez des périphrases pour expliquer les expressions suivantes.

> **Modèle:** le saut
> **C'est une épreuve en athlétisme.**

1. inépuisable
2. une usine
3. la mer
4. un navire
5. le charbon
6. l'eau douce
7. helvétique

A l'écoute 1

workbook Une interview avec un étudiant en gymnastique. Ecoutez la conversation avant de passer aux activités.

activité 4 Décidez si les affirmations suivantes sont vraies ou fausses. Corrigez celles qui sont fausses.

1. Paul a choisi cette profession en partie parce qu'il aime les enfants.
2. Il fait ses études à la faculté de sciences de Genève.
3. La durée de ses études est de quatre ans.
4. Il a reçu son certificat de maturité lui permettant de poursuivre ses études.
5. Beaucoup d'étudiants suivent les mêmes cours que Paul.
6. Il faut commencer ce programme pendant le trimestre d'été.
7. Le diplôme que Paul recevra ne lui permettra d'enseigner la gymnastique que dans les écoles de Genève.
8. Paul n'apprécie pas beaucoup le paysage près de Genève.

activité 5 Répondez aux questions suivantes.

1. Quel diplôme Paul a-t-il reçu à la fin du gymnase?
2. Quel diplôme prépare-t-il actuellement?
3. Indiquez deux raisons pour lesquelles Paul a choisi cette profession.
4. Quels cours pratiques Paul mentionne-t-il en parlant de son programme?
5. Quand va-t-il terminer ses études?
6. Que dit Paul pour indiquer qu'il est satisfait de son emploi du temps?

A l'écoute 2

Continuation de l'interview. Ecoutez la conversation avant de passer aux activités.

activité 6   Décidez si les affirmations suivantes sont vraies ou fausses. Corrigez celles qui sont fausses.

1. Paul est originaire de la Suisse romande.
2. Paul n'a ni frère ni sœur.
3. Nathalie est moins forte en ski que lui.
4. Elle désire faire partie de l'équipe suisse de ski.
5. Paul préfère le ski au snowboard.
6. Il aimerait enseigner le snowboard en hiver.
7. Paul s'intéresse à l'écologie.

activité 7   Répondez aux questions suivantes.

1. Quelle est la spécialité en ski de Nathalie?
2. Pourquoi continue-t-elle à s'entraîner?
3. Qu'est-ce qui prouve que son niveau est très bon?
4. Quel sport Paul semble-t-il préférer au ski?
5. Qu'est-ce qui vous montre combien il apprécie ce sport?
6. Quelle est la dernière activité que Paul mentionne dans son interview?
7. Quelle est la réaction du reporter?

✦ TETE-A-TETE

Conversation.   Paul est chargé d'organiser les activités d'un club de jeunes écologistes. Il téléphone à Madame Chabreau, spécialiste des problèmes de l'environnement, qu'il a invitée à venir adresser la parole aux membres du club.

MME CHABREAU: Allô.

PAUL BOUVARD: Madame Chabreau?

MME CHABREAU: Oui, qui est à l'appareil?

PAUL BOUVARD: C'est Paul Bouvard. Excusez-moi de vous déranger. Je vous rappelle à propos de la date de votre visite.

MME CHABREAU: Bon. Qu'est-ce que vous me proposez?

PAUL BOUVARD: Nous souhaitons que vous veniez le plus tôt possible, alors nous avons hâte de fixer une date.

MME CHABREAU: Moi aussi je tiens à venir parler à votre groupe. Mais je suis très prise en ce moment.

PAUL BOUVARD: Je le sais. C'est pour ça que je vous rappelle dès maintenant. Seriez-vous libre le deuxième mercredi du mois à 19 h 30?

MME CHABREAU: Attendez. Je vais consulter mon agenda. Un instant... Oui, voilà. Le mercredi 12. Je vois que j'ai déjà une réunion. Par contre, je suis disponible le mercredi suivant.

PAUL BOUVARD: Ah, ça tombe mal. Nous avons organisé une sortie pour le 19. Nous avons même réservé un car. Evidemment on ne peut plus changer la date.

MME CHABREAU: Je comprends très bien. Ecoutez! Si ça vous va, nous pouvons retenir le 26. Ensuite, s'il y a un conflit, je vous rappellerai.

PAUL BOUVARD: Entendu. Faisons comme ça. Je vous remercie beaucoup, Madame.

MME CHABREAU: Au revoir, Paul.

PAUL BOUVARD: Au revoir, Madame, et merci.

Et vous? Répétez la conversation avec votre partenaire. Ensuite modifiez-la: Vous téléphonez à un(e) étudiant(e) suisse (votre partenaire) que vous avez invité(e) à adresser la parole aux étudiants de votre club français.

Expressions utiles

1. Pour exprimer son enthousiasme ou son manque d'enthousiasme

J'adore...	*I love . . .*
Je rêve de...	*I dream about . . .*
Je tiens à...	*I am anxious to . . . ; I really want to . . .*
J'ai hâte de...	*I am anxious to . . . ; I am in a hurry to . . .*
J'ai envie de...	*I feel like . . . ; I want to . . .*
J'hésite à...	*I hesitate to . . .*
Je refuse de...	*I refuse to . . .*
Je déteste...	*I hate . . . ; I detest . . .*
J'ai horreur de...	*I loathe . . . ; I detest . . .*

2. Pour présenter un argument

c'est pour ça que... / c'est pourquoi...	*that's why . . .*
c'est la raison pour laquelle...	*that's the reason why . . .*
cependant	*however*
d'ailleurs	*besides*
en revanche	*on the other hand*
ensuite	*then; next*
évidemment	*of course; evidently*
malgré	*in spite of*
par conséquent	*as a result*
par contre	*on the other hand; however*
par exemple	*for example*
tout d'abord	*first of all*

workbook

activité 8   Avec votre partenaire, employez les expressions utiles pour indiquer votre inté-rêt pour les activités suivantes. Y en a-t-il où vous et votre partenaire n'êtes pas d'accord?

> **Modèle:**   jouer au golf
> **J'adore jouer au golf.**   ou   **Je refuse de jouer au golf.**

1. parler français
2. m'entraîner pour un marathon
3. faire du snowboard
4. ramasser des déchets
5. recycler
6. faire un voyage en Suisse
7. faire mes devoirs
8. chasser des animaux

activité 9   Lisez d'abord les phrases du paragraphe suivant et remplacez chaque expression en italique par une des expressions utiles ci-dessus.

Premièrement, la Suisse, appelée aussi Confédération helvétique, se veut un pays démocratique, indépendant et surtout neutre sur le plan international. *Et puis*, cette neutralité lui permet de jouer souvent un rôle d'arbitre dans des disputes entre nations. *Pour cette raison* elle a préféré ne pas faire partie de l'Union européenne. *Pourtant*, la Suisse ne peut pas continuer à vivre dans un «splendide isolement». *C'est pourquoi* on peut penser que la Suisse désire cesser de se différencier des autres pays européens. *En dépit de* son isolement, elle a des relations commerciales et diplomatiques avec tous ses voisins. *Bien sûr*, la Suisse va continuer à se rapprocher des autres pays européens.

Entre amis   Avec votre partenaire, discutez des sujets suivants. Pour chaque sujet, indiquez votre enthousiasme (ou manque d'enthousiasme). Choisissez ensuite un des sujets et organisez vos arguments (le pour et le contre) pour une présentation que vous pourriez faire dans votre cours de français.

1. Tout le monde devrait faire du sport.
2. Les cours de gym devraient être obligatoires dans les universités de mon pays.
3. On consacre trop d'argent aux équipes sportives dans les universités de mon pays.

Echange 1

Le Club des jeunes écologistes se réunit une fois par mois à la Maison des jeunes dans la vieille ville de Genève. D'habitude ils se réunissent pour parler des projets qu'ils peuvent entreprendre eux-mêmes. Pour cette réunion, M. Bouvard a invité Mme Marie Chabreau, ancien professeur de sciences naturelles, qui est maintenant présidente du conseil cantonal du Jura. Elle est là pour parler de différents problèmes qui menacent la planète et en particulier la région.

MC: Bonsoir, tout le monde. Je vous remercie de votre invitation.

PB: Bonsoir, Madame. Pourriez-vous nous indiquer certains des problèmes qui nous concernent dans l'immédiat?

MC: Tout d'abord, je voudrais vous féliciter d'avoir formé ce club. La Suisse ne vit plus isolée des autres pays. Malgré notre indépendance politique, nous sommes touchés par la pollution, la nôtre et celle venant des pays qui nous entourent. L'air que nous respirons est pollué; l'eau que nous buvons est polluée; même nos forêts sont en danger.

PB: Que peut faire un groupe comme le nôtre pour améliorer la situation?

MC: Il est d'abord important que vous preniez conscience de ces problèmes. Ensuite vous pouvez devenir des ambassadeurs pour sauvegarder l'environnement de la Terre. Vous pouvez, par votre exemple, montrer aux autres que l'écologie se pratique à tous les niveaux. Apprenez aux jeunes, pour commencer, à ramasser les déchets sur le bord de nos routes ou dans nos parcs.

PB: Est-ce que cela veut dire que les écoles ont un rôle à jouer?

MC: Certainement. On ne doit plus faire croire à nos élèves européens qu'autoroute et nucléaire sont des synonymes de progrès et énergie. Des cours d'environnement pourraient faire comprendre aux jeunes que nos ressources naturelles ne sont pas inépuisables. Ils pourraient également leur faire comprendre les conséquences de leurs actions. En Europe, certaines de nos rivières n'ont même plus de poissons. L'air de nos grandes villes est à peine respirable. Les pluies acides sont en train de tuer les arbres de nos forêts.

PB: Est-il possible de redresser la situation, ou est-ce que tout est perdu?

MC: Il y a de l'espoir si tout le monde fait un effort. Il suffit de voir ce qu'ont fait nos voisins français pour le lac d'Annecy. C'est aujourd'hui un des plus jolis lacs d'Europe. Il faut que nous en fassions autant pour le lac Léman. Continuez vos efforts et invitez vos amis à se joindre à la lutte.

activité 10 Répondez aux questions suivantes.

1. Combien de fois par mois le Club des jeunes écologistes se réunit-il?
2. Qui est responsable de la pollution que l'on trouve en Suisse?
3. Que peut faire le club pour améliorer la situation?
4. Quel rôle les écoles doivent-elles jouer?
5. Que pense Marie Chabreau de l'avenir de la planète?
6. Que propose-t-elle de faire pour le lac Léman?

activité 11 Faites une liste de cinq choses que vous pourriez faire sur votre campus ou dans votre ville pour aider l'environnement.

Echange 2

Le rêve de Jean-Michel Cousteau, quand il était étudiant en architecture, était de construire des villes sous la mer. Il n'a pas réalisé ce rêve, mais sa formation et ses réflexes d'architecte lui sont toujours utiles quand il prépare une expédition ou un navire. Le vice-président de la Cousteau Society était en Floride pour parler de ses objectifs. Là, il a répondu à quelques questions posées par un reporter du *Journal Français d'Amérique*.

JFD'A: Pourquoi faut-il lutter pour la défense de l'environnement?

JMC: On n'a pas le choix. Si le choix, c'est de se suicider ou de réussir—la mort ou la vie—on a vite fait! Nous avons vécu plusieurs décennies extraordinaires où nous avons eu le privilège d'explorer la planète. Notre mission est maintenant de la faire connaître. Si nous arrivons à la faire apprécier par les gens, ils la protégeront. Donc notre objectif, c'est de permettre au public d'apprécier et de protéger le monde dans lequel on vit.

JFD'A: C'est donc le rôle essentiel de la Cousteau Society?

JMC: Absolument. La fondation existe pour protéger et améliorer la qualité de vie de tous les êtres humains.

JFD'A: Que pensez-vous des grands zoos marins comme celui de Miami, par exemple?

JMC: A la Cousteau Society, nous sommes opposés à toute forme de captivité pour les animaux. En ce qui concerne les lieux publics, nous tolérons celle des animaux marins non-mammifères pour des raisons éducatives. Mais pas celle des individus, parce que nous ne savons pas encore comment reproduire les animaux marins. Dans le cas des poissons d'eau douce, on sait les faire reproduire. Pas les autres. Il faut que toute personne qui a chez elle un poisson tropical dans un aquarium sache qu'elle garde captif un animal qui ne sera pas reproduit.

JFD'A: Quels sont vos projets?

JMC: Ils sont de continuer ce que nous faisons, c'est-à-dire d'informer le public, par les séries de télévision (la Découverte du monde). Nous sommes complètement engagés dans la défense de l'Antarctique. C'est un énorme projet, beaucoup plus grand que ce que nous avons jamais fait. Nous sommes complètement investis là-dedans. Cela absorbe une quantité énorme de notre énergie, en particulier aux Etats-Unis. Nous luttons aussi pour une meilleure construction navale, une meilleure conception du transport maritime, surtout en ce qui concerne les matières dangereuses.

Journal Français d'Amérique

activité **12**   A vous de décider si ces affirmations sont vraies ou fausses ou si cette information n'est pas donnée dans l'interview. Corrigez celles qui sont fausses.

1. Jean-Michel Cousteau a fait des études de droit.
2. Il voulait construire des villes sous-marines avant de travailler pour la Cousteau Society.
3. La Cousteau Society fait des recherches océanographiques depuis plus de vingt ans.
4. Avant de défendre l'environnement, il faut que les gens sachent apprécier le monde dans lequel ils vivent.
5. Jean-Michel Cousteau admire beaucoup les zoos marins.
6. Les poissons d'eau douce se reproduisent moins facilement que les poissons d'eau de mer.
7. La pollution en mer peut être en partie supprimée en fabriquant de meilleurs bateaux.

activité **13**   Voici une liste de noms d'animaux. Donnez la raison pour laquelle on les chasse.

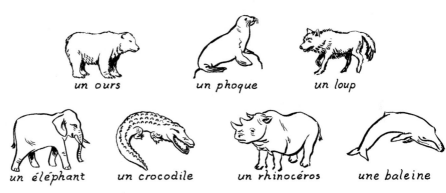

un ours   un phoque   un loup

un éléphant   un crocodile   un rhinocéros   une baleine

1. ____ un éléphant
2. ____ une baleine
3. ____ un ours
4. ____ un phoque
5. ____ un loup
6. ____ un crocodile
7. ____ un rhinocéros

a. On le chasse pour en faire des sacs et des chaussures.
b. On le chasse pour sa corne.
c. On le chasse pour protéger les animaux de la ferme.
d. On la chasse pour sa graisse et son huile.
e. On le chasse tout jeune pour sa fourrure blanche.
f. On le chasse pour ses défenses d'ivoire.
g. On le chasse pour sa peau.

Début de rédaction. Complétez le questionnaire suivant pour indiquer votre avis concernant l'environnement.

1. Pour chacune des phrases suivantes, indiquez si elle représente votre point de vue. Choisissez entre: (C) complètement d'accord, (P) partiellement d'accord, (PdT) pas du tout d'accord.

____ Il faut que tout le monde se préoccupe des problèmes de l'environnement.
____ Toutes les usines polluent.
____ Le recyclage doit être obligatoire pour tout le monde.
____ Il faut trier les ordures et conserver ce qui peut encore servir.
____ L'énergie nucléaire est indispensable.
____ Il faut développer au maximum les sources d'énergie renouvelable.
____ Il faut augmenter le prix de l'essence pour combattre l'effet de serre (*greenhouse*).

2. D'abord, essayez d'établir le classement des préoccupations écologiques suivantes par ordre d'importance (1 = la plus importante; 11 = la moins importante). Prenez ensuite l'un de ces sujets et composez un minimum de cinq questions sur le sujet choisi. Enfin, répondez à vos propres questions.

____ les trous dans la couche d'ozone
____ la pollution des usines et des voitures
____ la déforestation
____ les déchets nucléaires
____ les accidents de pétroliers en mer
____ les animaux et les insectes en voie de disparition
____ le réchauffement de la planète
____ la surpopulation
____ les pluies acides
____ les essais d'armes nucléaires
____ l'érosion

Structure

◆ LES VERBES *METTRE* ET *TENIR*

Tu n'**as** pas **mis** la table?	*Didn't you set the table?*
Quand vas-tu **te mettre** à faire ton travail?	*When are you going to begin to do your work?*
Je **promets** de faire de mon mieux.	*I promise to do my best.*
Permets-moi de t'aider.	*Allow me to help you.*
Je **tiens** à te rendre service.	*I really want to help you.*
Tu **tiens** toujours ta promesse?	*Do you always keep your promise?*

> **mettre** *to put, to place; to put on* (vêtements);
> *to turn on* (radio, télé, etc.);
> *to set* (table)
>
> je **mets**   nous **mettons**
> tu **mets**   vous **mettez**
> il/elle/on **met**   ils/elles **mettent**
>
> passé composé: **j'ai mis**
> imparfait: je **mettais**
> participe présent: **mettant**
> subjonctif: que je **mette**

Permettre (*to permit*), **promettre** (*to promise*), **admettre** (*to admit*), **omettre** (*to omit*), and **se mettre à** (*to begin*) are conjugated like **mettre**.

> **tenir** *to hold, to keep*
>
> je **tiens**   nous **tenons**
> tu **tiens**   vous **tenez**
> il/elle/on **tient** ils/elles **tiennent**
>
> passé composé: **j'ai tenu**
> imparfait: je **tenais**
> participe présent: **tenant**
> subjonctif: que je **tienne**,
>   que nous **tenions**

Obtenir (*to get, to obtain*) is conjugated like **tenir**.

exercice **1**   Complétez les phrases suivantes avec la forme convenable du verbe. Attention au temps du verbe et au choix entre **mettre, permettre** et **promettre**.

1. Hier ma fille m' _____ _____ de m'aider à _____ la table. 2. Les enfants _____ souvent d'aider leurs parents. 3. Mais je ne vois pas où elle _____ _____ les assiettes. 4. Elle ne _____ jamais les choses où je peux les trouver. 5. Je ne peux pas lui _____ de les _____ où elle veut.

exercice **2**   Complétez les phrases suivantes avec la forme convenable du verbe. Attention au choix entre **tenir** et **obtenir**.

1. Nous _____ à réussir aux examens. 2. Ne t'inquiète pas! Les bons étudiants _____ toujours de bonnes notes. 3. Au fait, quelle note _____-tu _____ au dernier examen, toi? 4. Je _____ à le savoir. 5. Oh, ce n'était pas vraiment la note que je voulais _____.

workbook

With the exception of the auxiliaries **avoir** and **être,** if a conjugated verb is followed by another verb, the second verb will be an infinitive.

J'aime patiner.	*I like to skate.*
J'apprends à skier.	*I am learning to ski.*
J'essaie de ne pas tomber.	*I try not to fall.*

As seen in the above examples, when used with an infinitive, some verbs have no preposition **(aimer),** some are followed by **à (apprendre),** and some are followed by **de (essayer).** The key in each case is the conjugated verb. You will need to learn whether each verb takes a preposition before an infinitive and, if so, whether it is **à** or **de.**

A. When the subject of the conjugated verb is also the subject of the infinitive, the following constructions are used. Verbs listed include the most common examples.

1. Verb + infinitive

adorer	désirer	espérer	pouvoir
aimer	détester	penser	savoir
aller	devoir	préférer	vouloir
croire			

J'**adore** danser.	*I love to dance.*
Je **dois** faire mes devoirs.	*I have to do my homework.*

2. Verb + **à** + infinitive

apprendre à	commencer à	s'intéresser à
avoir à	continuer à	se mettre à
avoir du mal à	demander à	réussir à
avoir tendance à	hésiter à	tenir à

Paul **hésite à** dépenser beaucoup.	*Paul hesitates to spend a lot.*
Il **tient à** faire des économies.	*He is anxious to save money.*

3. Verb + **de** + infinitive

accepter de	avoir l'intention de	être obligé(e)/forcé(e) de
(s')arrêter de	avoir peur de	oublier de
avoir besoin de	décider de	promettre de
avoir envie de	essayer de	refuser de
avoir hâte de	finir de	rêver de
avoir l'impression de		

Paul **a hâte de** commencer à enseigner.	*Paul is eager to start teaching.*
Il n'**a** pas **l'intention de** quitter Genève.	*He doesn't intend to leave Geneva.*

exercice 3   Utilisez un élément de chaque colonne pour faire des phrases. Vous pouvez utiliser la forme négative, si vous voulez. Attention, il peut y avoir une préposition avant l'infinitif.

Modèle: **Mon amie Marie tient à aller à Genève.**

	accepter	parler avec tout le monde
	aimer	faire la cuisine
	détester	habiter à Genève
Je	avoir hâte	économiser
Les étudiants	hésiter	porter un chapeau
Nous	refuser	gagner beaucoup d'argent
Mon ami(e)...	avoir besoin	faire le ménage
Les professeurs	espérer	faire du ski
	tenir	écrire une rédaction
	essayer	voir les Alpes
	rêver	acheter une voiture
	avoir du mal	

B. When the conjugated verb has a direct object or an indirect object and this object serves as the subject of the infinitive, the following constructions are used. Verbs listed include the most common examples.

1. Verb + direct object + **à** + infinitive

aider quelqu'un à   inviter quelqu'un à
encourager quelqu'un à   obliger/forcer quelqu'un à

Paul **a invité Mme Chabreau à**   _Paul invited Mrs. Chabreau to_
  parler au club.   _speak to the club._
Elle **encourage les jeunes à**   _She encourages young people to take_
  s'occuper de l'environnement.   _care of the environment._

2. Verb + direct object + **de** + infinitive

empêcher quelqu'un de   persuader quelqu'un de

Les examens **m'empêchent de**   _Tests prevent me from having fun._
  m'amuser.
Paul **a persuadé Mme Chabreau**   _Paul persuaded Mrs. Chabreau to_
  de venir.   _come._

3. Verb + indirect object + **à** + infinitive

enseigner à quelqu'un à   apprendre à quelqu'un à

Il **enseigne aux étudiants à** skier.   _He teaches the students to ski._
Il **leur apprend** aussi **à** ramasser _He is also teaching them to pick up_
  les déchets.   _litter._

4. Verb + indirect object + **de** + infinitive

conseiller à quelqu'un de
demander à quelqu'un de
dire à quelqu'un de

permettre à quelqu'un de
suggérer à quelqu'un de

On **demande à Jean-Michel de**
répondre à des questions.
On **lui dit de** parler de sa vie.

Jean-Michel is asked to answer
some questions.
They tell him to talk about his life.

NOTE: If you wish to replace the objects with a pronoun, remember to use **me, te, le/la, nous, vous, les** for direct objects and **me, te, lui, nous, vous, leur** for indirect objects. Object pronouns were reviewed in Chapter 3, pages 90 and 92.

J'encourage mes amis à voyager.   →   Je **les** encourage à voyager.
J'apprends à ma sœur à patiner.   →   Je **lui** apprends à patiner.

VIVEZ MIEUX LA MONTAGNE !

Le sport en vacances, c'est important. Autant le pratiquer dans d'excellentes conditions. La meilleure manière de mieux vivre la montagne, c'est de bien la connaître. Voici quelques conseils. Suivez-les bien. Vous profiterez pleinement de vos vacances :

● Mettez votre corps "au point" par une remise en forme avant d'attaquer vos premiers parcours en montagne.

● Prenez connaissance du trajet et de ses difficultés.

● Ne surestimez pas vos forces.

● Renseignez-vous sur l'évolution des conditions météo. Consultez les répondeurs automatiques à votre disposition dans toutes les stations.

● Evitez de partir seul ; indiquez votre itinéraire et votre heure de retour à un proche.

● Prévoyez un petit ravitaillement (eau et fruits secs) et des vêtements chauds et imperméables.

● Vérifiez le bon état de votre équipement. Choisissez des chaussures bien adaptées.

● Respectez le milieu naturel. Attention aux incendies de forêt.

● Souvenez-vous du signal de détresse (les bras levés formant un Y avec le corps).

**MINISTÈRE
DE LA JEUNESSE
ET DES SPORTS**

UAP
**ASSOCIATION UAP
POUR LA PRÉVENTION**

**MINISTERE DE L'INTERIEUR
ET DE LA DECENTRALISATION**

VIVEZ MIEUX LA ROUTE DE VOS VACANCES. ROULEZ EN TOUTE SÉCURITÉ, CEINTURE BOUCLÉE.

exercice **4**   L'annonce ci-contre nous indique les précautions à prendre dans les Alpes. Pour chaque verbe à l'impératif, récrivez la phrase en utilisant une des expressions suivantes: **On nous encourage à, On nous dit (conseille, demande) de, Nous promettons (avons besoin, essayons, acceptons, refusons) de, Nous hésitons à.** Faites tous les changements nécessaires.

> **Modèles:** **On nous conseille de mettre notre corps «au point».**
> **Nous promettons de ne pas surestimer nos forces.**

exercice **5**   Ajoutez les prépositions convenables pour compléter l'histoire suivante. Attention! Dans plusieurs cas, il n'y aura pas de préposition.

Mareta a oublié _____ vérifier l'heure lorsqu'elle voulait _____ téléphoner à son amie. Anne n'a pas pu s'empêcher _____ lui dire _____ arrêter _____ téléphoner au milieu de la nuit. Elle a conseillé _____ Mareta _____ lui écrire une lettre. Mais Mareta ne pouvait pas _____ attendre. Elle avait envie _____ annoncer une bonne nouvelle à son amie. Elle allait _____ se marier et invitait _____ Anne _____ être son témoin. Anne a décidé _____ accepter _____ assister au mariage et _____ visiter l'île en même temps.

exercice **6**   Utilisez un élément de chaque colonne pour faire des phrases. Vous pouvez utiliser la forme négative, si vous voulez. Attention à la possibilité d'une préposition avant l'objet et au choix de préposition avant l'infinitif.

> **Modèles:** **Le professeur dit aux étudiants de parler français.**
> **Mon ami Marc ne m'aide pas à faire le ménage.**

Je	conseiller	mon ami(e)...	sortir souvent
Nous	empêcher	les étudiants	conduire vite
Le professeur	aider	le professeur	faire le ménage
Les étudiants	permettre	les enfants	travailler beaucoup
Les parents	enseigner	les parents	regarder la télévision
Les enfants	dire	me	prendre des vacances
Mon ami(e)...	obliger	nous	dépenser moins
	inviter		parler français
	encourager		ne rien faire
	demander		étudier

exercice **7**   Répondez aux questions suivantes.

1. Qu'est-ce que votre professeur de français vous encourage à faire?
2. Qu'est-ce que les parents demandent souvent à leurs enfants de faire?
3. Que dites-vous pour persuader un(e) ami(e) de sortir le vendredi soir?
4. A qui avez-vous promis d'écrire une lettre?
5. Qui a oublié de vous répondre?
6. Y a-t-il quelque chose qui vous empêche de partir en vacances tout de suite? Expliquez votre réponse.
7. Vos professeurs vous permettent-ils de manquer des cours? Imaginez toute une série de bonnes et de mauvaises excuses qu'on peut donner aux professeurs.

exercice **8** Faites une liste d'au moins huit questions que vous pourriez utiliser pour inter-viewer un(e) champion(ne) olympique.

> **Modèles:** **Conseillez-vous aux autres de faire beaucoup de sport?**
> **Avez-vous l'intention de continuer à vous entraîner?**

◆ *FAIRE* CAUSATIF

workbook

La pluie fait pousser les fleurs.	*Rain makes the flowers grow.*
Le professeur fait lire un poème.	*The teacher has a poem read.*
Le professeur fait lire les étudiants.	*The teacher has the students read.*
Paul fait venir Mme Chabreau au club.	*Paul has Mrs. Chabreau come to the club.*

Followed by an infinitive, **faire** has the meanings *to cause something to happen* or *to have someone do something.* Word order in French is different from that of English. In French, the infinitive is placed directly after the verb **faire.**

A. If the infinitive has an object, use **par** or **à** to indicate by whom the action is done.

Le professeur fait lire un poème **par** les étudiants.	*The teacher has the students read a poem.*
Ma mère fait faire la vaisselle **à** ses enfants.	*My mother makes her children do the dishes.*

B. The English translation may require a different verb than *have* or *make.*

Paul a fait tomber une tasse.	*Paul dropped a cup.*
J'ai fait démarrer la voiture.	*I got the car started.*
Robert a fait sortir le chien.	*Robert let the dog out.*

C. Use a reflexive pronoun when the meaning is *to have something done to oneself.*

Anne s'est fait couper les cheveux.	*Anne got a haircut.*
Mon père s'est fait opérer.	*My father was operated on (had an operation).*

NOTES:

1. If an object is replaced with a pronoun, the pronoun is placed directly before the verb **faire.**

Le professeur fait travailler les étudiants.	Il **les** fait travailler.
Il fait écrire une lettre en français à ses étudiants.	Il **leur** fait écrire une lettre en français.
J'ai fait réparer ma voiture.	Je **l'**ai fait réparer.

NB: Used with an infinitive, the past participle **fait** is invariable. See the last example above.

2. Use **faire** with an infinitive to mean *to make someone do something*. But, to mean *to make* followed by an adjective instead of a verb, use **rendre**.

L'examen nous **a fait** pleurer.   *The test made us cry.*

but: Cet examen nous **a rendus** tristes.   *That test made us sad.*

Anne **rend** son amie heureuse.   *Anne makes her friend happy.*

exercice **9**   Utilisez les éléments suivants pour faire des phrases d'après le modèle.

> **Modèles:** Les professeurs/leurs étudiants étudient
> **Les professeurs font étudier leurs étudiants.**
>
> L'automobiliste/un garagiste répare sa voiture
> **L'automobiliste fait réparer sa voiture par un garagiste.**

1. Le professeur/ses étudiants travaillent
2. Le professeur/ses étudiants passent un examen
3. Le général/ses soldats défilent
4. La conférencière/les jeunes réfléchissent
5. Paul/les membres du club ramassent des déchets
6. Je/un coiffeur me coupe les cheveux

exercice **10**   Répondez aux questions suivantes.

1. Qui vous fait parler français?
2. Qu'est-ce qui vous rend triste?
3. Où est-ce qu'on peut faire réparer une montre dans votre ville?
4. Où est-ce que vous vous faites couper les cheveux?
5. Qu'est-ce qui vous fait rire?
6. Est-ce que le réchauffement de la planète vous fait peur?
7. Est-ce qu'il vous inquiète beaucoup?

◆ LA NEGATION (SUITE)

workbook

Anne n'a ni frères ni sœurs.   *Anne has neither brothers nor sisters.*

Cela n'a rien à voir avec notre sujet de discussion.   *That has nothing to do with our topic of discussion.*

Ne raccrochez pas!   *Don't hang up!*

Mais je n'ai parlé à personne.   *But I didn't speak to anyone.*

A. The following negative expressions are placed around the conjugated verb. In compound tenses, therefore, they surround the auxiliary. (Review p. 28.)

ne ... pas	*not*	Paul n'a pas compris.
ne ... jamais	*never* (≠ **toujours**)	Anne n'a jamais fumé.
ne ... plus	*no more* (≠ **encore**)	Nous n'avons plus de patience.
ne ... rien	*nothing* (≠ **quelque chose**)	Je n'ai rien vu.
ne ... pas encore	*not yet* (≠ **déjà**)	Tu n'as pas encore dîné?
ne ... guère	*scarcely* (≠ **beaucoup**)	Je n'ai guère mangé.

B. The following negative expressions do not automatically surround the conjugated verb. Their specific placement is discussed below.

ne ... personne	*no one* (≠ **quelqu'un**)
ne ... aucun(e)	*none* (≠ **tout**)
ne ... ni ... ni	*neither . . . nor* (≠ **et ... et; ou ... ou**)

C. **Ne ... personne** surrounds both the auxiliary and the past participle in compound tenses.

Il **n'**a vu **personne**.	*He didn't see anyone.*

D. **Personne** and **rien** can be used as objects of a preposition.

Je **n'**ai parlé avec **personne**.	*I spoke to no one.*
Alain et Marie **ne** s'intéressent à **rien**.	*Alain and Marie aren't interested in anything.*

E. **Personne** and **rien** can also be used as subjects.

Personne ne m'a parlé.	*No one spoke to me.*
Rien ne les intéresse.	*Nothing interests them.*

F. **Aucun(e)** (*none; not any, not one*) may be used as either an adjective or a pronoun.

Paul **n'**a eu **aucune** difficulté à contacter sa sœur.	*Paul didn't have any trouble contacting his sister.*
Il **n'**en a eu **aucune**.	*He didn't have any (trouble).*
Aucune distance **ne** peut les séparer.	*No distance can separate them.*

G. **Ne ... ni ... ni** can be used to negate two objects. After **ni ... ni**, indefinite articles and partitive articles are dropped. There is no change, however, with definite articles.

Nous **n'**avons **ni** argent **ni** voiture.	*We have neither money nor a car.*
Marc **n'**aime **ni** le gâteau **ni** la tarte.	*Marc likes neither cake nor pie.*
Je **n'**ai parlé **ni** à ma mère **ni** à mon père.	*I spoke to neither my mother nor my father.*

H. **Ni ... ni ... ne** can be used to negate two subjects.

Ni Paul **ni** sa sœur **ne** parle espagnol.	*Neither Paul nor his sister speaks Spanish.*

I. Negative expressions may be combined in French, as opposed to English usage.

Je ne peux **plus rien** manger.	*I can't eat anything more.*
Paul n'a **jamais rien** compris.	*Paul never understood anything.*

J. The indefinite article and the partitive article normally become **de (d')** if they follow negative expressions.

Vous avez du temps libre? Nous *Do you have any free time? We never*
n'avons **jamais de** temps libre. *have free time.*
Elle a déjà reçu une lettre? Elle *Has she already received a letter? She*
n'a **pas encore** reçu **de** lettre. *hasn't received a letter yet.*

NOTE: This rule does not apply after **être.**

Leur voiture n'est pas **une** Ford. *Their car is not a Ford.*
Ce n'est pas **du** beurre. *This isn't butter.*

K. **Ne ... que** (= **seulement**) serves to restrict a noun. It is *not* a negative, and no change is made to the articles. **Que** is placed before the word that it limits.

Paul **n'**a passé **que** deux ans à *Paul spent only two years in that*
cette faculté. *college.*

exercice **11** Les affirmations suivantes sont fausses. Corrigez-les en remplaçant l'expression en italique par une expression négative. Faites tous les changements nécessaires.

1. Paul a *déjà* commencé à enseigner.
2. Il a *toujours* obtenu de meilleurs résultats que sa sœur.
3. Il a gagné *tous* les premiers prix de ski.
4. Nathalie a dit *quelque chose* pour vexer son frère.
5. Paul habite *encore* chez ses parents.
6. Paul habite *ou* à Zurich *ou* à Fribourg.
7. *Quelqu'un* lui a conseillé de faire autre chose qu'enseigner.

exercice **12** Utilisez **personne, rien** ou **aucun(e)** pour répondre aux questions suivantes.

Modèles: Qui vous a téléphoné? Qu'est-ce que vous avez fait?
Personne ne m'a téléphoné. **Je n'ai rien fait.**

De quoi avez-vous besoin? Quel problème avez-vous eu?
Je n'ai besoin de rien. **Je n'ai eu aucun problème.**

1. Qu'est-ce que vos amis ont fait hier soir?
2. Qu'est-ce qui est arrivé hier soir?
3. Qui est venu vous voir?
4. Avec qui avez-vous parlé?
5. Quelle émission avez-vous regardée à la télévision?
6. Qu'avez-vous regardé à la télévision?
7. Qui avez-vous vu?
8. A qui pensez-vous souvent?
9. Qu'est-ce qui vous intéresse?

workbook

A. *All* continents and *most* countries, states, and provinces ending in **-e** are feminine.

la Suisse	l'Afrique	l'Ile-de-France
la France	l'Europe	la Virginie
l'Algérie	l'Alsace	la Colombie-Britannique

Exceptions: le Mexique, le Cambodge, le Maine

B. Most other countries, states, and provinces are masculine.

le Canada	le Kansas	les Etats-Unis
le Québec	l'Anjou	les Pays-Bas
le Sénégal	le Maroc	le Manitoba

C. The definite article is normally used to refer to a continent, country, state, or province and must be repeated before each one.

La Suisse est un beau pays.
Jim a visité **le** Sénégal, **le** Cameroun et **la** Côte d'Ivoire.

Exceptions: Israël, Terre-Neuve (*Newfoundland*)

D. The definite article is *not* used when referring to a city, unless it is part of the name.

Papeete, Fort-de-France, Dakar et Genève sont des villes francophones.

Exceptions: Le Mans, Le Havre, La Havane, La Nouvelle-Orléans, Le Caire

Entre Paris et Angers se trouve Le Mans. Le TGV s'arrête toujours au Mans.

E. The choice of a preposition depends on whether one is referring to a city or a country, continent, state, or province, and whether the meaning is *from* or *to/in*.

	Je viens...	*J'habite...* *Je vais...*	*exemples*
ville	**de**	**à**	Paris, Dakar
continent ou *pays* (f.)	**de**	**en**	Europe, France
pays (m.)	**du**	**au**	Québec, Luxembourg
pluriel	**des**	**aux**	Etats-Unis, Pays-Bas

J'ai reçu des cartes postales **d'**Athènes, **de** Belgique, **du** Mexique et **des** Pays-Bas.

Pierre est déjà allé **à** Londres, **en** Chine, **au** Mexique et **aux** Etats-Unis.

F. If a state or province is feminine, or if it begins with a vowel, use **de** and **en.**

Marie a écrit **de** Californie, **de** Nouvelle-Ecosse et **d'**Ohio.

Les étudiants vont **en** Floride, **en** Alberta et **en** Iowa.

G. With masculine provinces and the states of *Texas* and *New Mexico*, use **du** and **au.**

Paul a envoyé des lettres **du** Québec et **du** Texas.

Tu préfères aller **au** Manitoba ou **au** Nouveau-Mexique?

H. With other masculine states, use **du** and **dans le.**

Téléphone-nous **du** Michigan ou **du** Wisconsin.

Mes amis habitent **dans le** Connecticut et **dans le** Massachusetts.

NOTE: Do not confuse the country **(le Luxembourg)** or the province **(le Québec)** with the corresponding cities **(Luxembourg, Québec).** When in doubt about the gender of a state or a province, you may always use **dans l'état de** or **dans la province de.**

Luxembourg est la capitale **du** Luxembourg.

I. The prepositions used with certain islands and French-speaking regions must be memorized.

de la / à la Martinique	**de / à** Tahiti	**d' / en** Haïti
de la / à la Réunion	**de / à** Monaco	

exercice **13** Voici une liste des personnages principaux de ce livre. Utilisez les expressions suivantes pour faire des phrases d'après le modèle.

Modèle: Messieurs Dubois et Oates (l'Iowa / Cedar Falls)
Ils habitent en Iowa, à Cedar Falls.

1. Christine Hayes (l'Indiana / West Lafayette)
2. Céline Robitaille (le Québec / Québec)
3. Mareta Péa (Tahiti / Papeete)
4. Jean Chartier (la France / Lyon)
5. La famille Loucif (l'Algérie / Azazga)
6. Ousmane Bambock (le Sénégal / Dakar)
7. Claudine Dijoud (la Martinique / Fort-de-France)
8. Paul Bouvard (la Suisse / Genève)
9. Simone Muller (la France / Strasbourg)
10. Nathalie Wellens (la Belgique / Bruxelles)

exercice **14**   Utilisez le verbe **venir** et complétez cet exercice d'après le modèle.

> **Modèle:**   Marie (la France / le Luxembourg)
> **Marie vient de France? Non, elle vient du Luxembourg.**

1. Alice (la Belgique / la Suisse)
2. Ralph et Bernice (le Canada / les Etats-Unis)
3. Helmut et Ingrid (l'Allemagne / l'Autriche)
4. Michael (le Connecticut / l'Iowa)
5. José et Maria (le Mexique / l'Espagne)
6. Ahmed (la France / l'Algérie)
7. Madame Dijoud (le Sénégal / la Martinique)
8. Ousmane (Paris / Dakar)

workbook   9. Judy et Bill (l'Ontario / le Manitoba)

Brouillon.   Ecrivez une page pour exprimer votre opinion concernant les problèmes écologiques dans le monde d'aujourd'hui. Essayez d'incorporer certains des choix que vous avez faits dans votre **Début de rédaction,** page 254.

A la découverte

♦ **LECTURE 1**

Le poème intitulé Genève *a été écrit par* **Henry Spiess,** *lui-même genevois de naissance. Considéré comme un des meilleurs poètes de la Suisse romande, Spiess a publié de nombreux recueils dont* Le Silence des heures, L'Amour offensé *et* La Chambre hantée. *Il est mort en 1940 à l'âge de 63 ans.*

Note culturelle

En général quand le nom d'une ville se termine avec un **e,** on en parle au féminin. Cependant certains écrivains emploient toujours le féminin pour parler d'une ville.

activité **1**   **Anticipez le contenu.**   Où êtes-vous né(e)? Habitez-vous encore cette ville? Si oui, pourquoi y êtes-vous resté(e)? Si non, est-ce que cette ville vous manque?

activité 2 **Analyse du style.** Parcourez le poème *Genève*. Etudiez les rimes et le nombre de syllabes. Relisez la note littéraire, page 165 si vous voulez.

1. Quelles rimes emploie le poète? Donnez des exemples.
2. Combien de syllabes y a-t-il dans chaque vers?
3. Est-ce qu'il y a alternance de rimes féminines et de rimes masculines dans ce poème?
4. Trouvez des exemples de tournures poétiques (inversions, métaphores, choix de vocabulaire élégant, etc.).

Genève

Genève. On est, dans ce canton,
Un peu bien grave, souvent triste...
C'est la faute à Calvin, dit-on,
Puis à la bise rigoriste[1].

5   On y est un peu trop prudent.
Sans beaucoup d'envol[2] ni de rêve
Et comme on t'aime cependant,
Douce Genève, ma Genève!

On te quitte, un soir, agacé[3]...
10   Mais soudaine, au fond du passé,
Une voix tendre vous appelle:

«Aime, Jean-Jacques, ton pays!»
Et pour toujours, d'un cœur fidèle,
On te revient comme à son nid[4].

Henry Spiess. Dans *l'Anthologie des Poètes de la Suisse romande*
(Ed. E. de Boccard)

1. **bise rigoriste** austere north wind   2. **envol** imagination   3. **agacé** annoyed   4. **nid** nest

activité 3 **Compréhension.** Relisez le poème de Spiess et répondez aux questions qui suivent.

1. Pourquoi l'auteur blâme-t-il Calvin pour la tristesse de Genève?
2. Comment Spiess décrit-il le tempérament de la ville?
3. Comment expliquer le contraste entre les deux premiers vers de la deuxième strophe et les deux suivants?
4. Est-ce possible de dire que le poète compare Genève à une personne? Si oui, à laquelle?
5. Comment expliquer le douzième vers du poème?
6. Que pensez-vous de la comparaison qui se trouve dans le dernier vers du poème? Qu'est-ce que cela suggère?

activité 4 **Chacun son tour!** Essayez maintenant de composer un poème de quatre vers au sujet de quelqu'un ou d'un endroit que vous aimez bien. Attention à la rime et à la longueur de chaque vers.

◆ LECTURE 2

Frédéric Sauser est né en 1887 à La Chaux-de-Fonds, en Suisse, dans le canton de Neuchâtel. Sa mère était écossaise (Scottish) et son père suisse, mais nous ne savons pas grand-chose à propos de sa jeunesse. Très tôt, il montre son goût pour le voyage et l'aventure. A l'âge de seize ans, il décide de monter dans le premier train venu et, sans rien dire à ses parents, il quitte la Suisse. Il arrive à Moscou et puis prend le Transsibérien pour se retrouver en Chine. Il fait tout cela sans ticket et presque sans argent. Quelques années plus tard on le retrouve à Paris, où il décide de s'appeler **Blaise Cendrars** *et de se faire citoyen français. Pour survivre, il essaie divers métiers. Il voyage beaucoup. Il va en Angleterre, où il partage un appartement avec Charlot (Charlie Chaplin), aux Etats-Unis, en Amérique du Sud, en Asie et en Afrique. Ces voyages vont marquer son œuvre. Son premier succès est* La Prose du Transsibérien et de la petite Jehanne de France *(1913), et il poursuivra son travail d'écrivain, de cinéaste, de critique d'art et même d'homme d'affaires jusqu'à sa mort à Paris, en 1961.*

activité 5 **Anticipez le contenu.** C'est l'hiver et vous vous trouvez au pied d'une montagne que vous désirez escalader. Choisissez, dans la liste qui suit, les objets dont vous aurez besoin pour faire votre escalade.

_____ un chamois (*mountain goat*)   _____ un maillot de bain (*swimsuit*)
_____ une corde (*rope*)   _____ de l'or (*gold*)
_____ des crochets (*metal hooks*)   _____ un piolet (*pick*)
_____ des gants   _____ des skis

activité **6** **Etude du vocabulaire.** Choisissez les définitions ou les périphrases de la deuxième colonne qui correspondent aux expressions de la première colonne.

1. ____ atteindre	a. détester
2. ____ par la suite	b. une sortie, une promenade en montagne
3. ____ déclencher	c. se faire soulever
4. ____ sur le pied de guerre	d. après
5. ____ détenir	e. posséder; avoir
6. ____ un maudit savant	f. un scientifique détestable
7. ____ se débarrasser de	g. faire commencer
8. ____ se faire hisser	h. arriver à
9. ____ haïr	i. prêt à se battre
10. ____ une course	j. ne pas garder

Le passage qui suit est tiré des Confessions de Dan Yack, *roman publié en 1929. Ici, Dan Yack, le personnage principal du roman, raconte une anecdote à propos d'un célèbre guide de montagne de Chamonix, Jacques Balmat, le premier guide à faire l'ascension du Mont-Blanc, en 1876, et ce qui est arrivé des trois pruneaux qu'il aurait laissés au sommet.*

Note culturelle

Situé dans les Alpes françaises, près de l'Italie et de la Suisse, le Mont-Blanc est, avec une altitude de 4.808 mètres, le plus haut sommet d'Europe occidentale. Le guide alpin, Jacques Balmat, est le premier à avoir atteint ce sommet, en 1786.

Au sommet du Mont-Blanc

Quand le Grand Balmat eut atteint en premier et tout seul la cime[1] du Mont-Blanc, il paraît qu'il avait trois pruneaux[2] dans sa poche et qu'il les ensevelit[3] dans la neige du sommet pout laisser un témoignage de son exploit. Tous les guides qui atteignirent par la suite le sommet cherchaient ces trois pruneaux,
5   mais pas un seul n'eut la chance de mettre la main dessus. Cent et quelques années plus tard, quand on creusa un puits dans la calotte de glace[4] du sommet pour atteindre la roche de l'aiguille[5] qui est en dessous afin d'établir solidement les fondations de l'observatoire Janssen, on trouva à une quarantaine de mètres de profondeur, trois noyaux[6] de pruneau. Il n'y avait pas de
10 doute, c'était ceux du Grand Balmat. Cette trouvaille déclencha immédiatement une terrible bataille entre les hommes qui travaillaient là. Chacun voulut s'approprier ces reliques auxquelles ces montagnards attribuaient des vertus de protection[7] et de chance. Par la suite, tous les hameaux[8] de la vallée vécurent sur le pied de guerre. Il y eut des vendettas farouches[9] dans la

1. **eut atteint la cime** reached the top   2. **pruneaux** prunes   3. **ensevelit** buried
4. **calotte de glace** ice cap   5. **aiguille** peak   6. **noyaux** pits   7. **vertus de protection** protective powers   8. **hameaux** villages   9. **farouches** wild

15 région, des haines de clan, des frères ennemis, des crimes compliqués, de
bizarres accidents de montagne, des incendies[10] de chalets, une lutte sourde[11]
autour de la possession des trois noyaux. Le premier possesseur fut François
Coutet, tué à Sixt, à l'affût au chamois[12]; puis, jusqu'en 1914, donc en moins
de vingt ans, les trois frères Dévouassou qui périrent ensemble au Mont-
20 Maudit; Lombard, dit Jorasse, que l'on trouva pendu[13] dans la chapelle des
Tines; un Cachat, mort en montagne; un Tournier, mort en montagne; un
François Ravenet, disparu dans une crevasse. Les guides et les porteurs qui
sont tous gens superstitieux accusent de ces «malheurs» la science et ce maudit savant qui alla établir un observatoire au Mont-Blanc. Il est certain que
25 Janssen a laissé une très mauvaise réputation dans les paroisses. J'ai vu des
femmes se signer[14] en m'entendant prononcer son nom. Quand on parle de
lui, on l'appelle encore couramment «Le Diable». En dernier lieu, c'était de
nouveau un Coutet, Marie Coutet, qui possédait ces fameux noyaux. Il les
détenait depuis 14. Il me les a montrés en me sous-louant le chalet du Plan
30 pour l'hiver. Il les a toujours dans son gousset[15]. C'est un homme méfiant,
grimaçant, sauvage, le seul guide non-assermenté[16], mais le plus fin connais-
seur de la montagne. Tout le monde le craint. Je le soupçonne d'aller à l'or,
comme le Grand Balmat, quand il prétend aller chercher des cristaux. [...]
   La construction de l'observatoire du Mont-Blanc m'intéressant, à cause de
35 l'usine que j'avais fait construire à Port-Déception, dans les glaces antarctiques, j'aimais à faire parler Marie Coutet du «Diable». Marie Coutet l'a
bien connu, car c'est Coutet qui fut unanimement désigné pour monter la
grosse lentille[17] du télescope au sommet. On escomptait[18] qu'il se tuerait.

10. **incendies** fires   11. **sourde** silent   12. **à l'affût au chamois** hunting for mountain
goats   13. **pendu** hanging   14. **se signer** bless themselves   15. **gousset** small vest pocket
16. **non-assermenté** not connected to a guides' association   17. **lentille** lens
18. **escomptait** planned

C'était une charge qu'on ne pouvait pas diviser. Bien qu'excessivement fra-
40 gile, la lentille pesait quatre-vingt-dix kilos. Marie Coutet l'accepta. Mais
quelle ne fut pas sa stupeur quand il eut chargé la lentille sur ses crochets et
ses crochets sur son dos, de voir Janssen [...] venir à lui, armé d'une longue
chaîne en acier[19] et lui nouer cette chaîne autour de la taille, et l'entortiller
dedans[20], lui, Marie Coutet, l'homme le plus fort, le plus indépendant des
45 montagnards. La chaîne lui passait sous les bras, se croisait sur sa poitrine[21],
faisait dix tours autour de la précieuse lentille, s'enchevêtrait[22] dans les crochets, lui repassait sur les épaules, bref, l'arrimait, lui, le porteur, à sa
charge[23]. [...]

Tel que je l'ai connu, j'imagine facilement la fureur, l'indignation de Marie
50 Coutet.

Cependant il partit de l'avant.

Ce qui le consolait c'était de penser que ses camarades n'étaient pas mieux
partagés[24] que lui. En effet, Janssen n'avait qu'une confiance très limitée en
ses hommes. Tous étaient enchaînés à leur charge, cadenassés[25] de peur qu'ils
55 ne se débarrassent des précieux instruments dans un mauvais pas, Janssen lui-
même qui était infirme [...] s'installait dans une espèce de traîneau-fauteuil-
chaise-à-porteurs[26] de son invention, et il se faisait hisser, porter, tirer
jusqu'au sommet. L'équipe chargée de ce véhicule était la plus étroitement
enchaînée; par surcroît[27], Janssen la houspillait[28] tout le long du chemin.
60 C'était une espèce de crapaud[29] méchant. Il était détesté.

Tout alla bien jusqu'à la Pierre à l'Échelle, mais quand il s'agit de former
les cordées[30], personne ne consentit à courir le risque d'avoir Marie Coutet
dans la sienne. Il était trop lourdement chargé. Il pouvait faire un faux pas.
C'était trop dangereux. Alors, il partit seul, bravement, en tête.
65 Il franchissait les crêtes[31]. Il se laissait glisser sur le ventre dans les
crevasses pour ne pas endommager sa charge. Il s'était fait un point d'honneur de déposer sa charge intacte au sommet. Il sacrait[32], il jurait, il peinait,
il maudissait la vie, les hommes, la montagne, mais il montait toujours. Il
voulait arriver grand premier. Quand il n'en pouvait plus, il se laissait tomber
70 tout du long, enfouissait[33] sa tête dans la neige, respirait comme un ours.
Cent fois il crut crever[34], il avait la sensation que son cœur, que tout son être
allait se rompre[35], cent fois il surmonta ses défaillances[36]. Il ne voulut pas
s'arrêter au Grands Mulets. Il campa la nuit sur le Plateau, au pied des
Rochers Rouges, toujours enchaîné à sa charge. Tout seul. Il m'avoua[37], qu'en
75 franchissant le lendemain la longue crête du Dromadaire, qui ressemble à un
double toit de neige, il eut envie de se jeter dans le vide avec la lentille, tellement il haïssait cet astronome qui n'avait pas eu confiance en sa parole, tellement il haïssait ses collègues, tellement il se haïssait lui-même. Arrivé au

19. **acier** steel   20. **nouer cette chaîne...** tie that chain around his waist and wrap it
around him   21. **poitrine** chest   22. **s'enchevêtrait** got caught up   23. **l'arrimait, lui, le
porteur, à sa charge** tying him, the carrier, to his load   24. **mieux partagés** better off
25. **cadenassés** padlocked   26. **traîneau-fauteuil-chaise-à-porteurs** combination sled,
armchair, sedan chair   27. **par surcroît** in addition   28. **houspillait** scolded   29. **crapaud**
toad   30. **cordées** roped party   31. **franchissait les crêtes** went over mountain ridges
32. **sacrait** swore   33. **enfouissait** buried   34. **crut crever** believed he was dying (like an
animal)   35. **rompre** break   36. **défaillances** weak spells   37. **il m'avoua** he admitted
to me

sommet et ne sachant comment exprimer sa colère, son mépris[38], il tailla avec
80 son piolet[39], dans la neige gelée, le mot MERDE en lettres géantes. Puis il
tomba sur les genoux et il s'évanouit[40].

Jamais Marie Coutet n'a voulu se faire payer cette course, mais il se jura de
se venger.

Voilà le genre d'homme que c'était.
85 Je crois qu'il a tenu parole en se rendant enfin maître des trois noyaux du
Grand Balmat.

Il n'y a pas trois semaines qu'on l'a trouvé écrasé sous un sapin qu'il venait
d'abattre. On a conclu à un accident. Personne ne sait ce que les trois noyaux
sont devenus. Son gousset était vide...

Les Confessions de Dan Yack, Blaise Cendrars (Denoël)

38. **mépris** scorn   39. **il tailla avec son piolet** he carved, with the aid of his pick
40. **s'évanouit** passed out

---

activité 7   **Compréhension.**   Répondez aux questions sur le texte de Blaise Cendrars.

1. Pourquoi le Grand Balmat laisse-t-il des pruneaux au sommet du
   Mont-Blanc?
2. Combien de temps s'est-il passé entre la conquête du Mont-Blanc par
   Balmat et la découverte de ces pruneaux?
3. Dans quelles circonstances a-t-on retrouvé les noyaux de Balmat?
4. Pour quelles raisons la région a-t-elle vécu dans la discorde pendant
   plusieurs années?
5. Donnez trois exemples de personnes qui ont perdu leur vie pendant cette
   période.
6. Pourquoi les femmes faisaient-elles un signe de croix en entendant le nom
   de Janssen?
7. Pourquoi Dan Yack s'intéresse-t-il à la construction de l'observatoire du
   Mont-Blanc?
8. Comment Yack connaît-il Marie Coutet?
9. Pourquoi a-t-on choisi Coutet pour monter la lentille de l'observatoire?
10. Pourquoi doit-il le faire tout seul?

activité 8   **Réflexion.**   Répondez aux questions suivantes.

1. Trouvez des expressions dans le texte qui montrent combien la montée est
   difficile pour Marie Coutet.
2. Comment expliquer le fait que Marie Coutet haïsse tout le monde pendant
   la deuxième partie de sa course?
3. Pourquoi Marie Coutet refuse-t-il de se faire payer pour cette course
   dangereuse?
4. Que pensez-vous de la mort de Coutet? Si vous étiez détective,
   l'accepteriez-vous sans vous poser de questions? Commentez.

Intégration

activité **A**   Interviewez les autres étudiants. Vous voulez savoir s'il y a quelqu'un...

> **Modèle:**   qui rêve de faire un long voyage
> **Est-ce que tu rêves de faire un long voyage?**

1. qui a hâte de partir en vacances
2. qui espère visiter Genève
3. qui a du mal à se souvenir des verbes irréguliers
4. qui a l'intention de se spécialiser en chimie
5. qui n'a rien mangé ce matin
6. qui n'a parlé à personne hier soir
7. qui est déjà allé dans un pays francophone

activité **B**   Votre classe de français va faire un voyage en Suisse. Faites une liste d'au moins dix questions que vous aimeriez poser pour mieux connaître ce pays-là.

Rédaction.   Vous venez de passer un semestre ou un été comme volontaire dans un des parcs nationaux de votre pays. Ecrivez une lettre à un(e) correspondant(e) suisse pour lui parler de votre expérience. Décrivez votre emploi du temps. Vous avez découvert des cas de pollution. Lesquels? Que faut-il faire? Utilisez votre **Début de rédaction,** page 254, et votre **Brouillon,** page 266.

Entre amis   Vous êtes écologiste et votre partenaire est touriste. Malheureusement, votre partenaire fume, jette ses cigarettes par terre et, en général, ne s'intéresse pas à l'environnement. Expliquez-lui pourquoi il est important de sauvegarder la nature. Il faut que votre partenaire prenne conscience de ses responsabilités. Donnez-lui des conseils.

CHAPITRE NEUF

Une femme politique à Strasbourg

Buts communicatifs

- Exprimer un intérêt ou un manque d'intérêt
- Réussir une carrière

Structure

- Le verbe *devoir*
- Le futur et le conditionnel
- L'emploi du futur et du conditionnel
- Le futur antérieur et le conditionnel passé
- Les phrases de condition

A la découverte

- *O Maison de mon père!* Charles Péguy
- *Le Docteur Knock* Jules Romains

Connaissez-vous Strasbourg et la France?

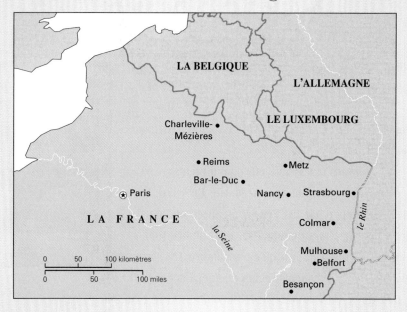

Le saviez-vous? Essayez de compléter ces phrases. Ensuite cherchez les réponses en lisant le texte qui suit.

1. Strasbourg est le siège ____.
   a. du Conseil de l'Europe   b. de la Croix-Rouge   c. de l'Armée du salut
2. Strasbourg, capitale de l'Alsace, compte ____ habitants.
   a. 200.000   b. 400.000   c. 800.000
3. L'Alsace est devenue allemande en ____.
   a. 1870   b. 1918   c. 1944
4. La France n'a pas été occupée par les Allemands depuis la ____.
   a. guerre de 1870–71
   b. Première Guerre mondiale
   c. Seconde Guerre mondiale
5. L'alsacien est un dialecte ____.
   a. français   b. suisse   c. allemand
6. Le plus vieux document écrit en français, le serment de Strasbourg, date de ____.
   a. 842   b. 1066   c. 1210
7. Rouget de Lisle, un compositeur alsacien, a composé ____ en 1792.
   a. «Auprès de ma blonde»
   b. «Sur les bords du Rhin»
   c. «La Marseillaise»
8. Le fleuve qui passe à Strasbourg est ____.
   a. le Danube   b. le Rhin   c. la Moselle
9. ____ pays constituent l'Union européenne.
   a. Quinze   b. Douze   c. Quarante-trois

Strasbourg,

dont le nom signifie «la ville des routes», est un nœud de communications nord–sud, est–ouest et l'un des principaux axes de passage vers l'Allemagne. C'est aussi la capitale de l'Alsace, province française depuis 1681.

Strasbourg et l'Alsace ont connu bien des événements malheureux par le passé. En 1870, la ville est occupée par les Prussiens après un bombardement au cours duquel 200.000 bombes tombent sur la ville. Ce n'est qu'en novembre 1918 que la ville redevient française mais elle sera occupée et annexée à nouveau durant la Seconde Guerre mondiale.

Cette région, où depuis le quatrième siècle on parlait une langue germanique, s'est vu imposer le français lors de la Révolution française.

La langue a assez vite remplacé l'allemand dans les villes et parmi la haute bourgeoisie. La guerre de 1870–1871, ainsi que les deux grandes guerres, obligeront la population à renoncer au français et à se remettre à parler alsacien, un dialecte proche de la langue que parlent les Suisses alémaniques.

Pour les personnes qui s'intéressent à l'histoire de la langue française, Strasbourg donne son nom à un traité important, le serment de Strasbourg. Signé en 842 par deux

Pont fortifié à Strasbourg

des trois petits-fils de l'empereur Charlemagne désirant se protéger contre le troisième, ce document représente le plus ancien document connu en français.

Strasbourg, c'est encore la ville où Rouget de Lisle, en avril 1792, a composé en une nuit «Le Chant de Guerre pour l'Armée du Rhin». Ce chant, destiné à soutenir l'enthousiasme des troupes révolutionnaires, est adopté par des soldats venus de Marseille et prend le nom de «Marseillaise» avant de devenir l'hymne national français.

Aujourd'hui Strasbourg est aussi, en quelque sorte, la capitale de l'Europe, du moins de l'Europe politique. C'est quand même un grand honneur pour une ville dont la population n'est que de 400.000 habitants.

Depuis 1949, Strasbourg est le siège du Conseil de l'Europe, qui réunit toutes les démocraties du vieux continent. Actuellement cette organisation intergouvernementale politique regroupe quarante-trois démocraties. Tous ces pays s'y réunissent en assemblée parlementaire. De même, le Parlement européen, seule institution de l'Union européenne en France, rassemble une fois par mois à Strasbourg, dans un nouvel et somptueux hémicycle ultramoderne spécialement construit, 626 députés des quinze pays membres de l'UE: l'Allemagne, l'Autriche, la Belgique, le Danemark,

Siège du Conseil de l'Europe

l'Espagne, la Finlande, la France, la Grèce, l'Irlande, l'Italie, le Luxembourg, les Pays-Bas, le Portugal, le Royaume-Uni et la Suède. Tous ces députés sont élus au suffrage universel direct.

ÊTES-VOUS BRANCHÉS? Pour en savoir plus sur Strasbourg et l'Alsace, cherchez les renseignements indiqués sur Internet. Allez d'abord au site de Houghton Mifflin, http://college.hmco.com/languages/french/students et de là au site *Personnages*. Consultez la liste des adresses Web pour obtenir les renseignements.

Interactions

Alsacienne d'origine, Simone Muller vient d'une petite ville, Mundolsheim, tout près de Strasbourg. Malgré les encouragements de son père qui est docteur, Simone a décidé de ne pas faire d'études de médecine mais plutôt de s'inscrire à l'Institut d'études politiques (l'IEP) de Strasbourg, où elle prépare une maîtrise de sciences politiques («sciences po»). Elle espère entrer à l'ENA, l'Ecole nationale d'administration.

VOCABULAIRE

Noms

une affiche poster
un but goal; objective
une carrière career
un chiffre number
un concours competitive examination
la concurrence competition
un(e) débutant(e) beginner; novice
un écart gap; distance
un infirmier/une infirmière nurse
un médecin doctor
la médecine medicine (science)
un médicament medicine (remedy)
la parité (hommes-femmes) parity; equality (between men and women)

un plombier plumber
un point de vue point of view; opinion
un(e) propriétaire landlord; owner
une réunion meeting

Verbes

couvrir les frais to cover costs; to pay for expenses
être reçu(e) à un examen, un concours to pass an exam, an entrance test
faire la navette to commute; to shuttle
réclamer to demand

Adjectifs

chaque each
passionnant(e) exciting

Autres mots et expressions

à leur (mon, ton) tour in their (my, your) turn
au cas où in case
autrement otherwise
Ce n'est pas une mince affaire. It's no easy task.
dès que as soon as
en hausse on the rise
selon according to

Le système politique

une commune town; city
un(e) conseiller/conseillère municipal(e) city council member
un(e) député(e) legislator
un electeur/une électrice voter; elector

éligible electable
élire to elect
être au pouvoir to be in (political) power
un(e) maire mayor
un(e) ministre government minister
un parti politique political party

La météorologie

une averse (rain) shower
une éclaircie sunny spell; break in the clouds
ensoleillé(e) sunny
nuageux/nuageuse cloudy
un orage storm
orageux/orageuse stormy
la température sous abri the temperature in the shade

Note lexicale et culturelle

Le genre des noms. A présent il y a plusieurs femmes dans le gouvernement. Elles préfèrent qu'on les appelle «Madame *la* ministre», au lieu du traditionnel «Madame *le* ministre». Certains membres de l'Académie française se sont plaints de ce changement des règles de grammaire. Voir aussi, à ce sujet, la note lexicale au Chapitre 2, page 49.

---

activité 1

workbook

Choisissez les éléments de la première colonne qui correspondent le mieux aux expressions de la deuxième colonne.

1. ____ qui monte
2. ____ très intéressant
3. ____ un poster
4. ____ propriétaire
5. ____ si cela arrive
6. ____ un numéro
7. ____ aussitôt que
8. ____ d'après
9. ____ gouverner
10. ____ une ville

a. dès que
b. un chiffre
c. en hausse
d. au cas où
e. une commune
f. personne à qui on donne le loyer
g. passionnant
h. être au pouvoir
i. une affiche
j. selon

activité 2 Complétez les phrases suivantes avec une des expressions de la liste de vocabulaire.

1. _____ est un membre élu du Parlement ou de l'Assemblée législative d'un pays.
2. _____ est un examen sélectif pour lequel il y a un nombre limité de places.
3. Un jour _____ est un jour où il fait beau.
4. Les femmes ont raison de _____ la parité avec les hommes.
5. Le _____ principal du maire de Strasbourg est d'améliorer la sécurité.
6. Lorsqu'on est malade, on est souvent obligé de prendre un _____.
7. _____ personne a le droit de voter: tout le monde peut voter.
8. _____ veut dire «réussir à un test ou à un concours».
9. Le chef politique d'une ville est _____.

activité 3 Utilisez des périphrases pour expliquer les expressions suivantes.

Modèle: la concurrence
C'est une rivalité entre des personnes qui essaient d'accomplir le même but.

1. un orage
2. un(e) débutant(e)
3. faire la navette
4. une Alsacienne

5. couvrir les frais
6. une réunion
7. une propriétaire

◆ **ECOUTER ET DISCUTER**

A l'écoute 1

Simone vient de trouver un logement assez près de son école et elle est en train de discuter avec Mme Jacob, sa propriétaire. Lisez la note culturelle et écoutez la conversation avant de passer aux activités.

Notes culturelles

1. **Le système des Grandes Ecoles (de la fonction publique).** En plus des universités, il existe en France des grandes écoles publiques. Elles peuvent dépendre de différents ministères ou bien être indépendantes. Deux des plus célèbres sont l'Ecole polytechnique, qui dépend du ministère des Armées, et l'Ecole nationale d'administration (l'ENA). Pour y entrer, il faut passer un concours, c'est-à-dire un examen compétitif où le nombre de personnes qui va être accepté est établi d'avance et correspond au nombre de places disponibles.

2. **Fabienne Keller.** En mars 2001 Fabienne Keller, diplômée de l'Ecole polytechnique et membre du parti politique UDF, est devenue maire de Strasbourg. Dans son programme électoral, elle avait affiché la sécurité comme la plus grande de ses priorités.

---

activité 4 Répondez *vrai* ou *faux*. Si une affirmation est fausse, corrigez-la.

1. Simone fait des études à l'Université de Strasbourg.
2. La ville d'où elle vient est assez proche de Strasbourg.
3. Elle habitait dans une résidence l'année précédente.
4. Simone s'intéresse beaucoup à la politique.
5. Une femme politique qu'elle admire est Fabienne Keller, maire de Strasbourg.
6. Elle est sûre d'être acceptée à l'Ecole nationale d'administration.

activité 5 Répondez aux questions suivantes.

1. D'où vient Simone Muller?
2. En quoi se spécialise-t-elle?
3. Où s'est-elle inscrite?
4. Quel diplôme prépare-t-elle?
5. Quel concours a-t-elle l'intention de passer?
6. Que fera-t-elle si elle est reçue?

A l'écoute 2

A quoi bon s'intéresser à la politique et aux politiciens? Simone continue sa conversation avec sa propriétaire. Ecoutez la conversation avant de passer à l'activité qui suit.

Note lexicale

Bon ou mauvais? En plus de leur sens habituel *good* ou *bad,* ces deux adjectifs ont souvent le sens *right* ou *wrong:* **la bonne profession, la mauvaise direction,** etc.

---

activité 6 Choisissez la réponse convenable et ensuite justifiez votre choix.

1. D'après Simone, les femmes pourraient faire ＿＿ que les hommes.
   a. mieux   b. aussi bien   c. moins bien
2. D'après Simone, les ＿＿ se chargeront des enfants.
   a. hommes   b. femmes   c. babysitters
3. D'après Mme Jacob, l'étude de la médecine est ＿＿ importante que l'étude des sciences politiques.
   a. plus   b. aussi   c. moins
4. D'après le père de Simone, elle a choisi la ＿＿ profession.
   a. bonne   b. mauvaise
5. D'après Simone, le travail d'un médecin est ＿＿ intéressant que le travail d'une femme politique.
   a. plus   b. aussi   c. moins
6. Simone semble vouloir ＿＿.
   a. gagner de l'argent   b. aider les autres   c. faire plaisir à son père

activité **7**   Répondez aux questions suivantes.

1. Pourquoi est-ce que Simone aime tant la politique?
2. Est-ce qu'elle est conservatrice ou libérale dans ses idées? Expliquez votre réponse.
3. Quel groupe de gens semble l'inquiéter particulièrement?
4. Quelles autres professions suggère Mme Jacob?
5. Pourquoi Simone ne veut-elle pas faire comme son père?
6. Quelle injustice Simone mentionne-t-elle à propos du salaire des médecins en France?
7. Trouvez-vous Simone optimiste ou pessimiste en ce qui concerne l'avenir?

 ◆ **TETE-A-TETE**

Conversation.   Au café près de son appartement, Simone s'assied à côté d'une amie, Monique Walther, qui habite aussi chez Mme Jacob.

SIMONE: Salut, Monique. Quoi de neuf?
MONIQUE: Ah, Simone, la future députée!
SIMONE: Tu plaisantes, mais tu verras.
MONIQUE: Moi, la politique, ça ne me dit rien du tout.
SIMONE: Heureusement qu'on n'est pas tous pareils.
MONIQUE: Et qu'est-ce que tu ferais si tu étais députée un jour?
SIMONE: Beaucoup de choses! D'abord, j'intéresserais les jeunes à la politique.
MONIQUE: Bonne chance! Ce n'est pas une mince affaire!

Et vous?   Répétez la conversation avec votre partenaire. Ensuite modifiez-la: Simone parle avec son père. Celui-ci voudrait que Simone soit médecin comme lui.

Quelques gestes.

Ça m'est égal. A shrug is used with the expression **Cela (Ça) m'est égal.** The lips are pursed and the hands are opened, palms up, to convey the meaning *It's all the same to me.*

C'est ennuyeux. The gesture for **C'est ennuyeux** is made by rubbing the knuckles back and forth on the side of the jaw. This rubbing of the "beard" is used to indicate that something is so boring that one could grow a beard while it is happening.

J'en ai assez. The right hand is raised near the left temple. The hand is open but bent at a right angle to the wrist. The gesture is made by twisting the wrist so that the hand passes over your forehead, implying that you are "fed up to here."

Expressions utiles

1. Pour exprimer un intérêt ou un manque d'intérêt

Ça me passionne!	*That's exciting!*
Ça m'intéresse beaucoup.	*That interests me a lot.*
Ça m'est égal.	*That's all the same to me.*
C'est assez ennuyeux.	*It's rather boring.*
Ça ne me dit rien du tout.	*That doesn't interest me at all.*
J'en ai assez (d'entendre parler) de ça!	*I'm fed up with (hearing about) that!*

2. Pour réussir une carrière

jouer un rôle important dans un film ou dans une pièce	*to have an important role in a film or in a play*
écrire un best-seller	*to write a bestseller*
faire une découverte importante	*to make an important discovery*
peindre un chef-d'œuvre	*to paint a masterpiece*
être sélectionné(e) pour les jeux Olympiques	*to be chosen for the Olympic games*

rendre service aux autres	*to serve others*
être élu(e) à un poste politique	*to be elected to a political job*
enseigner	*to teach*
diriger une entreprise	*to be in charge of a business*
avoir un poste bien rémunéré	*to have a job that pays well*
faire ce qui m'intéresse	*to do what interests me*
obtenir une promotion	*to get a promotion*

workbook

activité 8

Avec votre partenaire, discutez des activités de la seconde liste ci-dessus, «Pour réussir une carrière». Quelles activités vous intéressent le plus ou le moins? Exprimez votre intérêt ou manque d'intérêt en utilisant des expressions de la première liste. Est-ce que vous et votre partenaire avez les mêmes intérêts? En quoi sont-ils différents?

activité 9

Pour chaque expression de la liste «Pour réussir une carrière», identifiez au moins une profession ou occupation qui y correspond. Consultez l'Appendice A si vous voulez.

Modèle: **Un acteur est une personne qui joue un rôle dans un film.**

Entre amis Vous travaillez comme conseiller (conseillère) dans une agence d'emploi francophone. Une personne (votre partenaire) vient vous demander votre conseil pour l'aider à choisir sa future profession. Proposez plusieurs possibilités en expliquant en quoi consiste chaque occupation suggérée. Votre partenaire exprimera ses réactions à vos suggestions.

◆ LIRE ET DISCUTER

activité 10 **Avant de lire.** Lisez l'affiche qui suit et répondez aux questions.

1. A qui s'adresse cette affiche?
2. Pouvez-vous deviner qui l'a écrite?
3. Dans quel but a-t-elle été composée?
4. Comment un maire est-il élu dans votre ville?
5. D'après cette affiche, quelle est la profession où il n'y a pas encore beaucoup de femmes?

Femmes

Nous sommes: commerçantes, médecins, agricultrices, employées, militantes, enseignantes, architectes, responsables d'association, mères, maires et grands-mères...

Pourquoi pas **conseillères municipales?**

Note culturelle

En France les électeurs ne choisissent pas le maire de la ville, mais ils élisent des conseillers municipaux qui, à leur tour, choisissent le maire pendant leur première réunion. Le nombre de conseillers municipaux peut varier entre neuf et soixante-neuf selon la population de la commune.

Echange 1

Place aux femmes

En France la loi n° 2000-493 du 6 juin 2000, qui favorise l'égal accès des femmes et des hommes aux mandats électoraux et fonctions électives, a modifié le code électoral en ce qui concerne les élections municipales.

Dans les communes de trois mille cinq cents habitants et plus, sur chaque liste de candidats, l'écart entre le nombre de personnes de chaque sexe ne peut pas être supérieur à un. A l'intérieur de chaque groupe de six candidats (le nombre de candidats est déterminé par la population de la commune), dans l'ordre de présentation de la liste, doit figurer un nombre égal de candidats de chaque sexe.

Le problème qui préoccupe les femmes désirant jouer un rôle plus important dans la politique est que plus de 90 pour cent des communes de France ont une population inférieure à trois mille cinq cents et que, par conséquent, les partis politiques ne sont pas obligés d'y respecter cette parité hommes-femmes.

Il existe une organisation, Elles aussi, qui a pour un de ses buts d'augmenter le nombre de candidates et le nombre de femmes élues aux élections munici-pales. Pour ce groupe, la parité est facile à justifier. Depuis cinquante ans, en France, les femmes votent et sont éligibles. Hommes et femmes ont en théorie les mêmes droits d'exercer des responsabilités dans la vie publique et politique.

Cependant, la présence des femmes élues ou désignées dans les assemblées reste très minoritaire.

Les chiffres récents en témoignent (Source: Observatoire de la parité, décembre 2001):

- Sénat: 10,9 pour cent de femmes
- Assemblée nationale: 9,9 pour cent de femmes
- Conseils régionaux: 24 pour cent de femmes
- Conseils généraux: 9,9 pour cent de femmes
- Conseils municipaux: 33 pour cent de femmes dont 10,9 pour cent de femmes maires
- Conseils économique et social: 19,5 pour cent de femmes
- Parlement européen: 41,2 pour cent d'élues françaises

Dans ces assemblées où se discutent les lois, où se prennent les décisions qui concernent tous les habitants et toutes les habitantes de France, les femmes sont presque absentes. Les femmes veulent partager avec les hommes les décisions, les responsabilités. Elles veulent apporter leur point de vue, leur expérience. C'est pourquoi elles réclament l'égalité parfaite, c'est-à-dire dans les élections et les consultations. La construction d'une société co-gérée, à parité, par les femmes et les hommes est indispensable. Ce désir d'accorder un rôle plus important aux femmes est aussi partagé par le Parti socialiste en France, qui a pris la décision de présenter au moins 40 pour cent de femmes aux élections législatives de 2002.

activité 11   Répondez aux questions suivantes.

1. En quelle année la loi sur la parité a-t-elle été votée?
2. Quel est le but de cette loi?
3. Cette loi est-elle applicable à toutes les élections municipales? Justifiez votre réponse.
4. Dans une commune de 3.600 habitants et 23 conseillers, combien de femmes pourraient faire partie de la liste de candidats d'un parti?
5. Donnez deux raisons pour lesquelles les femmes veulent faire de la politique.
6. D'après les chiffres ci-dessus, quels groupes sont les moins bien représentés par des femmes?
7. Quel parti politique est le plus favorable à une augmentation de candidates aux élections législatives?

activité 12   Qu'en pensez-vous? Répondez aux questions suivantes.

1. Aimeriez-vous faire de la politique? Donnez trois arguments pour ou contre.
2. D'après vous, la parité est-elle nécessaire? Justifiez votre réponse.
3. Croyez-vous que votre pays va élire une présidente dans les années à venir?
4. Etes-vous pour ou contre cette idée? Justifiez votre réponse.

Echange 2

Les prévisions de la météo.

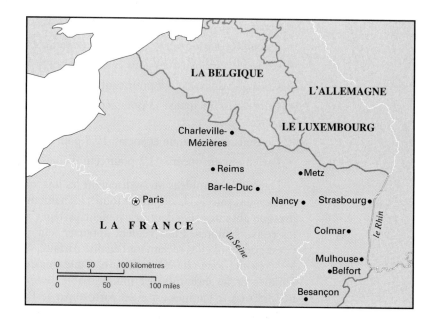

Les prévisions météorologiques régionales pour lundi

Le temps va être très variable sur l'Alsace et sur la Lorraine. La matinée sera ensoleillée sur la région allant de Strasbourg à Colmar. En début d'après-midi des averses feront leur apparition et de gros orages se développeront au cours de la journée dans les Vosges. Des éclaircies auront lieu dans la région de Nancy au cours de l'après-midi mais elles seront suivies par un temps orageux et frais. Le vent sera faible, parfois modéré de secteur sud. Les températures seront normales pour la saison.

Les températures

Relevées dimanche, à 14 h sous abri, dans la région: 16 à Charleville; 17 à Bar-le-Duc, Belfort et Reims; 18 à Nancy, Metz, Besançon; 19 à Mulhouse; 21 à Strasbourg et Colmar.

Le temps pour le restant de la semaine

Mardi: le temps sera chaud et ensoleillé. Les températures seront en hausse, comprises entre 12 et 15 degrés en fin de nuit, et atteindront 25 degrés l'après-midi. Pour mercredi, jeudi et vendredi: il y aura peu de changements dans le temps. Quelques pluies reviendront dans la région en fin de semaine.

ENSOLEILLÉ		PLUIE	//////	AVERSES	
ÉCLAIRCIES PEU NUAGEUX		NUAGEUX COURTES ÉCLAIRCIES		ORAGES	

Note culturelle

Pour une conversion rapide et *approximative* des degrés Celsius en degrés Fahrenheit, vous pouvez doubler la température et ajouter trente: 20° C = 70° F ou (20° C × 2 = 40) + 30 = 70° F.

Celsius	Fahrenheit	
100°	212°	la température à laquelle l'eau se met à bouillir
30°	85°	un jour d'été
0°	32°	la température à laquelle l'eau gèle
−15°	0°	une nuit d'hiver
−40°	−40°	où les deux systèmes sont à égalité

activité 13 Relisez l'Echange 2 et la Note culturelle. Ensuite répondez aux questions suivantes.

1. Quel jour est-ce?
2. A quel moment de la journée fera-t-il plus beau, le matin ou l'après-midi? Expliquez votre réponse.
3. Où est-ce qu'il pleuvra beaucoup aujourd'hui?
4. Etudiez la carte, page 288. Cherchez les villes mentionnées dans les prévisions de la météo. Où est-ce que ces villes se trouvent par rapport à Strasbourg (au nord, au sud, à l'ouest)?
5. Indiquez en Fahrenheit les températures approximatives données dans les prévisions de la météo.
6. Indiquez les températures idéales, à votre avis, pour aller à la plage, courir un marathon, faire du ski.

activité 14 Vous êtes météorologue. Préparez un petit bulletin météo. Utilisez le modèle ci-dessus pour donner les prévisions pour deux villes différentes de votre pays pour demain.

 Début de rédaction. Faites deux listes, après avoir consulté l'Appendice A: (1) Ecrivez les noms de cinq professions ou occupations qui vous intéressent. (2) Ecrivez les noms de cinq professions ou occupations qui ne vous intéressent pas du tout. Ensuite, pour chaque profession ou occupation identifiée (listes 1 et 2), écrivez une phrase pour expliquer votre choix.

Structure

◆ LE VERBE *DEVOIR*

Marc **doit** être très occupé. *Marc must be very busy.*
Oui, il **devait** nous téléphoner. *Yes, he was supposed to call us.*
Il **a dû** oublier. *He must have forgotten.*

---

devoir to have to; to owe

je **dois**	nous **devons**
tu **dois**	vous **devez**
il/elle/on **doit**	ils/elles **doivent**

passé composé:	**j'ai dû**
imparfait:	je **devais**
participe présent:	**devant**
futur:	je **devrai**
conditionnel:	je **devrais**
subjonctif:	que **je doive**; que nous **devions**

A. Followed by a noun, **devoir** means *to owe.*

Simone **doit** 400 euros à *Simone owes her landlady 400 euros.*
sa propriétaire.

B. Followed by an infinitive, **devoir** can have several meanings, including *to have to* (*must*); *to be/do probably* (*must be/do*); *to be supposed to.*

Cette fermière **doit** souffrir *That farmer must be (is probably)*
beaucoup. *suffering a lot.*
Elle **a dû** tomber d'une échelle. *She must have fallen (probably fell)*
off a ladder.

Elle **devait** avoir très mal au dos. *She must have had (probably had)*
a very sore back.

Elle **devra** rester au lit. *She will have to stay in bed.*

1. Remember that **devoir** is used with the infinitive to express an obligation or a probability. To indicate a choice when the meaning is *do(es) not have to,* use **ne pas être obligé de...**

Elle **ne doit pas** payer cher *She probably doesn't pay much for*
son loyer. *her rent.*
but: Elle **n'est pas obligée** de payer. *She doesn't have to pay.*

2. The meaning *to have to* can be expressed in the past by either the **passé composé** or the **imparfait**.

L'année dernière j'**ai dû** aller à Strasbourg.	*Last year I had to go to Strasbourg.*
Quand nous étions jeunes, nous **devions** aller chez ma grand-mère tous les week-ends.	*When we were young, we had to go to my grandmother's every weekend.*

The choice between the **passé composé** and the **imparfait** often depends on whether the verb is a specific event that probably took place **(passé composé)** or is a description of something that either used to be the case or was supposed to happen. The meaning *was supposed to* is conveyed by the **imparfait**.

Elle **a dû** aller voir le médecin.	*She had to go see the doctor (and did).*
Elle **devait** aller voir le médecin.	*She had to go see the doctor (at least she was supposed to; it's unclear whether she went).*

3. Used in the conditional, **devoir** implies recommendation or advice, with the meaning *should* or *ought to*, or probability, with the meaning *should* or *is likely to*.

Elle **devrait** être plus prudente.	*She should be more careful.*
Simone ne **devrait** pas avoir de difficulté avec ses concours.	*Simone shouldn't (is not likely to) have any trouble with her entrance exams.*

exercice **1** Complétez les phrases suivantes avec la forme convenable du verbe **devoir**. Attention au sens du verbe, indiqué entre parenthèses.

1. Actuellement Simone Muller _____ avoir environ vingt-deux ans. (*must*)
2. Récemment, elle _____ chercher un appartement près de l'université. (*had to*)
3. L'année dernière, lorsqu'elle habitait chez ses parents, elle _____ faire la navette tous les jours. (*had to*)
4. Les étudiants _____ passer un concours avant d'être admis dans une grande école. (*have to*)
5. Simone est intelligente et travailleuse. Elle _____ pouvoir faire tout ce qu'elle voudrait dans la vie. (*should*)
6. Si elle souhaite faire une carrière politique, elle _____ avoir un peu de chance mais de bonnes relations aussi. (*will have to*)
7. D'après son père, elle _____ faire des études de médecine. (*was supposed to*)
8. Ses parents _____ être fiers d'elle, quand même. (*must*)

workbook

A. The same verb stem is always used to form both the future and the conditional.

Tu **aimer**as ce film.	*You will like this film.*
Tu **aimer**ais ce film.	*You would like this film.*
Nous **fer**ons un voyage s'il fait beau.	*We will take a trip if it's nice out.*
Nous **fer**ions un voyage s'il faisait beau.	*We would take a trip if it were nice out.*

The stem of the future and the conditional always ends in **-r.** Only the endings differ.

futur		*conditionnel*	
-ai	-ons	-ais	-ions
-as	-ez	-ais	-iez
-a	-ont	-ait	-aient

NOTE: The endings of the conditional are the same as those of the imperfect tense. Therefore the major distinction between the imperfect and the conditional is often the **-r-:**

imperfect:	je ren**d**ais	je de**v**ais
conditional:	je ren**dr**ais	je de**vr**ais

B. The infinitive is used as the stem of the future and the conditional of most verbs, including many that are irregular in the present. If the infinitive ends in **-re,** the **-e** is dropped before the endings are added.

infinitive	*stem*	*infinitive*	*stem*
parler	*parler-*	apprendre	*apprendr-*
finir	*finir-*	partir	*partir-*
rendre	*rendr-*	dire	*dir-*

NOTE: Verbs with **-é-** before the infinitive ending (**esp<u>é</u>rer, rép<u>é</u>ter,** etc.) also base the future/conditional stem on the infinitive.

rép**é**ter	*répéter-*	Je **rép<u>é</u>terai** la question, si tu veux.

C. A number of verbs do not form the future and the conditional from the infinitive. The stem is irregular and must be memorized.

infinitive	stem	infinitive	stem
avoir	*aur–*	vouloir	*voudr–*
être	*ser–*	pouvoir	*pourr–*
faire	*fer–*	venir	*viendr–*
aller	*ir–*	devoir	*devr–*
voir	*verr–*	falloir	*faudr–*
envoyer	*enverr–*	pleuvoir	*pleuvr–*

NOTE: Verbs with spelling changes in the present (*except* those with **-é-** in the infinitive, like **espérer**), keep the spelling change in the future/conditional stem.

acheter	j'achète	*achèter–*	**J'achèterai** des cartes postales.
lever	je lève	*lèver–*	Je me **lèverai** tard pendant les vacances.
appeler	j'appelle	*appeller–*	Elle s'**appellera** Madame Dupont après son mariage.

exercice 2   Pour chaque expression suivante, décidez si le verbe en italique est au *présent*, à *l'imparfait*, au *futur* ou au *conditionnel*. Ensuite traduisez la phrase en anglais.

> **Modèle:**   Ils *partiront* très tôt.
> *Futur: They will leave very early.*

1. Il *devrait* se dépêcher.
2. Elle *viendra* dans huit jours.
3. Je *voudrais* vous dire merci.
4. Il *fallait* que je parte.
5. Il *faudrait* que je parte.
6. Elles *viennent* nous rendre visite.
7. Ils *enverront* des cadeaux.
8. Il *pleuvait*.
9. Il *pleuvra*.
10. Ils *doivent* le savoir.

✦ L'EMPLOI DU FUTUR ET DU CONDITIONNEL

workbook

A. The future tense is often used

1. to indicate that an action will take place, especially when this is not in the immediate future.

Quand est-ce que nous **irons** à Strasbourg?	*When will we go to Strasbourg?*
Simone **aura** son diplôme dans un an.	*Simone will graduate a year from now.*

NOTE: The near future is most frequently expressed with **aller** and an infinitive. The present tense is also used to express the near future.

Je **vais téléphoner** à Anne.	*I'm going to phone Anne.*
Nous **sortons** demain soir.	*We're going out tomorrow night.*

2. to express a polite request, in place of the imperative.

Tu **viendras** vers sept heures, d'accord?	*You'll come around seven, okay?*
Vous **enverrez** ce carton chez moi, s'il vous plaît.	*You'll send this box to my house, please.*

3. to make predictions.

Un jour, tu **verras,** on se **rencontrera.**	*Someday, you'll see, we will meet again.*
Demain il **fera** beau sur toute la France.	*Tomorrow the weather will be nice everywhere in France.*

4. after the expressions **quand, lorsque, aussitôt que,** and **dès que.** French uses the future after these expressions if the future or the imperative is used elsewhere in the sentence. In English, equivalent expressions are followed by the present.

Dès que je le **pourrai,** je *viendrai* vous voir.	*As soon as I can, I'll come see you.*
Quand tu **verras** Luc, *dis*-lui bonjour de ma part.	*When you see Luc, say hello to him for me.*

B. The conditional mood is often used

1. to indicate that an action *would* take place, if some condition were present.

Dans un monde meilleur, il n'y **aurait** plus de guerres.	*In a better world, there would be no more wars.*
J'**irais** plus souvent à la bibliothèque, si j'avais le temps.	*I'd go to the library more often, if I had time.*

2. to request something politely, especially with verbs such as **aimer, pouvoir,** and **vouloir.**

J'**aimerais** vous poser une question.	*I would like to ask you a question.*
Pourriez-vous me prêter 5 euros?	*Could you lend me 5 euros?*
Je **voudrais** payer ces journaux.	*I would like to pay for these newspapers.*

3. after the expression **au cas où.**

Téléphone-moi **au cas où** tu **aurais** d'autres questions à me poser.	*Phone me in case you have other questions to ask me.*

exercice **3** Pour éviter d'être trop brusque, utilisez le conditionnel. Modifiez les phrases suivantes.

1. Je veux un billet pour Strasbourg.
2. Il faut que je sois à Strasbourg avant sept heures.
3. Vous avez une place près de la fenêtre?
4. J'aime mieux un compartiment non-fumeur.
5. Est-il possible de savoir s'il y a un wagon-restaurant?
6. Pouvez-vous me dire où se trouve la voie numéro cinq, s'il vous plaît?

exercice **4** Dans un monde meilleur, tout irait mieux. Utilisez un élément de chaque colonne pour faire des phrases. Mettez les verbes au conditionnel.

Modèle: **Dans un monde meilleur, il ferait toujours beau.**

| Dans un monde meilleur | il
tout le monde
les professeurs
les étudiants
nous
ma famille
mon ami(e)...
je | avoir beaucoup de copains
parler couramment le français
pouvoir vivre en paix
se lever toujours tard le matin
faire toujours beau
dire toujours la vérité
être plus aimable(s)
ne jamais donner de devoirs
ne jamais neiger |

exercice **5** Vous espérez que tout marchera mieux l'année prochaine, n'est-ce pas? Choisissez les verbes qui conviennent et utilisez-les au futur pour compléter les phrases suivantes.

couvrir	réussir	faire	avoir
pleuvoir	vouloir	être	rendre

1. L'année prochaine, nous _____ toujours à l'heure pour nos cours.
2. Je _____ à tous mes examens.
3. Les étudiants _____ assez d'argent pour acheter ce qu'ils _____.
4. Ils _____ tous leurs frais.
5. Mes amis me _____ souvent visite.
6. Je _____ plusieurs voyages.
7. Il ne _____ pas beaucoup.

exercice **6** Essayez de composer cinq questions concernant l'avenir que vous pourriez poser aux étudiants de votre cours de français.

Modèle: **Quand est-ce que tu auras ton diplôme?**

Remplacez **si** par **au cas où** et mettez le verbe au conditionnel.

> **Modèle:** Si Simone ne réussissait pas à son concours, elle serait déçue.
> **Au cas où Simone ne réussirait pas à son concours, elle serait déçue.**

1. Si nous faisions un voyage à Strasbourg, nous visiterions la cathédrale.
2. Si je gagnais autant d'argent qu'un plombier, je n'aurais pas de difficultés financières.
3. Si Simone n'achetait pas de voiture, elle prendrait le bus.
4. Si elle se mariait, ce serait avec un homme politique.
5. Si ses parents lui rendaient visite, elle leur ferait visiter l'ENA.
6. Si une femme était présidente, tout marcherait mieux.

exercice **8** Ecrivez cinq phrases pour prédire votre propre avenir et cinq phrases pour prédire l'avenir d'un(e) de vos ami(e)s.

> **Modèle:** **Je serai riche et très célèbre.**
> **Mon amie, Mary, aura cinq ou six enfants.**

◆ LE FUTUR ANTERIEUR ET LE CONDITIONNEL PASSE

workbook

A. The future perfect and the past conditional are formed by combining the future or the conditional of **avoir** or **être** with the past participle.

j'**aurai** mangé	*I will have eaten*
je **serai** parti(e)	*I will have left*
je me **serai** couché(e)	*I will have gone to bed*
j'**aurais** voulu	*I would have wanted*
je **serais** venu(e)	*I would have come*
je me **serais** souvenu(e)	*I would have remembered*

B. The future perfect is used to refer to something that *will have* taken place by a certain time.

J'**aurai fini** mes courses à cinq heures.	*I will have finished my errands by five o'clock.*
Nous **serons rentrés** avant qu'il téléphone.	*We will have returned home before he calls.*

C. The future perfect is normally used after **après que** when speaking about the future. It may also be used after **quand, lorsque, aussitôt que,** and **dès que** to specify that something will happen before another event.

Après que j'aurai passé l'examen, nous partirons en vacances.	*After I have taken the test, we'll leave on vacation.*
Je te téléphonerai **quand j'aurai fini** le ménage.	*I'll call you when I've finished the housework.*

NOTE: With **après,** if there is not a change of subjects, use the past infinitive (**avoir** or **être** + participe passé), instead of the future perfect (Chapter 5, p. 155).

Après être arrivée à Strasbourg, Simone a cherché un appartement.
After arriving in Strasbourg, Simone looked for an apartment.
Après avoir acheté une voiture, Simone ne prenait plus l'autobus.
After buying a car, Simone no longer took the bus.

D. The past conditional is used to refer to something that *would have* taken place if something had happened differently.

En avion, ils **seraient** déjà **arrivés.**
By plane, they would have arrived already.
Vous **auriez aimé** la pièce.
You would have liked the play.

E. In the past conditional, **devoir** has the meaning *should have, ought to have.* **Pouvoir** has the meaning *could have.*

Il a dit qu'elle n'**aurait** pas **dû** monter sur l'échelle.
He said she should not have climbed on the ladder.
Elle **aurait pu** consulter un autre médecin.
She could have seen another doctor.

exercice **9** Utilisez le verbe entre parenthèses au futur antérieur pour compléter la phrase.

Modèle: Simone (terminer) déjà sa maîtrise avant de passer le concours.
Simone aura déjà terminé sa maîtrise avant de passer le concours.

1. Simone (passer) déjà le concours avant de savoir si elle est reçue.
2. Elle (réussir) au concours avant d'être admise à l'ENA.
3. Elle (finira) ses études avant de se marier.
4. Elle (se marier) déjà avant de chercher un poste politique.
5. Nous (écrire) une centaine de dissertations avant d'avoir notre diplôme.
6. Nous (avoir) notre diplôme avant de trouver un bon poste.
7. Nous (travailler) dix ans avant de pouvoir payer toutes nos dettes.

exercice **10** Utilisez **après que** + *le futur antérieur* ou **après** + *l'infinitif passé* pour récrire les phrases suivantes.

Modèles: Nous finirons nos devoirs et puis nous sortirons.
Après avoir fini nos devoirs, nous sortirons.

L'année scolaire commencera et puis nous aurons des devoirs à faire.
Après que l'année scolaire aura commencé, nous aurons des devoirs à faire.

1. Simone finira sa maîtrise et puis elle se présentera au concours de l'ENA.
2. Elle réussira au concours et puis elle pourra s'inscrire à l'ENA.
3. Elle entrera à l'ENA et puis sa carrière politique sera garantie.

4. Ses études se termineront et puis elle travaillera pour le ministère des Finances.

5. Elle gagnera assez d'argent et puis elle achètera une belle voiture de sport.

6. Les femmes joueront un rôle politique plus important et puis tout ira à merveille.

exercice **11**   On regrette parfois ce qui s'est passé. Utilisez le verbe **devoir** au conditionnel passé et un élément de chaque colonne pour dire ce qu'on aurait dû faire l'année dernière.

Modèle: **L'année dernière, nous aurions dû nous amuser davantage.**

	faire la fête		
	travailler		
je	voyager		
nous	sortir	moins souvent	
mes amis	devoir	boire	davantage
mon ami(e)...	manger		
	s'amuser		
	jouer aux jeux vidéo		

exercice **12**   Mentionnez huit «faits et gestes» que les étudiants représentatifs de votre université auront faits avant la fin du semestre.

Modèles: **Avant la fin du semestre ils auront lu au moins ___ livres.**
Ils seront allés au moins ___ fois au cinéma.

✦ LES PHRASES DE CONDITION

workbook

A. If the **si** clause is used with the *present* tense, the verb in the main clause may be used in the present, the imperative, the near future, or the future.

1. Use the present if the meaning is *whenever*, implying that it is the normal, habitual result.

S'il y a un orage, nous **restons** chez nous.   *If (whenever) there is a storm, we stay at home.*

2. The imperative, the near future, or the future are used in other cases when **si** + the present is used to express the condition.

S'il y a un orage, **restons** chez nous.   *If there is a storm, let's stay at home.*

S'il y a un orage, nous **allons rester** chez nous.   *If there is a storm, we are going to stay at home.*

S'il y a un orage, nous **resterons** chez nous.   *If there is a storm, we will stay at home.*

B. If the **si** clause is used with the *imperfect* tense, the verb in the main clause is used in the conditional to indicate that the result would be possible if the condition were fulfilled.

S'il y avait un orage, nous **resterions** chez nous.	*If there were a storm, we would stay at home.*
Si j'allais à Strasbourg, je **ferais** une croisière sur le Rhin.	*If I went to Strasbourg, I would take a cruise on the Rhine.*

C. If the **si** clause is used with the *pluperfect* tense, the verb in the main clause may be used with the conditional or the past conditional. In either case you are only speculating about something that might have happened.

Si j'avais pris l'avion, je **serais** déjà à Paris.	*If I had taken the plane, I would already be in Paris.*
S'il y avait eu un orage, nous **serions restés** chez nous.	*If there had been a storm, we would have stayed at home.*

NOTE: The **si** clause may either precede or follow the main clause.

Ma mère serait ravie si je lui écrivais plus souvent.
Si je lui écrivais plus souvent, ma mère serait ravie.

Résumé: le futur/le conditionnel dans des phrases avec <u>si</u>

(**Si** + présent) ... futur	S'il ne pleut pas, nous **sortirons**.
(**Si** + imparfait) ... conditionnel	S'il ne pleuvait pas, nous **sortirions**.
(**Si** + plus-que-parfait) ... conditionnel passé	S'il n'avait pas plu, nous **serions sortis**.

---

exercice **13**   Utilisez un élément de chaque colonne pour composer des phrases, d'après le modèle. Utilisez la forme négative, si vous voulez.

Modèle: Si tu te couches tôt, tu ne seras pas fatigué.

	s'intéresser à la politique	être en bonne santé
	recevoir un bon salaire	avoir mal à la tête
tu	se coucher tôt	être heureux/heureuse(s)
vous	dépenser beaucoup d'argent	réussir aux examens
Si nous	étudier beaucoup	couvrir tous les frais scolaires
les étudiants	avoir beaucoup d'enfants	être pauvre(s)
mon ami(e)...	se marier jeune(s)	s'amuser beaucoup
	décider d'enseigner	être fatigué(e)(s)
	apprendre le français	se lever tard

exercice **14**   Composez cinq phrases qui commencent par l'expression «Si je gagnais à la loterie... »

Modèle: Si je gagnais à la loterie, je donnerais de l'argent aux pauvres.

exercice 15   Utilisez les expressions suivantes pour formuler des questions. Ensuite interviewez un autre membre de votre classe.

Modèle: si tu n'avais pas étudié le français

Qu'est-ce que tu aurais fait, si tu n'avais pas étudié le français? *ou*

Serais-tu content(e), si tu n'avais pas étudié le français? *ou*

Qu'est-ce que tes parents auraient pensé, si tu n'avais pas étudié le français?

1. si tu n'avais pas choisi cette université
2. si tu avais terminé tes études
3. si nous étions partis en vacances ce matin
4. si tu avais perdu ta voiture
5. si notre professeur n'était pas venu au cours aujourd'hui
6. si tu avais décidé de passer ce semestre dans un pays francophone

workbook 7. si tu n'avais pas décidé de te spécialiser en...

 Brouillon.   Ecrivez trois paragraphes: (1) Expliquez ce que Simone Muller voudrait faire dans la vie. (2) Expliquez ce que vous voudriez faire dans la vie. (3) Expliquez ce que vous auriez probablement fait si vous n'aviez pas continué vos études après le lycée. Avant d'écrire, consultez votre **Début de rédaction,** page 289.

A la découverte

◆ LECTURE 1

Né en 1873 à Orléans, **Charles Péguy** *se prépare d'abord à une carrière dans l'enseignement. Influencé par ses convictions socialistes, il devient militant et s'intéresse beaucoup à Jeanne d'Arc, qui devient pour lui le symbole de l'engagement patriotique et catholique. Ce poème décrit Jeanne d'Arc au moment où elle va quitter sa maison natale. Tous deux mourront en combattant les ennemis de la France: Jeanne d'Arc sera brûlée par les Anglais à Rouen, et Péguy sera tué sur le champ de bataille durant la Première Guerre mondiale.*

activité 1   **Anticipez le contenu.**   Faites un plan rapide de la maison ou de l'appartement où vous avez grandi. Essayez ensuite de dire ce que cette demeure représente pour vous. Si c'était possible, pourquoi aimeriez-vous ou n'aimeriez-vous pas y habiter encore?

activité 2   **Etude du style.**   Etudiez encore une fois la note littéraire, Chapitre 5, page 165. Lisez ensuite le poème *O Maison de mon père!*

1. Quelle est la longueur de chaque vers?
2. Est-ce que chaque vers se divise en un nombre égal de syllabes?
3. La rime est-elle plate, embrassée ou croisée?
4. Le poète alterne-t-il les rimes féminines et les rimes masculines?
5. Quels mots est-ce que Péguy répète à travers le poème? Justifiez ces répétitions.

Jeanne d'Arc est née dans le petit village de Domrémy en Lorraine. Quand elle a 13 ans, elle commence à entendre des voix qui lui disent que sa patrie a besoin d'elle. La guerre de Cent Ans divise et dévaste la France et il est même question qu'un Anglais devienne roi de France. Jeanne quitte son village pour aller retrouver le dauphin, Charles VII, à Chinon. Avec l'aide de Jeanne, le dauphin ira se faire couronner roi de France à Reims. Grâce au courage de Jeanne d'Arc, les Français finiront par libérer la France et mettront fin à la guerre. La pauvre Jeanne, capturée à Compiègne, sera brûlée vive après un long procès à Rouen en 1432.

O Maison de mon père!

O maison de mon père où j'ai filé la laine,
Où, les longs soirs d'hiver, assise au coin du feu,
J'écoutais les chansons de la vieille Lorraine,
Le temps est arrivé que je vous dise adieu.

5   Tous les soirs passagère[1] en des maisons nouvelles,
        J'entendrai des chansons que je ne saurai pas;
        Tous les soirs, au sortir des batailles nouvelles,
        J'irai dans des maisons que je ne saurai pas.

        Quand pourrai-je le soir filer encore la laine?
10   Assise au coin du feu pour les vieilles chansons;
        Quand pourrai-je dormir après avoir prié?
        Dans la maison fidèle et calme de la prière;

        Quand nous reverrons-nous? Et nous reverrons-nous?
        O maison de mon père, ô ma maison que j'aime.

Jeanne d'Arc, Charles Péguy

1. **passagère** overnight guest

activité 3 — Compréhension. Répondez aux questions suivantes.

1. Pourquoi Jeanne s'adresse-t-elle à la maison de son père?
2. Pourquoi ne mentionne-t-elle ni son père ni sa mère?
3. Le poème se divise en deux parties très distinctes. Quelles sont ces deux parties? Justifiez votre réponse.
4. Qu'est-ce qui semble inquiéter Jeanne?
5. Le ton du poème est-il gai, triste, nostalgique ou monotone? Justifiez votre réponse.
6. Que nous apprend ce poème sur la personnalité de Jeanne d'Arc?

◆ LECTURE 2

Jules Romains est un écrivain français. Il est né Louis Farigole en 1885 dans les Cévennes, une région de la Haute-Loire. Un de ses grands succès est la pièce Knock, ou le triomphe de la médecine. *Cette pièce fait beaucoup penser aux comédies de Molière.*

activité 4 — Etude du vocabulaire. Etudiez les phrases suivantes. Ensuite faites correspondre les mots en caractères gras de la Section I aux périphrases ou explications de la Section II.

Section I

1. _____ La malade **souffrait** beaucoup.
2. _____ Le docteur Knock a décidé de l'**ausculter.**
3. _____ Il lui a demandé d'ouvrir la bouche et de **tousser.**
4. _____ Il lui a donné une **ordonnance** médicale.
5. _____ Il croit qu'il pourra la **guérir.**
6. _____ Il lui a dit qu'il faudrait qu'elle **se soigne.**

a. feuille sur laquelle le médecin inscrit les médicaments qu'il recommande à son malade
b. éprouvait un mal physique ou moral
c. aider à recouvrer une bonne santé
d. prenne les médicaments prescrits par le médecin et fasse ce qui est nécessaire pour se sentir mieux
e. écouter les battements du cœur à l'aide d'un stéthoscope
f. faire un bruit souvent causé par une irritation de la gorge

activité **5** Regardez les dessins. Ensuite lisez rapidement la lecture et essayez de retrouver les mots du dessin. Combien en trouvez-vous?

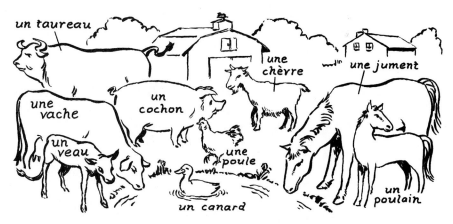

Le Docteur Knock

Tous les lundis, le docteur Knock reçoit des patients et il donne des consultations gratuites. Knock fait entrer la première personne, la dame en noir.

KNOCK: C'est vous qui êtes la première, madame? Vous êtes bien de la région?

LA DAME: Je suis de la commune.

KNOCK: De Saint-Maurice?

5 LA DAME: J'habite la grande ferme qui est sur la route de Luchère.

KNOCK: Elle vous appartient?

LA DAME: Oui, à mon mari et à moi.

KNOCK: Si vous l'exploitez vous-même, vous devez avoir beaucoup de travail?

10 LA DAME: Pensez! monsieur, dix-huit vaches, deux bœufs, deux taureaux, la jument et le poulain, six chèvres, une bonne douzaine de cochons, sans compter les canards et les poules.

KNOCK: Diable! Vous n'avez pas de domestiques?

LA DAME: Dame si[1], trois valets, une servante et les journaliers dans la belle

15 saison.

KNOCK: Je vous plains[2]. Il ne doit pas vous rester beaucoup de temps pour vous soigner.

LA DAME: Oh! non.

KNOCK: Et pourtant vous souffrez.

20 LA DAME: Ce n'est pas le mot. J'ai plutôt de la fatigue.

KNOCK: Oui, vous appelez ça de la fatigue. (*Il s'approche d'elle.*) Tirez la langue. Vous ne devez pas avoir beaucoup d'appétit.

LA DAME: Non.

KNOCK: (*Il l'ausculte.*) Baissez la tête. Respirez. Toussez. Vous n'êtes jamais

25 tombée d'une échelle, quand vous étiez petite?

LA DAME: Je ne me souviens pas.

KNOCK: (*Il lui palpe et lui percute le dos, lui presse brusquement les reins.*) Vous n'avez jamais mal ici, le soir en vous couchant? Une espèce de courbature[3]?

30 LA DAME: Oui, des fois.

KNOCK: (*Il continue à l'ausculter.*) Essayez de vous rappeler. Ça devait être une grande échelle.

LA DAME: Ça se peut bien.

KNOCK: (*très affirmatif*) C'était une échelle d'environ trois mètres cin-

35 quante, posée contre un mur. Vous êtes tombée à la renverse[4]. C'est la fesse gauche, heureusement, qui a porté.

LA DAME: Ah! oui!

KNOCK: Vous aviez déjà consulté le docteur Parpalaid, mon prédécesseur?

LA DAME: Non, jamais.

---

1. **Dame si!** Oh, yes we do!   2. **plains** feel sorry for   3. **courbature** ache   4. **à la renverse** backwards

40	KNOCK:	Pourquoi?
	LA DAME:	Il ne donnait pas de consultations gratuites. (*un silence*)
	KNOCK:	(*Il la fait asseoir.*) Vous vous rendez compte de votre état?
	LA DAME:	Non.
	KNOCK:	(*Il s'assied en face d'elle.*) Tant mieux. Vous avez envie de guérir, ou
45		vous n'avez pas envie?
	LA DAME:	J'ai envie.
	KNOCK:	J'aime mieux vous prévenir tout de suite que ce sera très long et très coûteux.
	LA DAME:	Ah! mon Dieu! Et pourquoi ça?
50	KNOCK:	Parce qu'on ne guérit pas en cinq minutes un mal qu'on a depuis quarante ans.
	LA DAME:	Depuis quarante ans?
	KNOCK:	Oui, depuis que vous êtes tombée de votre échelle.
	LA DAME:	Et combien est-ce que ça me coûterait?
55	KNOCK:	Combien coûtent les veaux actuellement?
	LA DAME:	Ça dépend des marchés et de la grosseur. Mais il faut compter entre quatre et cinq cents francs.
	KNOCK:	Et les cochons gras?
	LA DAME:	Il y en a qui font plus de mille francs.
60	KNOCK:	Eh bien! ça va vous coûter à peu près deux cochons et deux veaux.
	LA DAME:	Ah! là là! Près de trois mille francs? C'est une désolation, Jésus, Marie!
	KNOCK:	Remarquez que vous n'allez pas mourir du jour au lendemain. Vous pouvez attendre.
65	LA DAME:	Oh! là là! j'ai bien du malheur de tomber de cette échelle!
	KNOCK:	Je me demande même s'il ne vaut pas mieux laisser les choses comme elles sont. L'argent est si dur à gagner! Tandis que les années de vieillesse, on en a toujours bien assez. Pour le plaisir qu'elles donnent!
70	LA DAME:	Et en faisant ça plus... grossièrement[5], vous ne pourriez pas me guérir à moins cher? A condition que ce soit bien fait quand même.
	KNOCK:	Ce que je peux vous proposer, c'est de vous mettre en observation. Ça ne vous coûtera presque rien. Au bout de quelques jours, vous
75		vous rendrez compte par vous-même de la direction que prendra le mal et vous vous déciderez.
	LA DAME:	Oui, c'est ça.
	KNOCK:	Bien. Vous allez rentrer chez vous. Vous êtes venue en voiture?
	LA DAME:	Non, à pied.
80	KNOCK:	(*pendant qu'il écrit l'ordonnance, assis à sa table*) Il faudra essayer de trouver une voiture. Vous vous coucherez en arrivant. Une chambre où vous serez seule, autant que possible. Faites fermer les volets[6] et les rideaux[7] pour que la lumière ne vous gêne[8] pas. Il ne faut pas qu'on vous parle. Refusez toute alimentation solide pen-
85		dant une semaine. Un verre d'eau de Vichy toutes les deux heures

5. **grossièrement** with less polish   6. **volets** shutters   7. **rideaux** curtains   8. **gêne** bother

et, si c'est absolument nécessaire, une moitié de biscuit, matin et soir, trempée dans un doigt de lait. Mais j'aimerais autant que vous vous passiez de[9] biscuit. Vous ne direz pas que je vous ordonne des remèdes coûteux! A la fin de la semaine, nous verrons

90   comment vous vous sentez. Si vous allez mieux, si vos forces et votre gaieté sont revenues, c'est que le mal est moins sérieux qu'on ne pouvait croire, et je serai le premier à vous rassurer. Si, au contraire, vous vous sentez plus faible, si vous avez des douleurs de tête et une certaine paresse[10] à vous lever, l'hésitation

95   ne sera plus permise, et nous commencerons le traitement. C'est d'accord?

LA DAME: (*en soupirant*) Comme vous voulez.

D'après *Knock, ou le Triomphe de la Médecine*, acte II, scène 6, Jules Romains (Gallimard)

9. **vous vous passiez de** you do without   10. **paresse** laziness

activité **6**   **Vérification.**   A vous de décider si les affirmations suivantes sont vraies ou fausses. Si une affirmation est fausse, corrigez-la.

1. La dame en noir habite dans une petite maison à Luchère.
2. Elle est chez le médecin parce qu'elle se sent très fatiguée.
3. Elle est souvent malade et va souvent chez le médecin.
4. Elle vient de tomber du haut d'une échelle.
5. Le médecin lui a annoncé que les frais médicaux seront élevés.
6. La dame est très pauvre.
7. Knock suggère un régime léger et beaucoup de repos.
8. La dame en noir devra retourner chez le médecin si elle ne se sent pas mieux.

activité **7**   **Compréhension.**   Répondez aux questions suivantes.

1. Que demande tout de suite le docteur Knock quand il fait entrer la dame?
2. Pourquoi est-ce que la dame est venue voir le médecin? Qu'est-ce que sa réponse suggère?
3. Pourquoi le docteur Knock pose-t-il plusieurs questions sur les animaux de la ferme?
4. Quelle est l'origine du mal de la dame? Que pensez-vous du diagnostic du médecin?
5. Quelle est la réaction de la dame à propos du prix?
6. Que veut dire le docteur Knock par «mettre un malade en observation»?
7. Que devra manger cette dame durant la première semaine? Ce traitement va-t-il donner de bons résultats? Expliquez votre réponse.

activité **8**   **Réflexion.**   Répondez.

1. Décrivez le docteur Knock. Parlez de son caractère. Quelle sorte de médecin est-il? Justifiez votre description.
2. Qu'est-ce qui nous fait comprendre que la dame est très frugale? Donnez des exemples.

Intégration

activité **A**   Interviewez les autres étudiants. Vous voulez savoir s'il y a quelqu'un...

> **Modèles:** qui enseignera après avoir eu son diplôme
>   **Est-ce que tu enseigneras après avoir eu ton diplôme?**

1. qui ira à une réunion ce soir
2. qui voudrait faire de la politique
3. qui voudrait être médecin, pharmacien(ne) ou infirmier (infirmière)
4. qui serait triste s'il n'était pas venu en classe aujourd'hui
5. qui a apporté un parapluie au cas où il pleuvrait
6. qui aurait dû aller à la bibliothèque hier soir au lieu de regarder la télévision

activité **B**   Essayez de faire huit suggestions pour rendre la vie sur votre campus plus agréable pour les étudiants.

> **Modèles:** **Les professeurs devraient donner moins de devoirs.**
>   **Nous pourrions mieux étudier s'il y avait moins de bruit.**

Rédaction.   Ecrivez deux pages pour comparer les projets d'avenir de Simone Muller et vos propres projets d'avenir. Simone aurait pu être médecin. Que pourriez-vous faire? Y a-t-il une carrière qui vous intéresse particulièrement? Pourquoi cette carrière vous intéresse-t-elle? Que ferez-vous après avoir complété vos études universitaires? Consultez votre **Début de rédaction,** page 289, et votre **Brouillon,** page 300.

Entre amis   Vous êtes médecin à l'infirmerie de votre université. Un(e) étudiant(e) francophone (votre partenaire) vient vous consulter. De quoi se plaint-il (elle)? Où a-t-il (elle) mal? Jouez ces rôles. Vous pouvez utiliser les mots ci-dessous.

une douleur	un rhume	tousser	des médicaments
souffrir	ausculter	guérir	un diagnostic
tomber malade	se soigner	une ordonnance	un remède

Un guide à Bruxelles

Buts communicatifs

◆ Nuancer une opinion
◆ Indiquer l'histoire et la fonction d'un endroit

Structure

◆ Les verbes *plaire* et *suffire*
◆ Le subjonctif (suite)
◆ La voix passive
◆ Les temps littéraires

A la découverte

◆ *Le Visionnaire* Marguerite Yourcenar
◆ *Vincent et moi* Françoise Mallet-Joris

Connaissez-vous Bruxelles et la Belgique?

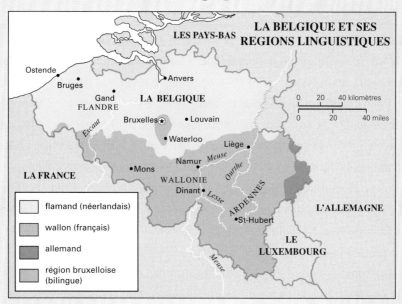

Le saviez-vous? Essayez de compléter ces phrases. Ensuite cherchez les réponses en lisant le texte qui suit.

1. Le peuple qui s'est battu contre Jules César était les ___.
   a. Francs   b. Vandales   c. Belgae
2. La population de la Belgique est de ___ habitants.
   a. 8.250.000   b. 10.240.000   c. 12.750.000
3. La Belgique a obtenu son indépendance en ___.
   a. 1815   b. 1830   c. 1944
4. Elle a servi de champ de bataille contre les Allemands ___.
   a. à Waterloo   b. dans l'Ardenne   c. à Austerlitz
5. La Belgique est ___.
   a. un état fédéral
   b. une monarchie constitutionnelle
   c. les deux à la fois
6. «La Venise du Nord» est le nom que l'on donne à ___.
   a. Anvers   b. Gand   c. Bruges
7. A Bruxelles vous trouverez le siège ___.
   a. des Nations Unies   b. de l'UNESCO   c. de l'OTAN
8. ___ est un des grands chanteurs belges ayant connu un succès mondial.
   a. Charles Aznavour   b. Claude François   c. Jacques Brel

La Belgique

Petit pays sans frontières naturelles dans la grande plaine du nord de l'Europe, la Belgique est depuis toujours intimement mêlée à l'histoire de l'Europe. D'abord région de la tribu des Belgae reconnue pour sa bravoure par Jules César, ensuite territoire faisant partie de l'empire occidental de Charlemagne, elle est gouvernée successivement par l'Autriche et l'Espagne, arrachée à celle-ci par la France, rattachée contre son gré (*her will*) à la Hollande pour former les Pays-Bas. Cette histoire mouvementée explique les traces de cultures multiples que l'on y trouve. Finalement, en 1830, la Belgique gagne son indépendance et devient, en 1831, une monarchie constitutionnelle dont Léopold de Saxe-Cobourg est le premier roi.

Tout en essayant de rester neutre, la Belgique sert de champ de bataille pendant les deux guerres mondiales. Pendant la guerre de 1914–1918, c'est en inondant une partie de son territoire qu'elle arrête l'envahisseur. En 1944, les forêts de l'Ardenne belge sont le terrain d'une dernière offensive de l'armée allemande (*Battle of the Bulge*).

Composée d'une population d'expression flamande au nord (la Flandre) et française au sud (la Wallonie), la Belgique a connu des conflits intenses entre ces deux populations qui se distinguaient aussi bien au point de vue culturel que politique et religieux. La Flandre, en majorité catholique et agricole, confrontait la Wallonie aux grandes villes industrielles et anticléricales. La culture française et la langue française avaient établi leur supériorité culturelle et sociale dans le pays. Le flamand n'était guère parlé que par les classes ouvrières en Flandre.

La citadelle dominant Dinant et la Meuse

Une réaction progressive et parfois violente de la part des Flamands a renversé la situation. Non seulement les Flamands dominent maintenant l'industrie et l'économie du pays, ils s'affirment culturellement même dans les régions où les francophones sont majoritaires. Aujourd'hui, des conflits atténués se poursuivent dans le cadre d'un état fédéral qui reconnaît trois régions, la Communauté flamande (5.940.000 habitants), la Communauté Bruxelles-Capitale (960.000 habitants) et la Communauté wallonne (3.340.000 habitants).

Bruges, ses vieux quartiers et ses canaux

La Belgique a joué un rôle considérable dans la vie culturelle et commerciale de l'Europe. Depuis la fin du Moyen Age, les villes de Flandre ont été le centre de ce qu'on appelle la Renaissance du Nord. A la fois peintres et diplomates, Van Eyck et Rubens lancent des écoles de peinture de renommée internationale. Bruges, ville romantique avec ses canaux et son architecture ancienne, est baptisée la Venise du Nord. Anvers, la capitale mondiale du diamant, et Gand sont aussi des centres importants de commerce et de culture.

Nombreux sont les Belges connus pour leur succès international: Jacques Brel (1929–1978), chanteur, poète et compositeur belge; Magritte, peintre surréaliste; Victor Horta, qui fit de Bruxelles un centre d'art nouveau en architecture et en décor. Le monde des bandes dessinées serait aussi moins riche sans les héros de beaucoup de jeunes aujourd'hui: Tintin, Gaston la Gaffe, Lucky Luke et les Schtroumpfs (*Smurfs*).

Aujourd'hui, Bruxelles, la capitale, est devenu le site de plusieurs institutions de l'Europe unie, de l'OTAN (l'Organisation du traité de l'Atlantique Nord), et un des centres politiques et commerciaux les plus importants d'Europe. En effet, quelque 1.100 organisations internationales sont représentées en Belgique, ainsi que de nombreuses agences de presse et 360 centres de coordination d'entreprises internationales. Le métro de Paris, le premier train construit en Europe (1835), les multiples villes à tramways dans divers coins du monde sont autant de témoignages de l'industrie belge.

ETES-VOUS BRANCHES? Pour en savoir plus sur Bruxelles et la Belgique, cherchez les renseignements indiqués sur Internet. Allez d'abord au site de Houghton Mifflin, http://college.hmco.com/languages/french/students et de là au site *Personnages*. Consultez la liste des adresses Web pour obtenir les renseignements.

Interactions

Nathalie Wellens est une jeune Belge de 23 ans. Elle vient d'obtenir une licence en tourisme de l'Université Libre de Bruxelles. A présent elle travaille pour l'Office de Tourisme de Bruxelles. Parlant couramment l'allemand et l'anglais en plus du français, sa langue natale, Nathalie accompagne les touristes qui désirent faire une visite de la ville et de ses environs.

VOCABULAIRE

Noms

les alentours (*m.pl.*) surroundings; vicinity
une bande dessinée (BD) comic strip
la bataille battle
une brasserie bar; brewery
une colline hill
une dégustation tasting; sampling
les environs (*m.*) surroundings; vicinity
une étoile star
les fruits de mer (*m.pl.*) seafood
un itinéraire itinerary
une langue natale native tongue
la matinée morning
les moules (*f.*) mussels
le partage sharing
le siège headquarters; seat
le site setting; site
une tapisserie tapestry
la tour tower
le troisième âge senior citizens
un vitrail (*pl.* **vitraux**) stained-glass window

Verbes

inclure to include
rattacher to annex; to join
retenir une chambre to reserve a room
stationner to park

Adjectifs

détaillé(e) detailed
équitable fair; equitable
impair(e) uneven
pair(e) even
tel/telle such

Autres mots et expressions

couramment fluently
huit jours a week
sur un pied d'égalité as equals

En Belgique

flamand(e) Flemish
le néerlandais Dutch (language)
wallon(ne) Walloon; French-speaking Belgian

activité 1 Choisissez les définitions ou les périphrases de la deuxième colonne qui correspondent le mieux aux mots ou expressions de la première colonne.

1. ___ le troisième âge   a. qui vient de la partie francophone de la Belgique
2. ___ stationner   b. qui semble juste
3. ___ équitable   c. la division d'une chose en parties
4. ___ une colline   d. petite montagne arrondie
5. ___ un vitrail   e. les environs
6. ___ wallon   f. garer un véhicule
7. ___ le partage   g. fenêtre faite de morceaux de verre de couleur
8. ___ les alentours   h. établir des liens avec quelque chose
9. ___ rattacher   i. période de la vie après soixante ans

activité 2 Complétez les phrases suivantes à l'aide d'une des expressions de la liste de vocabulaire.

1. _____ que ma fille préfère est celle d'Hergé, *Tintin et Milou.*
2. Pour être guide en Belgique il faut parler _____ trois langues.
3. Quand on veut visiter beaucoup d'endroits en peu de temps, un _____ est très utile.
4. Le _____ de l'OTAN se trouve à Bruxelles.
5. Quand vous voulez passer une nuit à l'hôtel, il est bon de _____ une chambre.
6. Plus un hôtel a d'_____, plus les prix sont élevés.
7. Waterloo est connu pour la _____ qui a mis fin à la gloire de Napoléon.
8. Les Flamands désirent que les Wallons les traitent _____.

activité 3 Utilisez des périphrases pour expliquer le sens des mots suivants.

1. huit jours   5. une dégustation
2. le néerlandais   6. une brasserie
3. inclure   7. un site
4. impair   8. les fruits de mer

Notes culturelles

1. La cuisine belge jouit d'une grande renommée. Avec plus de deux mille restaurants, la capitale fédérale est connue des gastronomes comme l'une des villes au monde où l'on mange le mieux. Les moules-frites sont une spécialité belge qui est très estimée. Les moules sont excellentes et les frites, que l'on mange avec de la mayonnaise ou de la moutarde, sont censées être encore meilleures que celles de France. La bière est à la Belgique ce que le vin est à la France. Elle est de loin la boisson nationale. Aucun autre pays au monde n'offre une telle variété.

2. **Les sigles** (*acronyms*). Tout comme les Français (Chap. 3, p. 82), les Belges utilisent beaucoup de sigles dans les journaux et à la télévision. Certains sont les mêmes dans les deux pays: **l'OTAN,** l'Organisation du traité de l'Atlantique Nord, et une **BD,** une bande dessinée. D'autres sont propres à la Belgique: **le CBBD,** le Centre belge de la Bande dessinée, et **la SNCB,** l'équivalent belge de la SNCF.

3. **Les styles roman et gothique.**   Il s'agit de deux styles d'architecture qui caractérisent surtout les églises et les cathédrales. Le roman, harmonieux et sobre, avec des murs épais est le style qui marque les XIe et XIIe siècles. Le gothique, plus léger avec des arcs-boutants (*flying buttresses*) et beaucoup plus de lumière, s'est répandu en Europe du XIIe au XVe siècles.

4. **Quelques expressions belges.**   On dit...

en Belgique	*en France*
septante	soixante-dix
nonante	quatre-vingt-dix
dîner	déjeuner
souper	dîner
Ça goûte.	Ça a très bon goût.
auditoire	amphithéâtre

✦ ECOUTER ET DISCUTER

A l'écoute 1

workbook

Nathalie Wellens reçoit un coup de téléphone d'une agence de voyage française qui voudrait qu'elle organise la visite de Bruxelles pour un groupe de Français du troisième âge.

activité 4   Répondez *vrai* ou *faux*. Si une affirmation est fausse, corrigez-la.

1. Nathalie reçoit un coup de téléphone de la directrice d'une agence de voyage française.
2. Le groupe de touristes compte passer une semaine à Bruxelles.
3. Ils vont visiter la Flandre avant leur séjour à Bruxelles.
4. Bruges et Liège sont deux villes qu'ils aimeraient voir.
5. Il a fallu une nouvelle constitution pour que les Flamands se trouvent sur un pied d'égalité avec les Wallons.
6. Depuis quelque temps, les relations se sont améliorées entre ces deux groupes.

activité 5   Répondez aux questions suivantes.

1. Combien de temps le groupe de Mme Angla va-t-il passer en Belgique?
2. Que savez-vous à propos de l'âge des touristes de son groupe?
3. Quelle visite est-ce que Nathalie propose? Pourquoi fait-elle cette suggestion?
4. Pourquoi la bataille de Waterloo représente-t-elle de mauvais souvenirs pour la France?
5. De quel pays la Belgique faisait-elle partie quand elle a obtenu son indépendance?
6. Quelle langue parle-t-on en Flandre?
7. Historiquement comment ont été les rapports entre les Flamands et les Wallons?
8. Qu'est-ce qui a amélioré cette situation?

A l'écoute 2

Continuation de la conversation entre Nathalie Wellens et Thérèse Angla.

activité 6 Répondez *vrai* ou *faux*. Si une affirmation est fausse, corrigez-la.

1. L'office de tourisme où travaille Nathalie se trouve dans l'hôtel de ville.
2. La cathédrale Saint-Michel se trouve sur une hauteur.
3. Son architecture est de style roman.
4. Le Palais de la Nation est situé près du parc.
5. C'est la première fois que Mme Angla voyage avec ce groupe.
6. Le voyage qu'elles sont en train d'organiser aura lieu en automne.
7. Le voyage se fera en train.

activité 7 Répondez aux questions suivantes.

1. Où se trouve l'hôtel de ville de Bruxelles?
2. Pourquoi la cathédrale Saint-Michel est-elle célèbre?
3. Comment s'appelle le siège du Parlement?
4. Qu'est-ce qui sépare le Palais de la Nation et le Palais Royal?
5. Quel musée suggère Nathalie qui plaira au groupe de Mme Angla?
6. Que promet Nathalie avant de terminer sa conversation avec Mme Angla?

✦ TETE-A-TETE

Conversation.   Mercredi matin, au petit déjeuner, avant leur départ pour la visite de la cathédrale Saint-Michel, Nathalie adresse la parole au groupe de touristes du troisième âge.

NATHALIE: Tout le monde a pu lire la description de la cathédrale que nous allons visiter ce matin? Pouvez-vous me dire ce que vous en savez?

UN MONSIEUR: Je vais essayer. A moins que je me trompe, c'est dans cette cathédrale que le roi et la reine de Belgique se sont mariés.

NATHALIE: Vous avez raison. Bravo. Quelqu'un d'autre?

UNE DAME: Si mes souvenirs sont exacts, nous verrons de très jolies tapisseries.

NATHALIE: Tout à fait. Elles datent du dix-septième.

UN MONSIEUR: Pourrais-je vous poser une question?

NATHALIE: Bien sûr. Allez-y.

LE MONSIEUR: Pourrons-nous laisser nos affaires dans le car pendant la visite?

NATHALIE: Oui, je crois. Je demanderai au chauffeur de fermer le car.

UNE DAME: Savez-vous déjà ce que nous ferons l'après-midi?

UN MONSIEUR: Aurons-nous la possibilité de faire des achats?

NATHALIE: Oui, après le repas de midi, ceux qui le veulent auront le temps de faire du shopping. Les autres pourront visiter un ou deux monuments avec moi. Y a-t-il d'autres questions? Non? Bon, départ dans quinze minutes...

Et vous? Répétez la conversation avec votre partenaire. Ensuite modifiez-la: Vous êtes un guide responsable d'un groupe francophone qui visite un monument, un bâtiment, etc., dans la région où vous habitez. Discutez avec votre partenaire. Quels renseignements pouvez-vous lui donner?

Expressions utiles

1. Pour nuancer une opinion

si mes souvenirs sont exacts	*if my memory serves me well*
à moins que je me trompe	*unless I'm mistaken*
si je me souviens/rappelle bien	*if I remember correctly*
si j'ai raison	*if I'm right*
il me semble (que)	*it seems to me (that)*
je crois bien que...	*I believe that . . .*
j'en suis presque certain(e)	*I'm almost sure*
plus ou moins	*more or less*
à peu près	*approximately*
environ	*about*

2. Pour indiquer l'histoire et la fonction d'un endroit

Ses origines remontent à...	*It dates back to . . .*
Il (elle) a été construit(e) en...	*It was built in . . .*
C'est ici que...	*It is here that . . .*
Autrefois on y...	*It formerly was used to . . .*
C'était la propriété de...	*It belonged to . . .*
Aujourd'hui, cela sert à...	*Today this is used for . . .*
Cela appartient actuellement à...	*It currently belongs to . . .*

workbook

activité **8**   Répondez aux questions suivantes en utilisant les expressions de la liste «Pour nuancer une opinion». Si vous ne savez pas la réponse, devinez.

1. Combien y a-t-il d'étudiants inscrits à votre université?
2. Quel pays a gagné le plus de médailles aux derniers jeux Olympiques?
3. Quelle est la distance en kilomètres entre la terre et le soleil?
4. Combien de pays francophones y a-t-il?
5. De combien de pays l'Union européenne est-elle composée?

activité 9   Avec votre partenaire, utilisez les expressions qui précèdent pour décrire les endroits suivants qui se trouvent sur votre campus ou dans les environs. Inventez une description intéressante si vous ne connaissez pas le vrai passé de ces endroits.

1. le plus vieux bâtiment du campus
2. le bâtiment le plus moderne
3. l'endroit le plus fréquenté selon les étudiants
4. la salle de classe où a lieu votre cours de français
5. une résidence universitaire
6. un restaurant universitaire ou une cafétéria
7. le bureau de votre professeur de français

Entre amis   Votre partenaire joue le rôle d'un(e) touriste belge qui visite votre pays. Il (elle) veut tout savoir et vous pose beaucoup de questions. Vous gardez votre sang-froid. Essayez de répondre à ses questions sans vous vexer.

◆ LIRE ET DISCUTER

Echange 1

Nathalie Wellens rédige une lettre à Thérèse Angla pour donner des précisions concernant la visite de Bruxelles et de ses environs.

Chère Madame,

Voici l'itinéraire que je vous ai promis lors de notre dernière conversation téléphonique. Comme vous pouvez en juger, votre séjour à Bruxelles sera très chargé. Si nous respectons l'emploi du temps que je vous propose, je crois que votre visite sera très agréable.

L'hôtel Ibis où j'ai retenu vos chambres est un hôtel trois étoiles à cinq minutes de la Grand-Place et juste à côté des stations de métro De Brouckère et Ste-Catherine. Le prix d'une chambre double est de septante-cinq euros et pour une personne, il est de soixante-cinq euros.

Pour les repas, j'ai fait des réservations dans la rue des Bouchers, une rue célèbre pour ses restaurants. Nous irons déjeuner Chez Léon le premier jour, et nous dînerons au Mouton d'Or le mercredi soir. Ces deux restaurants se spécialisent en fruits de mer mais servent aussi d'excellents steak-frites. Il y aura aussi un repas au Paon votre dernier soir à Bruxelles. Ce restaurant situé sur la Grand-Place sert du lapin (rabbit) comme spécialité.

J'ai plus ou moins suivi le programme dont nous avons parlé. Pour ce qu'il en est de la visite de Waterloo, je suggère que nous la fassions en début d'après-midi et que nous allions ensuite voir la ville de Louvain. Elle se trouve à une demi-heure de

Waterloo. Là aussi l'hôtel de ville est magnifique et l'église Saint-Pierre vaut une visite. Louvain est intéressant aussi à cause de son université qui date de 1425 et qui est la plus ancienne de Belgique. En 1962, cette université, déchirée par les troubles entre les Flamands et les Wallons, a été divisée en deux parties, l'une flamande et l'autre francophone. Aujourd'hui, la section française se trouve dans un quartier moderne qui s'appelle Louvain-la-Neuve, à mi-chemin entre Louvain et Bruxelles. Pour que les deux factions trouvent le partage équitable, même les livres de la bibliothèque ont été attribués selon que leurs numéros de classement étaient pairs ou impairs. Ceci est un bon exemple des problèmes qui persistent entre les deux communautés.

Le quatrième jour j'ai organisé une sortie en Wallonie qui permettra à votre groupe de visiter des endroits pittoresques qui ont joué un rôle important lors de la Seconde Guerre mondiale.

Si vous désirez modifier le programme que je vous propose, n'hésitez pas à me contacter et je ferai les changements nécessaires.

Espérant que cet itinéraire vous plaira, je vous prie d'agréer mes salutations respectueuses.

Nathalie Wellens

activité 10   Répondez *vrai* ou *faux*. Si une affirmation est fausse, corrigez-la.

1. Nathalie veut savoir dans sa lettre si elle doit réserver les chambres d'hôtel.
2. Elle mentionne qu'il y a un excellent restaurant dans l'hôtel.
3. Deux des restaurants qu'elle a choisis se trouvent dans la même rue.
4. Le groupe a l'intention de dîner «Chez Léon».
5. Le bâtiment le plus célèbre de Louvain est son couvent.
6. L'Université Catholique de Louvain est toute neuve.
7. L'itinéraire est maintenant définitif.

activité 11   Répondez aux questions suivantes.

1. Combien d'étoiles possède l'hôtel Ibis?
2. A quelle distance se trouve la Grand-Place de l'hôtel?
3. Quelle est la différence entre le prix d'une chambre simple et le prix d'une chambre double?
4. En quoi les deux restaurants de la rue des Bouchers se spécialisent-ils? Avez-vous déjà mangé dans ce genre de restaurant? Quand?
5. Pourquoi l'Université Catholique de Louvain a-t-elle été divisée en deux universités?
6. Comment les deux universités se sont-elles partagé leurs livres?
7. Qu'est-ce que cela suggère à propos des relations franco-flamandes?

Echange 2

L'itinéraire de la visite du groupe du troisième âge

le lundi, 11 mai	
18h	Arrivée du groupe à l'hôtel Ibis Bruxelles, rue Joseph Plateau 2, 1000 Bruxelles. Attribution des chambres.
19h	Repas dans le restaurant de l'hôtel.
le mardi, 12 mai	
7h	Petit déjeuner à l'hôtel.
8h	Départ de l'hôtel. Visite guidée de la Grand-Place et de l'Hôtel de Ville (1402-1455). Architecture gothique remarquable. Les tapisseries de l'Hôtel de Ville sont particulièrement célèbres et sa tour est surmontée par la statue de saint Michel, le patron de la ville.
11h	Petite promenade dans le quartier de la Grand-Place (le *Manneken-Pis*, la statue en bronze réalisée par Jérôme Duquesnoy en 1619; visite d'une maison du XVIe siècle).
12h30	Déjeuner au restaurant Chez Léon, rue des Bouchers.
14h	Visite du CBBD, le Centre belge de la Bande dessinée.
16h	Visite d'une brasserie et dégustation de bières.
18h	Retour à l'hôtel. Repas et soirée libre.
le mercredi, 13 mai	
7h	Petit déjeuner.
8h	Visite à pied de la cathédrale Saint-Michel (XIIIe-XVe siècle).
12h	Déjeuner dans une brasserie.
13h30	Au choix, visite du musée des Beaux-Arts ou après-midi libre pour ceux qui préféreraient faire du shopping.
19h45	Rendez-vous devant le restaurant le Mouton d'Or, rue des Bouchers.
21h	Visite des illuminations de la Grand-Place.
le jeudi, 14 mai	
7h	Petit déjeuner.
8h	Départ en car. Visite du quartier du gouvernement. Le Palais de la Nation, traversée du parc vers le Palais du Roi. Visite de la basilique Saint-Jacques. Sur la place devant la basilique on verra la célèbre statue de Godefroi de Bouillon, qui a participé à la première croisade. Toujours en car nous passerons devant le Palais de Justice d'où s'offre un panorama sur la basse ville. Ensuite nous prendrons l'avenue Louise en direction du bois et de la forêt de Soignes.
12h30	Déjeuner à Groenendael.
14h	Visite à Waterloo du champ de bataille (table d'orientation), du monument de la butte au Lion et du musée.
16h	Départ en direction de Louvain. Visite de l'hôtel de ville de Louvain et de l'église Saint-Pierre.
18h30	Départ pour Bruxelles et retour à l'hôtel. Repas libre.
le vendredi, 15 mai	
7h	Petit déjeuner.
8h	Départ en car, direction la vallée de la Meuse. Visite de Namur. Visite de Dinant et de sa citadelle. Le Roi Albert 1er y a trouvé la mort en escaladant la falaise au bord de la Meuse.
12h	Déjeuner à Dinant. Vue panoramique du haut des falaises dominant la rivière et la ville.
	Tour de la vallée de la Lesse. Traversée de la forêt des Ardennes (où 77.000 Américains sont morts l'hiver 1944-1945); visite de la ville de Saint-Hubert (patron des chasseurs et des Ardennes). Belle basilique en partie romane. Retour à Bruxelles.
19h45	Repas au restaurant le Paon.
le samedi, 16 mai	
7h	Départ de l'hôtel en direction de Gand.

activité **12** Répondez *vrai* ou *faux*. Si une affirmation est fausse, corrigez-la.

1. Le groupe de Mme Angla est censé arriver à l'hôtel à huit heures du soir.
2. La première visite aura lieu à la Grand-Place.
3. Le *Manneken-Pis* est une maison du XVIᵉ siècle.
4. Nathalie a organisé une dégustation de vins.
5. La cathédrale Saint-Michel est une église gothique.
6. La visite du champ de bataille de Waterloo est prévue pour le samedi 13 mai.
7. L'église Saint-Pierre se trouve à Louvain.
8. La forêt des Ardennes est un endroit où beaucoup de soldats américains ont trouvé la mort.

activité **13** Répondez aux questions suivantes.

1. Pourquoi l'hôtel de ville de Bruxelles est-il célèbre?
2. Pourquoi la rue des Bouchers est-elle connue?
3. Combien de repas le groupe prendra-t-il à l'hôtel?
4. Comment s'appelle le patron des chasseurs?
5. Quelle journée vous semble la plus intéressante et pourquoi?
6. Avez-vous déjà visité un champ de bataille? Si oui, lequel?
7. Pouvez-vous nommer trois grandes batailles dont vous avez entendu parler?
8. Comment est mort le roi Albert 1ᵉʳ en 1934?

 Début de rédaction. Avant d'écrire, relisez les pages 310–311 au début de ce chapitre et Echanges 1 et 2, pages 318–320. Consultez aussi le site Internet de *Personnages* pour le Chapitre 10. Ensuite faites une liste de cinq endroits d'intérêt touristique que vous souhaitez visiter en Belgique. Pour chaque endroit, indiquez son adresse (approximative si vous ne savez pas l'adresse exacte) et donnez deux raisons pour lesquelles vous voulez visiter cet endroit.

Cochez tout ce dont vous aurez besoin pour la visite des cinq endroits que vous avez choisis.

___ un plan détaillé
___ un dépliant qui décrit son histoire
___ une carte postale avec une photo
___ des renseignements concernant les heures d'ouverture
___ une carte étudiante pour bénéficier d'une réduction de prix
___ le texte de la visite en français
___ le texte de la visite en anglais
___ un guide francophone
___ un guide anglophone
___ un dictionnaire bilingue

Structure

◆ LES VERBES *PLAIRE* ET *SUFFIRE*

Est-ce qu'une semaine va **suffire?**	*Is one week going to be enough?*
Oui, huit jours **suffisent.**	*Yes, one week is sufficient.*
Le voyage leur **a** beaucoup **plu.**	*The trip was very much to their liking.*
Les musées **plaisent** toujours aux visiteurs.	*The museums always please the visitors.*

plaire to please	*suffire* to be enough
je **plais**	je **suffis**
tu **plais**	tu **suffis**
il/elle/on **plaît**	il/elle/on **suffit**
nous **plaisons**	nous **suffisons**
vous **plaisez**	vous **suffisez**
ils/elles **plaisent**	ils/elles **suffisent**

passé composé:	**j'ai plu**	j'ai **suffi**
imparfait:	je **plaisais**	je **suffisais**
futur:	je **plairai**	je **suffirai**
participe présent:	**plaisant**	**suffisant**
subjonctif:	que je **plaise**	que je **suffise**

NOTES:

1. **Plaire** and **suffire** take indirect objects, that is, they are followed by the preposition **à**. The past participles are therefore invariable (see Chap. 3, p. 93).

Cette explication ne **leur** a pas **suffi.**	*That explanation wasn't enough for them.*

2. These verbs are used most frequently in the third person.

Est-ce que ça **suffit?**	*Is that enough?*
Oui, ça me **plaît** beaucoup.	*Yes, I like that very much.*

exercice **1** Complétez les phrases suivantes avec la forme convenable du verbe **plaire** ou **suffire,** selon le cas. Attention au temps du verbe.

1. Les tapisseries de l'hôtel de ville nous _____ beaucoup

    _____.

2. Oui, mais ça _____ maintenant. Je commence à avoir faim.
3. Deux heures pour visiter le CBBD n'_____ pas vraiment

    _____.

4. C'est vrai. Ce genre de visite _____ beaucoup à tout le monde.
5. Est-ce que la dégustation t'_____ _____?
6. Quand il fait chaud, ces activités _____ toujours.
7. Comment faut-il s'habiller pour l'excursion? Comme ça te

    _____.

8. Il _____ de porter des vêtements confortables.

◆ LE SUBJONCTIF (SUITE)

workbook

Review the forms and uses of the subjunctive in Chapters 5 and 6.

A. The subjunctive is also used after certain subordinate conjunctions.

1. Use the subjunctive after conjunctions that indicate a *condition* or a *purpose.*

pour que	*in order that*	à condition que	*on the condition that*
afin que	*in order that*	de crainte que	*for fear that*
pourvu que	*provided that*	de peur que	*for fear that*

2. Use the subjunctive after conjunctions that indicate a restriction or a concession.

| à moins que | *unless* | bien que | *although* |
| sans que | *without* | quoique | *although* |

3. Some of the conjunctions listed above are used *only* if there is a change of subject. If there is no change of subject, these conjunctions are replaced by a preposition, and the infinitive is used.

un seul sujet (infinitif)	***deux sujets*** (subjonctif)
à condition de	à condition que
à moins de	à moins que
afin de	afin que
de crainte de	de crainte que
de peur de	de peur que
pour	pour que
sans	sans que

Thérèse téléphone pour avoir des renseignements. (*un sujet:* Thérèse)
Thérèse téléphone pour qu'on lui donne des renseignements. (*deux sujets:* Thérèse/on)

4. **Bien que, quoique,** and **pourvu que** must be followed by a verb in the subjunctive whether or not there is a change of subject.

| **Bien qu'**elle veuille partir, la jeune fille obéit à ses parents. | *Although she wants to leave, the girl obeys her parents.* |
| Elle sera heureuse **pourvu qu'**elle puisse reprendre ses études. | *She will be happy provided she can resume her studies.* |

5. The word **avant** is used alone if followed by a noun or a noun phrase. Before an infinitive, **avant de** must be used. **Avant que** is used with a clause + subjunctive.

Mon cousin arrivera **avant** le 5 août.
Avant de partir, il enverra un message par courrier électronique. (*un sujet:* il)
Avant qu'il parte, nous lui téléphonerons. (*deux sujets:* il/nous)

NOTE: Remember that **après que** is followed by the indicative (page 296). If there is only one subject, use **après** + past infinitive (page 155).

Après qu'il sera arrivé, nous préparerons une fête.
Après être arrivé, il embrassera ses parents.

6. *For recognition:* In elegant spoken and written French, the word **ne** precedes the verb after the conjunctions **à moins que, de crainte que,**

de peur que, and avant que. This use of ne, referred to as *pleonastic* ne, is simply a stylistic device and does not affect the meaning of the sentence. It is also used after the expressions avoir peur que and craindre que.

Il y en a qui ont peur que la Belgique **ne** soit divisée en deux.	*There are those who are afraid that Belgium will be divided in two.*

exercice **2**   Pour chaque groupe, faites quatre phrases en combinant les deux éléments.

1. Je travaille beaucoup pour...
   a. Mes notes sont bonnes.
   b. Je réussis à tous mes cours.
   c. Il y a moins de travail à faire pendant le week-end.
   d. Je fais plaisir à mes professeurs.
2. Nous serons heureux à condition...
   a. Nous finirons tout notre travail.
   b. Il fera beau demain.
   c. Il n'y aura plus de guerres.
   d. Les gens apprendront à s'aimer.
3. Son travail comme guide plaît à Nathalie quoique...
   a. Elle est souvent fatiguée.
   b. Elle a besoin de vacances.
   c. Ses journées sont parfois très longues.
   d. Elle doit se rappeler beaucoup de détails.
4. Je fais des économies de peur...
   a. Il y a une augmentation des frais de cours.
   b. J'ai beaucoup de dettes.
   c. Nous avons une crise économique.
   d. Je n'aurai jamais assez d'argent.

exercice **3**   Complétez les phrases suivantes. Attention au choix entre *une conjonction* + *le sub-jonctif* ou *une préposition* + *l'infinitif*. Pouvez-vous trouver plus d'une possibilité?

Modèles: Les gens apprécieront la visite à condition...
   Les gens apprécieront la visite à condition de ne pas être trop pressés.
   Les gens apprécieront la visite à condition que les explications de Nathalie soient claires.

1. Je ferai un voyage en Belgique pourvu que...
2. Je visiterai Bruxelles pour...
3. J'étudie le français afin...
4. La grammaire française est intéressante quoique...
5. J'aurai une bonne note au cours de français à condition...
6. J'aurai mon diplôme avant...
7. Je serai heureux (heureuse) dans la vie pourvu que...

B. The subjunctive is used in a subordinate clause after a superlative to imply that what is said is an opinion and to leave open the possibility that others may not agree.

C'est **le cours le plus intéressant que** j'aie suivi.	*It's the most interesting course that I've taken.*
La Citroën est **la voiture la plus confortable qui** soit fabriquée en France.	*Citroën is the most comfortable car made in France.*
Bruxelles est **la plus belle ville que** nous ayons visitée.	*Brussels is the most beautiful city we visited.*

1. Often the superlative is a subjective judgment involving expressions such as **le seul, le dernier, le premier.**

Ma mère est **la seule qui** me comprenne.	*My mother is the only one who understands me.*

2. Likewise, the expressions **ne ... personne, ne ... rien,** and **ne ... que** may be considered superlatives and be followed by the subjunctive.

Il **n'**y a **rien qui** plaise à ce professeur.	*There is nothing that pleases that teacher.*
Il **n'**y a **personne qui** sache la réponse?	*Isn't there anyone who knows the answer?*
Il **n'**y a **que** Marc **qui** puisse répondre.	*Only Marc is able to answer.*

NOTE: If, however, the superlative is a clear statement of fact, the indicative is used.

Bruxelles est **la première ville que** nous avons vue.	*Brussels is the first city that we saw.*

C. The subjunctive is also used when there is doubt about the existence of a person or thing that is mentioned.

Connaissez-vous quelqu'un **qui** veuille louer un appartement?	*Do you know anyone who wants to rent an apartment?*
Y a-t-il quelqu'un **qui** puisse nous aider?	*Is there anyone who can help us?*
Cherchez-vous un appartement **dont** le loyer ne soit pas élevé?	*Are you looking for an apartment where the rent is not high?*

NOTE: When the person or thing clearly exists, use the indicative.

J'ai trouvé une voiture **qui** me plaît beaucoup.	*I found a car that I like a lot.*
Nous connaissons une personne **qui** veut louer votre appartement.	*We know someone who wants to rent your apartment.*

exercice 4 Complétez les phrases suivantes. Comparez ensuite votre réponse avec celle de votre partenaire.

1. _____ est la ville la plus intéressante que...
2. _____ est le cours le plus _____ que...
3. De tous mes professeurs, il n'y a que _____ qui...
4. J'aimerais acheter une voiture qui...
5. Je cherche un(e) _____ qui...
6. Je connais une personne qui...
7. Connaissez-vous un endroit où... ?

✦ LA VOIX PASSIVE

workbook

A. The passive voice is a combination of the verb **être** and the past participle of a transitive verb (one that takes a direct object). The direct object of an active voice construction becomes the subject of the sentence in the passive voice. Both **être** and the past participle agree with this subject.

actif	*passif*
Marc a vendu la voiture.	La voiture **a été vendue.**
Les étudiants feront le travail.	Le travail **sera fait.**
Tout le monde aime ces actrices.	Ces actrices **sont aimées.**

1. The agent of the verb is preceded by **par,** if the verb describes an action.

La voiture a été vendue **par** Marc. — *The car was sold by Marc.*
Le travail sera fait **par** les étudiants. — *The work will be done by the students.*

2. If the verb denotes a state or an emotion, rather than an action, the agent is preceded by **de.** Verbs that are normally used with **de** in the passive include **aimer, adorer, détester, admirer, craindre, couvrir,** and **entourer.**

Ces actrices sont aimées **de** tout le monde. — *These actresses are loved by everyone.*
Le professeur était craint **de** ses étudiants. — *The teacher was feared by her students.*

B. The passive voice is used much less frequently in French than in English. There are several ways to avoid it.

1. If an agent is expressed, change the passive sentence into an active one.

Ce roman a été lu par des milliers de personnes. → Des milliers de personnes ont lu ce roman.

2. If an agent is not expressed, use **on** as the subject. Remember that the verb after **on** is in the third-person singular.

Les voitures ont été vendues. $\rightarrow$ **On a vendu** les voitures.
Le français est enseigné dans $\rightarrow$ **On enseigne** le français dans les
   les lycées.   lycées.

3. There are habitual actions that can be expressed in French through reflexive verbs, even though English usage would prefer the passive.

Ce produit **se vend** dans tous   *This product is sold in all stores.*
   les magasins.
Cela **s'explique** facilement.   *That is easily explained.*

NOTE: In English, the indirect object of a verb is often used as the subject in the passive voice (*I was told the truth*). Remember that, in French, the subject of a passive sentence would be the *direct* object in an active sentence. An indirect object (the object of the preposition **à**) can *never* be the subject of a passive sentence in French. Use **on** to translate English sentences of this type **(On m'a dit la vérité).**

He was given a promotion.   On lui a donné une promotion.
They were asked several   On leur a posé plusieurs
   questions.   questions.

exercice **5**   Transformez les phrases suivantes à la voix active.

1. La Belgique est située au nord de la France.
2. Le pays a été divisé en deux grands groupes linguistiques.
3. Les frites sont appréciées en Belgique.
4. L'agence de tourisme a été ouverte en 1998.
5. Un itinéraire de la visite a été préparé par Nathalie.
6. L'autocar est stationné dans un parking réservé.

exercice **6**   Transformez les phrases suivantes à la voix passive.

1. Nathalie a envoyé une lettre concernant la visite à Bruxelles.
2. Le groupe admire notre jeune guide.
3. Les personnes du troisième âge ont applaudi Nathalie.
4. Ces visiteurs ont trouvé la cathédrale Saint-Michel fort belle.
5. Nathalie a choisi un restaurant pour son groupe.
6. Ces gens apprécient la cuisine belge.
7. Les touristes ont acheté beaucoup de souvenirs pour leur famille.

✦ LES TEMPS LITTERAIRES

workbook

There are four literary past tenses, reserved for an elegant style, that are important to your understanding and enjoyment of literary works written in French.

Because these tenses are not normally encountered in standard colloquial French, it will suffice to be able to recognize and understand them.

A. Le passé simple

Normally the literary equivalent of the **passé composé**, the **passé simple** denotes that an action was completed in the past and does not carry over into the present. It is therefore often used in relating historical events, births, deaths, etc.

Napoléon **naquit** en Corse. *Napoleon was born in Corsica.*
Elle **fit** trois pas et **tomba.** *She took three steps and fell.*

1. The **passé simple** of regular verbs (and **aller**) is formed from the stem of the infinitive plus the endings shown below.

-er verbs *parler*	*-re verbs* *vendre*	*-ir verbs* *finir*
je parl**ai**	je vend**is**	je fin**is**
tu parl**as**	tu vend**is**	tu fin**is**
il/elle/on parl**a**	il/elle/on vend**it**	il/elle/on fin**it**
nous parl**âmes**	nous vend**îmes**	nous fin**îmes**
vous parl**âtes**	vous vend**îtes**	vous fin**îtes**
ils/elles parl**èrent**	ils/elles vend**irent**	ils/elles fin**irent**

2. Many irregular verbs base the **passé simple** on the past participle.

prendre (pris)	*avoir (eu)*
je **pris**	j'**eus**
tu pris	tu eus
il/elle/on prit	il/elle/on eut
nous prîmes	nous eûmes
vous prîtes	vous eûtes
ils/elles prirent	ils/elles eurent

NOTE: Other irregular verbs whose **passé simple** is based on the past participle include the following:

mettre (mis): je **mis**	lire (lu): je **lus**	savoir (su): je **sus**
partir (parti): je **partis**	boire (bu): je **bus**	connaître (connu):
sortir (sorti): je **sortis**	croire (cru): je **crus**	je **connus**
rire (ri): je **ris**	devoir (dû): je **dus**	vivre (vécu): je **vécus**
fuir (fui): je **fuis**	plaire (plu): je **plus**	pouvoir (pu): je **pus**

3. The **passé simple** of **être, faire,** and **venir** are as follows:

être	*faire*	*venir*
je **fus**	je **fis**	je **vins**
tu **fus**	tu **fis**	tu **vins**
il/elle/on **fut**	il/elle/on **fit**	il/elle/on **vint**
nous **fûmes**	nous **fîmes**	nous **vînmes**
vous **fûtes**	vous **fîtes**	vous **vîntes**
ils/elles **furent**	ils/elles **firent**	ils/elles **vinrent**

NOTE: Consult the verb tables in the back of this text for the **passé simple** of other verbs.

exercice **7** Identifiez l'infinitif des verbes dans les phrases suivantes et remplacez le passé simple par le passé composé.

> **Modèle:** Ils montèrent dans l'avion.
> **monter: Ils sont montés dans l'avion.**

1. Nous fîmes un long voyage.
2. Je lus la lettre.
3. Ils durent s'en aller.
4. Ils partirent le 15 mai.
5. Deux femmes entrèrent.
6. Elle eut une petite fille.
7. Jeanne mangea et but.
8. Enfin Malherbe vint.

B. Le passé antérieur

Often the literary equivalent of the **plus-que-parfait,** the **passé antérieur** is used to indicate that a past action has taken place prior to another action that is expressed in the **passé simple.**

> Quand ils **furent arrivés,** ils mangèrent.
> *When they arrived, they ate.*
>
> Dès qu'ils **eurent mangé,** ils se couchèrent.
> *As soon as they had eaten, they went to bed.*

The **passé antérieur** is composed of the **passé simple** of **avoir** or **être** and the past participle.

exercice **8** Identifiez l'infinitif et le temps des verbes suivants.

> **Modèle:** Ils eurent fini.
> **finir:** *le passé antérieur*

1. Elle fut tombée.
2. Ils vinrent.
3. Ils viennent.
4. J'arriverai le 2 mai.
5. J'arrivai le 2 mai.
6. Il descendait l'escalier.
7. Il descendrait l'escalier.
8. Ils se furent déjà réveillés.
9. Ils s'étaient déjà réveillés.

C. L'imparfait du subjonctif

The imperfect subjunctive is a literary tense used, in those cases where the subjunctive is required, when the verb in the main clause is in a past tense or in the conditional. The **imparfait du subjonctif** is used if the action takes place *at the same time as* or *after* that of the main verb. (In spoken French, the present subjunctive is used in such cases.)

Il fallait qu'elle **allât** chez sa   *She had to go to her grandmother's.*
grand-mère.

The **imparfait du subjonctif** always has a circumflex accent on the final vowel of the third-person singular. Other persons are also quite recognizable, as illustrated in the examples below.

	parler	*rendre*	*avoir*	*être*
je	parlasse	rendisse	eusse	fusse
tu	parlasses	rendisses	eusses	fusses
il/elle/on	parlât	rendît	eût	fût
nous	parlassions	rendissions	eussions	fussions
vous	parlassiez	rendissiez	eussiez	fussiez
ils/elles	parlassent	rendissent	eussent	fussent

exercice 9   Remplacez l'imparfait du subjonctif par le présent du subjonctif dans les phrases suivantes.

Modèle: Je voulais qu'elle vînt.
Je voulais qu'elle vienne.

1. Elle est sortie sans qu'il pût la suivre.
2. N'aurait-il pas fallu qu'il l'embrassât?
3. Ne vaudrait-il pas mieux qu'il la suivît?
4. Elle était partie bien qu'elle voulût rester.
5. Il a pleuré de peur qu'elle ne revînt jamais.
6. A moins que je ne me trompasse, ils ne se verraient plus.

D. Le plus-que-parfait du subjonctif

Like the **imparfait du subjonctif**, the **plus-que-parfait du subjonctif** is a literary tense used when the verb in the main clause is in a past tense or in the conditional. The pluperfect subjunctive is used if the action takes place *prior* to that of the main verb. (In spoken French, the past subjunctive is used in these cases.)

Elle était triste qu'il ne l'**eût**   *She was sad that he hadn't followed*
pas **suivie**.   *her.*

The **plus-que-parfait du subjonctif** is occasionally used in elegant written French in place of the **conditionnel passé** and, in the case of **si** clauses, in place of the **plus-que-parfait** of the indicative.

S'il **eût su,** il **fût venu.**   S'il avait su, il serait venu.

The **plus-que-parfait du subjonctif** is formed by using the **imparfait du subjonctif** of **avoir** or **être** plus the past participle.

exercice **10**   Remplacez le plus-que-parfait du subjonctif par le passé du subjonctif dans les phrases suivantes.

1. Marie regrettait que Marc ne l'eût pas suivie.
2. C'était dommage que ce couple se fût séparé.
3. Il vaudrait mieux qu'ils n'eussent jamais décidé de se séparer.
4. Marc était triste que Marie n'eût pas eu le courage de rester.
5. Nous aurions aimé qu'ils se fussent réunis.

exercice **11**   Remplacez chaque exemple du plus-que-parfait du subjonctif par le conditionnel passé ou par le plus-que-parfait de l'indicatif dans les phrases suivantes.

workbook

1. Si Marie ne fût pas partie, elle eût épousé Marc.
2. S'ils eussent décidé de se marier, ils eussent eu beaucoup d'enfants.
3. Si le plus-que-parfait du subjonctif n'eût pas disparu du français courant, nous n'eussions pas continué à étudier cette belle langue.

Brouillon.   Envoyez un message par courrier électronique ou écrivez une lettre à un(e) ami(e) francophone pour l'inviter à visiter la Belgique avec vous. Indiquez les dates de votre voyage et les endroits que vous comptez visiter. Donnez autant de précisions que possible concernant ce voyage. Avant d'écrire, consultez votre **Début de rédaction,** page 321.

A la découverte

♦   **LECTURE 1**

Marguerite Yourcenar, née à Bruxelles au début du siècle, quitte l'Europe pour vivre aux Etats-Unis au moment de la Seconde Guerre mondiale. Elle choisit d'y rester. En 1980 elle devient la première femme à être admise à l'Académie française. Deux de ses ouvrages les plus célèbres sont Mémoires d'Hadrien *et* Œuvre au noir. *Elle est morte en 1987.*

activité 1   **Étude du vocabulaire.**   Etudiez les phrases suivantes et choisissez les mots anglais qui correspondent aux mots français en caractères gras: *hatred, ashes, pond, deer, damned, winner, unfathomable, trap.*

1. Les **cerfs** sont des animaux élégants mais leur population provoque de nombreux accidents de la route.
2. Pour attraper un rat ou une souris on se sert souvent d'un **piège.**
3. Un **étang** est une sorte de petit lac peu profond rempli d'eau stagnante.
4. La **haine** est ce que ressent une personne qui en déteste une autre.
5. Un **damné** est quelqu'un qui est condamné aux peines de l'enfer.
6. La perte d'un enfant est une douleur **insondable** pour sa famille.
7. Quand un feu s'est éteint, il ne reste que des **cendres** dans la cheminée.
8. David est sorti **vainqueur** de son combat avec Goliath.

activité 2   **Anticipez le contenu.**   En pensant à vos propres expériences, terminez les phrases suivantes en indiquant ce que vous avez déjà vu dans les endroits mentionnés.

1. J'ai vu sur la neige...
2. J'ai vu sur l'étang...
3. J'ai vu sur la plage...
4. J'ai vu sur les eaux...
5. J'ai vu dans les villes...
6. J'ai vu sur la plaine...
7. J'ai vu sur la mer...
8. J'ai vu dans l'espace...
9. J'ai vu dans les cieux...
10. J'ai vu dans mon âme...
11. J'ai vu dans mon cœur...

Le Visionnaire

J'ai vu sur la neige
Un cerf pris au piège.

J'ai vu sur l'étang
Un noyé flottant.

5   J'ai vu sur la plage
        Un dur coquillage.

        J'ai vu sur les eaux
        Les tremblants oiseaux.

        J'ai vu dans les villes
10   Des damnés serviles.

        J'ai vu sur la plaine
        La fumée des haines.

        J'ai vu sur la mer
        Le soleil amer.

15   J'ai vu dans l'espace
        Ce siècle qui passe.

        J'ai vu dans les cieux
        D'insondables yeux.

        J'ai vu dans mon âme
20   La cendre et la flamme.

        J'ai vu dans mon cœur
        Un noir dieu vainqueur.

«Le Visionnaire», Marguerite Yourcenar, dans *Les Charités d'Alcippe* (Gallimard)

activité 3 **Réflexion.** Répondez aux questions suivantes.

1. Qu'est-ce qui caractérise ce que l'auteur a vu dans chaque strophe?
2. S'agit-il de choses que l'on trouve couramment dans ses endroits?
3. Relevez les adjectifs du deuxième vers de chaque strophe. Que suggèrent-ils?
4. Choisissez trois images utilisées par l'auteur et commentez-les.
5. Quelle est l'attitude de Marguerite Yourcenar face à la vie?
6. Partagez-vous ses sentiments? Expliquez.

◆ LECTURE 2

Françoise Mallet-Joris est née à Anvers, en Belgique. Elle a fait des études aux USA, à Philadelphie, ainsi qu'à la Sorbonne. Membre de l'Académie Goncourt depuis 1971, Françoise Mallet-Joris a publié près de vingt romans dont La Maison de papier en 1970. Elle a aussi écrit les paroles pour plusieurs chanteuses francophones comme Marie-Paule Belle et Edith Butler.

activité 4 **Etude du vocabulaire.** Etudiez les phrases suivantes et choisissez les mots anglais qui correspondent aux mots français en caractères gras: *to prevent, matches, caves, to train, grocer, warned, to mistake, out of one's element, swallowed.*

1. Quand j'ai voulu partir, elle a essayé de m'**empêcher** de m'en aller.
2. Je l'ai **avertie** que la voiture n'avait plus d'essence mais elle ne m'a pas écoutée.
3. Il est possible d'être **dépaysé** quand on voyage dans des pays exotiques.
4. Voulant fumer une cigarette, Paul a sorti des **allumettes.**
5. L'**épicier** du quartier était fermé et nous ne savions pas où acheter à manger.
6. C'est de ma faute car je **confonds** toujours «poison» et «poisson».
7. Je lui ai donné cette poudre blanche et il l'a **avalée.**
8. Si on veut réussir au sport, il faut **s'entraîner** beaucoup.
9. Les **grottes** de Lascaux sont célèbres pour leurs dessins préhistoriques.

activité 5 **Anticipez le contenu.** Le texte *Vincent et moi* que vous allez lire montre un petit garçon qui propose des changements pour améliorer le monde. Quelles seraient vos suggestions à vous?

1. Si vous pouviez changer la nature des animaux et des insectes, que feriez-vous?
2. Nommez trois animaux ou insectes que vous aimeriez faire disparaître et expliquez pourquoi.
3. Que changeriez-vous dans le monde des humains?
4. Indiquez deux personnes célèbres, mortes ou vivantes, que vous aimeriez interroger.
5. Que leur demanderiez-vous?
6. Quelle est d'après vous la plus grande invention de tous les temps et pourquoi?

Vincent et moi

VINCENT (*onze ans*): Tu sais, maman, pour que le monde soit parfait...

    MOI: Oui?

VINCENT: Il faudrait d'abord supprimer les moustiques.

    MOI: Tiens!

5 VINCENT: Et les vipères, aussi.

    MOI: Pourquoi?

VINCENT: Parce qu'elles font tort aux couleuvres[1]. On les confond, alors quand on voit une couleuvre on dit: Oh! La sale bête! C'est vexant. Tandis que s'il n'y avait *que* des couleuvres, quand on en rencontrerait une on saurait qu'elle ne mord pas, alors on dirait: Oh! le joli serpent, et elle serait contente. Si je pouvais refaire le monde...

    MOI: Tu le trouves mal fait?

VINCENT: Non. Mais je ne suis pas difficile.

1. **couleuvre** common snake

15	MOI: Qu'est-ce que tu supprimerais encore?
	VINCENT: Dans les animaux, pas grand-chose. Par exemple je garderais les lions, les crocodiles...
	MOI: Ah, oui?
	VINCENT: A cause des explorateurs. Ils n'aimeraient pas que ce
20	soit trop facile, leurs explorations. Ce ne serait plus l'Aventure.
	MOI: Evidemment.
	VINCENT: Non, c'est dans les types² tu vois, qu'il faudrait... (*geste de faucheur³*). Ça, oui.
25	MOI: Quel genre de type?
	VINCENT: Il faudrait les classifier d'abord. Ceux qui font les guerres, les révolutions, et puis les méchants...
	MOI: Ce ne sont pas les mêmes?
	VINCENT: Pas forcément. Et puis les plus voraces...
30	MOI: Qu'est-ce que c'est, les voraces?
	VINCENT: Ceux qui veulent tout avaler même s'ils n'ont pas vraiment faim. Mais surtout ceux qui font la guerre, tu vois. Dehors et dedans. Je veux dire dans les familles.
	MOI: Tu crois qu'on peut les empêcher tout à fait?
35	VINCENT: On peut essayer. Il faudrait un œil.
	MOI: Un œil?
	VINCENT: Oui. Dans chaque maison, un œil. Quand il verrait qu'on commence à se disputer, l'œil ferait un peu de musique, pour leur dire de s'arrêter.
40	MOI: Et s'ils ne s'arrêtaient pas?
	VINCENT: Il faudrait un Maître des Yeux, qui serait averti par l'électronique, et il leur enverrait des gendarmes très doux qui les raisonneraient.

2. **types** people   3. **faucheur** someone using a scythe

MOI: Tu crois qu'il y en a?

45 VINCENT: Quoi?

MOI: Des gendarmes très doux.

VINCENT: Ils seraient entraînés. Scientifiquement.

MOI: Tu ne crois pas que c'est contraire à la liberté de conscience?

50 VINCENT: La liberté de se disputer?

MOI: Oui.

VINCENT: Peut-être. Mais il pourrait quand même y avoir un œil. Bleu.

MOI: Qu'est-ce que tu achèterais?

55 VINCENT: Tout. Mais je peux faire comme si...

MOI: Ah! Oui?

VINCENT: Oui. Je me dis: je peux tout acheter. Mais je ne suis pas pressé. Alors je n'achète rien. C'est pareil[4].

MOI: Presque.

60 VINCENT: J'aimerais poser quelques questions à un certain nombre de types.

MOI: Qui?

VINCENT: Gérard de Nerval. Je pourrais lui demander ce qu'il a voulu dire au juste[5] dans son poème que tu n'as pas pu m'expliquer: suis-je Amour ou Phébus... Maintenant peut-être qu'il n'aurait pas envie de ressusciter pour qu'on lui pose ce genre de questions.

MOI: Peut-être pas.

VINCENT: Peut-être qu'il aurait envie de ressusciter pour être épicier, pour changer.

A un homme préhistorique, aussi. Je voudrais lui demander si c'était vraiment magique, les dessins de bisons, tu sais dans les grottes je le ferais apparaître ici et je lui demanderais. Non, peut-être pas ici, parce qu'il aurait peur des autos. Dans une prairie, pour ne pas le dépayser. Et je le ferais interviewer par des hommes habillés avec des peaux de bête[6], pareils que lui. Par exemple il ne faudrait pas les prendre trop gringalets[7]!

Je me demande si un homme préhistorique, qui aurait vu le monde de maintenant, tu sais, les autos, la télé, tout ça, il aimerait mieux vivre à notre époque, ou retourner aux cavernes. Les diplodocus[8] et les plésiosaures, c'est pas drôle. Mais les autos, la nuit, le cancer, c'est pas drôle non plus.

85 MOI: Qu'est-ce que tu lui conseillerais?

VINCENT: Finalement, tu vois, je crois que je lui conseillerais les

4. **pareil** the same thing   5. **au juste** exactly   6. **peaux de bête** pelts   7. **gringalets** puny
8. **diplodocus** type of dinosaur

diplodocus. Seulement je lui filerais[9] un paquet d'allu-mettes, s'il n'avait pas encore découvert le feu, et puis peut-être une flûte.

90 MOI: Ça dérangerait l'histoire du monde.

VINCENT: Tu crois?

MOI: S'il n'a pas encore découvert le feu, et que tu lui donnes des allumettes tu lui fais sauter des années de réflexion, tu comprends. Il vaudrait peut-être mieux le lui laisser

95 découvrir tout seul.

VINCENT: Oui, mais en attendant de l'avoir découvert il aurait froid.

MOI: Ah, évidemment.

VINCENT: Peut-être qu'il s'en ficherait[10], de le découvrir lui-

100 même, s'il avait vraiment froid.

MOI: Peut-être.

VINCENT: Peut-être, je ne veux pas critiquer, remarque, mais peut-être le Bon Dieu, il aurait pu le lui donner au départ, le feu. La flûte, je ne dis pas, quoique le soir,

105 comme ça sans électricité, ce serait agréable d'avoir un peu de musique. Mais le feu! Quand tu penses qu'il y a eu des hommes qui ne l'ont *jamais* connu. Tu te rends compte[11]? Ça me fait froid rien que d'y penser.

MOI: Il y a encore beaucoup d'hommes qui manquent de

110 tout, tu sais?

VINCENT: Oui, mais ils savent que ça existe.

MOI: Tu crois que c'est une consolation?

VINCENT: Je ne sais pas. Quand même ils auraient pu se dire, les hommes préhistoriques: un jour il y aura le feu...

115 MOI: Mais alors ils n'auraient pas eu à l'inventer.

VINCENT: Est-ce qu'on est sur la terre pour inventer?

MOI: D'une certaine façon.

VINCENT: On en reparlera.

La Maison de papier, Françoise Mallet-Joris (Editions Bernard Grasset)

9. **filerais** would slip   10. **s'en ficherait** could care less   11. **tu te rends compte** do you realize

activité 6   **Compréhension.**   Répondez aux questions suivantes.

1. Pourquoi Vincent veut-il supprimer les vipères?
2. Que ferait-il pour que les explorateurs ne s'ennuient pas?
3. Quels sont les types—les gens—dont il voudrait se débarrasser?
4. Que suggère Vincent pour s'assurer que tout le monde soit gentil?
5. Une fois avertis, que feraient les gendarmes?
6. Quel poète aimerait-il interviewer? Quelles questions lui poserait-il?
7. D'après Vincent, que faudrait-il faire pour interviewer un homme préhistorique si on ne voulait pas le dépayser?
8. Qu'aimerait-il offrir à cet homme préhistorique?
9. Selon la maman de Vincent, quel en serait le danger?

activité **7**   **Sujets de réflexion.**   Répondez aux questions suivantes.

1. A quoi vous fait penser l'idée d'avoir un œil dans chaque maison? Pensez-vous que cela soit une bonne idée?
2. Quel est l'équivalent des diplodocus et des plésiosaures dans notre monde actuel? Expliquez votre réponse.
3. Pourquoi Vincent pense-t-il que Dieu aurait dû donner le feu aux premiers hommes? Etes-vous d'accord?

Intégration

activité **A**   Interviewez les autres étudiants. Les verbes sont au subjonctif parce qu'il n'est pas certain que ces personnes soient présentes (p. 326), mais vous devez utiliser l'indicatif dans vos questions. Vous cherchez...

Modèle: quelqu'un qui soit déjà allé à Paris.
Est-ce que tu es déjà allé(e) à Paris?

1. quelqu'un qui soit déjà allé en Belgique.
2. quelqu'un qui n'ait pas peur d'exprimer ses idées en classe.
3. quelqu'un qui étudie pendant le week-end de peur d'avoir de mauvaises notes.
4. quelqu'un qui aime voyager bien qu'il n'ait pas beaucoup d'argent.
5. quelqu'un qui pense continuer à étudier le français pourvu qu'il réussisse à ce cours.
6. quelqu'un qui connaisse une personne qui soit victime du racisme.
7. quelqu'un qui fasse un voyage en Belgique l'été prochain à condition d'avoir assez d'argent.

activité **B**   Révisez d'abord les expressions à la page 317. Ensuite essayez de répondre aux questions suivantes concernant votre pays. Si vous ne pouvez pas obtenir ces renseignements, devinez la réponse. Ajoutez une expression «pour nuancer une opinion» à chaque réponse.

Modèle: En quelle année ce musée a-t-il été construit?
Si je me rappelle bien, il a été construit en 1946.

1. Quel est le monument ou le bâtiment le plus visité de votre pays?
2. Pourquoi cet endroit est-il célèbre?
3. En quelle année a-t-il été construit?
4. A quoi sert cet endroit actuellement?
5. Est-ce qu'on l'utilisait pour autre chose à l'époque de sa construction?
6. Combien faut-il payer pour y entrer?
7. Combien de visiteurs y a-t-il chaque année qui visitent cet endroit?

Avec votre partenaire, utilisez les colonnes suivantes et complétez les phrases. Préparez au moins six phrases qui reflètent votre point de vue.

Modèle: **Nous aimons les sports bien qu'ils soient quelquefois ennuyeux.**

		les voyages	
	aimer	les cours	pourvu que...
Les étudiants	apprécier	les profs	à condition que...
Nous	ne pas aimer	les devoirs	bien que...
Mes amis	détester	les sports	quoique...
		les vacances	à moins que...
		les feuilletons	

Rédaction. Ecrivez une lettre de deux pages à l'Office de Tourisme à Bruxelles. Adressez votre lettre à Mlle Nathalie Wellens. Expliquez-lui que vous êtes étudiant(e) et donnez le nom du cours de français que vous suivez actuellement. Demandez-lui de vous aider à organiser votre voyage en Belgique. Consultez votre **Début de rédaction,** page 321, et votre **Brouillon,** page 332.

Entre amis Vous travaillez comme guide pour une agence de tourisme à Bruxelles. Votre partenaire visite cette capitale et vous demande des renseignements. Utilisez ce que vous avez appris dans ce chapitre pour lui faire connaître la capitale de la Belgique et pour répondre à ses questions.

Verbes

In the following verb tables, all six forms of the present indicative are included. The **je** and **nous** forms are given for the present subjunctive, and the **il** form is given for each of the literary tenses. Only the **je** form is given for all other tenses.

◆ Verbes réguliers

Infinitif	Présent		Passé composé	Imparfait	Plus-que-parfait
Participes					
parler	je parle	nous parlons	j'ai parlé	je parlais	j'avais parlé
parlant	tu parles	vous parlez			
parlé	il/elle/on parle	ils/elles parlent			
finir	je finis	nous finissons	j'ai fini	je finissais	j'avais fini
finissant	tu finis	vous finissez			
fini	il/elle/on finit	ils/elles finissent			
attendre	j'attends	nous attendons	j'ai attendu	j'attendais	j'avais attendu
attendant	tu attends	vous attendez			
attendu	il/elle/on attend	ils/elles attendent			

Impératif	Futur	Conditionnel	Présent du subjonctif	Passé simple	Temps littéraires Imparfait du subjonctif
	Futur antérieur	Conditionnel passé	Passé du subjonctif	Passé antérieur	Plus-que-parfait du subjonctif
parle parlons parlez	je parlerai	je parlerais	que je parle que nous parlions	il parla	qu'il parlât
	j'aurai parlé	j'aurais parlé	que j'aie parlé	il eut parlé	qu'il eût parlé
finis finissons finissez	je finirai	je finirais	que je finisse que nous finissions	il finit	qu'il finît
	j'aurai fini	j'aurais fini	que j'aie fini	il eut fini	qu'il eût fini
attends attendons attendez	j'attendrai	j'attendrais	que j'attende que nous attendions	il attendit	qu'il attendît
	j'aurai attendu	j'aurais attendu	que j'aie attendu	il eut attendu	qu'il eût attendu

✦ Verbes réguliers avec changements orthographiques

Infinitif	Présent		Passé composé	Imparfait	Plus-que-parfait
Participes					
manger[1] mangeant mangé	je mange tu manges il/elle/on mange	nous mangeons vous mangez ils/elles mangent	j'ai mangé	je mangeais	j'avais mangé
avancer[2] avançant avancé	j'avance tu avances il/elle/on avance	nous avançons vous avancez ils/elles avancent	j'ai avancé	j'avançais	j'avais avancé
employer[3] employant employé	j'emploie tu emploies il/elle/on emploie	nous employons vous employez ils/elles emploient	j'ai employé	j'employais	j'avais employé
céder[4] cédant cédé	je cède tu cèdes il/elle/on cède	nous cédons vous cédez ils/elles cèdent	j'ai cédé	je cédais	j'avais cédé
peser[5] pesant pesé	je pèse tu pèses il/elle/on pèse	nous pesons vous pesez ils/elles pèsent	j'ai pesé	je pesais	j'avais pesé
appeler[6] appelant appelé	j'appelle tu appelles il/elle/on appelle	nous appelons vous appelez ils/elles appellent	j'ai appelé	j'appelais	j'avais appelé

[1]All verbs ending in **-ger** are conjugated like **manger**.
[2]All verbs ending in **-cer** are conjugated like **avancer**.
[3]All verbs ending in **-yer (-ayer, -oyer, -uyer)** are conjugated like **employer** with the exception of **envoyer** (see #21).
[4]All verbs ending in **é** + **[consonant]** + **(-écher, -éder, -éger, -éler, -érer, -éter)** are conjugated like **céder**.
[5]All verbs ending in **e** (without an accent) + **[consonant]** + **er (-eler, -emer, -ener, -eser, -eter, -ever)** are conjugated like **peser** except those that are derived from **appeler** or from **jeter** (see below).
[6]All verbs derived from **appeler** or from **jeter** are conjugated like **appeler**.

Impératif	Futur	Conditionnel	Présent du subjonctif	Passé simple	Imparfait du subjonctif
	Futur antérieur	Conditionnel passé	Passé du subjonctif	Passé antérieur	Plus-que-parfait du subjonctif
mange mangeons mangez	je mangerai	je mangerais	que je mange que nous mangions	il mangea	qu'il mangeât
	j'aurai mangé	j'aurais mangé	que j'aie mangé	il eut mangé	qu'il eût mangé
avance avançons avancez	j'avancerai	j'avancerais	que j'avance que nous avancions	il avança	qu'il avançât
	j'aurai avancé	j'aurais avancé	que j'aie avancé	il eut avancé	qu'il eût avancé
emploie employons employez	j'emploierai	j'emploierais	que j'emploie que nous employions	il employa	qu'il employât
	j'aurai employé	j'aurais employé	que j'aie employé	il eut employé	qu'il eût employé
cède cédons cédez	je céderai	je céderais	que je cède que nous cédions	il céda	qu'il cédât
	j'aurai cédé	j'aurais cédé	que j'aie cédé	il eut cédé	qu'il eût cédé
pèse pesons pesez	je pèserai	je pèserais	que je pèse que nous pesions	il pesa	qu'il pesât
	j'aurai pesé	j'aurais pesé	que j'aie pesé	il eut pesé	qu'il eût pesé
appelle appelons appelez	j'appellerai	j'appellerais	que j'appelle que nous appelions	il appela	qu'il appelât
	j'aurai appelé	j'aurais appelé	que j'aie appelé	il eut appelé	qu'il eût appelé

Temps littéraires

✦ Verbes irréguliers

To find the conjugation of the irregular verbs listed at the top of the next page, consult the verb corresponding to the number that is given. Verbs preceded by a rectangle are conjugated with **être**.

Infinitif Participes présent passé	Présent		Passé Composé	Imparfait	Plus-que-parfait
1 **acquérir** acquérant acquis	j'acquiers tu acquiers il/elle/on acquiert	nous acquérons vous acquérez ils/elles acquièrent	j'ai acquis	j'acquérais	j'avais acquis
2 **aller** allant allé	je vais tu vas il/elle/on va	nous allons vous allez ils/elles vont	je suis allé(e)	j'allais	j'étais allé(e)
3a **s'asseoir** (1ʳᵉ conjugaison) s'asseyant assis	je m'assieds tu t'assieds il/elle/on s'assied	nous nous asseyons vous vous asseyez ils/elles s'asseyent	je me suis assis(e)	je m'asseyais	je m'étais assis(e)
3b **s'asseoir** (2ᵉ conjugaison) s'asseyant assis	je m'assois tu t'assois il/elle/on s'assoit	nous nous assoyons vous vous assoyez ils/elles s'assoient	je me suis assis(e)	je m'assoyais	je m'étais assis(e)
4 **avoir** ayant eu	j'ai tu as il/elle/on a	nous avons vous avez ils/elles ont	j'ai eu	j'avais	j'avais eu

abattre 5
■ s'abstenir 46
accourir 11*
accroître 14
accueillir 15
admettre 27
apercevoir 37
■ apparaître 9*
appartenir 46
apprendre 36
atteindre 12
ceindre 12
compromettre 27
concevoir 37

conquérir 1
construire 8
contredire 18
convaincre 44
couvrir 30
cuire 8
décrire 19
déduire 8
détruire 8
■ devenir 46
disparaître 9
dormir 31
élire 26
émettre 27

■ s'endormir 31
■ s'enfuir 25
équivaloir 45
éteindre 12
étreindre 12
exclure 7
feindre 12
inclure 7
instruire 8
joindre 12
maintenir 46
mentir 31
offrir 30
omettre 27

paraître 9
peindre 12
percevoir 37
permettre 27
plaindre 12
poursuivre 43
pressentir 31
produire 8
proscrire 19
réduire 8
reluire 8
ressentir 31
■ ressortir 31
satisfaire 23

séduire 8
sentir 31
servir 31
■ sortir 31
souffrir 30
sourire 39
■ se souvenir 46
■ se taire 32
tenir 46
traduire 8

				Temps littéraires	
Impératif	**Futur**	**Conditionnel**	**Présent du subjonctif**	**Passé simple**	**Imparfait du subjonctif**
	Futur antérieur	**Conditionnel passé**	**Passé du subjonctif**	**Passé antérieur**	**Plus-que-parfait du subjonctif**
acquiers acquérons acquérez	j'acquerrai	j'acquerrais	que j'acquière que nous acquérions	il acquit	qu'il acquît
	j'aurai acquis	j'aurais acquis	que j'aie acquis	il eut acquis	qu'il eût acquis
va allons allez	j'irai	j'irais	que j'aille que nous allions	il alla	qu'il allât
	je serai allé(e)	je serais allé(e)	que je sois allé(e)	il fut allé	qu'il fût allé
assieds-toi asseyons-nous asseyez-vous	je m'assiérai	je m'assiérais	que je m'asseye que nous nous asseyions	il s'assit	qu'il s'assît
	je me serai assis(e)	je me serais assis(e)	que je me sois assis(e)	il se fut assis	qu'il se fût assis
assois-toi assoyons-nous assoyez-vous	je m'assoirai	je m'assoirais	que je m'assoie que nous nous assoyions	il s'assit	qu'il s'assît
	je me serai assis(e)	je me serais assis(e)	que je me sois assis(e)	il se fut assis	qu'il se fût assis
aie ayons ayez	j'aurai	j'aurais	que j'aie que nous ayons	il eut	qu'il eût
	j'aurai eu	j'aurais eu	que j'aie eu	il eut eu	qu'il eût eu

---

*Accourir and apparaître may be conjugated with either avoir or être.

Infinitif Participes présent passé	Présent		Passé Composé	Imparfait	Plus-que-parfait
5 **battre** battant battu	je bats tu bats il/elle/on bat	nous battons vous battez ils/elles battent	j'ai battu	je battais	j'avais battu
6 **boire** buvant bu	je bois tu bois il/elle/on boit	nous buvons vous buvez ils/elles boivent	j'ai bu	je buvais	j'avais bu
7 **conclure** concluant conclu	je conclus tu conclus il/elle/on conclut	nous concluons vous concluez ils/elles concluent	j'ai conclu	je concluais	j'avais conclu
8 **conduire** conduisant conduit*	je conduis tu conduis il/elle/on conduit	nous conduisons vous conduisez ils/elles conduisent	j'ai conduit	je conduisais	j'avais conduit
9 **connaître** connaissant connu	je connais tu connais il/elle/on connaît	nous connaissons vous connaissez ils/elles connaissent	j'ai connu	je connaissais	j'avais connu
10 **coudre** cousant cousu	je couds tu couds il/elle/on coud	nous cousons vous cousez ils/elles cousent	j'ai cousu	je cousais	j'avais cousu
11 **courir** courant couru	je cours tu cours il/elle/on court	nous courons vous courez ils/elles courent	j'ai couru	je courais	j'avais couru
12 **craindre** craignant craint	je crains tu crains il/elle/on craint	nous craignons vous craignez ils/elles craignent	j'ai craint	je craignais	j'avais craint
13 **croire** croyant cru	je crois tu crois il/elle/on croit	nous croyons vous croyez ils/elles croient	j'ai cru	je croyais	j'avais cru

But: **reluire** → **relui** (without a -*t*)

Impératif	Futur	Conditionnel	Présent du subjonctif	Passé simple	Imparfait du subjonctif
	Futur antérieur	Conditionnel passé	Passé du subjonctif	Passé antérieur	Plus-que-parfait du subjonctif
bats battons battez	je battrai	je battrais	que je batte que nous battions	il battit	qu'il battît
	j'aurai battu	j'aurais battu	que j'aie battu	il eut battu	qu'il eût battu
bois buvons buvez	je boirai	je boirais	que je boive que nous buvions	il but	qu'il bût
	j'aurai bu	j'aurais bu	que j'aie bu	il eut bu	qu'il eût bu
conclus concluons concluez	je conclurai	je conclurais	que je conclue que nous concluions	il conclut	qu'il conclût
	j'aurai conclu	j'aurais conclu	que j'aie conclu	il eut conclu	qu'il eût conclu
conduis conduisons conduisez	je conduirai	je conduirais	que je conduise que nous conduisions	il conduisit	qu'il conduisît
	j'aurai conduit	j'aurais conduit	que j'aie conduit	il eut conduit	qu'il eût conduit
connais connaissons connaissez	je connaîtrai	je connaîtrais	que je connaisse que nous connaissions	il connut	qu'il connût
	j'aurai connu	j'aurais connu	que j'aie connu	il eut connu	qu'il eût connu
couds cousons cousez	je coudrai	je coudrais	que je couse que nous cousions	il cousit	qu'il cousît
	j'aurai cousu	j'aurais cousu	que j'aie cousu	il eut cousu	qu'il eût cousu
cours courons courez	je courrai	je courrais	que je coure que nous courions	il courut	qu'il courût
	j'aurai couru	j'aurais couru	que j'aie couru	il eut couru	qu'il eût couru
crains craignons craignez	je craindrai	je craindrais	que je craigne que nous craignions	il craignit	qu'il craignît
	j'aurai craint	j'aurais craint	que j'aie craint	il eut craint	qu'il eût craint
crois croyons croyez	je croirai	je croirais	que je croie que nous croyions	il crut	qu'il crût
	j'aurai cru	j'aurais cru	que j'aie cru	il eut cru	qu'il eût cru

Infinitif Participes présent passé	Présent		Passé Composé	Imparfait	Plus-que-parfait
14 **croître** croissant crû[1] (crue, crus, crues)	je croîs tu croîs il/elle/on croît	nous croissons vous croissez ils/elles croissent	j'ai crû	je croissais	j'avais crû
15 **cueillir** cueillant cueilli	je cueille tu cueilles il/elle/on cueille	nous cueillons vous cueillez ils/elles cueillent	j'ai cueilli	je cueillais	j'avais cueilli
16 **se dévêtir** se dévêtant dévêtu	je me dévêts tu te dévêts il/elle/on se dévêt	nous nous dévêtons vous vous dévêtez ils/elles se dévêtent	je me suis dévêtu(e)	je me dévêtais	je m'étais dévêtu(e)
17 **devoir** devant dû (due, dus, dues)	je dois tu dois il/elle/on doit	nous devons vous devez ils/elles doivent	j'ai dû	je devais	j'avais dû
18 **dire** disant dit	je dis tu dis il/elle/on dit	nous disons vous dites[2] ils/elles disent	j'ai dit	je disais	j'avais dit
19 **écrire** écrivant écrit	j'écris tu écris il/elle/on écrit	nous écrivons vous écrivez ils/elles écrivent	j'ai écrit	j'écrivais	j'avais écrit
20 **émouvoir** émouvant ému	j'émeus tu émeus il/elle/on émeut	nous émouvons vous émouvez ils/elles émeuvent	j'ai ému	j'émouvais	j'avais ému
21 **envoyer** envoyant envoyé	j'envoie tu envoies il/elle/on envoie	nous envoyons vous envoyez ils/elles envoient	j'ai envoyé	j'envoyais	j'avais envoyé

---

[1]*But:* **accroître** → **accru** (without a circumflex accent)

[2]*But:* **contredire, interdire, prédire** → **vous contredisez, vous interdisez, vous prédisez
(redire → vous redites)**

Impératif	Futur	Conditionnel	Présent du subjonctif	Passé simple	Imparfait du subjonctif
	Futur antérieur	Conditionnel passé	Passé du subjonctif	Passé antérieur	Plus-que-parfait du subjonctif
croîs croissons croissez	je croîtrai	je croîtrais	que je croisse que nous croissions	il crût*	qu'il crût
	j'aurai crû	j'aurais crû	que j'aie crû	il eut crû	qu'il eût crû
cueille cueillons cueillez	je cueillerai	je cueillerais	que je cueille que nous cueillions	il cueillit	qu'il cueillît
	j'aurai cueilli	j'aurais cueilli	que j'aie cueilli	il eut cueilli	qu'il eût cueilli
dévêts-toi dévêtons-nous dévêtez-vous	je me dévêtirai	je me dévêtirais	que je me dévête que nous nous dévêtions	il se dévêtit	qu'il se dévêtît
	je me serai dévêtu(e)	je me serais dévêtu(e)	que je me sois dévêtu(e)	il se fut dévêtu	qu'il se fût dévêtu
dois devons devez	je devrai	je devrais	que je doive que nous devions	il dut	qu'il dût
	j'aurai dû	j'aurais dû	que j'aie dû	il eut dû	qu'il eût dû
dis disons dites	je dirai	je dirais	que je dise que nous disions	il dit	qu'il dît
	j'aurai dit	j'aurais dit	que j'aie dit	il eut dit	qu'il eût dit
écris écrivons écrivez	j'écrirai	j'écrirais	que j'écrive que nous écrivions	il écrivit	qu'il écrivît
	j'aurai écrit	j'aurais écrit	que j'aie écrit	il eut écrit	qu'il eût écrit
émeus émouvons émouvez	j'émouvrai	j'émouvrais	que j'émeuve que nous émouvions	il émut	qu'il émût
	j'aurai ému	j'aurais ému	que j'aie ému	il eut ému	qu'il eût ému
envoie envoyons envoyez	j'enverrai	j'enverrais	que j'envoie que nous envoyions	il envoya	qu'il envoyât
	j'aurai envoyé	j'aurais envoyé	que j'aie envoyé	il eut envoyé	qu'il eût envoyé

But: **accroître** → **il accrut** (without a circumflex accent)

Infinitif Participes présent passé	Présent		Passé Composé	Imparfait	Plus-que-parfait
22 **être** étant été	je suis tu es il/elle/on est	nous sommes vous êtes ils/elles sont	j'ai été	j'étais	j'avais été
23 **faire** faisant fait	je fais tu fais il/elle/on fait	nous faisons vous faites ils/elles font	j'ai fait	je faisais	j'avais fait
24 **falloir** fallu (*inv.*)	il faut		il a fallu	il fallait	il avait fallu
25 **fuir** fuyant fui	je fuis tu fuis il/elle/on fuit	nous fuyons vous fuyez ils/elles fuient	j'ai fui	je fuyais	j'avais fui
26 **lire** lisant lu	je lis tu lis il/elle/on lit	nous lisons vous lisez ils/elles lisent	j'ai lu	je lisais	j'avais lu
27 **mettre** mettant mis	je mets tu mets il/elle/on met	nous mettons vous mettez ils/elles mettent	j'ai mis	je mettais	j'avais mis
28 **mourir** mourant mort	je meurs tu meurs il/elle/on meurt	nous mourons vous mourez ils/elles meurent	je suis mort(e)	je mourais	j'étais mort(e)
29 **naître** naissant né	je nais tu nais il/elle/on naît	nous naissons vous naissez ils/elles naissent	je suis né(e)	je naissais	j'étais né(e)
30 **ouvrir** ouvrant ouvert	j'ouvre tu ouvres il/elle/on ouvre	nous ouvrons vous ouvrez ils/elles ouvrent	j'ai ouvert	j'ouvrais	j'avais ouvert

Impératif	Futur	Conditionnel	Présent du subjonctif	Passé simple	Temps littéraires Imparfait du subjonctif
	Futur antérieur	Conditionnel passé	Passé du subjonctif	Passé antérieur	Plus-que-parfait du subjonctif
sois soyons soyez	je serai	je serais	que je sois que nous soyons	il fut	qu'il fût
	j'aurai été	j'aurais été	que j'aie été	il eut été	qu'il eût été
fais faisons faites	je ferai	je ferais	que je fasse que nous fassions	il fit	qu'il fît
	j'aurai fait	j'aurais fait	que j'aie fait	il eut fait	qu'il eût fait
— — —	il faudra	il faudrait	qu'il faille	il fallut	qu'il fallût
	il aura fallu	il aurait fallu	qu'il ait fallu	il eut fallu	qu'il eût fallu
fuis fuyons fuyez	je fuirai	je fuirais	que je fuie que nous fuyions	il fuit	qu'il fuît
	j'aurai fui	j'aurais fui	que j'aie fui	il eut fui	qu'il eût fui
lis lisons lisez	je lirai	je lirais	que je lise que nous lisions	il lut	qu'il lût
	j'aurai lu	j'aurais lu	que j'aie lu	il eut lu	qu'il eût lu
mets mettons mettez	je mettrai	je mettrais	que je mette que nous mettions	il mit	qu'il mît
	j'aurai mis	j'aurais mis	que j'aie mis	il eut mis	qu'il eût mis
meurs mourons mourez	je mourrai	je mourrais	que je meure que nous mourions	il mourut	qu'il mourût
	je serai mort(e)	je serais mort(e)	que je sois mort(e)	il fut mort	qu'il fût mort
nais naissons naissez	je naîtrai	je naîtrais	que je naisse que nous naissions	il naquit	qu'il naquît
	je serai né(e)	je serais né(e)	que je sois né(e)	il fut né	qu'il fût né
ouvre ouvrons ouvrez	j'ouvrirai	j'ouvrirais	que j'ouvre que nous ouvrions	il ouvrit	qu'il ouvrît
	j'aurai ouvert	j'aurais ouvert	que j'aie ouvert	il eut ouvert	qu'il eût ouvert

Infinitif Participes présent passé	Présent		Passé Composé	Imparfait	Plus-que-parfait
31 **partir**[1] partant parti	je pars tu pars il/elle/on part	nous partons vous partez ils/elles partent	je suis parti(e)	je partais	j'étais parti(e)
32 **plaire** plaisant plu	je plais tu plais il/elle/on plaît[2]	nous plaisons vous plaisez ils/elles plaisent	j'ai plu	je plaisais	j'avais plu
33 **pleuvoir** pleuvant plu (*inv.*)	il pleut		il a plu	il pleuvait	il avait plu
34 **pourvoir** pourvant pourvu	je pourvois tu pourvois il/elle/on pourvoit	nous pourvoyons vous pourvoyez ils/elles pourvoient	j'ai pourvu	je pourvoyais	j'avais pourvu
35 **pouvoir** pouvant pu (*inv.*)	je peux (puis)[3] tu peux il/elle/on peut	nous pouvons vous pouvez ils/elles peuvent	j'ai pu	je pouvais	j'avais pu
36 **prendre** prenant pris	je prends tu prends il/elle/on prend	nous prenons vous prenez ils/elles prennent	j'ai pris	je prenais	j'avais pris
37 **recevoir** recevant reçu	je reçois tu reçois il/elle/on reçoit	nous recevons vous recevez ils/elles reçoivent	j'ai reçu	je recevais	j'avais reçu
38 **résoudre** résolvant résolu	je résous tu résous il/elle/on résout	nous résolvons vous résolvez ils/elles résolvent	j'ai résolu	je résolvais	j'avais résolu

---

[1]**Servir, dormir, mentir, sentir,** and **pressentir** are conjugated with **avoir. Sortir, ressortir,** and **s'endormir** are conjugated with **être.**

[2]*But:* **taire** → **il/elle/on se tait** (without a circumflex accent)

[3]The inverted form is always **puis-je.**

Impératif	Futur	Conditionnel	Présent du subjonctif	Passé simple	Imparfait du subjonctif
	Futur antérieur	Conditionnel passé	Passé du subjonctif	Passé antérieur	Plus-que-parfait du subjonctif
pars partons partez	je partirai	je partirais	que je parte que nous partions	il partit	qu'il partît
	je serai parti(e)	je serais parti(e)	que je sois parti(e)	il fut parti	qu'il fût parti
plais plaisons plaisez	je plairai	je plairais	que je plaise que nous plaisions	il plut	qu'il plût
	j'aurai plu	j'aurais plu	que j'aie plu	il eut plu	qu'il eût plu
— — —	il pleuvra	il pleuvrait	qu'il pleuve	il plut	qu'il plût
	il aura plu	il aurait plu	qu'il ait plu	il eut plu	qu'il eût plu
pourvois pourvoyons pourvoyez	je pourvoirai	je pourvoirais	que je pourvoie que nous pourvoyions	il pourvut	qu'il pourvût
	j'aurai pourvu	j'aurais pourvu	que j'aie pourvu	il eut pourvu	qu'il eût pourvu
— —	je pourrai	je pourrais	que je puisse que nous puissions	il put	qu'il pût
	j'aurai pu	j'aurais pu	que j'aie pu	il eut pu	qu'il eût pu
prends prenons prenez	je prendrai	je prendrais	que je prenne que nous prenions	il prit	qu'il prît
	j'aurai pris	j'aurais pris	que j'aie pris	il eut pris	qu'il eût pris
reçois recevons recevez	je recevrai	je recevrais	que je reçoive que nous recevions	il reçut	qu'il reçût
	j'aurai reçu	j'aurais reçu	que j'aie reçu	il eut reçu	qu'il eût reçu
résous résolvons résolvez	je résoudrai	je résoudrais	que je résolve que nous résolvions	il résolut	qu'il résolût
	j'aurai résolu	j'aurais résolu	que j'aie résolu	il eut résolu	qu'il eût résolu

Infinitif Participes présent passé	Présent		Passé Composé	Imparfait	Plus-que-parfait
39 **rire** riant ri (*inv.*)	je ris tu ris il/elle/on rit	nous rions vous riez ils/elles rient	j'ai ri	je riais	j'avais ri
40 **rompre** rompant rompu	je romps tu romps il/elle/on rompt	nous rompons vous rompez ils/elles rompent	j'ai rompu	je rompais	j'avais rompu
41 **savoir** sachant su	je sais tu sais il/elle/on sait	nous savons vous savez ils/elles savent	j'ai su	je savais	j'avais su
42 **suffire** suffisant suffi (*inv.*)	je suffis tu suffis il/elle/on suffit	nous suffisons vous suffisez ils/elles suffisent	j'ai suffi	je suffisais	j'avais suffi
43 **suivre** suivant suivi	je suis tu suis il/elle/on suit	nous suivons vous suivez ils/elles suivent	j'ai suivi	je suivais	j'avais suivi
44 **vaincre** vainquant vaincu	je vaincs tu vaincs il/elle/on vainc	nous vainquons vous vainquez ils/elles vainquent	j'ai vaincu	je vainquais	j'avais vaincu
45 **valoir** valant valu	je vaux tu vaux il/elle/on vaut	nous valons vous valez ils/elles valent	j'ai valu	je valais	j'avais valu
46 **venir*** venant venu	je viens tu viens il/elle/on vient	nous venons vous venez ils/elles viennent	je suis venu(e)	je venais	j'étais venu(e)

***Venir** and all verbs based on **venir** are conjugated with **être. Tenir** and all verbs based on **tenir** are conjugated with **avoir.**

Impératif	Futur	Conditionnel	Présent du subjonctif	Passé simple	Imparfait du subjonctif
	Futur antérieur	**Conditionnel passé**	**Passé du subjonctif**	**Passé antérieur**	**Plus-que-parfait du subjonctif**
ris rions riez	je rirai	je rirais	que je rie que nous riions	il rit	qu'il rît
	j'aurai ri	j'aurais ri	que j'aie ri	il eut ri	qu'il eût ri
romps rompons rompez	je romprai	je romprais	que je rompe que nous rompions	il rompit	qu'il rompît
	j'aurai rompu	j'aurais rompu	que j'aie rompu	il eut rompu	qu'il eût rompu
sache sachons sachez	je saurai	je saurais	que je sache que nous sachions	il sut	qu'il sût
	j'aurai su	j'aurais su	que j'aie su	il eut su	qu'il eût su
suffis suffisons suffisez	je suffirai	je suffirais	que je suffise que nous suffisions	il suffit	qu'il suffît
	j'aurai suffi	j'aurais suffi	que j'aie suffi	il eut suffi	qu'il eût suffi
suis suivons suivez	je suivrai	je suivrais	que je suive que nous suivions	il suivit	qu'il suivît
	j'aurai suivi	j'aurais suivi	que j'aie suivi	il eut suivi	qu'il eût suivi
vaincs vainquons vainquez	je vaincrai	je vaincrais	que je vainque que nous vainquions	il vainquit	qu'il vainquît
	j'aurai vaincu	j'aurais vaincu	que j'aie vaincu	il eut vaincu	qu'il eût vaincu
vaux valons valez	je vaudrai	je vaudrais	que je vaille* que nous valions	il valut	qu'il valût
	j'aurai valu	j'aurais valu	que j'aie valu	il eut valu	qu'il eût valu
viens venons venez	je viendrai	je viendrais	que je vienne que nous venions	il vint	qu'il vînt
	je serai venu(e)	je serais venu(e)	que je sois venu(e)	il fut venu	qu'il fût venu

But: **prévaloir → que je prévale**

Infinitif Participes présent passé	Présent		Passé Composé	Imparfait	Plus-que-parfait
47 **vivre** vivant vécu	je vis tu vis il/elle/on vit	nous vivons vous vivez ils/elles vivent	j'ai vécu	je vivais	j'avais vécu
48 **voir** voyant vu	je vois tu vois il/elle/on voit	nous voyons vous voyez ils/elles voient	j'ai vu	je voyais	j'avais vu
49 **vouloir** voulant voulu	je veux tu veux il/elle/on veut	nous voulons vous voulez ils/elles veulent	j'ai voulu	je voulais	j'avais voulu

Impératif	Futur	Conditionnel	Présent du subjonctif	Passé simple	Imparfait du subjonctif
	Futur antérieur	Conditionnel passé	Passé du subjonctif	Passé antérieur	Plus-que-parfait du subjonctif
vis vivons vivez	je vivrai	je vivrais	que je vive que nous vivions	il vécut	qu'il vécût
	j'aurai vécu	j'aurais vécu	que j'aie vécu	il eut vécu	qu'il eût vécu
vois voyons voyez	je verrai[1]	je verrais[2]	que je voie que nous voyions	il vit	qu'il vît
	j'aurai vu	j'aurais vu	que j'aie vu	il eut vu	qu'il eût vu
veuille veuillons veuillez	je voudrai	je voudrais	que je veuille que nous voulions	il voulut	qu'il voulût
	j'aurai voulu	j'aurais voulu	que j'aie voulu	il eut voulu	qu'il eût voulu

----

[1] *But*: prévoir → **je prévoirai**
[2] *But*: prévoir → **je prévoirais**

Appendice A

✦ Professions et occupations

acteur/actrice actor

agent *m.* **d'assurance** insurance agent

agent *m.* **de police** police officer

agent *m.* **de tourisme** travel agent

agent *m.* **immobilier** real-estate agent

agriculteur/agricultrice farmer

architecte *m.* architect

artisan *m.* craftsperson

assistant(e) social(e) social worker

athlète *m/f* athlete

aumônier *m.* chaplain

auteur *m.* author (*see p. 49*)

avocat(e) lawyer

banquier *m.* banker

boucher/bouchère butcher

boulanger/boulangère baker

cadre *m.* executive

caissier/caissière cashier

chanteur/chanteuse singer

charcutier/charcutière pork butcher, delicatessen owner

chauffeur *m.* driver

chercheur/chercheuse researcher

chirurgien/chirurgienne surgeon

commerçant(e) shopkeeper

compositeur/compositrice composer

comptable *m/f* accountant

conférencier/conférencière lecturer

conseiller/conseillère counsellor; advisor

cuisinier/cuisinière cook

danseur/danseuse dancer

décorateur/décoratrice (interior) decorator

dentiste *m/f* dentist

directeur/directrice director

douanier/douanière customs officer

écrivain *m.* writer (*see p. 49*)

électricien/électricienne electrician

employé/employée employee; clerk

enseignant(e) teacher; educator

épicier/épicière grocer

expert-comptable *m/f* CPA, certified public accountant

facteur/factrice letter carrier

femme de ménage *f.* cleaning lady

fermier/fermière farmer

fonctionnaire *m/f* civil servant

garagiste *m/f* garage owner

homme/femme d'affaires businessman/woman

homme/femme politique politician

hôtelier/hôtelière hotel keeper

hôtesse de l'air *f.* stewardess

imam *m.* muslim prayer leader

infirmier/infirmière nurse

informaticien(ne) data processor

ingénieur *m.* engineer

instituteur/institutrice elementary school teacher (see **professeur des écoles**)

interprète *m/f* interpreter

jardinier/jardinière gardener

journaliste *m/f* journalist

maire *m/f* mayor

mannequin *m.* fashion model

mécanicien/mécanicienne mechanic

médecin *m.* doctor

ménagère *f.* housewife

militaire *m.* service member

moniteur/monitrice (de ski) (ski) instructor

musicien(ne) musician

opticien(ne) optician

ouvrier/ouvrière laborer; factory worker

PDG *m/f* CEO (chairperson)

pasteur *m.* (Protestant) minister

patron/patronne boss

peintre *m/f* painter

pharmacien(ne) pharmacist

photographe *m/f* photographer

pilote *m.* pilot

plombier *m.* plumber

poète *m.* poet

pompier *m.* firefighter

président(e) president

prêtre *m.* priest

professeur *m.* high school or university teacher

professeur *m.* **des écoles** (formerly **instituteur/institutrice**) elementary school teacher

programmeur/programmeuse computer programmer

psychiatre *m/f* psychiatrist

psychologue *m/f* psychologist

rabbin *m.* rabbi

religieuse *f.* nun

reporter *m.* reporter

représentant(e) de commerce traveling sales representative

restaurateur/restauratrice restaurant owner

savant *m.* scientist; scholar

sculpteur *m.* sculptor

secrétaire *m/f* secretary

sénateur *m.* senator

serveur/serveuse waiter/waitress

vendeur/vendeuse salesperson

vétérinaire *m/f* veterinarian

Appendice B

✦ Lexique d'expressions grammaticales

We are indebted to Dr. Larbi Oukada of Indiana University, Indianapolis, for permission to use the Glossary of Grammatical Terms from **Entre amis.**

TERM	DEFINITION	EXAMPLE(S)
accord (*agreement*)	Articles, adjectives, pronouns, etc. are said to agree with the noun they modify or replace when they "adopt" the gender and number of the noun.	**La voisine** de Patrick est **allemande.** C'est **une** jeune **fille** très **gentille.** **Elle** est **partie** en vacances.
adjectif (*adjective*)	A word that describes or modifies a noun or a pronoun, specifying size, color, number, or other qualities.	Nous sommes **américains.** Le professeur a une voiture **noire.** C'est une **belle** voiture.
adjectif démonstratif (*demonstrative adjective*)	A noun determiner that identifies and *demonstrates* a person or a thing.	Regarde les couleurs de **cette** robe et de **ce** blouson!
adjectif interrogatif (*interrogative adjective*)	An adjective that introduces a question. In French, the word **quel** (*which* or *what*) is used as an interrogative adjective and agrees in gender and number with the noun it modifies.	**Quelle** heure est-il? **Quels** vêtements portez-vous?
adjectif possessif (*possessive adjective*)	A noun determiner that indicates *possession* or *ownership.* Agreement depends on the gender of the noun and not on the sex of the possessor, as in English (*his/her*).	Où est **mon** livre? Comment s'appelle **son** père?
adverbe (*adverb*)	An invariable word that describes a verb, an adjective, or another adverb. It answers the question *when?* (time), *where?* (place), or *how? how much?* (manner).	[how?] Mon père conduit **lentement.** [when?] On va regarder un match de foot **demain.** [where?] J'habite **ici.**
adverbe interrogatif (*interrogative adverb*)	An adverb that introduces a question about time, location, manner, number, or cause.	**Où** sont mes lunettes? **Comment** est-ce que Lori a trouvé le film? **Pourquoi** est-ce que tu fumes?

TERM	DEFINITION	EXAMPLE(S)
article défini (*definite article*)	The definite articles in French are **le, la,** and **les.** They are used to refer to a specific noun, or when speaking of things in general, in an abstract sense.	**Le** professeur est dans **la** salle de classe. **Le** lait est bon pour **la** santé. J'aime **les** concerts de jazz.
article indéfini (*indefinite article*)	The indefinite articles in French are **un, une,** and **des.** They are used to designate unspecified nouns.	Céline a **un** frère et **une** sœur. J'ai **des** amis qui habitent à Paris.
article partitif (*partitive article*)	The partitive articles in French are **du, de la,** and **des.** They are used to refer to part of a larger whole, or to things that cannot be counted.	Je vais acheter **du** fromage. Tu veux **de la** soupe?
comparatif (*comparison*)	When comparing people or things, these comparative forms are used: **plus** (*more*), **moins** (*less*), **aussi** (*as . . . as*), and **autant** (*as much as*).	Le métro est **plus** rapide que le bus. Il neige **moins** souvent en Espagne qu'en France. Ma sœur parle **aussi** bien le français que moi. Elle gagne **autant** d'argent que moi.
conditionnel (*conditional*)	A verb form used when stating hypotheses or expressing polite requests.	Tu **devrais** faire attention. Je **voudrais** une tasse de café.
conditionnel passé (*past conditional*)	A verb form used to refer to something that would have taken place. It is often used to speculate about something that might have happened had some other condition been in effect.	Je **serais allé** au match si j'avais fini mes devoirs.
conjugaison (*conjugation*)	This expression refers to the various forms of a verb that reflect *person* (1st, 2nd, or 3rd person), *number* (singular or plural), and *tense* (present, past, or future).	
contraction (*contraction*)	The condensing of two words to form one.	C'est une photo **du** professeur [**de** + **le**]. Nous allons **au** café [**à** + **le**].
élision (*elision*)	The process by which some words drop their final vowel and replace it with an apostrophe before words beginning with a vowel sound.	Je **m'**appelle Martin. Je **n'**habite pas ici. **J'**habite près de **l'**église.
futur (*future*)	A tense used to express what will happen. The construction **aller** + *infinitive* often replaces the future tense, especially for more immediate plans or for plans that are more definite.	Un jour, nous **irons** en France. Nous **allons partir** cet après-midi.

TERM	DEFINITION	EXAMPLE(S)
futur antérieur (*future perfect*)	A tense used to express what *will have* happened by a certain time. It is often found after **après que, quand,** etc., when speaking about the future.	Après que nous **serons arrivés,** je contacterai mon frère.
genre (*gender*)	The term used to designate whether a noun, article, pronoun, or adjective is masculine or feminine. All nouns in French have a grammatical *gender.*	**la** table, **le** livre, **le** garçon, **la** mère
imparfait (*imperfect*)	A past tense used to describe a setting (background information), a condition (physical or emotional), or a habitual action.	Il **faisait** beau quand je suis parti. Je **prenais** beaucoup de médicaments quand j'**étais** jeune.
imparfait du subjonctif (*imperfect subjunctive*)	The imperfect subjunctive is a literary tense used in those cases where the subjunctive is required and the verb in the main clause is in a past tense or in the conditional and the action takes place at the same time or after that of the main verb.	Il faudrait qu'elle **eût** un peu plus de courage.
impératif (*imperative*)	The verb form used to give commands or to make suggestions.	**Répétez** après moi! **Allons** faire une promenade.
indicatif (*indicative*)	A class of tenses used to relate facts or supply information. **Le présent, le passé composé, l'imparfait, le futur** all belong to the indicative mood.	Je ne **prends** pas de petit déjeuner. Il **faisait** beau quand je **suis parti.** Le directeur **partira** en vacances le mois prochain.
infinitif (*infinitive*)	The plain form of the verb, showing the general meaning of the verb without reflecting *tense*, *person*, or *number*. French verbs are often classified according to the last two letters of their infinitive forms: **-er** verbs, **-ir** verbs, or **-re** verbs.	étudi**er**, chois**ir**, vend**re**
inversion (*inversion*)	The placement of the subject pronoun after the verb, for example, in questions.	Parlez-vous français? Chante-t-elle bien?
liaison (*liaison*)	The linking of the final and usually silent consonant of a word with the beginning vowel sound of the following word.	Vous [z]allez bien? Ma sœur a un petit [t]ami.

TERM	DEFINITION	EXAMPLE(S)
mode (*mood*)	Distinction in verb form to indicate whether the action or state is conceived of as fact, command, possibility, wish, etc. The indicative mood states facts or supplies information. The imperative mood comprises the command forms. The subjunctive mood often indicates the subjective attitude (e.g., emotion) of the speaker. The conditional mood is usually a hypothetical statement. See **conditionnel, impératif, indicatif, subjonctif.**	Tu **devrais** venir. **Viens!** Tu **viens?** Il faut que tu **viennes.**
négation (*negation*)	The process of transforming an affirmative sentence into a negative one. In negative sentences the verb is placed between two words, **ne** and another word defining the nature of the negation.	On **ne** parle **pas** anglais ici. Il **ne** neige **jamais** à Casablanca. Mon grand-père **ne** travaille **plus.** Il **n'y** a **personne** dans la salle de classe. Mon fils **n'a rien** dit.
nombre (*number*)	The form of a noun, article, pronoun, adjective, or verb that indicates whether it is *singular* or *plural*. When an adjective is said to agree with the noun it modifies in *number*, it means that the adjective will be singular if the noun is singular, and plural if the noun is plural.	**La** voiture de James **est** très petite. **Les** livre**s** de français ne **sont** pas aussi cher**s** que **les** livre**s** de biologie.
nom (*noun*)	The name of a person, place, thing, idea, etc. All nouns in French have a grammatical gender and are usually preceded by a determiner.	le **livre**, la **vie**, les **étudiants**, ses **parents**, cette **photo**
objet direct (*direct object*)	A thing or a person bearing directly the action of a verb. See **pronom objet direct.**	Hervé écrit **un poème.** Il aime **Céline.**
objet indirect (*indirect object*)	A person (or persons) to or for whom something is done. The indirect object is often preceded by the preposition **à** because it receives the action of the verb *indirectly*. See **pronom objet indirect.**	Hervé donne une rose **à Céline.**
participe passé (*past participle*)	The form of a verb used with an auxiliary to form two-part (compound) past tenses such as **le passé composé.**	Vous êtes **allés** au cinéma. Moi, j'ai **lu** un roman policier.

TERM	DEFINITION	EXAMPLE(S)
participe présent (*present participle*)	The form of a verb used to show action at the same time as the principal verb. The present participle is often used with the preposition **en** as an adverb of manner.	L'appétit vient **en mangeant.**
passé antérieur (*past anterior*)	The past anterior is a literary tense used to indicate that a past action has taken place prior to another action that is expressed in the **passé simple.**	Après que le roi **fut arrivé,** il salua la marquise.
passé composé	A past tense used to narrate an event in the past, to tell what happened, etc. It is used to express actions *completed* in the past. The **passé composé** is composed of two parts: an auxiliary (**avoir** or **être**) conjugated in the present tense, and the past participle form of the verb.	Le président **a parlé** de l'économie. Nous **sommes arrivés** à 5h. Elle **s'est levée** tôt.
passé du subjonctif (*past subjunctive*)	The past subjunctive is used in those cases where the subjunctive is required and the action of the subordinate clause takes place before the action of the main verb. See **subjonctif.**	Elle regrette qu'il ne **soit** pas **venu** hier.
passé simple (*past definite*)	The past definite is a literary tense that denotes that an action was completed in the past. It is often used in literature in relating historical events, births, deaths, etc.	La bataille **dura** deux jours.
personne (*person*)	The notion of *person* indicates whether the subject of the verb is speaking (*1st person*), spoken to (*2nd person*), or spoken about (*3rd person*). Verbs and pronouns are designated as being in the singular or plural of one of the three persons.	First person: **Je** n'ai rien compris. Second person: As-**tu** de l'argent? Third person: **Elle** est française.
plus-que-parfait (*pluperfect*)	The pluperfect is used to describe a past event that took place prior to some other past event.	**J'avais fini** mes devoirs avant de partir pour le match.

TERM	DEFINITION	EXAMPLE(S)
plus-que-parfait du subjonctif (*pluperfect subjunctive*)	The pluperfect subjunctive is a literary tense used in those cases where the subjunctive is required and the verb in the main clause is in a past tense or in the conditional and the action takes place prior to that of the main verb.	La marquise regrettait que le roi ne **fût** pas **venu.**
préposition (*preposition*)	A word (or a small group of words) preceding a noun or a pronoun that shows position, direction, time, etc., relative to another word in the sentence. A word used after certain verbs when they are followed by an infinitive.	Mon oncle habite **en** France. Il hésite **à** nous rendre visite. Nous habitons **à côté de** la gare.
présent (*present*)	A tense that expresses an action taking place at the moment of speaking, an action that one performs habitually, or an action that began earlier and is still going on.	Il **fait** très beau aujourd'hui. Je **me lève** à 7h tous les jours.
pronom (*pronoun*)	A word used in place of a noun or a noun phrase. Its form depends on the *number* (singular or plural), *gender* (masculine or feminine), *person* (1st, 2nd, 3rd), and *function* (subject, object, etc.) of the noun it replaces.	**Tu** aimes les fraises? Oui, **je les** adore. Irez-**vous** à Paris cet été? Non, **je n'y** vais pas. Prenez-**vous** du sucre? Oui, j'**en** prends. **Qui t'**a dit de partir? **Lui.**
pronom accentué (*stress pronoun*)	A pronoun that is separated from the verb and appears in different positions in the sentence.	Voilà son livre à **elle.** Viens avec **moi!**
pronom démonstratif (*demonstrative pronoun*)	A pronoun that points out, that distinguishes between nouns.	Quelle voiture? **Celle-ci** ou **celle-là?**
pronom interrogatif (*interrogative pronoun*)	Interrogative pronouns are used to ask questions. They change form depending upon whether they refer to people or things and also whether they function as the subject, the direct object, or the object of a preposition of a sentence.	**Qui** est là? **Que** voulez-vous faire dans la vie? **Qu'est-ce que** vous faites? **Qu'est-ce qui** est arrivé?
pronom objet direct (*direct object pronoun*)	A pronoun that replaces a direct object noun.	Hervé aime Céline et elle **l'**aime aussi.
pronom objet indirect (*indirect object pronoun*)	A pronoun that replaces an indirect object noun.	Hervé **lui** a donné une rose.

TERM	DEFINITION	EXAMPLE(S)
pronom possessif (*possessive pronoun*)	A pronoun that indicates the "owner" of the noun. Its first part is always the definite article.	Tu as un stylo? J'ai perdu **le mien.**
pronom relatif (*relative pronoun*)	A pronoun that refers or "relates" to a preceding noun (*antécédent*) and connects two clauses into a single sentence.	Le professeur a des amis **qui** habitent à Paris. J'ai lu le livre **que** tu m'as donné.
pronom sujet (*subject pronoun*)	A pronoun that replaces a noun subject.	**Ils** attendent le train. **On** parle français ici.
sujet (*subject*)	The person or thing that performs the action of the verb.	**Les étudiants** font souvent leurs devoirs à la bibliothèque. **Vous** venez d'où?
subjonctif (*subjunctive*)	A verb form used under specific conditions: (1) the verb is in the second (or subordinate) clause of a sentence; (2) the second clause is introduced by **que;** and (3) the verb of the first clause expresses advice, will, necessity, emotion, etc.	Mon père préfère que je n'**aie** pas de voiture. Le professeur veut que nous **parlions** français. Ma mère est contente que vous **soyez** ici.
superlatif (*superlative*)	The superlative is used to express the superior or inferior degree or quality of a person or thing.	Le TGV est le train **le plus** rapide du monde. L'eau minérale est la boisson **la moins** chère.
temps (*tense*)	The particular form of a verb that indicates the time frame in which an action occurs: present, past, future, etc.	La tour Eiffel **est** le monument le plus haut de Paris. Nous **sommes arrivés** à 5h à la gare. Je **ferai** de mon mieux.
temps littéraires (*literary tenses*)	Normally reserved for an elegant (written) style, the literary tenses are important if your goal is to be able to read French literature. See **passé simple, passé antérieur, imparfait du subjonctif, plus-que-parfait du subjonctif.**	
verbe (*verb*)	A word expressing the action or condition of the subject. The verb consists of a *stem* and an *ending*, the form of which depends on the *subject* (singular, plural; 1st, 2nd, or 3rd person), the *tense* (present, past, future), and the *mood* (conditional, imperative, indicative, subjunctive).	

TERM	DEFINITION	EXAMPLE(S)
verbe auxiliaire (*auxiliary verb*)	The two auxiliary (or helping) verbs in French are **avoir** and **être.** They are used in combination with a past participle to form **le passé composé** and other compound tenses.	Nous **sommes** allés au cinéma hier. Nous **avons** vu un très bon film.
verbes pronominaux (*reflexive verbs*)	Verbs whose subjects and objects are the same. A reflexive pronoun will precede the verb and act as either the direct or indirect object of the verb. The reflexive pronoun has the same *number*, *gender*, and *person* as the subject.	Les Beauchêne **se réveillent.** Ils **se sont couchés** tard hier soir.
voix active (*active voice*)	A verb is in the active voice when the subject of the verb is performing the action.	Tous les étudiants **ont lu** ce roman.
voix passive (*passive voice*)	A verb is in the passive voice when the subject of the verb is being acted upon. In French, only the *direct object* of an active sentence can become the subject of a passive sentence.	Ce roman **a été lu** par tous les étudiants.

Appendice C

Chapitre 1. Paris et la France

1c, 2a, 3a, 4c, 5c, 6c, 7c, 8a, 9c, 10b, 11b, 12c

Chapitre 2. Québec et le Canada

1b, 2a, 3c, 4b, 5c, 6c, 7c, 8a, 9c

Chapitre 3. Papeete et Tahiti

1c, 2c, 3a, 4b, 5c, 6c, 7a, 8c, 9c, 10a

Chapitre 4. Lyon et la France

1a, 2c, 3a, 4b, 5b, 6c, 7c, 8c, 9a

Chapitre 5. Le Maghreb et la France

1a, 2c, 3b, 4b, 5a, 6b, 7a

Chapitre 6. Dakar et le Sénégal

1b, 2a, 3c, 4a, 5c, 6c, 7a, 8c, 9c, 10a

Chapitre 7. Fort-de-France et la Martinique

1c, 2a, 3b, 4b, 5a, 6c, 7c, 8b, 9c

Chapitre 8. Genève et la Suisse

1c, 2a, 3c, 4b, 5c, 6c, 7b, 8a, 9c, 10a

Chapitre 9. Strasbourg et la Fránce

1a, 2b, 3a, 4c, 5c, 6a, 7c, 8b, 9a

Chapitre 10. Bruxelles et la Belgique

1c, 2b, 3a, 4b, 5c, 6c, 7c, 8c

Appendice D

The following symbols (suggested by Ted Higgs) may be useful in the process approach to student composition proposed in ***Personnages.*** They facilitate the **Début de rédaction, Brouillon, Rédaction** activities, as well as other contextualized writing activities in which students are encouraged to edit and rewrite their work.

^	A word is missing.
( )	Omit the item in parentheses.
A	Accent: either accent is missing, the wrong accent is used, or accent shouldn't be there.
Ang	Anglicism: **obvieux* for *évident.*
Aux	Auxiliary: confusion between *avoir* and *être.*
C	Conjugation (verb form) error: **recevu* for *reçu.*
D	Dictionary error or false cognate: *temps* for *heure; cheveux* for *poils.*
Inf	Infinitive: if infinitive, change to another verb form, or vice versa.
M	Mode: if subjunctive, change to indicative, or vice versa.
Nag	Noun agreement: gender and number agreement with adjectives, demonstratives, possessives, past participles, pronouns, etc.
Obj	Object error: confusion in direct or indirect object: **je téléphone Marie* for *je téléphone à Marie.*
P	Preposition: either missing, the wrong preposition, or shouldn't be there.
PC/Imp	*Passé composé/imparfait* confusion.
Sag	Subject-verb agreement.
Sp	Spelling error.
T	Tense error, other than PC/Imp.
WO	Word order: **j'aime New York beaucoup* for *j'aime beaucoup New York.*
X	Any basic grammatical error not covered above but which students should know.
+	Any grammatical or lexical usage that is especially well chosen.

Appendice E

✦ Comment écrire une lettre

1. Comment adresser la personne à qui vous écrivez:

   à un(e) ami(e) ou à un membre de la famille
   Cher Paul,   **Chère Nathalie,**   **Cher papa,**   **Chère maman,**

   à une personne que vous ne connaissez pas très bien ou qui est plus âgée que vous
   Monsieur,   **Madame,**   **Mademoiselle,**

2. Comment commencer une lettre:

   à un(e) ami(e) ou à un membre de la famille
   Je t'écris pour te demander..., pour t'inviter..., pour t'annoncer...
   Je réponds à ta lettre du..., Je suis heureux(se) de..., Je te remercie de...

   à une personne que vous ne connaissez pas très bien
   Je vous prie de bien vouloir...
   J'ai le plaisir de..., J'ai le regret de...

   à une personne importante
   J'ai l'honneur de vous adresser...
   Je vous serais reconnaissant(e) de...

3. Comment terminer une lettre:

   à un(e) ami(e) ou à un membre de la famille
   Amitiés,   **Amicalement,**   **Je t'embrasse,**
   A bientôt,   **Grosses bises,**   **Bons baisers,**

   à une personne que vous ne connaissez pas très bien
   Mes sentiments les meilleurs,

   à une personne importante
   Je vous prie d'agréer, Madame/Monsieur/Mademoiselle, l'expression de mes sentiments distingués.
   Veuillez agréer, Madame/Monsieur/Mademoiselle, mes salutations distinguées.

Vocabulaire français-anglais

This glossary contains all words and expressions from the **Vocabulaire** lists and most items from the **Expressions utiles** lists of each chapter. Many expressions from the readings are also included. The number after a definition indicates the chapter in which the word first appears. Words are defined according to the context in which they are used in the text.

ABBREVIATIONS

adv. adverb
f. feminine
ind. indicative

inf. infinitive
m. masculine

pl. plural
subj. subjunctive

à condition que on the condition that 10
à la broche (roast) on a spit 5
à l'aise at ease; comfortable 6
à la suite de following, after 2
à leur (mon, ton) tour in their (my, your) turn 9
à moins que + *subj.* unless 10
à mon avis in my opinion 5
à part except; separate 4
à partir de (février) from (February) on 8
à peine barely; scarcely 2
à peu près nearly, approximately 10
à point medium (cooking) 4
à propos (de) with respect to; concerning 6
à temps partiel part-time 8
aborder to approach 7
accorder to give, to grant 5
accueil *m.* welcome, reception 2
accueillant(e) hospitable 2
accueillir to greet; to welcome 2
actuellement now; at present 4
addition *f.* bill 4
affiche *f.* poster 9
afficher complet to put up the "no vacancy" sign 7
afin que + *subj.* in order that, so that 10

agence de voyage *f.* travel agency 10
agence immobilière *f.* real estate agency
agglomération *f.* town, urban area 5
s'agir (de)... to be a matter of; to be about 6
agneau *m.* lamb 4
agrément *m.* charm 7
ailleurs elsewhere 9
aimable nice; kind 6
aîné(e) oldest 4
aisé(e) well-to-do 6
ajouter to add 2
alentours *m.pl.* surroundings; vicinity 10
alimentaire food 1
alimentation *f.* food 9
allaitement *m.* nursing (a baby) 6
alors then; well; therefore 3
alsacien(ne) Alsatian 9
amateur *m.* lover of; fond of 8
âme *f.* soul 5
améliorer to improve 6
aménagement *m.* development 4
amener to lead 5
amitié *f.* friendship
ananas *m.* pineapple 7
ancien(ne) former; old 1
anguille *f.* eel 4

appareil ménager *m.* appliance 10
arachide *f.* peanut 6
arbitre *m.* referee 8
armoire *f.* wardrobe 7
arracher to pull out 4
arrière-grands-parents *m.pl.* great-grandparents 7
arrondissement *m.* district (of city) 5
ascenseur *m.* elevator 7
asile *m.* refuge 10
assis(e) en tailleur sitting cross-legged 3
assister à to attend (class, concert, etc.) 2
assurément assuredly; most certainly 2
assurer un cours to teach a course 8
athlétisme *m.* track and field 8
s'attendre à to expect 4
atténuer to alleviate; to ease 10
attirant(e) attractive 3
attirer to attract
au bord de la mer by the seashore 3
au bout de after; at the end of 9
au cas où in case 9
au cours de during 9
au fait by the way 6
au fond du cœur deep down 5

au milieu de in the middle of 8

aucun(e) none; not any, not one 8

au-delà de beyond 10

au-dessus de above; over 4

augmenter to raise 7

Aussi (beginning of sentence) therefore 10

aussitôt (que) as soon (as) 9

autant (de) as many 4

autant en profiter might as well take advantage of the situation 7

auteur *m.* author 2

auteure *f.* (*français récent*) author 2

autrefois formerly 6

autrement otherwise 9

avant-hier *adv.* the day before yesterday 7

avant-veille *f.* two days before 7

avenir *m.* future 2

averse *f.* (rain) shower 9

avertir to inform; to warn 10

avion *m.* airplane 1

avis *m.* opinion 5

avoir du mal à faire quelque chose to have trouble doing something 8

avoir envie de to feel like; to want to 1

avoir hâte de to be anxious to; to be eager to 3

avoir lieu to take place 3

avoir tendance à to have a tendency to 8

avouer to admit

bac(calauréat) *m.* lycée exam allowing entrance into university 4

bagages *m.pl.* luggage 7

bail *m.* lease 6

baignoire *f.* bathtub 7

baisser la température to lower the temperature 8

baleine *f.* whale 8

bande dessinée (BD) *f.* comic strip 10

banlieue *f.* suburbs, outskirts 5

bas(se) low 6

bataille *f.* battle 10

bateau-mouche *m.* excursion boat 1

bavard(e) talkative P

bavarder to chat 4

béké *m.* plantation owner 7

bénéfique helpful; useful 5

béton *m.* concrete 5

beur/beurette North African, Arab 5

bien cuit(e) well done (cooking) 4

bien que although 10

bienvenue *f.* welcome 5

bilan *m.* summary 7

bise *f.* kiss 2

blessé(e) wounded 2

bois *m.* wood 6

bord *m.* side 8

boucle d'oreille *f.* earring 7

bouclés (cheveux) curly 4

bouillir to boil 9

boum *f.* party 4

bourg *m.* town 7

bourse *f.* scholarship 6

brasserie *f.* bar; brewery 10

break *m.* station wagon 5

brochet *m.* northern pike

brousse *f.* bush; outlying area 6

but *m.* goal; objective 9

Ça se peut It's possible 5

cacahuète *f.* peanut 6

cacao *m.* cocoa 7

cadeau *m.* gift 2

cadre *m.* executive 5

cancer *m.* cancer 3

canne à sucre *f.* sugar cane 7

cantine *f.* lunchroom

cantique *m.* hymn 7

canton *m.* canton 8

car, autocar *m.* intercity bus, tour bus 2

car because; for; since 3

carnet de tickets *m.* book of tickets 1

carrefour *m.* intersection 5

carrière *f.* career 9

carton *m.* box; cardboard 9

case *f.* hut 6

caution *f.* security deposit 6

cave *f.* cellar 10

ceci this 2

célèbre famous 4

celle *f.* this; that 7

celles *f.* these; those 7

celui *m.* this; that 7

celui-ci/celle-ci the latter 6

censé(e) supposed to 6

cependant however 8

cesser to stop 10

c'est-à-dire that is (to say) 5

ceux *m.* these; those 7

chacun(e) each 3

chaleur *f.* heat 3

chalheureux/chalheureuse warm 7

champ *m.* field 6

chanceux/chanceuse lucky 5

chantre *m.* bard; minstrel 6

Chapeau! Great! Nice going! 4

chaque each 9

char *m.* float 7

charbon *m.* coal 8

chargé(e) loaded 8

se charger de to take care of 7

charges *f.pl.* utilities and maintenance expenses 6

chasser to hunt 8

château *m.* castle 1

chauffage central *m.* central heating 6

chef d'atelier *m.* foreman 9

chef (d'entreprise) *m.* head (business) 1

chef d'œuvre *m.* masterpiece

chemin *m.* way; path, road 1

chercher to look for 1

chèvre *f.* goat 5

chèvre *m.* goat cheese 4

chiffre *m.* number 9

chiffre d'affaires *m.* (financial) return 9

chimie *f.* chemistry 1

choisir to choose 8

choix *m.* choice 8

chômage *m.* unemployment 5

chouette (*français familier*) great; swell 3

chuter to fall 6

circulation *f.* traffic 4

cité universitaire *f.* student residence area 1

citoyen(ne) citizen 1

citoyenneté *f.* citizenship 10

clair light (color) 4

classe moyenne *f.* middle class 7

clé (clef) *f.* key 7
climatisation *f.* air conditioning 6
cochon de lait *m.* suckling pig 3
cocotier *m.* coconut palm tree 3
coin *m.* corner 3
collège *m.* junior high school 4
colline *f.* hill 10
comme as; like 1
Comme cuisson? How do you like your meat cooked? 4
comme il le souhaite as he wishes 8
commerçant(e) shopkeeper 4
commune *f.* town; city 9
complet (-ète) full 7
comprendre to understand; to include 5
comptabilité *f.* accounting; bookkeeping 4
compter to intend, to plan; to count 1
compte-rendu *m.* report 6
comptoir *m.* counter; trading post 6
concours *m.* competitive (entry) examination 9
concurrence *f.* competition 9
conférence *f.* lecture 2
conseil *m.* advice 5
conseiller/conseillère munici-pal(e) city council member 9
contrôle *m.* verification; check 1
convaincant(e) convincing 3
convaincre to convince 10
convenir to admit; to agree 7
copain/copine *(français familier)* friend 4
corne *f.* horn; antler 8
côte *f.* coast 7
côté: d'un côté ... de l'autre on the one hand . . . on the other hand 2
couloir *m.* hall; corridor; aisle 7
coup de fil *m.* *(français familier)* phone call 5
coup de téléphone *m.* telephone call 3
coupeur/coupeuse cutter (of cane) 7
cour *f.* courtyard 7
couramment fluently 10
courrier *m.* mail 5

courtois(e) courteous; polite 7
coûteux/coûteuse costly; expensive 9
couturière *f.* dressmaker 3
couvrir les frais to cover costs; to pay for expenses 9
craindre to fear 6
creusé(e) dug 3
creuset *m.* crucible (melting pot) 5
croisière *f.* cruise 7
croissant(e) growing 5
crudités *f.* salad of raw vegetables 4
cuir *m.* leather 7
cuire to cook 7
cuisine *f.* kitchen; cooking 4
cuisinier/cuisinière cook 4
cuisson *f.* (degree of) cooking 4
cybercafé *m.* cybercafé (Internet)

d'abord first; first of all 8
d'ailleurs besides 2
dames *f.pl.* checkers 5
dans le même ordre d'idées similarly 5
davantage more 9
de bonne heure early
débouché *m.* job prospect; opening 8
se débrouiller to get along; to manage; to find a solution 1
début *m.* beginning
débutant(e) beginner; novice 9
décalage horaire *m.* time difference; jet lag 3
décédé(e) deceased 4
décennie *f.* decade 8
déchets *m.pl.* waste 8
décontracté(e) relaxed 3
déçu(e) disappointed 6
déficitaire in deficit 9
défilé *m.* parade 3
défiler to parade
dégustation *f.* tasting; sampling 10
déjeuner *m.* lunch; to have lunch 4
demander to ask
se demander to wonder 5
démarche *f.* procedure 10
demeure *f.* house 9
demoiselle d'honneur *f.* bridesmaid 3

département *m.* administrative division 7
se dépêcher to hurry 1
dépenses *f.pl.* expenses 3
député(e) legislator; member of parliament 9
déranger to bother 1
se dérouler to take place; to occur 8
dès que as soon as 9
désormais in the future 10
détaillé(e) detailed 10
se détendre to relax 4
détenu(e) prisoner; detainee 7
deviner to guess 2
devise *f.* motto P, 2
diminuer to lower 7
diriger to direct; to manage 9
Dis donc! Hey! My goodness! 4
disponible available 9
se disputer (avec) to argue (with)
se distraire to have fun; to enjoy oneself 4
d'occasion used; secondhand 5
dommage too bad 6
donc then; therefore 2
donner un coup de main à quelqu'un to help someone out 7
dont whose, of which 1, 7
dot *f.* dowry 6
douanier/douanière customs agent 5
douche *f.* shower 7
douleur *f.* pain; grief 5
douter que + *subj.* to doubt 10
droit *m.* right 2; law 8
du côté (travail) with respect to (work)
dur(e) hard 2

eau douce *f.* fresh water 8
écart *m.* gap; distance 9
échec *m.* failure 5
échecs *m.pl.* chess 4
échelle *f.* ladder 9
échouer to fail 4
éclaircie *f.* sunny spell; break in the clouds 9
économiser to save; to put aside 6
écraser to squash; to smash 3
écrivain *m.* writer 1

efficace effective 1
égal(e) equal
  Cela m'est égal. It's all the same to me. 9
électeur/électrice voter; elector 9
élevé raised; high 6
éligible electable 9
élire to elect 9
s'emparer de to grab; to take over 7
empêcher to prevent 7
s'empêcher de to keep from 7
emploi *m.* job
emploi du temps *m.* schedule 2
emprunter to borrow 8
en avoir assez (de) to be fed up (with) 9
en ce qui concerne with respect to, concerning 6
en dehors de outside of; apart from 3
en plein air outside; outdoor 3
en revanche on the other hand 8
en voie de in the process of 8
enceinte pregnant 6
s'endormir to fall asleep 6
endroit *m.* place P
enfance *f.* childhood 9
engendrer to bring about 10
ennuyeux/ennuyeuse boring 9
enquête *f.* investigation; survey 2
enseigner to teach 1
ensoleillé(e) sunny 9
s'entendre (avec) to get along (with) 5
entourer to surround 5
entraîner to train; to coach 8
entreprendre un projet to begin, to undertake a project 8
entreprise *f.* business 9
envahir to invade 7
envers toward; to 7
environ approximately; about 1
environs *m.pl.* surroundings; vicinity 10
envoyer to send 1
épais/épaisse thick 7
épaule *f.* shoulder 4
épeler to spell 1
épice *f.* spice 7
épouser to marry 7
épouvantable appalling 6

épreuve *f.* test, competition
épuiser to wear out 6
équipe *f.* team 8
équitable fair; equitable 10
escalier *m.* staircase 7
esclave *m/f* slave 7
espérer to hope 1
espoir *m.* hope 8
esprit *m.* spirit; mind 8
essai nucléaire *m.* nuclear test 3
essayer (de) to try
essuyer to wipe; to endure 7
étage *m.* floor (in building) 7
éteindre to put out (light) 8
étoile *f.* star 10
étranger/étrangère foreign; foreigner 5
être au pouvoir to be in (political) power 9
être humain *m.* human being 10
être reçu(e) à un examen, un concours to pass an exam, an entrance test 9
étroit(e) narrow 4
événement *m.* event 7
éviter to avoid
exposition *f.* exhibit 7
exprimer ses idées to express one's ideas 5

facile easy 2
façon *f.* way, manner 2
  de la même façon in the same way 5
  de toute façon in any case 2
facteur *m.* letter carrier
facture *f.* bill 3
facultatif/facultative optional 8
faculté (fac) *f.* college (in a university) 4
faillir to almost (do something) 7
faire de la peine (à) to hurt (someone's) feelings 5
faire de son mieux to do one's best 3
se faire des amis to make friends 2
faire des folies to act extravagantly 5
s'en faire to worry 3
faire face à un problème to face up to a problem 7

faire la commission to take care of doing something (to transmit the message) 5
faire les commissions to do the shopping 4
faire un voyage to travel (to some place) 2
faire une chute to take a fall 3
félicitations *f.pl.* congratulations 2
féliciter to congratulate 7
fermeture *f.* closing, shutdown 5
festin *m.* feast 3
fête (foraine) *f.* carnival, fair 3
fêter to celebrate 2
feu *m.* fire; traffic light 1
feuille *f.* leaf 3
fier (fière) proud 3
filer la laine to spin wool 5
fils (fille) unique only child 8
fin *f.* end 9
fixer une date to set a date 3
flamand(e) Flemish 10
flamboyant(e) blazing; flaming 3
fleuve *m.* river 1
foncé dark (color) 4
fonctionnaire *m/f* civil servant 7
formation *f.* (professional) training 8
formulaire *m.* form P
fort(e) strong; plump; good (at something) 4
fossé *m.* ditch 2
foule *f.* crowd 3
four *m.* oven 3
foyer *m.* home 4
frais *m.pl.* expenses 9
frais de scolarité *m.pl.* tuition 6
francophone French-speaking 2
front de mer *m.* sea front 3
fruits de mer *m.pl.* seafood 10
funiculaire *m.* funicular railway
fusée *f.* rocket 1

gagner to earn; to win 6
génial(e) fantastic; great; brilliant 2
genou *m.* knee 5
genre *m.* type, kind 5
gens *m.pl.* people 10
glisser to slip 2
goût *m.* taste 2

grâce à thanks to 2
grandir to grow; to enlarge 10
gratuit(e) free (no charge) 1
grave serious 5
griot/griotte storyteller 6
gros/grosse fat 9
grossesse *f.* pregnancy 6
guère hardly; barely 4
guérir to cure 9
guerre *f.* war
guerrier *m.* warrior 7

habileté *f.* skill; talent 3
hausse *f.* rise, increase
  en hausse on the rise 9
hausser to raise 9
hebdomadaire weekly; once a
  week 8
helvétique Swiss 8
hésiter à faire quelque chose to
  hesitate to do something 3
HLM *m/f* (inexpensive) public
  housing 5
hors de question out of the
  question; not possible 5
huile d'arachide *f.* peanut oil 6
huit jours a week 10

il s'agit de... it is a matter of; it is
  about 5
il se peut que... it's possible 6
Il vaut mieux + *inf.* It is better
  to . . . 1
immeuble *m.* apartment building 5
immigration *f.* immigration 5
immigré(e) immigrant 5
impair(e) uneven (number) 10
impitoyable ruthless 7
impôts *m.pl.* income taxes 7
imprésario *m.* manager,
  impresario
imprimerie *f.* printing 4
incendie *m.* fire 5
inclure to include 10
incroyable unbelievable 8
indispensable essential 8
inépuisable inexhaustible 8
infirmier/infirmière nurse 9
informatique *f.* computer science 1
inoubliable unforgettable 3
inquiet (-ète) worried; nervous 2

s'inquiéter to worry 7
inscrit(e) registered 8
s'installer to move (to someplace) 5
s'instruire to learn 6
interdit(e) forbidden 5
s'interroger sur to ponder over,
  to ask (someone) about 5
itinéraire *m.* itinerary 10

Je vous en prie. You're welcome. 5
jeunesse *f.* youth 1
Jeux olympiques *m.pl.* Olympic
  Games 9
joindre les deux bouts to make
  ends meet 5
jouir de to enjoy 4, 8
jusqu'à ce que (+ *subj.*) until 5

là-bas over there 3
se laisser tenter (par) to give in
  to (the) temptation (of) 5
lance-pierre *m.* slingshot 6
langue *f.* language 1
langue natale *f.* native tongue 10
lendemain *m.* day after 7
lequel which 7
Lettres *f.pl.* liberal arts, literature 6
leucémie *f.* leukemia 3
libre free (not busy; vacant) 1
lien *m.* link 4
lien de parenté *m.* relationship,
  family tie 5
lieu *m.* place 8
livre *f.* pound 4
logement *m.* lodging; housing 6
loi *f.* law 7
lointain(e) far away 9
lors de at the time of; during 2
lorsque when 4
louer to rent 2
loup *m.* wolf 8
loyer *m.* rent 6
lutte *f.* wrestling; struggle 8
lutter to struggle 8
lycée *m.* senior high school 1

Maghreb *m.* part of North Africa
  comprising Morocco, Algeria, and
  Tunisia 5
maghrébin(e) from the Maghreb,
  North African 5

mail *m.* e-mail 1
maire *m.* mayor 9
maïs *m.* corn 6
maîtrise *f.* mastery; master's
  degree 2
majuscule capital P
mal du pays *m.* homesickness 6
malgré in spite of 8
mammifère *m.* mammal
manier to handle 6
manioc *m.* manioc (plant) 6
manque *m.* shortage 2
marché *m.* open-air market 4
marcher to walk; to work
  (machine) 5
marin *m.* sailor 7
matière *f.* subject (matter) 1
matière principale/matière
  secondaire *f.* major/minor 1
matinée *f.* morning 10
méchoui *m.* lamb roast 5
médecin *m.* doctor 9
médecine *f.* medicine (science) 9
médicament *m.* medicine
  (remedy) 9
se méfier (de) to distrust; to be
  suspicious of 5
mél *m.* e-mail 1
mélange *m.* mix; mixture 7
même same; very; even 5
menaçant(e) threatening 7
menacé(e) threatened 5
menacer to threaten 8
ménage *m.* household;
  housework 5
mensuel(le) monthly 5
mer *f.* sea 8
message électronique (mail; mél)
  m. e-mail 1
métier *m.* job; occupation; trade 4
mets *m.* (culinary) dish 3
se mettre à to begin 3
mettre fin à to end; to terminate 3
meuble *m.* item of furniture 5
meublé(e) furnished 6
Midi *m.* South of France 1
mien(ne) mine 7
millier *m.* thousand 5
mince thin 4
  Ce n'est pas une mince affaire.
  It's no easy task. 9

mineur(e) minor, below legal age 5
ministère *m.* (government) ministry 9
moitié *f.* half 9
monde *m.* world 6
se moquer de to make fun of 2
moule *f.* mussel 10
mouton *m.* sheep 5
moyen *m.* **(de transport)** means (of transportation) 1
mulâtre/mulâtresse mulatto 7
musulman(e) Moslem, Muslim 5

naissance *f.* birth 6
natalité *f.* birthrate 5
natation *f.* swimming 8
natte *f.* mat; braid 6
navette *f.* shuttle
faire la navette to commute 9
navire *m.* ship 8
n'avoir rien à voir avec... to have nothing to do with . . .; to be unrelated to 3
néerlandais *m.* Dutch (language) 10
négrier *m.* slave trader; slave ship 7
nettoyer to clean 1
neuf/neuve brand-new 5
neutre neutral 8
nez *m.* nose 4
ni... ni... neither . . . nor . . . 3
n'importe qui whoever; no matter who 10
niveau *m.* level 8
niveau de vie *m.* standard of living 1
nœud *m.* knot, bow 9
nombreux/nombreuse numerous 5
notamment in particular 6
nouvelle *f.* news (item) 1
nuage *m.* cloud 7
nuageux/nuageuse cloudy 9

obtenir to get, to obtain 3
s'occuper (de) to take care of 5
œuvre *f.* work (of art, etc.) 1
offrir to offer 2
olivier *m.* olive tree 5
ombre *f.* shade; shadow 6
or *m.* gold 8

orage *m.* storm 9
orageux/orageuse stormy 9
ordinateur *m.* computer 1
ordonnance *f.* prescription 9
ordures *f.pl.* garbage 8
oreille *f.* ear 7
oser to dare 5
ours *m.* bear 8
outil *m.* tool 6
outre-mer overseas 7
ouvrier/ouvrière worker 5
ouvrir to open 2

paillote *f.* straw hut 7
pair(e) even (number) 10
paix *f.* peace 9
Pâques *f.* Easter 2
par conséquent as a result 8
par contre on the other hand 8
paraître to seem; to appear 3
paré(e) (de) adorned (with) 3
parité (hommes-femmes) *f.* parity; equality (between men and women) 9
parmi among 5
partage *m.* sharing 10
partager to share 3
parti politique *m.* political party 9
se passer to take place 7
passer du temps to spend time 1
passer un examen to take a test 4
passionnant(e) exciting 9
patrie *f.* homeland 9
patrimoine *m.* inheritance; heritage 7
patron(ne) boss 5
pays *m.* country 1
peau *f.* skin 8
pêche *f.* fishing, fishing industry 6
pêcheur *m.* fisherman 7
pédagogie *f.* teaching 8
peinture *f.* painting 3
pénible hard; tiresome; tedious 5
perceptible noticeable 9
perdre son sang-froid to lose one's cool
permettre to allow, to permit 3
personnage *m.* character, individual; important person
peu importe it doesn't make much difference 4; whatever; no matter 7

phoque *m.* seal 8
pièce *f.* room 6
pièce (de monnaie) *f.* coin 4
pied *m.* foot 9
sur un pied d'égalité as equals 10
pierre *f.* stone; rock 3
piéton(ne) pedestrian 4
pire worse 7
pirogue *f.* dugout (canoe) 3
piste de ski *f.* ski slope 5
plage *f.* beach 3
se plaindre to complain 4
plaire à to please 10
plaisanter to joke 2
plan *m.* map (city, house, etc.) 1
planète *f.* planet 7
plat *m.* course; dish 4
plombier *m.* plumber 9
pluie *f.* rain 8
plupart *f.* most 10
plutôt rather 4
poids *m.* weight 4; importance 1
point de vue *m.* point of view; opinion 9
pont *m.* bridge 1
porter to wear; to carry 3
porter le voile to wear a veil 5
poste *f.* post office 7
poste *m.* job 9
poubelle *f.* garbage can 8
poupée *f.* doll 2
pour ce qui est de... with respect to; concerning 6
pourboire *m.* tip 4
pourtant however 4
pourvu que provided that 5
poussière *f.* dust 7
poutre *f.* beam; balance beam 8
prendre à part to take aside 10
prendre conscience de to become aware of 8
prendre du poids to put on weight 4
prendre le métro, le RER to take the subway, the commuter train 1
prendre sa retraite to retire 5
prendre une correspondance to change trains 1
prendre une décision to make a decision 6

préoccupant(e) of concern; worrisome 7
préparatifs *m.pl.* preparation 7
presque almost 1
pressé(e) in a hurry 2
prêt(e) ready 5
prêter to lend
prévenir to warn 3
prévoir to foresee; to anticipate 2
procès *m.* trial 2
prochain(e) next 1
proche near; close 9
proie *f.* prey; victim 6
projet *m.* project 3, plan 8
promettre to promise 3
propre clean; one's own 4
propreté *f.* cleanliness 7
propriétaire owner, landlord 9
puisque since, as 6
puissance *f.* power 1
puits *m.* well 6

quand même even so; just the same 1
quant à as for; regarding 7
quarantaine *f.* about forty 3
quartier *m.* neighborhood; area 1
Que + ind.... ! How . . . ! 5
quoique although 10
quotidien(ne) daily

rabais *m.* discount 7
raccrocher to hang up (phone, etc.) 5
raide straight 4
raison pour laquelle *f.* reason why 7
ramasser to pick up 6
  ramasser des déchets to pick up litter 8
ramener to bring back (home) 6
rapporter to bring back (thing) 5
rassurer to reassure 5
rater to spoil; to flunk 4
rattacher to annex; to join 10
se rattraper to get caught up
ravi(e) delighted 6
rayonnement *m.* influence; radiance 10
récemment recently 2
réception *f.* front desk (hotel) 7

recevoir to receive; to invite to one's home 4
réclamer to demand 9
récolte *f.* harvest 4
récolter to harvest 7
récompenser to reward
reconnaissant(e) thankful 2
recueil *m.* collection; anthology 1
recycler to recycle 8
redresser une situation to correct a situation 8
réfléchir to think; to consider; to reflect 3
se régaler to appreciate a delicious meal 3
régime *m.* diet 8
réglé(e) settled; taken care of 3
régler la chambre to pay for the room 7
se remettre to recover; to get better 2
remise en forme *f.* getting back in shape
remonter to go back to 10
remplacer to replace 7
(bien) rémunéré(e) (well) paid 9
rencontrer to meet 1
se rendre (de... à...) to go (from . . . to . . .) 1
rendre visite à quelqu'un to visit someone 2
renier to deny 10
renouvelable renewable
renseignement *m.* (item of) information 1
rentrer to go back; to go home 1
renverser to turn over 2
se répandre to spread 10
se reposer to rest
réseau *m.* network 4
résidence (universitaire) *f.* dormitory 1
résoudre to solve; to resolve 10
respirer to breathe 8
ressentir to feel (emotion); to experience 8
ressortissant(e) national; citizen 5
restauration *f.* restaurant business 4
rester to stay; to remain 7

retenir une chambre to reserve a room 10
retraite *f.* retirement; pension 5
retrouver to meet; to find again 1
réunion *f.* meeting 9
réussir (à un examen) to succeed; to pass (a test) 4
revanche (see **en revanche**) 8
rêver de faire quelque chose to dream of doing something 3
rive *f.* bank (of a river) 1
roi *m.* king 9
roman *m.* novel 2

sac à dos *m.* back pack 3
sage wise 6
saignant(e) rare (cooking) 4
saluer to greet 10
sans que unless 10
santé *f.* health 8
sauvegarder to save; to safeguard 8
sciences *(f.)* **de l'environnement** environmental science 1
secteur libéral *m.* the liberal professions 9
séjour *m.* stay 2; living room 5
selon according to 9
sensible sensitive 8
sentir to smell; to feel 7
se sentir to feel (good, bad, etc.) 1
serveuse *f.* waitress 4
service compris tip included 4
service militaire *m.* military service 4
serviette *f.* towel 7
SIDA *m.* AIDS
siècle *m.* century 2
siège *m.* headquarters; seat 10
sien(ne) his/hers 7
sigle *m.* acronym 3
singe *m.* monkey 6
sinistre *m.* disaster; catastrophe 7
sinon unless 10
site *m.* setting; site 10
soie *f.* silk 4
soigner to take care of 2
soit... soit... either . . . or . . . 8
sol *m.* ground; floor; soil 6
sombre gloomy 7
songer (à) to think about; to contemplate 5

songeur (-euse) pensive 7
souche *f.* (tree) trunk
  dormir comme une souche to sleep like a log 7
soucoupe *f.* saucer
souffler to blow 2
souhaiter to wish 8
soupirer to sigh 9
sourire to smile 5
sous abri (temperature) in the shade 9
se spécialiser en to major in 1
stationner to park 10
subvenir aux besoins de quelqu'un to provide for someone's needs 7
suivant(e) following; next 1
suivre to follow; to take (course) 1
suivre un cours to take a course 1
superficie *f.* size 1
supplément *m.* additional charge 7
suppression removal; abolition 3
supprimer to abolish; to end; to eliminate 3
surlendemain *m.* two days later 7
survivre to survive 1
sympa (*français familier*) nice 2
sympathiser to hit it off; to get on well 2

tableau *m.* painting; blackboard 3
taille *f.* size
  de taille modeste of small size 3
  de taille moyenne average height 4
tandis que while; whereas 4
tant (de) so many; so much 3
tant mieux so much the better 9
tant pis never mind 4
tapisserie *f.* tapestry 10
taquiner to tease 6
tarder to delay 7
tel/telle such 10

télécopie *f.* fax
tellement so; so much; to such an extent 5
témoin *m.* witness; best man/maid of honor (at wedding) 3
tenir to keep; to hold 8
  tenir à to value; to care about; to be attached to 8
  tenir à + *inf.* to be anxious to; to really want; to insist upon 8
tenter to tempt; to try 6
terminale *f.* last (senior) year in the lycée 5
thèse *f.* thesis 2
tien(ne) yours 7
tiers monde *m.* third world 6
timbre *m.* stamp 4
tirer to draw; to get 6
tiroir *m.* drawer 5
tissu *m.* cloth; fabric; material 3
titulaire tenured 8
tomber en panne to break down 2
se tordre la cheville to sprain one's ankle 2
tour *f.* tower 10
tousser to cough 9
tout à fait completely 1
tout à l'heure in a little while; a little while ago
toutefois however 5
toutes les cinq minutes every five minutes 6
traite *f.* trade 7
travailler à temps partiel work part-time 5
traverser to cross 1
tremper to soak; to dunk 9
tressage de feuilles *m.* leaf weaving 3
trier to sort 8
troisième âge *m.* senior citizens 10
se tromper to be mistaken 10

truite *f.* trout 4
tube *m.* (*français familier*) hit song or record 5
tuer to kill 8
Tu parles! (*français familier*) No way!; You must be joking! 3
tutoyer to use «tu» with someone 1
se tutoyer to use «tu» with each other 1

unique (fils/fille) only (child) 8
usine *f.* factory 8

valise *f.* suitcase 3
valoir mieux to be better 5
veau *m.* calf 9
veille *f.* day (night) before 7
vendange *f.* grape harvest 8
venir de + *inf.* to have just . . . 1
vérité *f.* truth 2
vers about, approximately; toward 5
vieillesse *f.* old age 7
vieillir to grow old 4
vif/vive alive 9
vignoble *m.* vineyard 8
vingtaine *f.* about twenty 8
visage *m.* face 4
vitrail *m.* (*pl.* **vitraux**) stained-glass window 10
vivre to live 6
voix *f.* voice 9
vol *m.* flight 1
vouloir to wish; to want
  en vouloir à to hold a grudge against (someone) 5
voyager to travel; to travel around 2

wallon(ne) Walloon; French-speaking Belgian 10
WC *m.pl.* restroom (=**les toilettes**) 10

Index

Permissions and Credits

The authors and editors wish to thank the following persons and publishers for permission to include the works or excerpts mentioned.

TEXT

p. 37: "Le ciel est par-dessus le toit…" as reprinted in *Nineteenth-Century French Readings*, Volume 2, (New York: Henry Holt & Company, 1946); p. 39: "Le Départ du petit Nicolas" from *Les Vacances du petit Nicolas* by Sempé/Goscinny. Copyright © 1962 Editions Denoël. Used by permission; pp. 46–47: Reprinted by permission of Tourisme Québec; p. 68: "Le Message" from *Paroles* by Jacques Prévert. Copyright © by Editions Gallimard. Reprinted by permission of Editions Gallimard; p. 70: "Grand-père n'avait peur de rien ni de personne…" from *Les Enfants du bonhomme dans la lune* by Roche Carrier; © Editions Internationales Alain Stanké Lté, 1979; pp. 76–77: "A Tahiti" from le guide Visa; © Hachette Livre, 1989. Used by permission of Hachette Livre; p. 101: Roseline Lefèvre, "La Perle de l'océan Indien" from *Poèmes en voyages.* Copyright © 1990 by Roseline Lefèvre; p. 134: Marie-Noëlle Toutain, "Ecoute-moi me taire". Unpublished poem.

Reprinted by permission of the author; p. 136: "Le Mercredi après-midi" from *Enfances* by Nathalie Sarraute. Copyright © 1983 by Editions Gallimard. Reprinted by permission of Editions Gallimard; p. 163: Francis Bebey, "Je suis venu chercher du travail" from *Nouvelle saison des fruits.* (Dakar, Sénégal: Nouvelles Editions Africaines), © 1980; p. 166: "J'suis pas un imbécile" from *Heureux* by Fernand Raynaud. Copyright © Editions de la Table Ronde, 1975. Reprinted by permission of the publisher; p. 169: From Fatima Gallaire-Bourega, "Les Co-épouses," Acte III, scène 6. (Paris: Les Editions des Quatre-vents, 1990). Copyright © 1990 by Fatima Gallaire. Used by permission; p. 196: "Souffles" from *Leurres et lueurs* by Birago Diop; © Editions Présence Africaine, 1960. Used by permission; p. 199: "Dakar" extract from *Un Nègre à Paris* by Bernard B. Dadié; © Editions Présence Africaine, 1959. Reprinted by permission; p. 202: "La Légende Baoulé" from *Légendes Africaines* by Bernard Dadié. Copyright © 1954 Editions Seghers; p. 230: The translation of "Joseph, lève!" by Martin Gratiant, entitled "Debout! Joseph!" by Jean Loize from *Les Quatre samedis des Antilles* from *Anthologie de la*

Nouvelle Poésie Nègre de langue Malgache et Française by Léopold Sengor; © Presses universitaires de France, 1969; p. 232: "Le Livre" first and second parts extracted from *Laghia de la mort* by Joseph Zobel, © Editions Présence Africaine, 1978. Reprinted with permission; pp. 252–253: Interview with Jean-Michel Cousteau; © Journal Français d'Amérique, 1990. Reprinted with permission; p. 267: "Genève" by Henry Spiess from *Anthologie des poètes de la Suisse romande* by E. de Boccard; © Henry Spiess; p. 269: "Rouleau Quatre" from *Les Confessions de Dan Yack* by Blaise Cendrars. Copyright © 1929 Editions Denoël. Used by permission; p. 304: "Le docteur Knock" from *Knock, ou le triomphe de la médecine* by Jules Romains. Copyright © by Editions Gallimard. Reprinted by permission of Editions Gallimard; p. 333: "Le Visionnaire" by Marguerite Yourcenar from *Les Charités d'Adlcippe.* Copyright © by Editions Gallimard. Reprinted by permission of Editions Gallimard; p. 335: Françoise Mallet-Joris, "Vincent et moi" from *La Maison de papier;* Paris: Editions Bernard Grasset, 1990. Reprinted by permission of Société des Editions Grasset et Fasquelle.

PHOTOS

p. 2: © PIX 06/FPG International/Getty Images; p. 8: © Hans Wolf/The Image Bank/Getty Images; p. 11: © Andy Williams/FPG International/Getty Images; p. 36: © Martine Mouchy/Stone/Getty Images; p. 44: © P. Quittemelle/Stock Boston; p. 46: © Ulrike Welsch; p. 47: © Ulrike Welsch; p. 53: © Richard T. Nowitz/Corbis; p. 68: © Beryl Goldberg; p. 70: © Robert Fried; p. 74: © Paul Chesley/Stone/Getty Images; p. 76: © Jeff Hunter/The Image Bank/Getty Images; p. 77: © Owen Franken/Stock Boston; p. 86: © Bruno Barbier/Stone/Getty Images; p. 100: © Ron Whitby/FPG International/Getty Images; p. 102: © Jerry Driendl/FPG International/Getty Images; p. 103: Hulton/Archive by Getty Images; p. 108: © Robert Fried; p. 110: © Robert Fried; p. 111: © Chris Hellier/Corbis; p. 134: © Owen Franken/Corbis; p. 136: © Robert Fried/Stock Boston; p. 140: © David Simson/Stock Boston; p. 142: © Owen Franken/Stock Boston; p. 143: © Beryl Goldberg; p. 163: © Owen Franken/Stock Boston; p. 166: © David & Peter Turnley/Corbis; p. 168: © Annie Griffiths Belt/Corbis; p. 174: © Beryl Goldberg; p. 176: © Ulrike Welsch; p. 197: © Beryl Goldberg; p. 200: © Nik Wheeler/Corbis; p. 201: Michele Westmorland/The Image Bank/Getty Images; p. 206: © David Sanger Photography; p. 209: © David Sanger Photography; p. 218: © David Sanger Photography; p. 229: © Robert Fried; p. 232: © David Sanger Photography; p. 236: © David Simson/Stock Boston; p. 240: © Frans Lemmens/The Image Bank/Getty Images; p. 242: © Oliver Benn/Stone/Getty Images; p. 243: Beryl Goldberg; p. 267: © David Simson/Stock Boston; p. 270: © David AEF, Sharrock/The Image Bank/Getty Images; p. 274: © Ulrike Welsch; p. 276: © Allan A. Philiba; p. 277: © Beryl Goldberg; p. 301: © Morton Beebe/Corbis; p. 308: © Phyllis Picardi/Stock Boston; p. 310: © Robert Fried; p. 311: © Bernard Van Berg/The Image Bank/Getty Images; p. 315: © Robert Fried; p. 333: © Randy Faris/Corbis; p. 336: © Rhoda Sidney/Stock Boston.

REALIA

p. 23: Photo Credit: RATP, Paris, France; pp. 46–47, both: © Canada Post Corporation, 2001. Reproduced with permission; p. 76 (top): Tahiti Post Office/Daniel Yamamoto; p. 76: Tahiti Post Office/François Teriitehau.

Illustrations by Tim Jones
Computer art by Uli Gersiek
Maps by Patti Isaacs